全国高职高专经济管理类"十四五"规划
理论与实践结合型系列教材·物流专业

智慧仓储配送运营

ZHIHUI CANGCHU PEISONG YUNYING

主　编　阮喜珍　刘晶璟
副主编　于　斌　金小莹　张云松

华中科技大学出版社
http://press.hust.edu.cn
中国·武汉

图书在版编目(CIP)数据

智慧仓储配送运营/阮喜珍,刘晶璟主编.—武汉:华中科技大学出版社,2023.8(2025.1重印)
ISBN 978-7-5680-9735-2

Ⅰ.①智… Ⅱ.①阮… ②刘… Ⅲ.①智能技术-应用-仓库管理 ②智能技术-应用-物流管理-物资配送 Ⅳ.①F253-39 ②F252.14-39

中国国家版本馆 CIP 数据核字(2023)第 128939 号

智慧仓储配送运营
Zhihui Cangchu Peisong Yunying

阮喜珍　刘晶璟　主编

策划编辑：聂亚文
责任编辑：段亚萍
封面设计：孢　子
责任监印：朱　玢
出版发行：华中科技大学出版社(中国•武汉)　　电话：(027)81321913
　　　　　武汉市东湖新技术开发区华工科技园　　邮编：430223
录　　排：武汉创易图文工作室
印　　刷：武汉市洪林印务有限公司
开　　本：787mm×1092mm　1/16
印　　张：22.25
字　　数：598千字
版　　次：2025年1月第1版第2次印刷
定　　价：58.00元

本书若有印装质量问题，请向出版社营销中心调换
全国免费服务热线：400-6679-118　竭诚为您服务
版权所有　侵权必究

前言
PREFACE

"智慧仓储配送运营"这门课是国家级高等职业教育现代物流管理专业标准修订版中出现的新课程，是高职高专现代物流专业的专业核心课程，而这方面的教材目前基本空白。物流专业教学模式改革正如火如荼，特别是产教融合、工学结合的教学模式的推广，项目教学方式的采用，对教学内容、教材、教学方法提出了新的挑战；物流科学技术不断发展，传统的物流模式及物流技术不能满足发展的需要，智慧物流的兴起对物流仓储配送的内容提出了新的要求；为了提高学生的实操能力，各个层面的物流竞赛如火如荼，思政教育的重要性越来越突出。随着物流科技的发展，以及产教融合和教学模式的改革，尤其是智慧物流的发展，物流专业教材和教学内容的改革迫在眉睫，编写本教材可以解决当务之急，为培养满足社会需要的第一线智慧型物流管理人才作贡献。

由于改革的需要，国家物流管理新标准的执行，开设"智慧仓储配送运营"课程的专业越来越多，工商管理、连锁经营管理相继开设此课程，1+X考证、各个级别的物流竞赛都要考仓储配送内容，很多物流企业开始重视职工的培训。

本教材根据现代仓储、配送职业岗位实际工作的要求，以工作任务为核心，以智慧仓储配送业务流程为主线，围绕岗位职业能力设置能力模块；以理论与实践一体化教学为指导，以工作情景为导向设置项目，组织学习内容。按照对智慧仓储配送认识和理解能力、智慧仓储配送商务能力、智慧仓储配送实施设备使用和管理能力、智慧仓储业务（入库、在库和出库）作业能力、库存控制管理能力、智慧仓库货物配送组织能力、配送中心作业操作能力、对智慧仓储配送新技术的认识和使用、仓储配送组织能力、智慧仓储配送安全管理等能力模块组织设计教学内容，共设计14个综合项目。

考虑到高职教育突出技能性和实用性的特点和要求，本教材围绕智慧仓储配送管理实务操作的相关知识、技能要求进行编写，突出以库管员、配送调度员等岗位和工作任务所需的知识、技能要求进行教材内容体系的架构，即按现行仓储与配送相关管理岗位或管理项目所实施的实务操作技能和必备知识要求编写。本教材采用通俗易懂的语言，既注重理论与方法的系统介绍，又穿插一些小案例、知识链接和小思考，增强趣味性。本教材着重介绍怎么做、如何做，力求通俗易懂，注重案例和图表的运用。每个项目均以相关案例引入，后面附有思考题、技能训练和案例分析。

本教材适合各层次尤其是高职教育中的物资、物流、运输、营销管理、工商管理、连锁经营等专业的"仓储与配送"课程的教学使用，也可作为仓储、物资管理、流通管理的物流仓储从业人员培训用书和岗位培训参考教材，在教学中可以根据实际情况进行取舍。

在本教材的编写过程中，参考和引用了许多学者的研究成果，在此谨向有关作者表示诚挚的感谢！同时感谢所有合作和提供帮助的企业！

全书由阮喜珍和刘晶璟担任主编，由于斌、金小莹、张云松担任副主编。项目1、2、6、7、8、9、10、11、12、13、14由阮喜珍编写，项目3、4、5由刘晶璟编写，由阮喜珍教授统稿。本书的出版得到了华中科技大学出版社的领导和编辑的大力支持以及同行专家的关心、帮助和指导，在此一并表示感谢！

由于水平有限，书中难免存在欠妥之处，恳请读者批评指正。

阮喜珍

2023年6月

目录

CONTENTS

项目 1　智慧仓储与配送认知 ······ 1
　　任务 1　智慧仓储及仓储管理的认识和理解 ······ 3
　　任务 2　智慧配送与配送管理的认识和理解 ······ 8
项目 2　智慧仓储设施与设备 ······ 20
　　任务 1　仓库概述 ······ 22
　　任务 2　智慧仓储设备 ······ 31
　　任务 3　仓储设备设施管理 ······ 38
项目 3　仓储入库作业 ······ 48
　　任务 1　入库准备工作 ······ 50
　　任务 2　货物验收 ······ 51
　　任务 3　物动量 ABC 分类 ······ 54
　　任务 4　货物组托堆码 ······ 55
　　任务 5　货物上架作业 ······ 59
项目 4　仓储库内作业 ······ 67
　　任务 1　盘点作业 ······ 69
　　任务 2　移库作业 ······ 71
　　任务 3　补货作业 ······ 73
　　任务 4　货物保管 ······ 80
项目 5　仓储出库管理 ······ 88
　　任务 1　出库作业要求 ······ 90
　　任务 2　订单有效性分析 ······ 93
　　任务 3　客户优先权分析 ······ 96
　　任务 4　货物拣选作业 ······ 97
　　任务 5　"货到人"拣选 ······ 106
　　任务 6　货物复核打包作业 ······ 110
　　任务 7　商品分类打包原则 ······ 111
项目 6　智慧仓储库存控制管理 ······ 117
　　任务 1　库存概述 ······ 119
　　任务 2　常用库存控制方法的运用 ······ 124
项目 7　供应链库存管理 ······ 138
　　任务 1　供应链管理下的库存管理概述 ······ 140

| 任务2 | 基于供应链的库存管理方式 | 143 |

项目8 特殊货物的仓储 … 158
- 任务1 危险品仓库管理 … 159
- 任务2 冷藏仓库管理 … 162
- 任务3 油品仓库管理 … 167
- 任务4 粮食仓库管理 … 168

项目9 配送及配送作业 … 175
- 任务1 配送业务模式 … 177
- 任务2 智慧配送流程 … 183
- 任务3 配送计划的组织与实施 … 190
- 任务4 配送组织 … 196

项目10 智慧配送中心 … 211
- 任务1 智慧配送中心概述 … 213
- 任务2 智慧配送中心规划与设计 … 218
- 任务3 智慧配送中心的设计 … 233

项目11 智慧仓储配送商务 … 242
- 任务1 智慧仓储商务 … 244
- 任务2 配送商务 … 257

项目12 智慧仓储配送信息技术 … 266
- 任务1 库存信息管理系统 … 268
- 任务2 配送信息管理系统 … 273
- 任务3 智能仓储和智慧配送 … 278

项目13 智慧仓储配送组织及绩效考评 … 291
- 任务1 仓储配送组织及人员 … 293
- 任务2 仓储配送管理绩效考核 … 302

项目14 智慧仓储配送安全及质量管理 … 317
- 任务1 智慧仓库安全管理 … 318
- 任务2 智慧仓储质量管理 … 327
- 任务3 智慧配送质量管理 … 330
- 任务4 智慧仓储配送的全面质量管理 … 335

参考文献 … 350

项目1
智慧仓储与配送认知

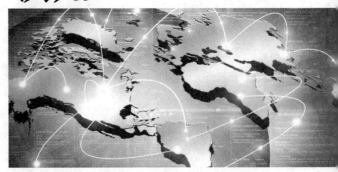

ZHIHUI CANGCHU PEISONG YUNYING

🎯 思政目标

◎ 仓储及配送岗位的工作比较辛苦,让学生有吃苦的心理准备和不畏难的思想意识;
◎ 社会急需仓储配送人才,鼓励学生有社会担当。

📚 知识目标

◎ 理解智慧仓储及仓储管理的含义;
◎ 明确仓储的功能及仓储活动类型;
◎ 了解智慧配送含义及发展过程;
◎ 掌握智慧仓储及配送的内容、原则。

🛠 技能目标

◎ 能用所学知识对物流企业仓储及配送管理状况进行分析;
◎ 能结合企业具体情况提出一些如何进行仓储及配送管理的措施。

📋 任务引例

供应链中的仓储管理

某光电科技有限公司是一家专业照明器与电气装置产品制造商,它是行业的龙头企业,凭借优异的产品品质、卓越的服务精神,获得了客户的广泛认可与赞誉。为了适应新形势下的战略发展需要,公司对现有的客户关系网络进行了整合,在全国各地成立了35个运营中心,完善了公司供应链系统、物流仓储与配送系统以及客户服务系统。该公司的产品销量很好,仓库的出入库频率大,货品流量也很大。该公司的仓库空间布局是上货架存放货物,立体的空间利用率不高,所以仓库的机械化程度也不是很高,仓库内只有叉车,包括手动叉车和电动叉车。仓库的作业一般都用叉车,很少用人力。对于货物的收发,它们用的是物资收发卡,每一次的收发货都会在物资收发卡上做登记,这样就很方便平时查货等一些后续工作,从目前的工作结果来看效率比较高,作业也比较方便。所以整体上看该公司仓库的作业方法还是比较合理的。

该公司仓库货位管理的储存方式采用的是定位储存原则。在规划货位时,每一项货品的货位容量不得小于其可能的最大在库量。把理论与实际相结合,实行了定位、定点、定量管理的原则,因此,它的货位容量不是全部按照最大在库量进行定位的,因为该公司的产品是属于季节性差异比较大的产品,如果按照最大在库量设定就会使仓库的空间利用率下降,从而出现浪费资源的情况。另外,该公司在仓储管理的货位分配上也有一些原则:先进先出原则,即先入库的货品先出库的原则,该原则一般适用于寿命周期短的货品;面对通道原则,即指将货品的标志、名称面对通道摆放,以便让作业员容易简单地辨识,这样可以使货品的存、取容易且有效率地进行,这也是使仓库内能流畅作业的基本原则;重量特性原则,即指按照货品重量的不同来决定货品在保管场所的高低位置,一般而言,重物应该保管于地面上或货架的下层位置,轻的货品则保管于货架的上层位置。

要想对库存进行有效的管理和控制,首先就要对存货进行分类,只有这样才能对货物进行更好的管理和控制。因此,该公司在原仓储设施条件不变的情况下,采用对货品进行ABC分类而实施管理。仓储作业中空间、货位及其科学合理的管理方法是仓储管理的一个重要内容,同时也是影响仓储成本、费用的重要因素。

该案例表明：仓储管理有它自己的一些原则，物流企业应遵守并认真执行这些原则。在运用的时候将理论与实际相结合，使我们的仓储理论知识更适应我们的实际操作。现代物流较传统物流发生了很大的变化。仓储和配送管理对于一个物流企业来说非常重要，要把信息技术运用于管理中。要对市场进行分析，进入物流市场切入点，发展自己的优势，充分利用社会资源，减少成本，提高服务水平，拓展物流服务功能。

任务 1　智慧仓储及仓储管理的认识和理解

1. 仓储的概念、功能、分类

1）仓储的概念

"仓"即仓库，为存放、保管、储存物品的建筑物和场地的总称，可以是房屋建筑、洞穴、大型容器或特定的场地等，具有存放和保护物品的功能。"储"即储存、储备，表示收存以备使用，具有收存、保管、交付使用的意思。"仓储"则为利用仓库存放、储存未即时使用的物品的行为。仓储是产品生产、流通过程中因订单前置或市场预测前置而使产品、物品暂时存放的场所。它是集中反映工厂物资活动状况的综合场所，是连接生产、供应、销售的中转站，对促进生产、提高效率起着重要的辅助作用。同时，围绕着仓储实体活动，做出清晰准确的报表、单据账目，会计部门据此进行准确核算，因此仓储是物流、信息流、单证流的合一。

对仓储概念的理解要抓住以下要点：第一，满足客户的需求，保证储存货物的质量，确保生产、生活的连续性是仓储的使命之一。第二，当物品不能被即时消耗，需要专门的场所存放时，形成了静态仓储。对仓库里的物品进行保管、控制、存取等作业活动，便产生了动态仓储。第三，储存的对象必须是实物产品，包括生产资料、生活资料等。第四，储存和保管货物要根据货物的性质选择相应的储存方式。不同性质的货物应该选择不同的储存方式。例如，食品、生物药品等对温度有特殊要求的货物需要采用冷藏库储存；液体性的原油或成品油就需要使用油品库储存。

2）仓储的功能

从整个物流过程看，仓储是保证这个过程正常运转的基础环节之一。仓储的价值主要体现在其具有的基本功能、增值功能以及社会功能三个方面。

（1）基本功能。基本功能指为了满足市场的基本储存需求，仓库所具有的基本的操作或行为，包括储存、保管、拼装、分类等基础作业。其中，储存和保管是仓储最基础的功能。通过基础作业，货物得到了有效的、符合市场和客户需求的仓储处理，例如，拼装可以为进入物流过程中的下一个物流环节做好准备。

（2）增值功能。增值功能则是指通过仓储高质量的作业和服务，使经营方或供需方获取额外的利益，这个过程称为附加增值。这是物流中心与传统仓库的重要区别之一。增值功能的典型表现方式包括：一是提高客户的满意度。当客户下达订单时，物流中心能够迅速组织货物，并按要求及时送达，提高了客户对服务的满意度，从而增加了潜在的销售量。二是信息的传递。

在仓库管理的各项事务中,经营方和供需方都需要及时而准确的仓库信息。例如,仓库利用水平、进出货频率、仓库的地理位置、仓库的运输情况、客户需求状况、仓库人员的配置等信息。这些信息为用户或经营方进行正确的商业决策提供了可靠的依据,提高了用户对市场的响应速度,提高了经营效率,降低了经营成本,从而带来了额外的经济利益。

(3)社会功能。仓储的基础作业和增值作业会给整个社会物流过程的运转带来不同的影响,良好的仓储作业与管理会带来正面的影响,例如,保证了生产、生活的连续性。这些功能称为社会功能,主要从三个方面理解。第一,时间调整功能。一般情况下,生产与消费之间会产生时间差,通过储存可以克服货物产销在时间上的隔离(如季节生产,但需全年消费的大米)。第二,价格调整功能。生产和消费之间也会产生价格差,供过于求、供不应求都会对价格产生影响,因此通过仓储可以克服货物在产销量上的不平衡,达到调控价格的效果。第三,衔接商品流通的功能。商品仓储是商品流通的必要条件,为保证商品流通过程连续进行,就必须有仓储活动。通过仓储,可以防范突发事件(例如,运输被延误,卖主缺货),保证商品顺利流通。

3)企业仓储活动的类型及业务程序

企业可以选择自建仓库、租赁公共仓库或采用合同制仓储为库存的物料、商品准备仓储空间。

(1)自有仓库仓储:相对于公共仓储而言,企业利用自有仓库进行仓储活动可以更大程度地控制仓储,管理也更具灵活性。

(2)租赁公共仓库仓储:企业通常租赁提供营业性服务的公共仓库进行储存。

(3)合同制仓储:合同仓储公司能够提供专业、高效、经济和准确的分销服务。

一个企业是自建仓库还是租赁公共仓库或采用合同制仓储需要考虑以下因素:周转总量;需要的稳定性;市场密度。

仓储的一般业务程序:①签订仓储合同;②验收货物;③办理入库手续;④货物保管;⑤货物出库。

2. 智能仓储概述

1)智能仓储的含义

智能仓储(intelligent storage,也称智慧仓储)就是在传统的仓储基础上,对仓储的设施、存储的管理系统、行为规范和标准进行设计和改进,通过科学的仓储系统改进和规划,利用先进的现代化智能设备构建统一的仓储网络,引进先进的技术改革,使仓储系统达到整体的统一管理和调度,实现智能仓储的真正自动化和智能化。

智能仓储是物流过程的一个环节,智能仓储的应用,保证了货物仓库管理各个环节数据输入的速度和准确性,确保企业及时准确地掌握库存的真实数据,合理保持和控制企业库存。通过科学的编码,还可方便地对库存货物的批次、保质期等进行管理。

建立一个智能仓储系统需要物联网的鼎力支持。现代仓储系统内部不仅物品复杂、形态各异、性能各异,而且作业流程复杂,既有存储,又有移动,既有分拣,也有组合。因此,以仓储为核心的智能物流中心,经常采用的智能技术有自动控制技术、智能机器人码垛技术、智能信息管理技术、移动计算技术、数据挖掘技术等。基于上面的这些情况,物联网的应用可以化繁为简,大大提高整个物流仓储配送的效率。

智能仓储的概念在一般意义上而言,是指两条映射的主链相互作用而构成的现代信息管理系统。一条是"采集—处理—流通—管理—分析"的信息加工链,另一条是"入库—出库—移库—盘点—拣选—分发"的业务环节链。信息加工链包含了与物联网技术有关的先进信息技术,可以智能化地完成仓储物流业务环节链的各个业务管理过程,如物品流动实时监控、货位动态分配、统计报表输出等,使得仓储货物的流转效率提高、物流成本降低,从而为仓储物流的提供商带来最大化的利润,为仓储服务对象提供优良的服务,最大限度地降低不必要的资源消耗,从整体上提高产业链的信息化水平,从而带动整个产业良性有序地发展。

2)智能仓储的特点

智能仓储的智能特征表现在两个方面。第一,它实现了仓储管理的智能化。由于大量采用物联网感知技术,如 RFID 标签、传感器和 M2M 等技术,它可以实时反映仓储货物的流动状况,主动传递异动信息,实现仓储物流过程的完全监控。第二,具备了仓储管理决策的自动化特征。由于数据感知和处理与仓储生产调度实现了一体化,获取的实时数据可以即时地被二次加工处理。在对大量历史和即时数据科学建模、智能分析的基础上,系统将迅速准确地得出反馈结果,这将有助于企业了解仓储物流的真实状态,从而做出正确的生产决策,使得日益丰富的仓储个性化需求得到更加灵活的响应。

与传统的仓储相比较,智能仓储有很多突出的优势:智能仓储由统一的网络控制,这样既保证了智能仓储信息的安全,同时,有利于仓储系统对仓储进行统一管理和控制;智能仓储采用智能设备进行操作,大大减少了人工操作,节约了劳动成本,同时提高了仓储效率;智能仓储采用智能软件进行人工控制和管理,大大提高了管理效率,同时由于软件的使用非常简单,使得客户可以亲手管理仓库;智能仓储采用无线传感技术控制仓库的环境,保证了商品存放的环境安全,同时,也大大提高了商品的存放时间。

 知识链接 1-1

智能仓储的动态盘点

国内最成熟的智能仓储解决方案除了具备全面物资管理功能外,另有:

动态盘点:支持"多人+异地+同时"盘点,盘点的同时可出入库记账,盘点非常直观。

动态库存:重现历史时段库存情况,方便财务审计。

单据确认:入库、出库、调拨制单后需要进行确认,更新库存。

RFID 手持机管理:使用手持机进行单据确认、盘点、查询统计。

库位管理:RFID 关联四号定位(库架层位)。

质检管理:强检物品登记、入库质检确认、外检通知单。

定额管理:领料定额、储备定额、项目定额。

全生命周期管理:物资从入库到出库直至报废全过程管理。

工程项目管理:单项工程甲方供料管理。

需求物资采购计划审批:审批权限、审批流程、入库通知单、实现无限制审批层级。

智能仓储解决方案,还配有入库机、出库机、查询机等诸多硬件设备可选。

3)智能仓储的任务

智慧仓储的任务包括:

提高货物出入库效率。实现非接触式货物出入库检验,问题货物标签信息写入,检验信息与后台数据库联动。

提高货物盘库效率。库管员持移动式阅读器完成非接触式货物盘库作业,缩短盘库周期,降低盘库人工成本,盘库信息与后台数据库联动,自动校验。

提高货物移库效率。实现仓储货物在调拨过程中进行全方位实时管理,准确快速定位移库货物,提高移库工作灵活性;通过对移库货物的移库分析,找出最佳货物存放位置。

实现仓储管理智能化。各类仓储单据、报表快速生成;问题货物实时预警,特定条件下货物自动提示;通过信息联网与智能管理,形成统一的信息数据库,为供应链整体运作提供可靠依据。

3. 仓储管理的概念、任务、内容及原则

1)仓储管理的概念及任务

仓储管理就是对仓库及仓库内的物资所进行的管理,是仓储机构为了充分利用所具有的仓储资源,提供高效的仓储服务所进行的计划、组织、控制和协调过程。

仓储管理是一门经济管理科学,同时也涉及应用技术科学,故属于边缘性学科。仓储管理的内涵随着其在社会经济领域中的作用不断扩大而变化。

仓储管理的任务:利用市场经济手段获得最佳的仓储资源的配置;以高效率为原则组织管理机构;以不断满足社会需要为原则开展商务活动;以高效率、低成本为原则组织仓储生产;以优质服务、讲信用建立企业形象;通过制度化、科学化的先进手段不断提高管理水平;从技术到精神领域提高员工素质。

2)仓储管理的内容

产品在仓储中的组合、妥善配载和流通包装、成组等活动就是为了提高装卸效率,充分利用运输工具,从而降低运输成本的支出。合理和准确的仓储活动会减少商品的换装、流动,减少作业次数;采取机械化和自动化的仓储作业,都有利于降低仓储作业成本。优良的仓储管理,能对商品实施有效的保管和养护,并进行准确的数量控制,从而大大减少仓储的风险。仓储管理的具体内容为:订货、交货;进货、交货时的检验;仓库内的保管、装卸作业;场所管理;备货作业。

3)仓储管理的原则

(1)效率的原则。效率是指在一定劳动要素投入量时的产品产出量。只有较小的劳动要素投入和较高的产品产出量才能实现高效率。仓储的效率表现在仓容利用率、货物周转率、进出库时间、装卸车时间等指标上,表现出"快进、快出、多存储、保管好"的高效率仓储。仓储生产管理的核心就是效率管理,实现最少的劳动量的投入,获得最大的产品产出。

(2)经济效益的原则。作为参与市场经济活动主体之一的仓储业,也应围绕着获得最大经济效益的目的进行组织和经营。但也需要承担部分的社会责任,履行环境保护、维护社会安定的义务,满足社会不断增长的需要,实现生产经营的社会效益。

(3)服务的原则。仓储活动本身就是向社会提供服务产品。服务是贯穿在仓储中的一条主线,从仓储的定位、仓储具体操作到对储存货物的控制都围绕着服务进行。仓储管理就需要围绕着服务定位,围绕如何提供服务、改善服务、提高服务质量开展管理,包括直接的服务管理和以服务为原则的生产管理。

4. 仓储及仓储管理的现状和趋势

最近几年,由于 JIT、快速反应和 ECR 等经营理念的出现及直拨、不间断供货等经营模式的实践,一些人在匆忙间作出预言:仓储业将消亡。也有些不知情的人开始幻想一个没有仓库、批发商和分销中心等机构的世界。然而,在现实世界中,仓储依然联系着供应商与顾客,并且在实现供应链协同运作的过程中,仓库依然发挥着重要的作用。在新形势下仓储的若干个发展趋势如下:

以顾客为中心。成功的企业愿意和它们的客户保持交流并倾听客户的意见,因为它们知道仓库的作业必须通过适当的时间以适当的方式存储或发送适当的产品,在满足客户需要的基础上实现产品的增值。另一方面,成功的企业将和供应商与顾客发展真正的合作伙伴关系,从而从共享的信息、互相商定的计划和双赢的协议中受益。运作高效、反应迅速的仓储是实现这一目标的关键。

减少作业、压缩时间。今后,仓储中心在数量上将减少,但在每个中心的商品数量将增加。因此,以后的分销中心一方面规模更大,另一方面日常所要处理的订单也更多。这意味着装运频次的加快及收货、放置、拣货和装运作业的增加。这一趋势将对物料处理系统提出更高的要求,对叉车和传送带等设备产生重大影响。

仓库作业的自动化。为适应仓储业作业的急速膨胀,仓储业需要大大提高自动化程度。比方说,需要使用更多的传送带来长距离地运送小件物品,同时设定适当数量的重新包装站和装卸作业平台。另外,如果使用更多的自动分拣设备,就能在不建造额外场所的情况下提高整体工作能力。因此,在诸如货物搬运这类增值很少甚至无增值的作业方面,自动化设备将继续替代劳力。

订单批量趋小化。在当代,订单呈现出批量趋小、频次趋高的趋势。造成这一趋势的原因包括信息更易获得、技术进步、VMI 计划的执行和某些地点的批发仓库的取消,尤其是"直接面向商店"(direct-to-store)和"直接面向客户"(direct-to-customer)计划的实施,使得大批量装运的日子一去而不复返了。在将来,为任何规模的订单服务对企业来说将不仅仅意味着挑战,更意味着机遇。

不间断供货。这也就是要求产品在供应链系统中同步化顺畅运作,避免巨大的库存。以前的仓储中心,有可能每个月甚至每个季度才发一次货,但现在却是每礼拜一次甚至是每礼拜两次。因此信息的流动也需要加速,以和物流保持协调一致。在线或即时信息系统将替换原先的滞后系统。在信息时代,仓储业在数据处理方面将会有巨大的变化和改进。

直拨。也就是物品在物流环节中,不经过中间仓库或者站点,直接从一个运输工具换载到另一个运输工具的物流衔接方式。分销商在将商品存入仓库之前,常常将收到的货物以直拨方式满足被延期交付的订单。在将来,每个仓库需要处理的订单会更多,这一趋势将使大多数的分销中心希望能通过运用直拨方式来提高效率。这对参与方之间的紧密合作和即时的信息交换有较高的要求。

运作的电子化。仓库管理者将把货物从仓库的进进出出(包括收货、放货、分拣和装运)的作业看作是工作中的最关键部分。但他们在执行这些工作时遇到了一个很大的困难:难以及时获取精确的信息。实施仓库工作的无纸化可以改变这一现状。从原则上讲,无纸化仓库意味着所有的物流运动的电子化操作,从而减少甚至消除在产品鉴别、地点确认、数据输入和准确分拣方面可能产生的传统错误。同时,电子控制系统还能避免数据输入的延误,即时更新库存,随时找到所需的货物。

第三方仓储。近年来,一些公司认识到了培育、巩固它们的核心竞争力的重要性,从而不愿再为库存专门设立存储场所,而是将这一部分业务外包,这在一定程度上促进了第三方仓储的发展。在将来,会有越来越多的中小型企业借助第三方仓储来减少资本的投入,提高服务水平。从长期来看,第三方仓储因有众多的优点,而会成为主要的市场主体。但仍然有一些产品和企业并不适于采用第三方仓储。

人力资源。仓库作业的自动化和电子化将要求工人必须不断提高他们的技能,尤其是计算机技能。为了提高雇员的素质和教育水平,公司必须雇佣和留住最好的雇员,并训练他们掌握基本的机械操作,熟悉所有的仓储作业。然而,仓库管理的成功最后都要依赖于它的领导者的素质,我们需要的是一个有鼓舞力的领导,他需要能够找到企业的发展方向并知道该如何去做。

 案例分析 1-1

月山啤酒集团的仓储管理

月山啤酒集团借鉴国内外物流公司的先进经验,结合自身的优势,制订了自己的仓储物流改革方案。首先,成立了仓储调度中心,对全国市场区域的仓储活动进行重新规划,对产品的仓储、转库实行统一管理和控制。由提供单一的仓储服务,到对产成品的市场区域分布、流通时间等全面的调整、平衡和控制,仓储调度成为销售过程中降低成本、增加效益的重要一环。其次,以原运输公司为基础,月山啤酒集团注册成立具有独立法人资格的物流有限公司,引进现代物流理念和技术,并完全按照市场机制运作。作为提供运输服务的"卖方",物流公司能够确保按规定要求,以最短的时间、最少的投入和最经济的运送方式,将产品送至目的地。最后,筹建了月山啤酒集团技术中心。月山啤酒集团应用建立在Internet信息传输基础上的ERP系统,筹建了月山啤酒集团技术中心,将物流、信息流、资金流全面统一在计算机网络的智能化管理之下,建立起各分公司与总公司之间的快速信息通道,及时掌握各地最新的市场库存、货物和资金流动情况,为制定市场策略提供准确的依据,并且简化了业务运行程序,提高了销售系统工作效率,增强了企业的应变能力。

分析提示:月山啤酒集团之所以通过这一系列的改革,获得了很大的直接和间接经济效益,是因为现代物流管理体系的建立,处理好了仓储、运输、销售之间环环相扣的关系,再就是现代技术的使用。

任务2　智慧配送与配送管理的认识和理解

1. 配送的概念、类型、作用、要素及智能物流配送体系

1)配送的概念

日本工业标准表述:将货物从物流节点送交收货人,从配送中心到顾客之间的物品空间移动叫"配送"。

美国《物流管理:供应链过程的一体化》表述:实物配送这一领域涉及将制成品交给顾客的运输。实物配送过程,可以使顾客服务的时间和空间的需求成为营销的一个整体组成部分。

我国出版的《现代物流学》的表述:配送是以现代送货形式实现资源最终配置的经济活动;按用户订货要求,在配送中心或其他物流节点进行货物配备并以最合理方式送交用户。我国物流前辈王之泰从两个方面对配送进行了定义。一是从经济学资源配置的角度,对配送在社会再生产过程的位置和配送的本质行为表述为:"配送是以现代送货形式实现资源的最终配置的经济活动"。二是从配送实施形态表述为:"配送是按用户订货要求,在配送中心或其他物流节点进行货物配备,并以最合理方式送交用户"。

国家标准《物流术语》(GB/T 18354—2021)定义:根据客户要求,对物品进行分类、拣选、集货、包装、组配等作业,并按时送达指定地点的物流活动。

配送概念的内涵:配送提供的是物流服务,因此满足顾客对物流服务的需求是配送的前提。由于在买方市场条件下,顾客的需求是灵活多变的,消费特点是多品种、小批量,因此单一的送货功能,无法较好地满足广大顾客对物流服务的需求,因此配送活动是多项物流活动的统一体。

知识链接 1-2

配送与物流的关系

从物流来讲,配送几乎包括了所有的物流功能要素,是物流的一个缩影或在某小范围中物流全部活动的体现。一般的配送集装卸、包装、保管、运输于一身,通过这一系列活动完成将货物送达的目的。特殊的配送则还要以加工活动为支撑,所以包括的方面更广。但是,配送的主体活动与一般物流却有不同,一般物流是运输及保管,而配送则是运输及分拣配货,分拣配货是配送的独特要求,也是配送中有特点的活动,以送货为目的的运输则是最后实现配送的主要手段,从这一主要手段出发,常常将配送简化地看成运输中之一种。从商流来讲,配送和物流不同之处在于,物流是商物分离的产物,而配送则是商物合一的产物,配送本身就是一种商业形式。虽然配送具体实施时,也有以商物分离形式实现的,但从配送的发展趋势看,商流与物流越来越紧密的结合,是配送成功的重要保障。

配送是"配"与"送"的有机结合。所谓"合理地配"是指在送货活动之前必须依据顾客需求对其进行合理的组织与计划。只有"有组织有计划"地"配"才能实现现代物流管理中所谓的"低成本、快速度"地"送",进而有效满足顾客的需求。

知识链接 1-3

配送与一般送货的重要区别

配送与一般送货的重要区别在于,配送利用有效的分拣、配货等理货工作,使送货达到一定的规模,以利用规模优势取得较低的送货成本。如果不进行分拣、配货,有一件运一件,需要一点送一点,这就会大大增加动力的消耗,使送货并不优于取货。所以,追求整个配送的优势,分拣、配货等工作是必不可少的。

配送是在积极合理区域范围内的送货。配送不宜在大范围内实施,通常仅局限在一个城市或地区范围内进行。

2）配送的分类

按配送商品的种类和数量分为：少品种（或单品种）、大批量配送；多品种、少批量、多批次配送；成套配套配送。

按配送时间及数量分为：定时配送；定量配送；定时定量配送；定时定量定点配送；即时配送。定时配送是指按规定的间隔时间进行配送。定时配送有以下两种具体形式：当日配送和准时方式。定时定量配送是指按规定时间和规定的商品品种及数量进行配送。定时定量定点配送是指按照确定的周期、确定的商品品种和数量、确定的客户进行配送。即时配送即随要随送，按照客户提出的时间和商品品种、数量的要求，随即进行配送。

按配送组织者分为：商店配送；配送中心配送；仓库配送；生产企业配送。商店配送是指配送组织者是商业零售网点的配送。商店配送有如下两种形式：兼营配送形式和专营配送形式。配送中心配送是指配送组织者是专职从事配送的配送中心。仓库配送是以一般仓库为节点进行配送的形式。生产企业配送的组织者是生产企业，尤其是进行多品种生产的生产企业，直接由本企业开始进行配送而无须将产品发运到配送中心再进行配送。

按经营形式分为：销售配送；供应配送；销售—供应一体化配送；代存代供配送。销售配送是指配送企业是销售型企业，或销售企业进行的促销型配送。供应配送是指企业为了自己的供应需要所采取的配送形式，往往由企业或企业集团组建配送节点，集中组织大批量进货，然后向本企业配送或向本企业集团若干企业配送。销售—供应一体化配送是指销售企业对于基本固定的客户和基本确定的配送产品在自己销售的同时承担对客户执行有计划供应的职能，它既是销售者，又是客户的供应代理人。代存代供配送是指客户将属于自己的货物委托配送企业代存、代供，有时还委托代订。

3）配送的作用

配送主要涉及从供应链的制造商到终端客户的运输和储存活动。运输的功能在于完成产品空间上的物理转移，克服制造商与客户之间的空间距离，从而产生空间效用；而储存的功能就是将产品保存起来，克服产品供应与需求在时间上的差距，创造时间效用。所以配送创造了时间效用和空间效用。

配送的作用具体体现为：推行配送有利于物流运动实现合理化；完善运输和整个物流系统；提高末端物流的效益；通过集中库存使企业实现低库存或零库存；简化事务，方便用户；提高供应保证程度；配送为电子商务的发展提供了基础和支持。

4）配送的要素

（1）集货。集货，即将分散的或小批量的物品集中起来，以便进行运输配送的作业。集货是配送的重要环节，为了满足特定客户的配送要求，有时需要把从几家甚至数十家供应商处预订的物品集中，并将要求的物品分配到指定容器和场所。

（2）分拣。分拣是将物品按品种、出入库先后顺序进行分门别类堆放的作业。分拣是配送不同于其他物流形式的功能要素，也是决定配送成败的一项重要支持性工作。它是完善送货、支持送货的准备性工作，是不同配送企业在送货时进行竞争和提高自身经济效益的必然延伸。

（3）配货。配货是使用各种拣选设备和传输装置，将存放的物品，按客户要求分拣出来，配备齐全，送入指定发货地点。

（4）配装。在单个客户配送数量不能达到车辆的有效运载负荷时，就存在如何集中不同客户的配送货物,进行搭配装载以充分利用运能、运力的问题,这就需要配装。跟一般送货不同之处在于,通过配装送货可以大大提高送货水平及降低送货成本,所以配装也是配送系统中有现代特点的功能要素,也是现代配送不同于以往送货的重要区别之一。

(5)配送运输。配送是较短距离、较小规模、频度较高的运输形式,一般使用汽车做运输工具。与干线运输的另一个区别是,配送运输的路线选择问题是一般干线运输所没有的。干线运输的干线是唯一的运输线,而配送运输由于配送客户多,一般城市交通路线又较复杂,如何组合成最佳路线,如何使配装和路线有效搭配等,是配送运输的特点,也是难度较大的工作。

(6)送达服务。将配好的货运输到客户处还不算配送工作的结束,这是因为送达货和客户接货往往还会出现不协调,使配送前功尽弃。因此,要圆满地实现运到之货的移交,并有效地、方便地处理相关手续并完成结算,还应讲究卸货地点、卸货方式等。送达服务也是配送独具的特殊之处。

(7)配送加工。配送加工是按照配送客户的要求所进行的流通加工。在配送中,配送加工这一功能要素不具有普遍性,但往往是有重要作用的功能要素。这是因为通过配送加工,可以大大提高客户的满意程度。配送加工是流通加工的一种,但配送加工有它不同于流通加工的特点,即配送加工一般只取决于客户要求,其加工的目的较为单一。

5)智能物流配送体系

智能物流配送体系是一种以互联网、物联网、云计算、大数据等先进信息技术为支撑,在物流的仓储、配送、流通加工、信息服务等各个环节实现系统感知、全面分析、及时处理和自我调整等功能的现代综合性物流系统,具有自动化、智能化、可视化、网络化、柔性化等特点。发展智慧物流配送,是适应柔性制造,促进消费升级,实现精准营销,推动电子商务发展的重要支撑,也是今后物流业发展的趋势和竞争制高点。

2. 配送管理概述

1)配送管理的含义

所谓配送管理,是指为了以最低的配送成本达到客户所满意的服务水平,对配送活动进行的计划、组织、协调与控制。具体来说是按照客户的要求,运用合理的拣货策略,编制最佳的配送作业计划,选择最优化的配送线路,以合理的方式送交客户,实现商品最终配置的经济活动。

根据这个定义,我们可以从以下几个方面对配送管理进行理解:制订配送管理的计划;对配送活动的组织和指挥;对配送活动的监督和检查;对配送活动的调节;对配送活动的评价。

2)配送管理的内容

从不同的角度来看,配送管理包含不同的内容。我们从以下角度进行分析。

(1)配送模式管理。

配送模式是企业对配送所采取的基本战略和方法。企业选择何种配送模式,主要取决于以下几方面的因素:配送对企业的重要性、企业的配送能力、市场规模与地理范围、保证的服务及配送成本等。根据国内外的发展经验及我国的配送理论与实践,目前主要形成了以下几种配送模式:自营配送模式、共同配送模式和第三方配送模式。

(2)配送业务管理。

配送的对象、品种、数量等较为复杂。为了做到有条不紊地组织配送活动,管理者需要遵照一定的工作程序对配送业务进行安排与管理。一般情况下,配送组织工作的基本程序和内容主要有两个方面:一是配送线路的选择,有效的配送路线实际上是在保证商品准时到达客户指定点的前提下,尽可能地减少运输的车次和运输的总路程;二是拟订配送计划,配送需求计划(distribution requirements planning,DRP)是制造需求计划(manufacturing requirements planning,MRP)的编制原理和方法在流通领域中的应用。

(3)配送作业管理。

不同产品的配送可能有独特之处,但配送的一般流程基本如图1-1所示。

图1-1 配送的一般流程

配送作业流程的管理就是对这个流程之中的各项活动进行计划和组织。

(4)对配送系统各要素的管理。

从系统的角度看,对配送系统各要素的管理主要包含以下内容:人员的管理;物资的管理;财务的管理;技术的管理;信息的管理。

(5)对配送活动中具体职能的管理。

从职能上划分,配送活动主要包括配送计划管理、配送质量管理、配送技术管理、配送经济管理等。

3. 配送合理化

配送活动各种成本之间经常存在着此消彼长的关系,配送合理化的一个基本思想就是"均衡"的思想,从配送总成本的角度权衡得失。不求极限,但求均衡,均衡造就合理。

1)配送合理化的判断标志

配送合理化是配送决策系统的重要内容。配送合理化的判断标志,可概括为以下几个方面:

(1)库存标志。

库存是判断物流配送合理与否的重要标志。其具体指标有两个:库存总量和库存周转。

在一个配送系统中,库存量从各个分散的客户转移给配送中心后,配送中心库存量加上各客户在实行配送后的库存量之和应低于实行配送前各客户库存量之和。此外各个客户在实行配送前后的库存量比较,也是判断合理与否的标准,某个客户库存量上升而总量下降,也属于一种不合理现象。

在库存周转方面,合理的物流配送可以加快库存周转速度,使得客户能够以较低库存来保持较高供应能力。此外,从各个客户角度进行判断,各客户在实行配送前后的库存周转比较,也是判断合理与否的标志。

(2)资金标志。

一是资金总量,即用于资源筹措所占用的流动资金总量,随储备总量的下降及供应方式的改变必然有一个较大的降低;二是资金周转,同样数量的资金,过去需要较长时期才能满足一定供应要求,配送之后,在较短时期内就能达到此目的;三是资金投向的改变,实行配送后,资金必然从分散投入改为集中投入,这能增强资金调控能力。

(3) 成本与效益标志。

总效益、宏观效益、微观效益、资源筹措成本都是判断配送合理化的重要标志。成本及效益对合理化的衡量,还可以具体到储存、运输等配送环节,使合理化判断更为精细。

(4) 供应保证标志。

实行配送,客户最大的担心是害怕供应保证程度降低,所以必须提高而不是降低对客户的供应保证能力。即时配送是客户出现应急情况下的特殊供应保障方式,其能力及速度必须高于未实行配送前客户的紧急进货能力及速度才算合理。

(5) 物流合理化标志。

物流配送必须有利于物流合理化。要看物流配送是否合理化就必须判断物流配送过程中是否降低了物流费用,是否减少了物流损失,是否加快了物流速度,是否发挥了各种物流方式的最优效果,是否有效衔接了干线运输与末端运输,是否不增加实际的物流中转次数,是否采用了先进的技术手段。物流合理化问题是物流配送要解决的大问题,也是衡量物流配送本身的重要标志。

2) 实现配送合理化的主要方法

要实现配送合理化,可采取以下做法:

(1) 推行专业性独立配送或综合配送。

专业性独立配送是指根据产品的性质将其分类,由各专业经销组织分别、独立地进行配送。其优点是可以充分发挥各专业组织的优势,便于用户根据自身的利益选择配送企业,从而有利于形成竞争机制。这类配送主要适宜于小杂货配送、生产资料配送、食品配送、服装配送等。

专业综合配送是指将若干种相关的产品汇集在一起,由某一个专业组织进行配送。这是一种向用户提供比较全面服务的配送方式,可以很快备齐用户所需的各种物资,从而减轻用户的进货负担。

(2) 推行加工配送。

通过加工和配送结合,在充分利用本来应有的中转,而不增加新的中转的情况下求得配送合理化。同时,加工借助于配送,加工目的更明确,和用户联系更紧密,避免了盲目性。

(3) 推行共同配送。

共同配送是指对某一地区的用户进行配送不是由一个企业独自完成,而是由若干个配送企业联合在一起共同去完成。通过共同配送,可以以最近的路程、最低的配送成本去完成配送,从而达到配送合理化效果。

(4) 推行送取结合。

配送企业与用户建立稳定、密切的协作关系,配送企业不仅是用户的供应代理人,而且是用户的储存据点,甚至变成用户的产品代销人。在配送时,将用户所需的物资送到,再将该用户生产的产品用同一车辆运回,这种产品也成了配送中心的配送产品之一,或者作为代存代储,免去了生产企业的库存包袱。这种送取结合,使运力充分利用,也使配送企业功能有更大的发挥,从而趋向合理化。

(5)推行准时配送。

准时配送是配送合理化的重要内容。只有将配送做到了准时,用户才可以放心地实施低库存或零库存,才可以有效地安排接货的人力、物力,以追求最高效率的工作。另外,保证供应能力,也取决于准时供应。从国外的物流企业的管理经验看,准时供应配送系统是现在许多配送企业追求配送合理化的重要手段。

 案例分析 1-2

海福发展有限公司的配送经营

海福发展(深圳)有限公司坐落在深圳福田保税区,是一家为高科技电子产品企业提供物流配送服务的企业。该公司承接了IBM公司在我国境内生产厂的电子料件的配送业务,将IBM分布在全球各地共140余家供应商的料件通过海陆空物流网络有机地联系在一起。料件集装箱运达香港机场或码头后,由公司配送中心进行报关、接运、质检、分拣、选货、配套、集成、结算、制单、信息传递、运输、装卸等项作业。将上千种电子料件在24小时内安全、准确完成从香港—保税区—IBM工厂生产线的物流过程。另外,还要把不合格的料件在规定时间内准确无误地退还给IBM的供应商,与此同时,还要完成IBM、海福、供应商三者之间的费用结算。

分析:海福的配送是高效率的配送,高效率的配送需要一套完整的配送体系做保证。

4. 配送与配送管理的现状和趋势

配送管理是按照用户的要求,运用合理的拣货策略,编制最佳的配送作业计划,选择最优化的配送线路,以合理的方式送交客户,实现商品最终配置的经济活动。配送管理的核心是对物流配送各功能环节的管理。许多国家甚至到二十世纪八十年代才真正认识到配送是企业经营活动的主要组成部分,它能给企业创造出更多盈利,是企业增强自身竞争能力的手段,这种认识的转变有着深厚的社会根源。在观念发生变化的同时,配送方式和手段也有很大发展,尤其突出反映在以下几方面:

1)配送区域的扩大

近些年,配送已突破了一个城市范围,在更大范围中找到了优势。美国已开展了州际配送,日本不少配送是在全国范围或很大区域范围进行的,如日本东京的三味株式会社的全国性配送系统、日本资生堂配送系统等都是全国性的配送系统。

2)直达配送的进展

不经过物流基地中转,在有足够批量且不增加用户库存情况下,配送在"直达"领域中也找到了优势,因而突破了配送原来的概念,有了新的发展。对于生产资料而言,直达配送有更广泛的应用。

3)计算机管理

随着配送规模的扩大和计算机的微型化,计算机管理配送取得很大进展,这个进展突出表现在以下三个方面:一是信息传递与处理,甚至建立了EDI系统;二是计算机辅助决策,如辅助进货决策、辅助配货决策、辅助选址决策等,美国IBM公司率先建立了配送车辆计划和配送路线选择的计算机软件系统;三是计算机与其他自动化装置的操作控制,如无人搬运车、配送中心的自动分拣系统等。配送劳动手段作为支撑配送的生产力要素,是进展很大的领域。配送已普遍采用了计算机系统、自动搬运系统、大规模分拣、光电识别、条形码。

4)配送的发展趋势

现代配送的集约化、共同化发展趋势;现代配送的区域化趋势;现代配送的产地直送化趋势;现代配送的信息化趋势;现代配送的自动化、机械化、条码化、数字化以及组合化趋势;现代配送的多种配送方式组合最优化趋势。

案例分析 1-3

海尔的仓储和配送

在海尔,仓库不再是储存物资的仓库,而是一条流动的河。河中流动的是按单采购来的生产必需的物资,也就是按订单来进行采购、制造等活动。这样,从根本上消除了呆滞物资、消灭了库存。海尔集团每个月平均接到6 000多个销售订单,这些订单的品种达7 000多个,需要采购的物料品种达26万余种。在这种复杂的情况下,海尔物流自整合以来,呆滞物资降低了73.8%,仓库面积减少50%,库存资金减少67%。海尔国际物流中心货区面积7 200平方米,但它的吞吐量却相当于普通平面仓库的30万平方米。同样的工作,海尔物流中心只有10个叉车司机,而一般仓库完成这样的工作量至少需要上百人。

为实现"以时间消灭空间"的物流管理目的,海尔从最基本的物流容器单元化、集装化、标准化、通用化到物料搬运机械化开始实施,逐步深入到对车间工位的"五定"送料管理系统、日清管理系统进行全面改革,加快了库存资金的周转速度,库存资金周转天数由原来的30天以上减少到12天,实现JIT过站式物流管理。

生产部门按照B2B、B2C订单的需求完成订单以后,可以通过海尔全球配送网络送达用户手中。目前海尔的配送网络已从城市扩展到农村,从沿海扩展到内地,从国内扩展到国际。全国可调配车辆达1.6万辆,目前可以做到物流中心城市6~8小时配送到位,区域配送24小时到位,全国主干线分拨配送平均4.5天,形成全国最大的分拨物流体系。

分析:仓储和配送管理对于一个物流企业来说非常重要,如果不重视库存管理,就会导致成本的增加、利润的减少;如果没有高效率的配送网络作为后盾,海尔的销售效率也不会那么高。

基本训练

□知识题

1.阅读理解

(1)仓储、智慧仓储及仓储管理的含义是怎样的?

(2)仓储有哪些功能?

(3)仓储管理应遵循怎样的原则?

(4)什么叫配送?配送有哪些要素?

(5)配送和物流的关系是怎样的?

2.知识应用

1)判断题

(1)仓库只能是建筑物。(   )

(2)存放在仓库里的物品,是没有使用价值的。(　　)
(3)商品仓储是商品流通的必要条件,为保证商品流通过程连续进行,就必须有仓储活动。
(　　)
(4)配送是较短距离、较小规模、频度较高的运输形式。(　　)
(5)通过配装送货可以大大提高送货水平及降低送货成本。(　　)

2)选择题

(1)配送按经营形式分为销售配送、供应配送、(　　)。
　A.销售—供应一体化配送　　　　　B.配送中心配送
　C.代存代供配送　　　　　　　　　D.仓库配送

(2)仓储管理的原则有(　　)。
　A.效率的原则　　B.服务原则　　C.经济效益原则　　D.可行性原则

(3)企业仓储活动的类型有(　　)。
　A.自建仓库　　B.租赁公共仓库　　C.保税仓库　　D.采用合同制仓储

(4)仓储最基础的功能是(　　)。
　A.储存和保管　　B.增值功能　　C.保值功能　　D.社会功能

(5)储存的对象必须是(　　)。
　A.有价值的物品　　　　　　　　　B.满足市场需求的物品
　C.消费者认为没价值的物品　　　　D.实物产品

□ 技能题

(1)参观1~2家仓储配送企业,要求学生写一份参观报告,报告内容包括仓储配送的经营模式、经营内容、企业性质、仓储类型、配送方式等情况。

　　实训目的:要求学生了解仓储或配送企业生产经营状况。

　　实训要求:仔细观察,认真听讲解,结合所学知识。

(2)查阅物流管理的知名网站,写出3~4个网址,对某一自己感兴趣的网页栏目的话题写一篇1 000字左右关于仓储配送管理的体会。

　　实训目的:对仓储配送管理的重要性有进一步认识,掌握一些仓储配送管理的经验。

　　实训要求:认真思考,结合所学知识,用自己的语言写出自己关于仓储配送管理的体会。

(3)某物流公司主要对自己的销售点和大客户进行配送,配送方法为销售点和大客户有需要就立即组织装车送货,结果经常造成送货车辆空载率过高,同时往往出现所有车都派出去而其他用户需求满足不了的情况。所以,销售经理一直要求增加送货车辆,但由于资金原因一直没有购车。

　　请问:

　　①若你来做决策,你会买车来解决送货效率低的问题吗?为什么?

　　②请用配送的含义分析该案例,并提出解决方法。

综合案例

案例1　四川某石油设备加工企业采用精诚WMS条码仓储物资系统实现智能货位管理

四川某石油设备公司是一家专业从事石油钻采设备研究、设计、制造、成套和服务的大型民营企业。公司总部占地面积400余亩,员工2 000多人,已经具备年产100台套石油钻机和500

台钻井泵的生产能力。

目前该公司总部拥有多个大型仓库，包括原料库、配件库、装备库和劳保用品库，而且随着企业规模的不断发展壮大，仓库也将不断地扩建才能满足企业物资存放需要。为了能规范仓储物资管理，提高库房管理工作效率，该公司最终选择了精诚 EAS-WMS 仓储物资管理系统来控制整个生产过程，以使企业向生产制造柔性化和管理精细化方向发展，提高市场应对的实时性和灵活性，降低管理成本、改善库房管理水平、提高库房管理工作水平。该公司在 WMS 仓储物资管理方面的实际需求如下：

1. 条码批次/唯一化管理：该公司在仓储物资条码管理系统采用条码按批次和唯一化管理的混合模式，对便于唯一化管理的物资采用条码唯一化管理，一件物品对应一个条码；对不便于唯一化管理的物资，采用批次条码来管理。

2. 智能货位管理：要求入库时通过扫描物资条码列出能存放该物资的具体货位号，出库时能通过分析同类物资在库时间长短根据先入先出原则自动做出出库物资货位的选择。

3. 虚拟货位管理：对一些特殊的物资，在入库时，我们不能按正常物资那样存放到指定货位，而只能存放到库房的一定区域，因此要求系统对用来存放这些特殊物资的区域（非货位）进行编号管理，相当于货位的概念。在此类特殊物资入库时，系统能自动判断其应该存放的区域；在出库时，能自动指导库管人员到指定区域去办理出库操作。

4. 出入库管理：能按设定的工作流程快速完成物资的入库、出库操作，包括物资采购入库、生产退料入库、产成品入库、生产领料出库、销售出库、售后出库等。要求能进行各种查询分析，提供各种报表。在入库时，按编码规则生成并打印物资条码，完成对物资条码的粘贴，同时需要相应部门完成相关操作（如采购到货单据的制作、验收移交清单的填报等）。

出库时，根据相应部门流转过来的单据（如领料单、销售发货单等），系统能自动生成相应的出库单，并能指导操作员到相应的货位去完成出库扫描操作。

5. 临时出入库管理：对于由于采购部门不能及时制作采购到货单的物资入库，要求采用临时入库管理，同时提供该类物资的临时出库管理。要求能提供临时出入库的物资的统计汇总和查询功能。临时入库也要求能完成物资的条码生成打印操作，在系统中也能做到条码批次或唯一化管理。

6. 仓库盘点管理：由于目前该公司采用的是人工盘点，费时费力，工作效率低，因此要求新系统能够在盘点管理上尽量减少人工工作量，提高工作效率和盘点准确率。

7. 库龄分析：对于在库物资提供库龄分析报表以供查询，并且在物资出库时要求系统按先入库先出库的原则根据库龄分析数据自动选择出库物资。

8. 工作提醒：由于某些业务单据处理不及时往往会造成整个业务链停滞不前，所以在系统中应该增加工作提醒功能，按预先设定的工作流程，业务单据流转到某一用户处，在该用户登录系统时，系统自动弹出待处理业务提醒，用户根据提醒即可顺利完成业务处理。

9. 与 ERP 的数据接口：目前该公司使用的是用友的 U8 系统，WMS 从 ERP 系统中获取物资基础资料信息，在物资条码管理系统中完成的出入库业务及库存数据，在 ERP 中能够查询到相关数据及处理单据。

该公司实施条码仓储管理系统后，规范各相关部门的业务操作，提高各部门之间的协作，解决目前该公司实物临时入库管理混乱的问题。条码系统解决目前货位管理不够之智能化的问题，实现入库出库智能选择货位的功能，提高物资出入库的效率。所有业务单据均在系统中处理和流转,减少纸质单据的管理,逐步实现无纸化办公。条码系统将解决目前仓库盘点依靠人工清点的问题,提高盘点效率和准确率。条码系统使用业务单据的关联管理,减少业务单据的重复录入,有效提高业务部门的工作效率。同时,精诚仓储物资条码系统引入OA中的"待办事宜提示",有效进行工作提醒,解决业务处理不及时的问题。

(资料来源:https://max.book118.com/html/2017/0810/126939887.shtm,有改动)

问题:该公司的仓储管理运作给我们带来了什么启示?

案例2 富日物流基于配送的仓储服务

富日物流于2001年9月正式投入运营,注册资本为5 000万元。富日物流拥有杭州市最大的城市快速消费品配送仓。它在杭州市下沙路旁租用的300亩土地上建造了140 000平方米的现代化常温月台库房,并在九堡街道建造规模更大的600亩物流园区。富日物流已经是众多快速流通民用消费品的华东区总仓,其影响力和辐射半径还在日益扩大中。

富日物流通过引入西方先进的第三方物流经营理念,聘请了职业经理人王卫安,成功地开拓了以杭州为核心的周边物流市场,目前已成为杭州最大的第三方物流企业之一。富日物流的主要客户包括大型家用电器厂商(科龙、小天鹅、伊莱克斯、上海夏普、LG、三洋等)、酒类生产企业(五粮液的若干子品牌、金六福等)、方便食品生产企业(如康师傅、统一等)和其他快速消费品厂商(金光纸业、维达纸业等)。国美电器、永乐家电等连锁销售企业和华润万家等连锁超市也与富日物流达成了战略合作关系。

富日物流的商业模式就是基于配送的仓储服务。制造商或大批发商通过干线运输等方式大批量地把货品存放在富日物流的仓库里,然后根据终端店面的销售需求,用小车小批量配送到零售店或消费地。目前,富日物流公司为各客户单位每天储存的商品量达2.5亿元。最近,这家公司还扩大了6万平方米的仓储容量,使每天储存的商品量达10亿元左右。按每月流转3次计,这家公司的每月物流量达30亿元左右。其总经理王卫安运用先进的管理经营理念,使得富日物流成为浙江现代物流业乃至长三角地区的一匹"黑马"。富日物流为客户提供仓储、配送、装卸、加工、代收款、信息咨询等物流服务,利润来源包括仓租费、物流配送费、流通加工服务费等。富日物流的仓库全都是平面仓,部分采用托盘和叉车进行库内搬运,少量采用手工搬运。月台设计很有特色,适合于大型货柜车、平板车、小型箱式配送车的快速装卸作业。

与业务发展蒸蒸日上不同的是,富日物流的信息化一直处于比较原始的阶段,只有简单的单机订单管理系统,以手工处理单据为主。以富日物流目前的仓库发展趋势和管理能力,以及为客户提供更多的增值服务的要求,其物流信息化瓶颈严重制约了富日物流的业务发展。直到最近开始开发符合其自身业务特点的物流信息化管理系统。

富日物流在业务和客户源上已经形成了良性循环。如何迅速扩充仓储面积,提高配送订单的处理能力,进一步提高区域影响力,已经成了富日物流公司决策层的考虑重点。

富日物流已经开始密切关注客户的需求,并为客户规划出多种增值服务,期盼从典型的仓储型配送中心开始向第三方物流企业发展。从简单的操作模式迈向科学管理的新台阶,富日物流的管理层开始意识到仅仅依靠决策层的先进思路是完全不够的,还应导入全面质量管理的管理理念和实施ISO 9000质量管理体系,保证所有层次的管理人员和基层人员能够严格遵循全面质量管理的要求,并且在信息系统的帮助下,使得富日物流的管理体系能够上到一个科学管理的高度。

问题:富日物流是如何应用基于配送的仓储服务模式进行运营的?

综合实训

实训目的:正确认识物流配送及仓储管理,掌握现代物流配送及仓储管理的基本理论和物流仓储配送的发展趋势,提高对物流仓储配送作用与意义分析的能力,在此基础上进一步掌握物流仓储配送管理的内容。了解物流仓储配送合理化目标,理解影响物流仓储配送合理化的相关因素,掌握物流仓储配送主要功能要素,熟悉物流仓储配送的特点及作用。

实训项目安排:

实训项目:进驻当地某物流企业,分组顶岗。每个学生必须了解该企业的发展历程、背景及趋势;掌握其业务流程;熟悉一至两个部门的一个工种的操作。

实训纪律与实训守则:严格服从企业的安排,遵守企业的规章制度,虚心向企业指导老师学习,吃苦耐劳,团结协作。

实训要求:撰写顶岗实习报告。做好PPT,择时汇报。

思政园地

"实际上,数字化本身并不是我们追求的目标,我们真正希望做的是通过数字化、智能化来提高产业的效率效能,创造新价值,提升竞争力。"沈抖说,深入产业,加速数字技术和实体经济深度融合,共建产业智能化新生态,这是一份沉甸甸的历史使命,相信会有越来越多的产业攀上智能高峰。请阅读二维码内容,讨论仓储配送如何达到智能高峰。

智能经济乘"云"而上

项目2
智慧仓储设施与设备

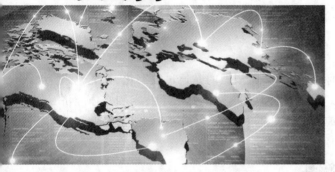

ZHIHUI CANGCHU PEISONG YUNYING

思政目标

◎ 培养创新精神,发明创造新的设备;
◎ 爱祖国、爱企业、爱护企业设备设施。

知识目标

◎ 理解仓库的定义及功能;
◎ 明确仓库类型和设备设施管理;
◎ 了解自动化立体仓库和保税仓库;
◎ 掌握智慧仓储设备设施及现代仓库的规划。

技能目标

◎ 能使用简单的仓库设备;
◎ 能结合所学知识对仓库设施进行简单布局。

任务引例

各种仓储货架方式的比较与分析

某仓库长和宽是 48 m×27 m,该仓库托盘单元货物尺寸为 1 000 mm(宽)×1 200 mm(深)×1 300 mm(高),重量为 1 t。仓库若采用窄通道(VNA)系统,可堆垛 6 层,仓库有效高度可达 10 m;而其他货架方式只能堆垛 4 层,有效高度为 7 m。下面比较几种不同的货架和叉车、堆垛机系统方案,其货仓容量、叉车类型和最佳性价比。

VNA 窄通道系统。该系统货物可先进先出,取货方便,适用于仓库屋架下弦较高,如 10 m 左右。因采用高架叉车,采购价为 58 万元,地面需要加装侧向导轨。叉车通道宽为 1 760 mm。总存货量为 2 088 个货位。货架总造价为 41.76 万元,仓库总造价为 129.6 万元,工程总投资为 229.36 万元,系统平均造价为 1 098 元/货位。

驶入式货架系统。货物先进后出,且单独取货困难,但存货密度高,用于面积小、高度适中的仓库。该系统适用于货品单一、成批量进出货的仓库。系统采用平衡重式电动叉车,采购价为 22.5 万元。叉车直角堆垛通道宽度为 3 200 mm。总存货量为 1 812 个货位。货架总造价为 43.5 万元,仓库建筑总造价为 123.12 万元,工程总投资为 189.12 万元,系统平均造价为 1 044 元/货位。

选取式货架系统。货物可先进先出,取货方便。该系统对货物无特殊要求,适用于各种类型货物,但属于传统型仓库系统,货仓容量较小。系统采用电动前移式叉车,采购价为 26 万元。叉车直角堆垛通道宽度为 2 800 mm。总存货量为 1 244 个货位。货架总造价为 16.2 万元,仓库建筑总造价为 123.12 万元,工程总投资为 165.32 万元,系统平均造价为 1 329 元/货位。

双深式货架系统。货物可先进后出,取货难度适中。该系统货仓容量较大,可与通廊式货架媲美,且对货物和货仓无特殊要求,适应面广。系统采用站驾式堆高车和伸缩叉,采购价为 25 万元。叉车直角堆垛通道宽度为 2 800 mm。总存货量为 1 716 个货位。货架总造价为 24 万元,仓库建筑总造价为 123.12 万元,工程总投资为 172.12 万元,系统平均造价为 1 003 元/货位。

该案例表明：除了投资成本不同，四种不同的货架仓储方式有各自的特点。综合来看，每种仓库系统各有特色，每个公司要按照各自的行业特点来选择最适合的、性价比最高的系统。当然，每个系统并不是独立的，可以结合起来同时使用，根据不同的物流方式、进出速度、货物品种、进出量来选择。

任务 1　仓库概述

1. 仓库的功能与分类

1) 仓库的定义及功能

仓库（warehouse）是保管、储存物品的建筑物和场所的总称。物流中的仓库功能已经从单纯的物资存储保管，发展到具有担负物资的接收、分类、计量、包装、分拣、配送、存盘等多种功能。

仓库作为物流服务的据点，在物流作业中发挥着重要的作用。它不仅具有储存、保管等传统功能，而且还具有拣选、配货、检验、分类、信息传递等功能，并具有多品种小批量、多批次小批量等配送功能以及附加标签、重新包装等流通加工功能。一般来讲，仓库具有以下功能：

（1）储存和保管的功能。这是仓库最基本的传统功能。仓库具有一定的空间，用于储存物品，根据物品的特性，仓库内还配有相应的设备，以保持储存物品的完好性。如储存精密仪器的仓库需要防潮、防尘、恒温等，应设置空调、恒温等控制设备。

（2）配送和加工的功能。现代仓库的功能已由保管型向流通型转变，即仓库由原来的储存、保管货物的中心向流通、销售的中心转变。仓库不仅具有仓储、保管货物的设备，而且还增加分袋、配套、捆装、流通加工、移动等设施。这样，既扩大了仓库的经营范围，提高了物资的综合利用率，又方便了消费者，提高了服务质量。

（3）调节货物运输能力的功能。各种运输工具的运输能力差别较大，船舶的运输能力很大，海运船舶一般都在万吨以上；火车的运输能力较小，每节车厢能装 10～60 吨，一列火车的运量多达几千吨；汽车的运输能力相对较小，一般在 10 吨以下。它们之间运输能力的差异，也是通过仓库调节和衔接的。

（4）信息传递的功能。信息传递功能总是伴随着以上三个功能而发生的。在处理有关仓库管理的各项事务时，需要及时而准确的仓库信息，如仓库利用水平、进出货频率、仓库的地理位置、仓库的运输情况、顾客需求状况，以及仓库人员的配置等，这对一个仓库管理能否取得成功至关重要。

2) 仓库的种类

（1）按运营形态的不同可分为营业仓库、自备仓库和公用仓库。营业仓库是根据"仓库业者仓库业法"经营的仓库。这类仓库有：保管杂货的 1 类仓库；保管小麦、肥料的 2 类仓库；保管玻璃、瓷砖的 3 类仓库；保管水泥、缆线的露天仓库；保管危险物品的危险品仓库；温度 10 ℃以下，保管农产品、水产品和冷冻食品的冷藏仓库等八种。自备仓库是各生产或流通企业，为了本企业物流业务的需要而修建的附属仓库。公用仓库属于公用服务的配套设施，是为社会物流服务的仓库。

(2)按保管类型的不同可分为普通仓库、冷藏仓库、恒温仓库、露天仓库、储藏仓库、危险品仓库、水上仓库和简易仓库。普通仓库是常温下的一般仓库,用于存放一般的物资,对于仓库没有特殊要求。冷藏仓库是具有冷却设备并隔热的仓库(10 ℃以下)。恒温仓库是能够调节温度、湿度的室外仓库(在10~20 ℃之间)。露天仓库是露天堆码、保管的室外仓库。储藏仓库是保管散粒谷物、粉体的仓库。危险品仓库是保管危险品、高压气体的仓库,以油罐仓库为代表。水上仓库是漂浮在水上的储藏货物的趸船、浮驳或其他水上建筑,或把木材在划定水面保管的室外仓库。简易仓库没有正式建筑,如使用帐篷等简易构造的仓库。

(3)按功能分为贮藏仓库、流通仓库、专用仓库、保税仓库及其他仓库。贮藏仓库主要对货物进行保管,以解决生产和消费的不均衡,如季节性生产的大米储存到下一年销售。流通仓库除具有保管功能外,还能进行流通加工、装配、简单加工、包装、理货以及配送,具有周转快、附加值高、时间性强的特点。专用仓库是保管钢铁、粮食等某些特定货物的仓库。保税仓库是经海关批准,在海关监管下,专供存放未办理关税手续而入境或过境货物的场所。这里的其他仓库包括制品仓库、商品仓库、零件仓库、原材料仓库。

(4)其他分类形式,如表2-1所示。

表2-1 仓库的其他分类

分类标准	分类
根据建筑形式分类	平房仓库、多层仓库、地下仓库
根据所用建筑材料分类	钢筋混凝土仓库、钢架金属质仓库、木架砂浆质仓库、轻质钢架仓库、其他仓库
根据库内形态分类	一般平地面仓库、货架仓库、自动化立体仓库

知识链接 2-1

不同形状仓库的用途

单层仓库适于贮存金属材料、建筑材料、矿石、机械产品、车辆、油类、化工原料、木材及其制品等。水运码头仓库、铁路运输仓库、航空运输仓库多用单层建筑,以加快装卸速度。多层仓库一般贮存百货、电子器材、食品、橡胶产品、药品、医疗器械、化学制品、文化用品、仪器仪表等。底层应有卸货装货场地,装卸车辆可直接进入。货物的垂直运输一般采用1.5~5吨的运货电梯。应考虑装运货手推车或叉车能开入电梯间内,以加快装卸速度。圆筒形仓库一般贮存散装水泥、干矿渣、粉煤灰、散装粮食、石油、煤气等气体。圆筒形仓库的建筑设计根据贮存物品的种类和进卸料方式确定。库顶、库壁和库底必须防水、防潮。

2. 智慧仓库的规划

1)仓库选址

仓库选址是指在一个具有若干供应点及若干需求点的经济区域内,选一个地址建立仓库的规划过程。合理的选址方案应该使商品通过仓库的汇集、中转、分发,到达需求点的全过程的效益最好。因为仓库的建筑物及设备投资太大,所以选址时要慎重,如果选址不当,损失不可弥补。

(1) 仓库选址的原则。

适应性原则。仓库的选址要与国家及地区的产业导向、产业发展战略相适应,与国家的资源分布和需求分布相适应,与国民经济及社会发展相适应。

协调性原则。仓库的选址应将国家的物流网络作为一个大系统来考虑,使仓库的设施设备在区域分布、物流作业生产力、技术水平等方面相互协调。

经济性原则。就是选址的结果要保证建设费用和物流费用最低,如选定在市区、郊区,还是靠近港口或车站等,既要考虑土地费用,又要考虑将来的运输费用。

战略性原则。就是要有大局观,一是要考虑全局,二是要考虑长远。要有战略眼光,局部利益要服从全局利益,眼前利益要服从长远利益,要用发展的眼光看问题。

可持续发展原则。主要指在环境保护上,充分考虑长远利益,维护生态环境,促进城乡一体化发展。

其他因素:①国土资源利用。仓库的建设应充分利用土地,节约用地,充分考虑到地价的影响,还要兼顾区域与城市的发展规划。②环境保护要求。要保护自然与人文环境,尽可能降低对城市生活的干扰,不影响城市交通,不破坏城市生态环境。③地区周边状况。一是仓库周边不能有火源,不能靠近住宅区。二是仓库所在地的周边地区的经济发展情况,是否对物流产业有促进作用。

知识链接 2-2

仓库选址的影响因素

自然环境因素:①气象条件。主要考虑的气象条件有:年降水量、空气温湿度、风力、无霜期长短、冻土厚度等。②地质条件。主要考虑土壤的承载能力。仓库是大宗商品的集结地,货物会对地面形成较大的压力,如果地下存在着淤泥层、流沙层、松土层等不良地质环境,则不适宜建设仓库。③水文条件。要认真搜集选址地区近年来的水文资料,需远离容易泛滥的大河流域和上游的地下水区域,地下水位不能过高,故河道及干河滩也不可选。④地形条件。仓库应建在地势高、地形平旧病复坦的地方,尽量避开山区及陡坡地区,最好选长方地形。

经营环境因素:①政策环境背景。选择建设仓库的地方是否有优惠的物流产业政策对物流产业进行扶持,这将对物流业的效益产生直接影响。当地的劳动力素质的高低也是需要考虑的因素之一。②商品特性。经营不同类型商品的仓库应该分别布局在不同地域,如生产型仓库的选址应与产业结构、产品结构、工业布局紧密结合进行考虑。③物流费用。仓库应该尽量选择建在接近物流服务需求地,如大型工业、商业区,以便缩短运输距离,降低运费等物流费用。④服务水平。物流服务水平是影响物流产业效益的重要指标之一,所以在选择仓库地址时,要考虑是否能及时送达,应保证客户无论在任何时候向仓库提出需求,都能获得满意的服务。

基础设施状况:①交通条件。仓库的位置必须交通便利,最好靠近交通枢纽,如港口、车站、交通主干道(国、省道)、铁路编组站、机场等,应该有两种运输方式衔接。②公共设施状况。要求城市的道路畅通,通信发达,有充足的水、电、气、热的供应能力,有污水和垃圾处理能力。

(2)仓库选址的步骤和方法。

仓库的选址可分为两个步骤进行,第一步为分析阶段,具体有需求分析、费用分析、约束条件分析;第二步为筛选及评价阶段,根据所分析的情况,选定具体地点,并对所选地点进行评价。具体方法如下:

①分析阶段。

分析阶段有以下内容:第一,需求分析。根据物流产业的发展战略和产业布局,对某一地区的顾客及潜在顾客的分布、供应商的分布情况进行分析,具体有以下内容:工厂到仓库的运输量;向顾客配送的货物数量(客户需求);仓库预计最大容量;运输路线的最大业务量。第二,费用分析。主要有:工厂到仓库之间的运输费、仓库到顾客之间的配送费、与设施和土地有关的费用及人工费等,如所需车辆数、作业人员数、装卸方式、装卸机械费等。运输费随着距离的变化而变动,而设施费用、土地费是固定的,人工费是根据业务量的大小确定的。以上费用必须综合考虑,进行成本分析。第三,约束条件分析。地理位置是否合适,应靠近铁路货运站、港口、公路主干道,道路通畅情况,是否符合城市或地区的规划;是否符合政府的产业布局,有没有法律制度约束;地价情况。

②选址及评价阶段。

分析活动结束后,得出综合报告,根据分析结果在本地区内初选几个仓库地址,然后对初选的几个地址进行评价,确定一个可行的地址,编写选址报告,报送主管领导审批。评价方法有以下几种:

量本利分析法。任何选址方案都有一定的固定成本和变动成本,不同的选址方案的成本和收入都会随仓库储量变化而变化。利用量本利分析法,可采用作图或进行计算比较数值的方法进行分析。进行计算比较数值要求计算各方案的盈亏平衡点的储量及各方案总成本相等时的储量。在同一储量点上选择利润最大的方案。

加权评分法。对影响选址的因素进行评分,把每一地址各因素的得分按权重累计,比较各地址的累计得分来判断各地址的优劣。步骤是:确定有关因素;确定每一因素的权重;为每一因素确定统一的数值范围,并确定每一地点各因素的得分;累计各地点每一因素得分与权重相乘的和,得到各地点的总评分;选择总评分值最大的方案。

重心法。重心法是一种选择中心位置,从而使成本降低的方法。它把成本看成运输距离和运输数量的线性函数。此种方法利用地图确定各点的位置,并将一坐标重叠在地图上确定各点的位置。坐标设定后,计算重心。

(3)仓库选址的注意事项。

大中城市的仓库应采用集中与分散相结合的方式选址;在中小城镇中,因仓库的数目有限且不宜过于分散,故宜选择独立地段;在河道(江)较多的城镇,商品集散大多利用水运,仓库可选择沿河(江)地段。应当引起注意的是,城镇要防止将那些占地面积较大的综合性仓库放在城镇中心地带,导致带来交通不便等诸多影响。下面,分别简要分析各类仓库在选址时的注意事项。

根据一般分类方法,仓库可分为转运型、储备型、综合型三种。不同类型的仓库选址时应注意以下事项。

①转运型仓库。转运型仓库大多经营倒装、转载或短期储存的周转类商品,大都使用多式联运方式,因此一般应设置在城市边缘地区的交通便利的地段,以方便转运和减少短途运输。

②储备型仓库。储备型仓库主要经营国家或所在地区的中、长期储备物品,一般应设置在城镇边缘或城市郊区的独立地段,且具备直接而方便的水陆运输条件。

③综合型仓库。这类仓库经营的商品种类繁多,根据商品类别和物流量选择在不同的地段。如与居民生活关系密切的生活型仓库,若物流量不大又没有环境污染问题,可选择接近服务对象的地段,但应具备方便的交通运输条件。

经营不同商品的仓库对选址的要求不同,应分别加以注意,以下典型分析蔬菜、冷藏品、建筑材料、危险品等仓库的选址特殊要求。

①果蔬食品仓库。果蔬食品仓库应选择入城干道处,以免运输距离拉得过长,商品损耗过大。

②冷藏品仓库。冷藏品仓库往往选择在屠宰场、加工厂、毛皮处理厂等附近。有些冷藏品仓库会产生特殊气味、污水、污物,而且设备及运输噪声较大,可能对所在地环境造成一定影响,故多选择城郊。

③建筑材料仓库。通常,建筑材料仓库的物流量大、占地多,可能产生某些环境污染问题,有严格的防火等安全要求,应选择城市边缘,对外交通运输干线附近。

④燃料及易燃材料仓库。石油、煤炭及其他易燃物品仓库应满足防火要求,选择城郊的独立地段。在气候干燥、风速较大的城镇,还必须选择大风季节的下风位或侧风位,特别是油品仓库选址应远离居住区和其他重要设施,最好选在城镇外围的地形低洼处。

2)仓库布局规划

(1)仓库布局规划设计的含义和原则。

仓库布局规划是根据仓库生产和管理的需要,对整个仓库所有设施进行用途规划,确定生产、辅助生产、行政等场所,并对各类设施和建筑进行区别,如仓库货场编号、道路命名、行政办公区识别等,以使仓库总体合理布局。仓库布局是指一个仓库的各个组成部分,如库房、货棚、货场、辅助建筑物、铁路专运线、库内道路、附属固定设备等,在规定的范围内,进行平面和立体的全面合理的安排。图 2-1 所示为仓库总体布局示意图。

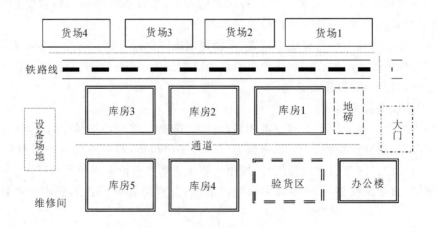

图 2-1 仓库总体布局示意图

普通仓库一般由货品储存区、验收分发作业区、管理室、生活间及辅助设施组成。仓库的布置规划就是对上述区域的空间面积配置做出合理安排的同时,重点对仓库的储存区域的空间及技术要求、设备选择及作业通道宽度等进行规划设计。储存货物的空间规划是普通仓库规划的核心,储存空间规划的合理与否直接关系到仓库的作业效率和储存能力。仓库布局应符合以下几个原则:利于作业优化;单一的物流流向;节省其他投资;便于储存保管;提高物品保管质量;保管条件不同的货物不能混存保管;作业手段不同的货物不能混存;灭火措施不同的货物不能混存。

(2)仓库的平面布置。

仓库是物流企业最主要的设施。仓库的平面布置是对仓库的各个组成部分,如库房、辅助建筑物、办公设施、库内道路等,进行全面合理的安排和布置。仓库平面布置是否合理,将对仓储作业的效率、储存质量、储存成本和仓库盈利目标的实现产生很大影响。

影响仓库平面布置的因素:①仓库的专业化程度。仓库储存商品的种类越少,则仓库的专业化程度就越高;相反,仓库储存商品的种类越多、越杂,则仓库的专业化程度就越低。各种商品性质不同,装卸搬运方式和存储方法也会有所区别,对仓库平面布置的要求也不同,因此,仓库的专业化程度越高,布置越简单,反之越难。图2-2和图2-3显示了两种不同专业化程度的仓库。②仓库规模。仓储的规模越大、功能越多,则需要的设施设备就越多,设施设备之间的配套衔接就成为十分重要的问题,布置就越难,反之则越简单。③环境设施、地质地形条件等。环境设施、地质地形条件越好,仓库平面布置越简单,反之越难。

图2-2 专业化程度较低的仓库

图2-3 专业化程度高的仓库

仓库平面布置的要求:①仓库平面布置要适应仓储作业过程的要求,有利于仓储作业的顺利进行。第一,仓库平面布置的物品流向,应该是单一的流向,如图2-4所示。仓库内物品在入库、验收、储存直到出库作业,应该是按一个方向流动的,以减少仓库内的拥塞和混乱。第二,最短的搬运距离,并尽量减少迂回、重复搬运等。第三,最少的装卸环节。尽量减少在库物品的装卸搬运次数,如物品的卸车、验收、入库最好一次完成。第四,最大限度地利用空间。物品储存时应合理储存并充分利用仓库容积,如高层货架可充分利用仓库的立体空间,如图2-5所示。②仓库平面布置要有利于提高仓储经济效益。要因地制宜,充分考虑地形、地质条件,利用现有资源和外部协作条件,根据设计规划和库存物品的性质,选择和配置合适的设施设备,以便最大限度发挥其效能。③仓库平面布置要有利于保证安全和职工的健康。仓库建设时严格执行《建筑设计防火规范》的规定,留有一定的防火间距,并有防火防盗安全设施,作业环境的安全卫生标准要符合国家的有关规定,有利于职工的身体健康。同时还要考虑防洪、排水标准和措施。

仓库平面布置原则:根据物品特性分区分类储存,将特性相近的物品集中存放;重、大件物品,周转量大和出入库频繁的物品,宜靠近出入口,以缩短搬运距离,提高出入库效率;易燃的物

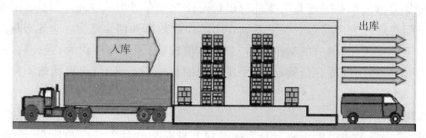

图 2-4 物品流向图

品,应尽量靠外面布置,以便管理;有吊车的仓库,汽车入库的运输通道最好布置在仓库的横向方向,以减少辅助面积,提高面积利用率;仓库内部主要运输通道的宽度,一般采用双行道;仓库出入口附近,一般应留有收发作业用的面积;仓库内设置管理室及生活间时,应该用墙与库房隔开,其位置应靠近道路一侧的入口处。

(3) 仓库货区布局的基本形式。

货区布局的目的一方面是提高仓库平面和空间利用率,另一方面是提高物品保管质量,方便进出库作业,从而降低物品的仓储处置成本。

图 2-5 高层货架

货区布置的基本思路:根据物品特性分区分类储存,将特性相近的物品集中存放;将单位体积大、单位质量大的物品存放在货架底层,并且靠近出库区和通道;将周转率高的物品存放在进出库装卸搬运最便捷的位置;将同一供应商或者同一客户的物品集中存放,以便于进行分拣配货作业。

货区布置的形式:仓库货区布置分为平面布置和空间布置。平面布置是指对货区内的货垛、通道、垛间距、收发货区等进行合理的规划,并正确处理它们的相对位置。平面布置的形式可以概括为垂直式和倾斜式。空间布局是指库存物品在仓库立体空间上的布局,其目的在于充分有效地利用仓库空间。空间布局的主要形式有就地堆码、上货架存放、加上平台、空中悬挂等。其中使用货架存放物品有很多优点,概括起来有以下几个方面:便于充分利用仓库空间,提高库容利用率,扩大存储能力;物品在货架里互不挤压,有利于保证物品本身和其包装完整无损;货架各层中的物品,可随时自由存取,便于做到先进先出;物品存入货架,可防潮、防尘,某些专用货架还能起到防损伤、防盗、防破坏的作用。

(4) 非保管场所布置。

仓库库房内货架和货垛所占的面积为保管面积或使用面积,其他则为非保管面积。应尽量扩大保管面积,缩小非保管面积。非保管面积包括通道、墙间距、收发货区、仓库人员办公地点等。

 案例分析 2-1

某超市公司配送中心规划

某超市公司常温商品配送中心,定位为利润中心,商品库存量由供货商自管,缺品罚款,库存周转天数超标将按日加收仓储费。总体而言,库容量较大,库存周转较慢,库存商品 1 万多种,年配送商品金额十几亿元,费率2%左右,年利润1 000多万元。体力工作主要由外地农民工承担,关键岗位以及管理层均由当地合同工、劳务工担当。逆向物流极少,可以忽略。该配送中心有新老两个紧邻的仓库且两大门几乎连为一体,两块地均近似方形,中间仅一墙之隔,破墙开门连通两地,以方便人员、商品流动,同一商品两库均设有库存,但配送对象(区域)不同。两库的发货均以批次摘果二次播种(人工播种)为主。使用1 200 mm×1 000 mm川字形木托盘。老库占地面积约3万平方米,普通水泥地面,与新库非相邻三边各有一排低位无台平库(总面积约2万平方米)用于存放商品,货架以托盘横梁低位货架为主,整个场地中间(三排库房与一面围墙之间)的空地上方全部由拱形大棚覆盖。库房门前为收货集货场地,空地中央为播种作业区,规则平铺若干托盘,每托盘区域旁带底盘标牌标示发货批次及门店等信息,发货时按播种单围绕托盘人工播种,播种结束后核点总箱数后装运。

新库占地面积约5万平方米,库房建筑物占地面积约25 000平方米,外置式月台,耐磨角料地坪,办公楼在围墙内,为独立建筑,食堂在围墙外。仓库主体建筑为高位高台平库,位于场地中央,周边道路环通。库房三面设有月台,其中相邻两面收货,另一面用于出货。库房带有月台的三面积层,积层下部为集货场地,积层上部设为拆零库、精品库、恒温库,库房四角均布低速货梯用于垂直运输,非积层部分布设高位托盘横梁货架,配前移式高位叉车。拆零库、精品库为隔板货架,人工上架;恒温库为托盘横梁低位货架,叉车(电瓶堆高车)上架。收货、上架采用RFID技术,使用收货标签,同一商品如允许拆零,则分设整箱和拆零两个拣货位,恒温库区、高位货架库区采用流动拣货位、批次摘果,拆零库区采用固定拣货位、单店摘果。

分析提示:作业流程比较简单也较常见,此处不再赘述。主要问题表现为:设备配置不到位,库房结构布局以及商品布局不尽合理,流程有待改进、系统有待提升,最大的问题是库容有余而吞吐能力严重不足,协调、协同能力不够,出货效率较低,作业瓶颈比较明显。

3. 自动化立体仓库和保税仓库的介绍

1) 自动化立体仓库

自动化立体仓库,是当前技术水平较高的形式。自动化立体仓库的主体由货架、巷道式堆垛起重机、入(出)库工作台和自动运进(出)及操作控制系统组成。货架是钢结构或钢筋混凝土结构的建筑物或结构体,货架内是标准尺寸的货位空间。巷道式堆垛起重机穿行于货架之间的巷道中,完成存、取货的工作。管理上采用计算机及条形码技术。自动化立体仓库一般由高层货架、起重运输设备、土建公用设施以及控制和管理设施等部分组成。图2-6所示是两种自动化立体仓库。

自动化立体仓库能得到迅速发展的主要原因,就在于它具有如下优点:货物存放集中化、立体化,减少占地面积,在地价昂贵的国家,其效果尤为显著;仓库作业的机械化和自动化减轻了工人的劳动强度,节约劳力,缩短作业时间;物品出入库迅速、准确,减少了车辆的待装待卸时间,提高了仓库的存储周转能力;采用电子计算机控制与管理,有利于压缩库存和加速物品的周转,降低了储存费用,从而降低了产品成本;可以适应特殊环境下的作业,如高温、低温作业,剧毒、放射性和腐蚀性等物资的储存;提高仓库的安全可靠性,便于进行合理储存和科学的养护,提高保管质量,确保仓库安全;由于采用计算机管理,加快了处理各种业务活动的速度,缩短了交货时间。总之,由于自动化立体仓库这一新技术的出现,原来那种固定货位、人工搬运和码

库架合一式　　　　　　　库架分离式

图 2-6　两种自动化立体仓库

放、人工管理、以储存为主的仓储作业，变为自由选择货位、可按需要实现先进先出的机械化与自动化仓储作业。在储存的同时，可以对货物进行必要的拣选、组配，并根据整个企业生产的需要，有计划地将库存货物按指定的数量和时间要求送到恰当地点，满足均衡生产的需要，可以说自动化立体仓库的出现使静态仓库变成了动态仓库。

案例分析 2-2

北京立体仓库

北京立体仓库库房面积 5 400 平方米，高约 11 米，为钢结构大跨度的独立库房。与传统平面仓库相比，立体仓库对大型货物的存储能力提高 1.6 倍，小件物品的存储能力提升 10 倍。整体作业周期缩短。收货：占收货总量 35% 左右的厂家自带托盘，货物的接收上架速度由原先的 70 分/整车，提升到 45 分/整车，效率提升近 40%；整车散装货物的接收上架时间也从 100 分钟缩短至 80 分钟。发货：基本维持了原有的水平，但效率提高了（以市内配送为例，从交货单生成到货物发运驶离库房，原有时间为 52 分钟，目前在日订单量同期比增加 20%、扫描单数增加 60%、每月扫描量从 2000 年的零扫描增长为两万多条扫描需求，并且还呈不断上升趋势的情况下，出货速度与以往基本持平）。另外，由于利用了 RF 手持终端设备实现了 PN 条形码扫描/粘贴等无纸化操作，物流作业的错误率大大降低。在存储量保持不变的前提下，每月因折旧、租金的微提升增加费用为人民币 7 万元，但随着存储量的提升将每月节省租金约人民币 12 万余元。根据介绍，该立体仓库自接到网上订单后备货、出货过程平均在 15 分钟内都可完成，并在两小时内通过"神州特快"送达客户手中。

分析：北京立体仓库和普通平面仓库在结构布局方面有很大的差异，带来的结果是高效率和低成本。

2) 保税仓库

(1) 保税仓库的定义及类型。

保税仓库是保税制度中应用最广泛的一种形式，是指经海关批准设立的专门存放保税货物及其他未办结海关手续货物的仓库。例如：龙口港公用型保税油库和保税堆场、江门市日新日盈公用型保税仓库。

随着国际贸易的不断发展及外贸方式多样化,世界各国进出口货运量增长很快,如进口原料、配件进行加工,装配后复出口,以及补偿贸易、转口贸易、期货贸易等灵活贸易方式的货物,进口时要征收关税,复出口时再申请退税,手续过于烦琐,也不利于发展对外贸易。如何既方便进出口,有利于把外贸搞活,又使未税货物仍在海关有效的监督管理之下？实行保税仓库制度就是解决这个问题的一把钥匙。这种受海关监督管理,专门存放按海关法令规定和经海关核准缓纳关税的进出口货物的场所,通称保税仓库。

保税货物是指经海关批准未办理纳税手续进境,在国内储存、加工、装配后复出境的货物,这类货物如在规定的期限内复运出境,经海关批准核销；如果转为内销,进入国内市场,则必须事先提供进口许可证和有关证件,正式向海关办理进口手续并缴纳关税,货物才能出库。

保税仓库按照使用对象不同分为公用型保税仓库、自用型保税仓库。公用型保税仓库由主营仓储业务的中国境内独立企业法人经营,专门向社会提供保税仓储服务。自用型保税仓库由特定的中国境内独立企业法人经营,仅存储供本企业自用的保税货物。保税仓库中专门用来存储具有特定用途或特殊种类商品的称为专用型保税仓库。专用型保税仓库包括液体危险品保税仓库、备料保税仓库、寄售维修保税仓库和其他专用型保税仓库。液体危险品保税仓库,是指符合国家关于危险化学品仓储规定的,专门提供石油、成品油或者其他散装液体危险化学品保税仓储服务的保税仓库。备料保税仓库,是指加工贸易企业存储为加工复出口产品所进口的原材料、设备及其零部件的保税仓库,所存保税货物仅限于供应本企业。寄售维修保税仓库,是指专门存储为维修外国产品所进口寄售零配件的保税仓库。

海关允许存放在保税仓库的货物有三类:一是供加工贸易(进、来料加工)加工成品复出口的进口料件；二是外经贸主管部门批准开展外国商品寄售业务、外国产品维修业务、外汇免税商品业务及保税生产资料市场的进口货物；三是转口贸易货物、外商寄存货物以及国际航行船舶所需的燃料、物料和零配件等。

(2)保税仓库应具备的条件。

保税仓库应当符合海关对保税仓库布局的要求,并设立在设有海关机构、便于海关监管的区域；具备符合海关监管要求的安全隔离设施、监管设施和办理业务必需的其他设施；具备符合海关监管要求的保税仓库计算机管理系统并与海关联网；具备符合海关监管要求的保税仓库管理制度、符合会计法要求的会计制度；符合国家土地管理、规划、交通、消防、质检、环保等方面法律、行政法规及有关规定；公用型保税仓库面积最低为2 000平方米；液体危险品保税仓库容积最低为5 000立方米；寄售维修保税仓库面积最低为2 000平方米；满足法律、行政法规、海关规章规定的其他条件。

任务2　智慧仓储设备

1. 货架与托盘

1) 货架

仓储货架不同于超市货架,超市货架除具有存储功能外,另一重要的功能即是展示作用。

相对于超市货架,仓储货架普遍应用于工业仓库,更着重于向上发展,充分利用存储空间,最大高度可达到40米以上。大型物流中心的设计可以是库架一体式结构,即先建造货架部分,以货架为建筑物的支撑结构,后建建筑结构,如围墙、屋顶等,重点在于存储、充分利用空间和另一重要功能——快速处理货物流通。在仓库设备中,货架是专门用于存放成件物品的保管设备。货架在物流及仓库中占有非常重要的地位,随着现代工业的迅猛发展,物流量的大幅度增加,为实现仓库的现代化管理,改善仓库的功能,不仅要求货架数量多,而且要求具有多功能,并能实现机械化、自动化。仓库货架有如下类型:

(1)横梁式货架。

横梁式货架存取快捷、方便,保证任何物品都先进先出,无叉车类型限制,具有较快的取货速度,空间利用率30%～50%(由叉车类型决定),如图2-7所示。

(2)重力式货架。

重力式货架是高密度、高效率储存货物理想之选,采用自由出入式设计,具有极高的存货流转率,按单取货,取货快捷,具有良好的地面利用率,储货净空间占仓库的60%,如图2-8所示。

图 2-7　横梁式货架　　　　图 2-8　重力式货架

 知识链接 2-3

有效的先进先出方式

1.贯通式(重力式)货架系统利用货架的每层形成贯通的通道,从一端存入物品,另一端取出物品,物品在通道中自行按先后顺序排队,不会出现越位等现象。贯通式(重力式)货架系统能非常有效地保证先进先出。

2."双仓法"储存给每种被储物都准备两个仓位或货位,轮换进行存取,再配以必须在一个货位中出清后才可以补充的规定,则可以保证实现"先进先出"。

3.计算机存取系统采用计算机管理,在存货时向计算机输入时间记录,编入一个简单的按时间顺序输出的程序,取货时计算机就能按时间给予指示,以保证"先进先出"。这种计算机存取系统还能将"先进先出"保证不做超长时间的储存和快进快出结合起来,即在保证一定先进先出的前提下,将周转快的物资随机存放在便于存储之处,以加快周转,减少劳动消耗。

(3)阁楼式货架。

阁楼式货架是用货架做楼面支撑,可设计成多层楼层(通常2～3层),设置有楼梯和货物提升电梯等(见图2-9),适用于库房较高、货物轻小、人工存取的情况。储货量大的情况下使用提升机和液压升降平台。

图2-9 阁楼式货架

(4)悬臂式货架。

悬臂式货架适用于储存长而不规则的物件,如各类管道软管及钢材钢板等,如图2-10所示。

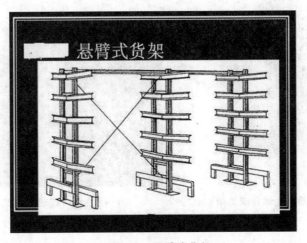

图2-10 悬臂式货架

(5)托盘式货架。

托盘式货架是以托盘单元货物的方式来设计并保管货物的货架,一般采用叉车等装卸设备作业,如图2-11所示。

(6)自动化立体仓库货架。

自动化立体仓库货架高速运转,操作简单,充分利用空间,最适合大规模储存货物的高效自动仓库,使用仓储笼或托盘作为货位单元存放器具,如图2-12所示。自动化立体仓库由货架、堆垛机、货箱及辅助设备组成,具有扩大仓储能力、减少仓库占地面积、实现微机自动化管理、提高效率等优点。自动化立体仓库是由高层货架、巷道堆垛起重机(有轨堆垛机)、入出库输送机系统、自动化控制系统、计算机仓库管理系统及其周边设备组成,可对集装单元货物实现自动化保管和计算机管理的仓库,广泛应用于大型生产性企业的采购件、成品件仓库及柔性自动化生产系统,流通领域的大型流通中心、配送中心。此外,由有轨堆垛机和无轨堆垛机与高架货架等组成的各类机械化、半自动化高架货架仓库、拣选式高层货架仓库也在此列。

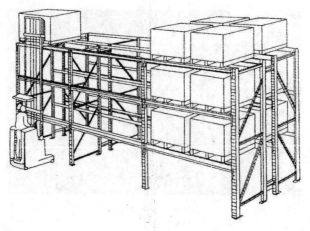

图 2-11　托盘式货架

图 2-12　自动化立体仓库货架

图 2-13　移动式货架

(7) 移动式货架。

移动式货架易控制,安全可靠,如图 2-13 所示。每排货架由一个电机驱动,由装置于货架下的滚轮沿铺设于地面上的轨道移动。其突出的优点是提高了空间利用率,一组货架只需一条通道,而固定型托盘货架的一条通道只服务于通道两侧的两排货架。所以在相同的空间内,移动式货架的储存能力比一般固定式货架高得多。

(8) 装配式货架。

装配式货架采用组合式结构,调节灵活,拆装方便,如图 2-14 所示。组合货架要实现标准化、系列化,因为如果每个单位自行设计、制造组合货架,质量会缺乏保证,成本也会比较高。货架实现标准化设计和专业化生产,不仅能提高产品质量,使产品规格多样化、系列化,而且能节约原材料,降低成本。

(9) 贯通式货架。

贯通式货架又称通廊式货架或驶入式货架,如图 2-15 所示。贯通式货架采用托盘存取模式,适用于品种少、批量大的货物储存。贯通式货架除了靠近通道的货位,由于叉车需要进入货架内部存取货物,通常单面取货建议不超过 7 个货位深度。为提高叉车运行速度,可根据实际

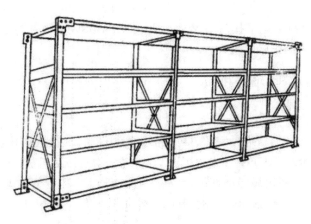

图 2-14 装配式货架

需要选择配置导向轨道。与货位式货架相比,贯通式货架的仓库空间利用率可提高 30% 以上。贯通式货架广泛应用于冷库及食品、烟草行业。

图 2-15 贯通式货架

图 2-16 托盘

2)托盘

国家标准《物流术语》对托盘(pallet,见图 2-16)的定义是:在运输、搬运和存储过程中,将物品规整为货物单元时,作为承载面并包括承载面上辅助结构件的装置。作为与集装箱类似的一种集装设备,托盘现已广泛应用于生产、运输、仓储和流通等领域,被认为是 20 世纪物流产业中两大关键性创新之一。托盘作为物流运作过程中重要的装卸、储存和运输设备,与叉车配套使用,在现代物流中发挥着巨大的作用。托盘给现代物流业带来的效益主要体现在:可以实现物品包装的单元化、规范化和标准化,保护物品,方便物流和商流。

正是由于托盘的种类繁多,具有广泛的应用性和举足轻重的连带性,在装卸搬运、保管、运输和包装等各个物流环节的效率化中,都处于中心位置,具有很重要的衔接功能,所以,托盘虽然只是一个小小的器具,但其规格尺寸,是包装尺寸、车厢尺寸、集装单元尺寸的核心。从某种意义上讲,托盘的标准化,不单单是托盘租赁、托盘流通和循环使用的前提,也是实现装卸搬运、包装、运输和保管作业机械化、自动化的决定因素。没有托盘规格尺寸的统一,没有以托盘为基础的相关设施、设备、装置、工具等的系列化标准,就只能做到局部物流的合理化,难以达到整体物流的合理化。ISO 统一全球联运托盘的规格存在很大的困难,最终只能对已在相关地区和国家推行的 1 200 mm×1 000 mm、1 200 mm×800 mm、1 219 mm×1 016 mm(即 48 英寸×40

英寸)、1 140 mm×1 140 mm、1 100 mm×1 100 mm 和 1 067 mm×1 067mm 等 6 种托盘的规格在 ISO 6780《国际物料搬运平托盘 主要尺寸及公差》中采取兼容并包的态度,将这 6 种托盘的规格并列为全球通用的国际标准。

2. 叉车、堆垛起重机、输送机械

1) 叉车

叉车是指对成件托盘货物进行装卸、堆垛和短距离运输、重物搬运作业的各种轮式搬运车辆。国际标准化组织 ISO/TC110 称之为工业车辆,属于物料搬运机械。叉车广泛应用于车站、港口、机场、工厂、仓库等各国民经济部门,是机械化装卸、堆垛和短距离运输的高效设备。自行式叉车出现于 1917 年。第二次世界大战期间,叉车得到发展。中国从 20 世纪 50 年代初开始制造叉车。

叉车通常可以分为三大类:内燃叉车、电动叉车和仓储叉车。

(1)内燃叉车。

内燃叉车又分为普通内燃叉车、重型叉车、集装箱叉车和侧面叉车,如图 2-17 所示。

(2)电动叉车。

电动叉车以电动机为动力,蓄电池为能源,如图 2-18 所示。承载能力 1.0~8.0 吨,作业通道宽度一般为 3.5~5.0 米。电动叉车由于没有污染、噪声小,因此广泛应用于室内操作和其他对环境要求较高的工况,如医药、食品等行业。随着人们对环境保护的重视,电动叉车正在逐步取代内燃叉车。由于每组电池一般在工作约 8 小时后需要充电,因此对于多班制的工况需要配备备用电池。

图 2-17 内燃叉车

图 2-18 电动叉车

(3)仓储叉车。

仓储叉车主要是为仓库内货物搬运而设计的叉车,如图 2-19 所示。除了少数仓储叉车(如手动托盘叉车)是采用人力驱动的,其他都是以电动机驱动的,因其车体紧凑、移动灵活、自重轻和环保性能好而在仓储业得到普遍应用。在多班作业时,电动机驱动的仓储叉车需要有备用电池。

2) 堆垛起重机

堆垛起重机是用货叉或串杆攫取、搬运和堆垛或从高层货架上存取单元货物的专用起重

机。它是一种仓储设备,分为桥式堆垛起重机和巷道式堆垛起重机(又称巷道式起重机)两种。

(1)桥式堆垛起重机。

桥式堆垛起重机是在桥式起重机的基础上结合叉车的特点发展起来的一种自动式堆货的机器(见图2-20),在从起重小车悬垂下来的刚性立柱上有可升降的货叉,立柱可绕垂直中心线转动,因此货架间需要的巷道宽度比叉车作业时所需要的小。这种起重机支承在两侧高架轨道上运行,除一般单元货物外还可堆运长物件。起重量和跨度较小时也可在悬挂在屋架下面的轨道上运行,这时它的起重小车可以过渡到邻跨的另一台悬挂式堆垛起重机上。立柱可以是单节的或多节伸缩式的。单节立柱结构简单、较轻,但不能跨越货垛和其他障碍物,主要适用于有货架的仓库。多节伸缩式的一般有2~4节立柱,可以跨越货垛,因此也可用于使单元货物直接堆码成垛的无架仓库。起重机可以在地面控制,也可在随货叉一起升降的司机室内控制。额定起重量一般为0.5~5吨,有的可达20吨,主要用于高度在12米以下、跨度在20米以内的仓库。

图2-19　仓储叉车　　　　　图2-20　桥式堆垛起重机

(2)巷道式堆垛起重机。

巷道式堆垛起重机专用于高架仓库。采用这种起重机的仓库高度可达45米左右。起重机在货架之间的巷道内运行,主要用于搬运装在托盘上或货箱内的单元货物;也可开到相应的货格前,由机上人员按出库要求拣选货物出库。巷道式堆垛起重机由起升机构、运行机构、货台、司机室和机架等组成。起升机构采用钢丝绳或链条提升。机架有一根或两根立柱,货台沿立柱升降。货台上的货叉可以伸向巷道两侧的货格存取物品,巷道宽度比货物或起重机宽度大15~20厘米。起重量一般在2吨以下,最大达10吨。起升速度为15~25米/分,有的可达50米/分。起重机运行速度为60~100米/分,最大达180米/分。货叉伸缩速度为5~15米/分,最大已达到30米/分。

3)输送机械

输送机械是按照规定路线,输送散状物料或成件物品的设备,是现代物料搬运系统的重要组成部分。输送机械主要有带式输送机(见图2-21)、斗式提升机、埋刮板式输送机等。

3. 仓储物流机器人

仓储物流机器人属于工业机器人的范畴,是指应用在仓储环节,可通过接收指令或系统预先设置的程序,自动执行货物转移、搬运等操作的机器装置。仓储物流机器人作为智慧物流的重要组成部分,顺应了新时代的发展需求,成为物流行业解决高度依赖人工、业务高峰期分拣能力有限等瓶颈问题的突破口。

根据应用场景的不同,仓储物流机器人可分为 AGV 机器人、码垛机器人、分拣机器人、AMR 机器人、RGV 穿梭车五大类。

1) AGV 机器人

AGV(automated guided vehicle)机器人又称为自动引导车,是一种具备高性能的智能化物流搬运设备,主要用于货物的搬运和移动。自动引导车可分为有轨引导车和无轨引导车。顾名思义,有轨引导车需要铺设轨道,只能沿着轨道移动。无轨引导车则无须借助轨道,可任意转弯,灵活性及智能化程度更高。自动引导车运用的核心技术包括传感器技术、导航技术、伺服驱动技术、系统集成技术等。

图 2-21　带式输送机

2) 码垛机器人

码垛机器人是一种用来堆叠货品或者执行装箱、出货等物流任务的机器设备。每台码垛机器人携带独立的机器人控制系统,能够根据不同货物,进行不同形状的堆叠。码垛机器人进行搬运重物作业的速度和质量远远高于人工,具有负重高、频率高、灵活性高的优势。按照运动坐标形式分类,码垛机器人可分为直角坐标式机器人、关节式机器人和极坐标式机器人。

3) 分拣机器人

分拣机器人是一种可以快速进行货物分拣的机器设备。分拣机器人可利用图像识别系统分辨物品形状,用机械手抓取物品,然后放到指定位置,实现货物的快速分拣。分拣机器人运用的核心技术包括传感器技术、物镜、图像识别技术、多功能机械手。

4) AMR 机器人

AMR(automatic mobile robot)机器人又称自主移动机器人,与自动引导车相比具备一定优势,主要体现在:①智能化导航能力更强,能够利用相机、内在传感器、扫描仪探测周围环境,规划最优路径;②自主操作灵活性更加优越,通过简单的软件调整即可自由调整运输路线;③经济适用,可以快速部署,初始成本低。

5) RGV 穿梭车

RGV 穿梭车是一种智能仓储设备,可以配合叉车、堆垛机、穿梭母车运行,实现自动化立体仓库存取,适用于密集存储货架区域,具有运行速度快、灵活性强、操作简单等特点。

任务3　仓储设备设施管理

1. 仓储设备实施管理概述

仓储设备设施管理是以仓储设备设施为管理对象,追求设备综合效率,应用一系列理论、方法,通过一系列技术、经济、组织措施,对仓储设施设备寿命周期全过程的科学型管理,包括从规划、设计、正确选择设备、正确使用设备、维护修理到更新改造全过程的管理。

1) 仓储设备选择原则

仓储设备的选用,应根据仓储作业的需要,因地制宜。结合作业场地、货物的种类和特性、货运量大小、运输车辆或船舶的类型、运输组织方法、货物储存方式、各设备在仓储系统中的作用等,考虑是自行设计、制造还是购置,并进行技术经济论证,以选择最优方案。仓储设备的选择原则如下:

(1) 符合货物的特性。货物的物理、化学性质以及外部形状和包装千差万别,在选择装卸机械时,必须与货物特性相符,以确保作业的安全和货物的完整无损。

(2) 适应仓储量的需要。物流设备的作业能力应与物流量的大小相适应,应选择投资较少、作业能力恰当的设备。

(3) 各类仓储设备之间的衔接和配合应协调。

(4) 仓储设备的经济性和使用性。选择物流设备时,各设备应操纵灵活,维修保养方便,有较长的使用寿命,使用费用低,消耗能源少,生产率高,辅助人员少等。

(5) 应具有超前性和富余量。在选择设备时,应有长远考虑,使它们能满足不远将来的变化,这也是减少投资、提高适应性的一个有效途径。

2) 仓储设备实施管理的作用

仓储设备是构成仓储系统的重要组成因素,担负着仓储作业的各项任务,影响着仓储活动的每一个环节,在仓储活动中处于十分重要的地位,离开仓储设备管理,仓储系统就无法运行或服务水平及运行效率就可能极其低下。

仓储设备是提高仓储系统效率的主要手段。一个完善的仓储系统离不开现代仓储设备的应用。许多新的仓储设备的研制开发,为现代仓储的发展做出了积极的贡献。实践证明,先进的仓储设备和先进的仓储管理是提高仓储能力、推动现代仓储迅速发展的两个车轮,二者缺一不可。

仓储设备是反映仓储系统水平的主要标志。仓储设备与仓储活动密切相关,在整个仓储活动的过程中伴随着存货保管、存期控制、数量管理、质量养护等功能作业环节及其他辅助作业,这些作业的高效完成需要不同的仓储设备。因此,仓储设备的水平直接关系到仓储活动各项功能的完善和有效实现,决定着物流系统的技术含量。

仓储设备是构筑仓储系统的主要成本因素。现代仓储设备是资金密集型的社会财富。现代仓储设备购置投资相当可观。同时,为了维持系统的正常运转,发挥设备效能,还需要继续不断地投入大量的资金。仓储设备的费用对系统的投入产出分析有着重要的影响。

2. 仓储设施设备的使用和维修

1) 仓储设备的合理使用

物流设备使用寿命的长短、生产效率的高低,在很大程度上受制于设备的使用是否合理、正确。正确使用,可以在节省费用的条件下减轻设备的磨损,保持其良好的性能和应用的精度,延长设备的使用寿命,充分发挥设备的效率和效益。

设备的正确使用,是设备管理中的一个重要环节,具体应抓好以下几项工作:

做好设备的安装、调试工作。设备在正式投入使用前,应严格按质量标准和技术说明安装、调试设备,安装调试后要经试验运转验收合格后才能投入使用。

合理安排生产任务。使用设备时,必须根据工作对象的特点和设备的结构、性能特点来合理安排生产任务,防止和消除设备无效运转。使用时,既要严禁设备超负荷工作,又要避免"大马拉小车"现象。

切实做好机械操作人员的技术培训工作。操作人员在上机操作之前,需做好上岗前培训,认真学习有关设备的性能、结构和维护保养等知识,掌握操作技能和安全技术规程等知识和技能,经过考核合格后,方可上岗。必须严禁无证操作(或驾驶)现象的发生。

建立健全一套科学的管理制度。现代物流企业要针对设备的不同特点和要求,建立各项管理制度、规章制度和责任制度等。如持证上岗制、安全操作规程、操作人员岗位责任制、定人定机制、定期检查维护制、交接班制度及设备档案制度等。

创造使用设备良好的作业条件和环境。保持设备作业条件和环境的整齐、清洁,并根据设备本身的结构、性能等特点,安装必要的防护、防潮、防尘、防腐、防冻、防锈等装置。有条件的还应该配备必要的测量、检验、控制、分析以及保险用的仪器、仪表、安全保护装置。这对精密、复杂、贵重设备尤为重要。

知识链接2-4

某公司叉车管理制度

为规范企业管理,做好生产安全工作,特制定本制度。

一、安全管理

1. 定期对叉车司机进行安全教育(每周一次)。

2. 操作者必须持证上岗,严格执行安全操作规程,并对驾驶员进行年审,对叉车进行年检,在得到合格确认后方可继续驾驶和使用叉车。

3. 严格按公司机动车驾驶要求执行。

4. 每天做好叉车的点检工作(按点检表进行),保持叉车良好的工作状态。

二、维修、保养管理

1. 每周对车辆进行2次清洗,并检查油、电、刹车系统是否正常,定期更换齿轮油、更换液压油、电池充电、水箱加水。

2. 发现故障时由专人进行检修,如若不能排除故障,再通知制造商或专业维修厂来进行维修,并做好记录。

三、叉车维修、平时停放的定置管理

1. 叉车维修必须在比较安全的位置(如车槽)进行。

2. 叉车的备用轮胎必须定置存放,应放置在方便取用和安全的地方,以免影响生产。

3. 班后叉车必须离开作业区域和仓库停放,尽可能不要露天放置。切断电源,拉上手刹。如场地不平,则必须在车轮底下垫上三角垫木,以确保车辆不发生滑行,以免发生安全事故。

四、叉车交接

1. 不同班次,上下班时必须进行交接,填写交接表,让下一班人员知道叉车的状态,以确保安全。

2. 同班次不同叉车司机交接时,必须进行口头交接,以确保安全。

3. 故障车维修完毕,维修人员与叉车司机必须进行交接,叉车司机进行试车,确认故障已排除后方可接车。

2)仓储设备的保养

设备在使用过程中,会产生技术状态的不断变化,不可避免地出现摩擦、零件松动、声响异常等不正常现象。这些都是设备故障隐患,如果不及时处理和解决,就会造成设备的过早磨损,甚至酿成严重事故。因此,只有做好设备的保养与维护工作,及时处理好技术状态变化引起的事故隐患,随时改善设备的使用情况,才能保证设备的正常运转,延长其使用寿命。

设备的保养维护应遵循设备自身运动的客观要求,其主要内容包括清洁、润滑、紧固、调整、防腐等。目前,实行比较普遍的是"三级保养制",即日常保养、一级保养和二级保养。

(1)日常保养。日常保养是由操作人员每天对设备进行物理性保养。主要内容有:班前班后检查、擦拭、润滑设备的各个部位,使设备经常保持清洁润滑;操作过程中认真检查设备运转情况,及时排除细小故障,并认真做好交接班记录。

(2)一级保养。一级保养是以操作人员为主,维修人员为辅,对设备进行局部和重点拆卸、检查,清洗有关部位,疏通油路,调整各部位配合间隙,紧固各部位等。

(3)二级保养。二级保养是以维修人员为主,操作人员参加,对设备进行部分解体检查和修理,更换或修复磨损件,对润滑系统进行清洗、换油,对电气系统进行检查、修理,局部恢复精度,满足物流作业要求。

此外,物流企业在实施设备保养制度过程中,对那些已运转到规定期限的重点和关键设备,不管其技术状态好坏、作业任务缓急,都必须按保养作业范围和要求进行检查和保养,以确保这类设备运转的正常完好和具有足够的精确度、稳定性。

 知识链接 2-5

货运车辆维修保养注意事项

货运车辆的保养非常重要,它会直接影响车辆的使用寿命,并间接影响车辆的安全保障。对此,我们特别整理了保养卡车的七大注意事项,与卡车司机一起分享:

将车开到一个相对平坦的地方,停稳后检查机油是否在油尺刻度的上限,同时一定要注意发动机底部不要漏油。

启动前要检查水箱中的水是否加满。为避免发动机水温过高,最好使用防冻液,这样也可以清除水垢。别忘记加满玻璃清洁剂,万一路上遇到下雨,清洁玻璃是必不可少的。

看一看刹车油的油面是否在油罐的中高位置,油色应十分清澈,要是发黑就应趁早更换。

启动发动机,听喇叭声音是否正常。

打开雨刷器,同时检查几个挡位速度是否正常。

调整轮胎和备用胎的气压。

检查灯光,从车外的大灯、示廓灯、雾灯、刹车灯、牌照灯到倒车灯等都应仔细检查。

(资料来源:中国物流联合网,有改动)

3)仓储设备的检查

仓储设备检查是指对设备的运行情况、技术状态和工作稳定性等进行检查和校验,它是设备维修中的一个重要环节。

通过对设备的检查,可以全面掌握设备技术状态的变化和磨损情况,及时发现并消除设备的缺陷和隐患,找出设备管理中存在的问题,并对设备是否需要进行技术改造或更新提供可靠的技术资料和数据。

详细记录的点检表,是设备技术状态和安全状况分析的原始记录,是设备维修和安全管理中最重要的原始资料。

知识链接 2-6

某公司货运汽车维修保养、定期安全检查制度

1. 实行定人、定车、定保养制度,驾驶员应经常对车辆进行清洗、保养,保持车辆的干净、整洁,始终保持良好的运行状态。

2. 驾驶员应在每天出车前或出车后,尤其是长途运输前必须对车辆安全技术状况进行检查,有故障的车辆坚决禁止营运,经检查安全性能良好方能出行。

3. 营运车辆每月 1—5 日必须到公司指定修理厂进行安全检查,缺席一次罚款 50~100 元。

4. 安检前必须保持车辆内干净、整洁,漆皮完整,车牌、门徽、警语、资质证以及行车证件齐全,车证相符。

5. 必须依法购置车辆保险,保证合法有效,不能脱保、弄虚作假。

6. 必须配备灭火器、枕木、防滑链、铁锹、随车工具等安全用具。

4)仓储设备的更新决策

对一台仓储设备来说,应不应该更新?应在什么时候更新?应该用什么样的设备来更新?这主要取决于更新的经济效果。适时更新设备,既能促进企业技术进步,加速经济增长,又能节约资源,提高经济效益。下面将分别介绍设备的两种不同更新类型的决策方法。

(1)设备原型更新的决策。

设备原型更新问题,可以通过分析设备的经济寿命进行更新决策,即在设备年平均费用最小时更新是最经济的。也就是说,设备原型更新问题也就是计算设备经济寿命问题。

计算设备经济寿命的方法有低劣化数值法、面值法等。

(2)设备新型更新的最佳时机选择。

当市场上出现同类功能的新型物流设备时,选择旧设备的合理使用年限的原则是:当旧设备再继续使用一年的年费用(即旧设备的年边际成本)超过新型设备的最小年费用时,就应该立即更新。

案例分析 2-3

某物流配送中心有旧叉车一台,若要现在出售,预计市场价格为 40 000 元,并估计还可以继续使用 4 年。目前市场上出现的新型叉车的价格为 100 000 元。两种叉车的年经营费用及残值如表 2-2 所示,旧叉车的合理使用年限是多少呢?

表 2-2　旧叉车与新型叉车的年经营费用及残值

单位：元

使用年限/年	旧叉车			新叉车		
	年经营费	残值	年总费用	年经营费	残值	年总费用
1	30 000	30 000	44 000	20 000	75 000	55 000
2	35 000	20 000	45 905	22 500	56 200	52 050
3	40 000	10 000	47 744	26 000	43 000	49 862
4	45 000	0	49 528	29 600	33 000	48 583
5				34 000	21 000	48 697
6				38 500	10 000	46 159
7				50 000	1 000	46 458

分析：从表 2-2 中旧叉车与新型叉车年费用可以看出，旧叉车使用 3 年时年费用超过了新型叉车的最小年费用，即 47 744 元＞46 159 元，因此，旧叉车的合理使用年限为 2 年，说明旧叉车再使用 2 年就应该更换为新型叉车。

案例分析 2-4

输送机的技术改造

某煤矿是 20 世纪 80 年代初建成投产的矿井，原煤输送一直采用 DX4 型强力胶带机。随着原煤产量逐年提高，原煤运输环节的瓶颈问题逐渐凸显出来，为此，决定对输送机进行技术改造。采取加大功率、提高带速（改造驱动和控制单元）等方式对胶带机进行技术改造。

分析：

改造内容包括：①将原来 2×500 kW 两机拖动改为 3×500 kW 三机拖动，带速由 2.5 m/s 提升至 3.15 m/s；②更换强力胶带，带强由 2 000 N/mm 提高到 2 500 N/mm；③改造原电控系统。通过改造，使该矿井在短短 10 天之内，实现了运输能力的大大提升。

基本训练

□知识题

1．阅读理解

(1)仓储设施设备的使用和维修有哪些内容？

(2)仓库有哪些设备？有何作用？

(3)什么叫保税仓库和自动立体化仓库？

(4)仓库布局考虑哪些因素？如何布局？

(5)仓库有哪些类型？

2．知识应用

1)判断题

(1)储存和保管功能是仓库的基本功能。（　　）

(2)仓库只能是平房建筑。（　　）
(3)重心法是一种选择仓库中心位置,从而使成本降低的方法。（　　）
(4)仓库没有调节货物运输能力的功能。（　　）
(5)叉车是指对成件托盘货物进行装卸、堆垛和短距离运输、重物搬运作业的各种轮式搬运车辆。（　　）

2)选择题
(1)由货架、巷道式堆垛起重机、入(出)库工作台和自动运进(出)及操作控制系统组成的仓库是（　　）。
　A.自动化立体仓库　B.保税仓库　　　C.普通仓库　　　D.危险品仓库
(2)由操作人员每天对设备进行的物理性保养是（　　）。
　A.一级保养　　　B.日常保养　　　C.二级保养　　　D.三级保养
(3)影响仓库平面布置的主要因素（　　）。
　A.仓库的专业化程度　　　　　　B.仓库规模
　C.职工素质　　　　　　　　　　D.环境设施、地质地形条件
(4)以托盘单元货物的方式来设计并保管货物,一般采用叉车等装卸设备作业的货架是（　　）。
　A.抽屉式货架　　B.横梁式货架　　C.托盘货架　　　D.重力式货架
(5)按照规定路线,输送散状物料或成件物品的设备是（　　）。
　A.起重机　　　　B.叉车　　　　　C.集装箱　　　　D.输送机械

□技能题
(1)参观1~2家仓储企业,要求学生写一份参观报告。
实训目的:要求学生了解仓储企业生产经营流程,有哪些设备设施,如何使用。
实训要求:仔细观察,认真听讲解,结合所学知识。
(2)20世纪70年代,北京某汽车制造厂建造了一座高层货架仓库(即自动化仓库)作为中间仓库,存放装配汽车所需的各种零配件。此厂所需的零配件大多数是由其协作单位生产,然后运至自动化仓库。该厂是我国第一批发展自动化仓库的企业之一。该仓库结构分高库和整理室两部分。高库采用固定式高层货架与巷道堆垛机结构,从整理室到高库之间设有辊式输送机。当入库的货物包装规格不符合托盘或标准货箱时,则还需要对货物的包装进行重新整理,这项工作就是在整理室进行。由于当时各种物品的包装没有标准化,因此,整理工作的工作量相当大。货物的出入库是运用电脑控制与人工操作相结合的人机系统。这套设备在当时来讲是相当先进的。该库建在该厂的东南角,距离装配车间较远,因此,在仓库与装配车间之间需要进行二次运输,即将所需的零配件先出库,装车运输到装配车间,然后才能进行组装。自动化仓库建成后,这个先进设施在企业的生产经营中所起的作用并不理想,因此其利用率也逐年下降,最后不得不拆除。
请问:为什么自动化仓库在该企业没有发挥其应有的作用？我们从中得到哪些启示？

▶ 综合案例

安达物流公司设施与设备管理的改进

安达物流公司位于我国中部地区,是一家由传统的物资储运公司发展起来的物流公司,公

司成立于20世纪80年代,主要以仓库库位出租为核心业务,此外还提供运输、装车、卸车、对货品进行贴标、换包装、简单加工(如分包、重新组合包装、简单装配)等流通加工服务。

该公司目前在职员工约40名,包括5名管理人员,10名左右的叉车工人和搬运工人,另外还有客户服务人员、仓库管理员、运输司机、勤杂人员(含门卫和设备检修人员)等20多人。

公司仓库占地有3 000多平方米,仓库内部储存区有立体货架区、托盘货架区,还有地面堆垛区。仓库内部主要布局如图2-22所示。

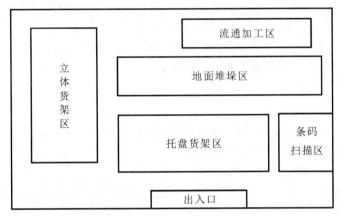

图2-22　仓库内部布局图

该仓库作业流程如图2-23所示。

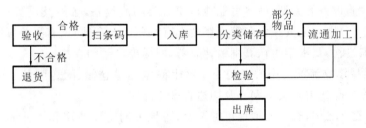

图2-23　作业流程图

该仓库以托盘为主要储存和搬运单元,立体货架区用1台巷道式堆垛机存取物品。用叉车和地牛进行进出库搬运和库内搬运,少量采用手工搬运。车辆停靠的月台有十多个车位,适合于中小型厢式货车的快速装卸作业。公司自有运输车辆5辆。

公司的固定资产超过8 000万元,而每年的利润却不到500万元,仓库收入太低,员工工资较低,导致仓库区工作人员士气不佳,服务意识、服务品质也有待提高。

随着我国现代物流的快速发展,该公司也希望向现代物流企业转变。希望大幅度扩大业务量,并提供更多增值服务,增加公司盈利,改善公司管理现状,提高士气。

在仓库设施与设备管理方面,该公司主要存在以下几个方面的问题:

1.仓库内部布局不合理,造成长距离的搬运。并且库内作业流程混乱,形成重复搬运,大约有70%的无效搬运,这种过多的搬运次数,损坏了商品,也浪费了时间。

2.由于进出库的搬运设备的现代化程度低,只有几个半旧的叉车和地牛,部分作业仍处于人工作业的原始状态,工作效率低,花费时间长,且易损坏物品,成为扩大业务量的瓶颈。

3. 设备管理方面,在计划经济体制下形成的就设备管设备的陈旧观念和消防式、跟着故障跑的被动检修方式,导致设备(包括货运车辆、叉车、堆垛机等)故障率高,技术状况下降,设备维修费大幅上升,严重制约了公司的生存发展。仓库的立体货架区自购置安装后,一直都未充分利用,员工对设备使用技能不熟练,设备故障率高,导致储位空置率高。

问题:面对上述主要问题,该公司应该怎样改进呢?

分析提示:

该公司有以下解决方法:①首先厘清作业流程,使其简化、顺畅;②要改善进出库的装卸作业,必须根据作业量和作业内容,合理地配置设备的种类、数量;③设备管理方面,只有实现全员参与设备管理,全方位落实设备管理责任,全过程自主维修,才能从根本上解决设备管理存在的深层次问题,提高设备综合管理水平和企业经济效益。

综合实训

实训目的:通过实训使学生运用所学知识,去思考和评价某些现有的物流设施的选址、内部布局是否合理,并熟悉物流设备的管理方法。

实训要求:

(1)先了解该仓库或配送中心的基本背景资料,包括主要经营的商品类型、规模、选址地点、历史情况等,为实地参观做准备。

(2)熟悉其平面布局,尽可能画出平面布局图。然后画出收货、验收、入库储存、拣选配货、送货和单据处理等作业流程。思考在该作业流程下,其平面布局是否合理。

(3)了解其设施设备的类型,并尽可能地认识各类物流设备,了解其设备管理制度,多向现场工作人员请教。分组讨论其在设备管理制度上有哪些优点和缺点,有哪些可以改进的地方。

(4)整个实训过程,要求学生认真细致地思考,能提出自己的看法。

背景资料1:捷迅物流配送中心专门为某网上商城提供仓储、配送服务。顾客在网上订购商品后,由捷迅物流配送中心负责湖北及周边省市的配送。

该配送中心建立之初,有3处地址可供选择,各地址的主要费用和多种影响因素的评价以及它们的权重如表2-3所示(费用的单位均为万元),试用因素评分法选择最佳地址。

表2-3 选址因素比较表

地址	地价	运输费用	能源费用	交通条件	劳动力条件	公共设施状况	周边状况
A	5 000	150	180	一般	很好	很好	一般
B	3 000	200	210	很好	较好	很好	较好
C	1 000	180	250	较好	一般	一般	很好
权重	0.2	0.15	0.15	0.2	0.1	0.1	0.1

背景资料2:该配送中心作业时使用设备情况如下。

①商品入库。进货验收后,用手持终端扫描该商品的条码,并用WMS(仓库管理系统)进行登记,同时发出是否能入库的指示。如果可以入库,工作人员将货物堆放在空托盘上,并扫描

该托盘的条码进行登记。

在入库登记处理后,工作人员用手动叉车或电动叉车将货物搬运至货架储存。货架有托盘货架和普通的层格式货架。

②商品拣选。拣选人员用手动叉车、手推车以及周转箱,根据订单进行拣选和配货。

③商品包装。拣选结束后,进行合适的包装,有两台半自动打包机负责打包。

④商品配送。包装完成后,分类送到等待运输的车辆上进行配送。

该公司在设备的使用中,很注重设备安全性能的检测和维修,实施了"以点检制度为核心的设备管理模式",希望将故障消灭在萌芽阶段。但是由于实施点检的人员多是操作人员,对设备的技术不够熟悉,因此经常不能及时发现故障隐患。

该公司还实施了设备的日常管理制度,如在使用过程中建立设备的技术档案以及操作人员的交接班制度。但通常在设备发生故障后,存在多个操作人员都不愿承担责任的情况,因不能及时找到责任人,导致修理拖延时间长,设备使用效率低。

为提高物流效率,2010年该公司购买了一套自动分拣设备。但是购买后发现由于规模、技术等原因不能有效使用,出现了手工分拣成本低于自动分拣成本的情况。因此,该设备被闲置起来。

请说出该配送中心所使用的物流设备的类型,并针对该公司物流设备管理的现状,根据所学知识进行分析,并提出措施。

思政园地

东方汽轮机深度融合信息技术与产品技术,给汽轮机机组装上"智慧大脑",在榆能横山、华电莱州、光大苏州等项目中,实现了在线实时监测、故障诊断与预警、一键智慧启停等功能,为用户提供了附加值更高的智慧产品。同时,基于人脸识别技术,从一卡通到"一脸通",东方汽轮机迈出智慧园区闭环管理的第一步……阅读二维码资料,思考你应从哪些方面努力为物流设备设施的智能化做出贡献。

超级智慧工厂,打造高端能源装备行业数字化新标杆

项目3
仓储入库作业

ZHIHUI CANGCHU PEISONG YUNYING

思政目标

◎培养严谨细致的职业素养和精益求精的工匠精神；
◎树立正确的价值观，培养认真负责、诚实守信的作风，提高岗位责任意识；
◎培养物流作业的规范化、标准化以及优化意识；
◎具备良好的安全意识、成本效率意识、环保意识、服务意识。

知识目标

◎掌握入库准备工作的内容；
◎掌握仓储入库作业流程和作业要求；
◎掌握货物验收、组托堆码、上架作业的原则和方法；
◎理解物动量 ABC 分类的基本原理。

技能目标

◎能够做好入库准备工作；
◎能够按照企业标准实施货物验收；
◎能够利用 Excel 软件完成货物的物动量 ABC 分类；
◎能正确绘制组托图，并根据组托图实施组托作业；
◎能做好储位管理与分配、货物上架作业。

任务引例

某公司家具仓储管理成功案例

某公司是专业生产实木门、实木窗的制造商。公司实力雄厚，现已成为集进口、国产珍贵木材加工，成品加工，产品技术开发和销售为一体的现代化企业。

存在问题：柜体包装发货错误；标准件库存不准；橱柜单套生产无法最大化产能。

实施管理的内容：建立标准件库存体系，标准件库存准确，下单后系统自动预扣标准件库存；利用先进发货系统，仓库人员通过 PDA 扫描包装标签，自动进行包装发货核对，无发错发漏情况；合并订单生产，最大化产能，接单量增大等。

1. 板材仓管理：提供喷码打印板材标签，板材出入库盘点，管理原料仓库存。板材标签打印，板材入库验收时通过喷码打印机打印条码到每块板材上，作为跟踪板材使用情况的依据，每块板材的条码唯一。通过 PDA/扫描枪扫描每块板材条码进行板材出入库业务操作，扫描同时根据设定规则判断出入库是否容许，如：是否符合指定订单使用条件。系统同时会记录生产板件对应领用的板材信息，作为跟踪板材使用情况的依据。板材仓库盘点，提供板材仓按品种、花色抽盘，月末整体盘点。可通过 PDA 扫描板件条码盘点或人工点数盘点。

2. 原材料仓库管理：提供五金、胶等原料仓库日常出入库业务，管理原料库。对原材料仓库按照存放库位/库存量、管理单位进行日常管理。登记原材料的出入库业务，包括采购入库、委托入库、领用出库等业务。委外出入库，登记原材料的委外出入库业务，登记委外加工商和加工方法。原料仓库盘点，提供原料仓按品种、花色抽盘，月末整体盘点。

3.半成品仓库管理:登记半成品的入库业务,登记半成品库存。半成品包装标签生成打印,半成品按照固定块数进行包装,在包装袋外贴上半成品包装标签,半成品标签根据半成品编号和生产流水号规则生成。半成品领用,扫描半成品包装标签,输入领用数量,完成半成品领用业务。提供半成品仓按品种、花色抽盘,月末整体盘点。

4.成品包装发货管理。自动计算包装:系统根据预设好的包装规则(单包重量,尺寸规则,花色规格等混包规格),自动计算出订单对应的装箱单,并打印出对应的装箱单和装箱标签。检查发货:仓库人员通过PDA扫描需要发货的装箱标签,系统将自动核对发货是否完整,不完整扫描包装标签不可以通过PDA发货确认,并提示剩余包装的板件状态和具体位置。物流追踪系统提供订单物流货运登记,登记物流单号,并且自动更新订单状态。

该案例表明:该公司的系统使用了原料仓管理、半成品仓管理、成品仓管理、条码标签运用、数据采集、出入库管理、盘点管理、包装发货管理、PDA发货核对、定义包装规则、自动计算包装清单、检查发货、物流追踪等仓库管理方法,这些方法对于成功企业的仓库管理非常重要。

货物入库作业是仓储作业管理的第一步,也是关键环节,它直接关系到后面的库内、出库作业管理能否顺畅进行。货物入库一般包括入库前的准备、接货、卸货、货物验收、堆码组托、储位分配、上架等环节,仓储部门需要根据入库计划及时做好入库前的准备,确保货物准确迅速地完成入库作业。

任务1 入库准备工作

入库准备工作主要包括以下内容:

(1)熟悉入库货物。在收货前,仓库管理人员应提前了解货物的品种、规格、数量、包装状态、单件体积、到库确切时间、储存期限、理化特性、保管要求等。

(2)编制入库作业计划。仓储部门应根据采购计划,结合仓库本身的储存能力、设备条件、劳动力情况和各种仓库业务操作过程所需耗用的时间,来确定仓库的入库作业计划。

(3)安排储存货位。根据预计到货物品的特性、体积、质量、数量和到货时间等信息,结合库内的物品分区、分类和货位管理的要求,提前计划和安排货位,预先确定物品的验收、理货场所和储存位置。

(4)准备货物验收及装卸搬运设备。仓库理货人员根据物品情况和仓储管理制度,提前确定验收方法,准备验收所需要的计件、检斤、测试、开箱、装箱、丈量、移动、照明等器具。根据到货物品的特性、货位、设备条件、人员等情况,科学合理地制定卸车搬运工艺,准备好相关作业设备,安排好卸货站台或场地,保证装卸搬运作业效率。

(5)准备堆码、苫垫材料。依据到货物品的特性确定好货位后,同时做好防雨、防潮、防尘、防晒准备,准备好所需的苫垫材料。苫垫材料应根据货位位置和到货物品特性进行合理选择。

(6)准备作业人员及单证。按照到货物品的入库时间和到货数量,按计划安排好接运、卸货、检验、搬运物品的作业人员。仓管员对物品入库所需的各种报表、单证、账簿要准备好,以备使用。

任务2　货物验收

验收工作是一项技术要求高、组织严密的工作,关系到整个仓储业务能否顺利进行,所以必须做到准确、及时、严格、经济。

1. 货物验收的内容

货物的验收是仓储业务中的一个重要环节,主要包括数量验收、外观质量验收和包装验收三方面的内容,即核对货物数量是否与入库凭证相符,货物质量是否符合规定的要求,货物包装能否保证在储存和运输过程中的安全。

1) 数量验收

数量验收主要有计件、检斤、检尺等形式。采用何种方式计数,要在验收记录中做出记载,出库也按同样的计量方式,避免出现误差。一般数量检验应全检,有时也可根据货物来源、货物特性、价值、包装、供货单位的信誉、运输工具、气候条件等因素考虑验收比例。

2) 外观质量验收

外观质量验收主要是检验外观质量缺陷、外观质量受损情况及货物受潮、霉变和锈蚀等情况,而货物的内在质量则由货物的生产厂家保证或由质量检验机构检验。

对货物外观质量的检验主要采用感官验收法,即用人的感觉器官如视觉、听觉、触觉、嗅觉等来检查货物质量。这种方法简便易行,不需要专门设备,但受到检验人员经验、操作方法和环境等因素的影响,而且带有一定的主观性。看——通过观察货物的外观颜色、形状等来确定其质量是否符合要求。听——通过轻敲某些货物,细听发声,鉴别其质量有无缺陷。摸——通过触摸包装内货物,以判断其是否有受潮、变质等异常情况。嗅——通过鼻嗅货物是否已失应有的气味,或有无串味及霉臭异味等来判断货物质量。

3) 包装验收

货物包装的完善程度及干湿状况与其内装的货物的质量有着直接联系。通过对货物包装的检验,能够发现在储存、运输过程中可能发生的意外,并据此判断货物的受损情况。所以,在验收货物时,要严格地对货物包装进行验收,并据此提出对货物进一步检验的措施。

2. 货物验收的原则

(1) 在货物入库凭证未到或未齐之前不得正式验收,仓库有权拒收或暂时存放。

(2) 发现货物数量与质量不符合规定,有关人员要当场做出详细记录,交接双方在记录上签字。如果是交货方的问题,仓库应该拒绝验收;如果是运输部门的问题,应该提出索赔。

(3) 在数量验收中,计件货物应及时验收,发现问题要按规定的手续在规定的期限内向有关部门提出索赔。一旦超过索赔期限,责任部门对形成的损失将不予负责。

3. 货物验收的方式

货物验收方式分为全验、抽验和不验。在进行数量和外观验收时一般要求全验。质量验收时,批量小、规格复杂、包装不整齐或要求严格验收时采用全验的方式;批量大、规格和包装整齐、存货单位的信誉较高,人工验收条件有限的情况下通常采用抽验的方式。货物验收方式和有关程序应该由存货方和保管方共同协商,并通过协议在合同中加以明确规定。某企业商品质量验收抽样检验比例如表3-1所示。

表3-1 某企业商品质量验收抽样检验比例

序号	商品数量/个	开箱比例/(%)
1	贵品、奢侈品、高价值商品	100
2	普通商品,数量≤50	100
3	普通商品,50＜数量≤500;单品需保证抽检50件	15
4	普通商品,500＜数量≤1 000	10
5	普通商品,1 000＜数量≤5 000	5
6	普通商品,单品数量＞5 000	1

4. 货物验收的流程

货物验收作业的内容依次为:验收准备、核对凭证、实物检验。

1)验收准备

仓库接到到货通知后,应根据货物的性质和批量提前做好验收前的准备工作,主要包括以下内容:人员准备、资料准备、器具准备、货位准备和设备准备。此外,对于有些特殊货物的验收,还要准备相应的防护用品。对进口货物或存货单位指定需要进行质量检验的,应通知有关检验部门会同验收。

2)核对凭证

入库货物必须具备下列凭证:业务主管部门或货主提供的入库通知单和订货合同副本,这是仓库接收货物的凭证;供货单位提供的材质证明书、装箱单、磅码单、发货明细表等;货物承运单位提供的运单,若货物在入库前发现残损情况的,还要有承运部门提供的货运记录或普通记录,作为向责任方交涉的依据。

3)实物检验

根据入库单和有关技术资料对实物进行数量和质量检验,在数量验收之前,还应根据货物来源、包装好坏或有关部门规定,确定对到库货物是采取抽验还是全验方式。

一般情况下,或者合同没有约定检验事项时,仓库仅对货物的品种、规格、数量、外包装状况,以及无须开箱、拆捆而直观可见可辨的外观质量情况进行检验。但是在进行分拣、配装作业的仓库里,通常需要检验货物的品质和状态。

4)货物验收中发现问题的处理

在货物验收过程中,严格遵从验收原则,如果发现货物数量或质量有问题,应该严格按照有关制度进行处理。这有利于分清各方的责任,并促使有关责任部门吸取教训,改进今后的工作。货物验收中的问题及处理对策如表3-2所示。

表 3-2　货物验收中的问题及处理对策一览表

序号	问题	对策
1	数量不准	1.货物的数量短缺如果在允差范围内,可按原数入账;超过允差范围的,应查对核实,做好验收记录,交主管部门会同货主向供货单位办理交涉。 2.货物的实际数量多于原发数量,由主管部门向供货单位退回多发数,或补发货款
2	质量不符合要求	对于不符合质量要求的货物,一定要求退换,绝不能入库,做到入库商品无任何质量问题
3	证件不齐全	证件不齐全的到库物料应作为待检商品处理,堆放在待验区,待证件到齐后再进行验收。证件未到之前,不能验收,不能入库,更不能发料
4	单证不符	供货单位提供的质量证书与进库单、合同不符时,商品待处理,不得动用
5	商品未按时到库	有关证件已到库,但在规定的时间商品尚未到库,应及时向货主查询
6	价格不符	应按合同规定价格承付,对多收部分应予拒付。如是总额计算错误,应及时通知货主更改
7	商品在入库前已有残损短缺	1.有商务记录或普通记录等证件者,可按照实际情况查对证件记录是否准确,在记录范围内者,按实际验收情况填写验收记录;在记录范围以外或无运输部门记录时,应查明责任。 2.其残损情况可以从外观上发现,但在接运时尚未发现而造成无法追赔损失时,应由仓库接运部门负责。 3.货物包装外观良好,内部残缺时,应做出验收记录,与供货方交涉处理
8	发错货	如发现无进货合同、无任何进货依据,但运输单据上却标明本库为收货人的商品,仓库收货后应及时查找该货的产权部门,并主动与发货人联系,询问情况,并作为待处理商品,不得动用
9	对外索赔	对需要对外索赔的商品,应由商检局检验出证,对经检验提出退货、换货出证的商品应妥善保管,并保留好商品原包装,供商检局复验

知识链接 3-1

药品入库验收操作规范

1.采购药品运到仓库,储运部收货放至待验区。

2.验收员检查外包装是否合格并记录。检查是否有合格的药检报告书,如果有,检查外观性状;如果没有,验收员通知采购部追索。检查外观性状,不合格拒收处理;外观性状合格填写药品入库记录。

3.生物制品等需特殊储存条件的药品,要求货到后即时验收完毕,不得拖延,以免影响药品的质量。

4.因特殊情况(如周末、节假日或某些必需的资料不全)不能按时验收的,应按药品的性能要求存放在相应的待验区,等工作日或资料齐备立即验收,以确保药品质量。

5.验收时应按品种分别验收,验收完一个品种,清场后再验收另一个品种,严防混药事件。

6.特殊管理药品的质量检查验收必须实行双人验收,并逐件验收至每一最小包装。

7.合格品入合格品区,计算机操作员录入库存系统,进入药品储存程序;不合格品入不合格品区,进入不合格品控制程序。

(摘自 https://www.taodocs.com/p-633581045.html,有改动)

任务3　物动量ABC分类

1.物动量ABC分类的基本原理

ABC分类法,全称是ABC分类库存控制法,又称货物重点管理法。ABC分类法的基本原理是:库存货物中存在着少数货物占用大部分资金,相反,大多数货物占用很少资金,利用库存与资金占用之间的规律,对库存货物按照消耗数量和价值大小进行分类。这就是所谓的80/20定律,即20%左右的因素占有(带来)80%左右的成果。将数量少、价值大的一类称为A类,而数量大、价值小的一类称为C类,介于A与C类中间的为B类,然后分别采用不同的管理方法对其进行控制,即为ABC分类法。货物管理的ABC分类法就是在80/20定律的指导下,对货物进行分类,找出占用大量资金的少数货物,并加强对它们的控制与管理,相反对那些占少量资金的大多数货物则施以较轻松的控制和管理。

知识链接3-2

ABC分析法的产生与发展

1897年,意大利经济学家维尔弗雷多·帕累托在研究个人所得的分布状态时,用坐标曲线反映出"少数人的收入占总收入绝大部分,而多数人收入很少"的规律。1951年,美国管理学家H.F.戴克发现库存物品中也存在类似的规律,用曲线描述这一规律,定名为ABC分析。1951—1956年,美国统计学家J.M.朱兰在质量管理中应用了这一分析,并取名为帕累托曲线。1963年,美国管理学家P.F.德鲁克在研究企业经济效果和管理效果时,贯穿了ABC分析的基本思想。

目前,ABC分析已发展成一种重要的技术经济分析方法和企业管理的基础方法。物动量ABC分类是ABC分类法的延伸和拓展,其基本原理是依据一定的原则,通常以货物周转量的累计占比和货物品项的累计占比为标准,将货物分为A、B、C三类,划清货物的主次顺序。

2.物动量ABC分类的作用

物动量ABC分类是配送中心货物分类分区存储时合理安排储位的依据。通常情况下,依据物动量分类结果,A类货物安排在靠近补货站台、出库口、主通道以及重型货架存储区的最下层(第一层)等;B类货物安排在存储区靠近出口的中间位置或重型货架存储区的中间层;C类货物安排在仓库存储区靠近入口的位置、远离主通道或重型货架的存储区的上层。

3. 物动量 ABC 分类的原则

由于在仓库中一般储存的物资品种非常繁多,在管理过程中必须根据具体情况实行重点管理,才能取得满意的效果。ABC 类别的划分,并没有一个固定的标准,每个企业可以按照各自的具体情况来确定,划分界限也视不同的具体情况而定。一般情况下可按表 3-3 所列划分。

表 3-3　ABC 类别划分原则

累计品种所占比重/(%)	0＜A 类≤15	15＜B 类≤45	45＜C 类≤100
累计周转量所占比重/(%)	0＜A 类≤65	65＜B 类≤90	90＜C 类≤100

4. 物动量 ABC 分类的步骤

对于能够量化的分类要容易很多,而且也更为科学,ABC 分类库存控制法最重要的是确定分类指标。ABC 分类的步骤具体分为:

第一步,收集数据。对所要分类的货物进行相关数据的收集,包括出库量。

第二步,统计汇总,编制 ABC 分析表:

(1)每一种货物的周转量按照从大到小的原则进行排序;

(2)计算每一种货物占总货物品项的比率,计算累计比率;

(3)计算每一种货物周转量占总周转量的比率,并计算累计比率。

第三步,根据分类原则对数据进行分类,确定相应的库存管理方式。

5. 物动量 ABC 分类的工具

数据透视表是一种交互式的表,可以动态地改变版面布置,按照不同的方式分析数据,重新计算数据,如求和与计数等。所进行的计算与数据透视表中的排列有关,如果原始数据发生更改,数据透视表也可以更新。例如,可以水平或者垂直显示字段值,然后计算每一行或列的合计;也可以将字段值作为行号或列标,在每个行列交汇处计算出各自的数量,然后计算小计和总计。

在进行物动量 ABC 分类时,利用 Excel 中的数据透视表功能能够大幅度提高计算效率和效果。

以 Microsoft Office Excel 2007 为例,详细介绍一下数据透视表的使用方法,操作步骤详见二维码。

任务 4　货物组托堆码

堆码是指将货物整齐、规则地摆放成货垛的作业,根据货物的包装、性质、形状、重量、特点和数量等因素,结合季节和气候情况及仓库储存条件,将货物按一定的规律码成各种形状的货垛。

1. 货物堆码的原则

(1) 整齐原则：堆码整齐，货物不超过托盘边缘。
(2) 最优原则：托盘利用最大化，放在货架上存放的托盘，堆码时要考虑货位承重。
(3) 牢固原则：奇数层、偶数层尽量交叉摆放。
(4) 方便原则：每层个数尽量相同，便于盘点。

2. 货物堆码方式

利用货物或其包装外形进行堆码，这种堆码方式能够增加货垛高度，获得高的仓容利用率；能够根据货物的形状和特性的需要以及货位的实际情况堆码成各种形式，以利于保护货物的质量。堆码形式主要取决于货物本身的包装、性质、形状、重量、特点和数量等因素。

常见的堆码的方式有重叠式堆码、纵横交错式堆码、仰伏相间式堆码、旋转交错式堆码和压缝交错式堆码等（堆码方式讲解视频见二维码）。其中重叠式堆码适用于板形货物和箱形货物，货垛整齐牢固；旋转式适用于所有箱装、桶装及裸装货物堆码，起到通风防潮、散湿散热的作用；压缝交错式堆码适用于长形材料的堆码，可以增强货垛的稳定性。

重叠式组托　　　　纵横交错式组托　　　　正反交错式组托

3. 货物堆码示意图绘制方法

1) 计算堆码层数

物品码放的高度不能超过货架层高的限制，同时还要考虑物品本身的限制。

2) 确定每层货物的摆放方式

根据托盘尺寸、物品尺寸，通常选择能最大化利用托盘面积的摆放方式。

3) 确定堆码方式

包括所需托盘总数、整托每托货物数量、散托货物数量。整托货物加上托盘的重量，不能超过货位限重。

4) 用文档工具或专业绘图工具绘制示意图

托盘尺寸和货物尺寸按一定比例（比如 1∶20）绘制，并在图中标识货物对应的尺寸及堆码层数。

5) 示意图上配上合适的文字说明

例如：厨师红烧牛肉米饭，规格 440×270×250，最高放 4 层，每层放 9 箱，现入库 36 箱，共需一个托盘，放 4 层，奇数层放 9 箱，偶数层放 9 箱，共 36 箱。

6) 货物组托示意图示例

根据以上绘制方法，绘制出表 3-4 所示的入库任务单中四种典型规格的堆码方式示意图。

表 3-4 入库任务单

入库通知单编号:R20220617　　　　　　计划入库时间:到货当日

序号	商品名称	包装规格/mm（长×宽×高）	单价/(元/箱)	重量/kg	堆码层限	生产日期	保质期	入库/箱
1	婴儿纸尿裤	395×295×180	100	12	3层	2023年4月8日	12个月	30
2	可乐年糕	330×245×180	100	8	3层	2023年4月4日	12个月	28
3	顺心奶嘴	460×260×180	100	8	3层	2023年4月10日	6个月	27
4	婴儿美奶粉	270×210×180	100	10	3层	2023年4月11日	12个月	55

供应商:万事通达商贸有限公司

已知托盘的规格为 1 200 mm×1 000 mm×150 mm,重量为 20 kg/个,货格高度为 1 500 mm,堆放重量每个货位不超过 500 kg。对应的货物组托示意图如下：

(1)婴儿纸尿裤。

婴儿纸尿裤,规格 395 mm×295 mm×180 mm,每箱重 12 kg,堆码限制为 3 层,现入库 30 箱,经计算共需一个托盘,每层放 10 箱,码放 3 层,总重 360 kg。组托图如图 3-1 所示。

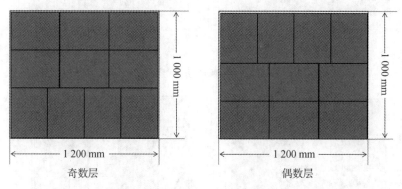

奇数层　　　　　　　　　偶数层

图 3-1 婴儿纸尿裤组托图

(2)可乐年糕。

可乐年糕,规格 330 mm×245 mm×180 mm,每箱重 8 kg,码放限制为 3 层,现入库 28 箱,经计算共需一个托盘,每层放 14 箱,码放 2 层,总重 224 kg。组托图如图 3-2 所示。

(3)顺心奶嘴。

顺心奶嘴,规格 460 mm×260 mm×180 mm,每箱重 8 kg,码放限制为 3 层,现入库 27 箱,经计算共需一个托盘,每层放 9 箱,码放 3 层,总重 216 kg。组托图如图 3-3 所示。

(4)婴儿美奶粉。

婴儿美奶粉,规格 270 mm×210 mm×180 mm,每箱重 10 kg,码放限制为 3 层,现入库 55 箱,经计算共需 2 个托盘,第一托码放 3 层,第 1、2 层放 19 箱,第 3 层放 10 箱,总共 48 箱,总重 480 kg;第二托码放 1 层,放 7 箱,总重 70 kg。组托图如图 3-4 所示。

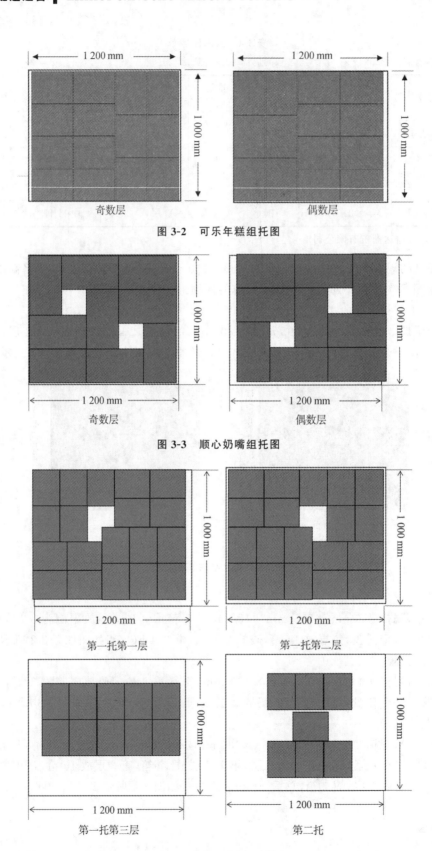

图 3-2　可乐年糕组托图

图 3-3　顺心奶嘴组托图

图 3-4　婴儿美奶粉组托图

任务5　货物上架作业

1. 储位管理与分配

由于不同客户的经营特点和货物的物流方式不同,在订货或进货时,对货物的种类、规格、数量等会提出不同的要求。因此,为了缩短拣货时的取货路程,方便拣货,需要使用一定的存储策略和货位指派原则进行存储和货位分配。

仓库中要存储的货物不仅数量多,种类也繁多,存在着如何将货物分配到储位中的问题。该问题的解决可以先从宏观角度考虑,对货物按类别划分来确定存储区域的划分与分配,称为存储策略。也可以看成是一个微观布置问题,不但要考虑具体的储位存放,还要考虑方便拣货取出,即储位管理。

1) 仓库存储策略

仓库存储策略主要包括以下几种方式:随机存储策略、定位存储策略、分级存储策略和混合策略。随机存储虽然占用空间少,但当货物量大时,拣货查找就会浪费时间;定位存储策略给每类货物分配存储空间,便于货物的存取,但空间浪费大;分级存储策略,将货物分为A、B、C三级,为了缩短存取货时间,A级货物应放到离出入口最近的地方,B级次之,C级则应放在最远处,每种货物可以在同级别指定的区域内随机放置;混合存储是对仓库不同的存储区分别采用不同的策略。

2) 储位分配原则

合理地分配和使用货位可以减少货物搬运的成本,降低货物在存储过程及搬运过程中的损耗,从而降低物流业务本身的成本,提高收益。储位分配时应考虑以下原则:

(1) 货架受力均匀,上轻下重。重的货物存放在下面的货位,较轻的货物存放在高处的位置,使货架受力稳定。

(2) 加快周转,先进先出。同种货物出库时,先取入库早的货物,加快货物周转,避免长期积压产生变形、变质及其他损坏造成的损失。

(3) 高可靠性,分巷道存放。同种货物分散在不同的巷道进行存放,防止因某巷道堵塞影响某种货物的出库。

(4) 高效率,就近进出库。一般将货物就近放置在出库口附近。

3) 储位分配方法

目前常用的货位分配方法有人工分配、计算机辅助分配和计算机全自动分配三种方式。

(1) 人工分配,就是管理者根据经验分配货位,因凭借的是管理者的知识和经验,所以其效率会因人而异。

(2) 计算机辅助分配,这种货位的分配方法是利用图形监控系统,收集货位信息,并显示货位的使用情况,供货位分配者实时查询,为货位分配提供参考,最终还是由人工下达货位分配指示。

(3)计算机全自动分配,利用图形监控储位管理系统和各种现代化信息技术(条形码技术、网络技术、计算机系统等),收集货位有关信息,通过计算机分析后直接完成货位分配工作,整个作业过程不需要人工分配作业。

4)储位分配流程

首先根据货物的属性确定存储库区,然后根据 ABC 分类的结果确定具体的库位,制定好库存管理方式后通过计算机辅助确定上架货位,最后完成货物上架作业过程。

5)储位编码方法

储位编码是指将存放货物的场所,按储存地点和位置排列,采用统一规则编上顺序号码,并做出明显标记。储位编码就像物品在仓库中的住址,必须符合"标志明显易找,编码循规有序"的原则。

储位编码的方法一般有区段式、品项群式、地址式等方式。

(1)区段式。

把储存区分成几个区段,再对每个区段编码。这种方式是以区段为单位,每个号码代表的储区较大,适用于单位化货品和大量或保管期短的货品。区域大小根据物流量大小而定。区段式编号方法如图 3-5 所示。

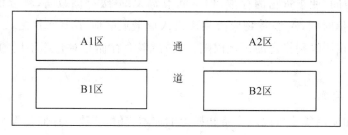

图 3-5　区段式编号方法

(2)品项群式。

把一些相关性货品经过集合区分成几个品项群,再对每个品项群进行编码。这种方式适用于容易按商品群保管的场合和品牌差距大的货品,如服饰群、五金群、食品群。

(3)地址式。

利用储存区中的参考单位,如建筑物楼栋号或仓库号,货架的排、列、层等,按相关顺序编码,这是物流配送中心使用较普及的编码方法。利用货架存放物品的仓库,可以采用"四号定位法",即采用四组数字来表示商品存放的位置,四组数字分别代表库房的编号、货架的排数编号、货位所在的列数、货位所在的层数。如 H1-02-05-01 编号,其含义是 1 号仓库、第 2 排货架、第 5 列、第 1 层的货位。根据储位编号就可以迅速找到某种商品存放的具体位置。

2. 上架作业

上架作业要根据仓储企业的货物存放规则,将入库商品合理安排储位。

上架作业案例如下:

(1)某配送中心入库货物的组托汇总信息和物动量 ABC 分类信息如表 3-5 所示。

表 3-5　某配送中心入库货物的组托汇总表

序号	商品名称	物动量分类	入库箱数	托盘个数	码放层数	每托箱数	码放形式
1	婴儿纸尿裤	A	30	1	3	30	交错式
2	可乐年糕	B	28	1	2	28	交错式
3	顺心奶嘴	C	27	1	3	27	旋转式
4	婴儿美奶粉	B	55	2	3	48	交错式
					1	7	

(2)货架原始库存示意图如图 3-6 所示。

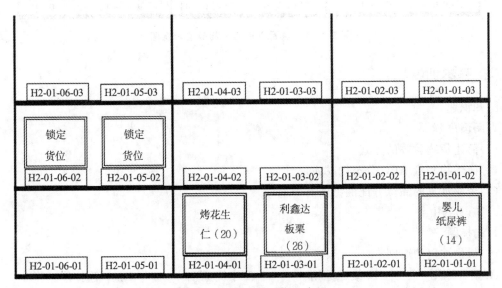

图 3-6　货架原始库存示意图

(3)分析上架作业原理

货物上架作业原理有：

・首先利用物动量 ABC 分类原理确定上架层数，A 类货物因为其出库量大，一般放在最方便进出的位置，本案例中应该放在货架的最下面一层，B 类货物放在货架的第二层，C 类货物放在货架的第三层。

・相同的商品尽量摆放在相邻的货位，方便管理。

・如果选定的货架层已无可用货位，那么尽量选用物动量较小的商品的货位。比如，如果入库了 B 类商品，但是货架第二层已无可用货位，那么尽量往第三层放，而不要放在货架的第一层，占用 A 类商品的货位。

根据以上原理，选择合适的储位后，画出配送中心 4 种物品入库后货物储位示意图，如图 3-7 所示。

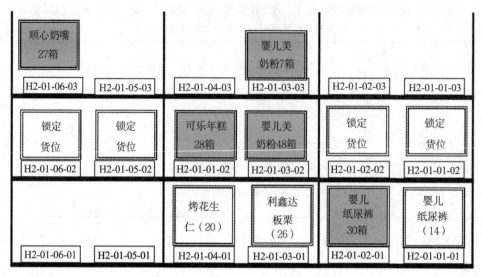

图 3-7 4 种物品入库后货物储位示意图

基本训练

□ 知识题

1. 阅读理解

(1) 简述货物验收的方式。

(2) 简述物动量 ABC 分类的基本原理。

(3) 企业常见的储位分配的方法有哪些？

2. 知识应用

1) 选择题

(1) 货物堆码的原则有（　　）。

A. 整齐原则　　　　B. 最优原则　　　　C. 牢固原则　　　　D. 方便原则

(2) 储位编码的方法一般有（　　）等方式。

A. 区段式　　　　　B. 品项群式　　　　C. 地址式　　　　　D. 其他

(3) 常见的整箱物品的堆码方式有（　　）。

A. 重叠式堆码　　　　　　　　　　　B. 纵横交错式堆码

C. 旋转交错式堆码和压缝交错式堆码　D. 仰伏相间式堆码

(4) 仓库存储策略主要包括以下几种方式（　　）。

A. 随机存储策略　　B. 定位存储策略　　C. 分级存储策略　　D. 混合策略

□ 技能题

(1) 调查不同类型企业（如超市、生产制造企业等）货物验收的原则和方式。

(2) 货物入库验收时，发现数量短缺，并且部分物品外包装有破损，该如何处理？

(3) 根据某配送中心连续 6 周的出库数据（数据扫描二维码获取），完成商品的物动量 ABC 分类。

(4)利用上题的 ABC 分类结论,根据以下商品入库任务单、仓库货架信息及原始库存信息,画出入库的四种商品的组托图,并完成上架图。

①入库任务单,如表 3-6 所示。

表 3-6 入库任务单

入库通知单编号:R20220617　　　　　计划入库时间:到货当日

序号	商品名称	包装规格/mm（长×宽×高）	单价/（元/箱）	重量/kg	堆码层限	生产日期	保质期	入库/箱
1	休闲黑瓜子	203×153×160	100	12	3 层	2022 年 4 月 8 日	12 个月	35
2	可乐年糕	220×180×160	100	8	3 层	2022 年 4 月 4 日	12 个月	29
3	顺心奶嘴	265×210×240	100	8	3 层	2022 年 4 月 10 日	6 个月	30
4	婴儿美奶粉	235×160×160	100	10	3 层	2022 年 4 月 11 日	12 个月	40

供应商:万事通达商贸有限公司

②货架规格。

重型货架(托盘货架)规格:

1 排 6 列 3 层,双货位,单货位承重≤500 kg。

货位参考尺寸:

第一层:L1 125 mm×W1 000 mm×H1 010 mm。

第二层:L1 125 mm×W1 000 mm×H1 040 mm。

第三层:L1 125 mm×W1 000 mm×H1 100 mm。

③货位存储信息。

重型货架(托盘货架)原始库存情况如表 3-7 和图 3-8 所示,请将新上架货物用浅灰色填涂,并标明该货位货物数量,如  。

表 3-7 重型(托盘)货架入库任务完成前库存信息

序号	货品名称	规格/mm（长×宽×高）	单位	箱装数	货位地址	入库日期	生产日期	保质期
1	金多多婴儿营养米粉	586×378×180	箱	12	H2-01-01-01	2022 年 5 月 5 日	2022 年 4 月 22 日	12 个月
2	利鑫达板栗	220×180×160	箱	15	H2-01-03-01	2022 年 5 月 15 日	2022 年 5 月 6 日	6 个月
3	烤花生仁	265×210×240	箱	24	H2-01-04-01	2022 年 4 月 6 日	2022 年 3 月 5 日	6 个月

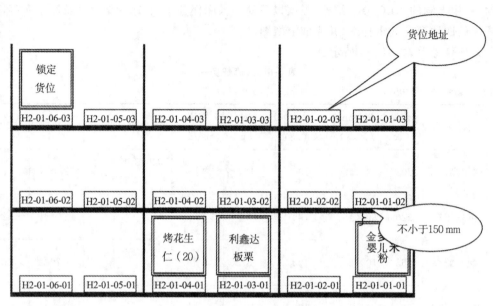

图 3-8 重型(托盘)货架储位示意图

综合案例

某外贸仓库的商品入库作业环节

某外贸仓库的商品入库作业环节如下。

一、入库验收

商品入库验收,是仓储工作的起点,是分清仓库与货主或运输部门责任的界限,并为保管养护打下基础。

商品入库必须有存货单位的正式入库凭证(入库单或通知书)。没有凭证的商品不能入库。存货单位应提前将凭证送交仓库,以便安排仓位和必要的准备工作。

商品交接,要按入库凭证,验收商品的品名、规格、数量、包装、质量等方面。一般来说,品名、规格、数量、包装验收容易,质量验收比较麻烦。《外贸仓储管理制度》规定:商品的内在质量和包装内的数量验收,由存货单位负责,仓库要给予积极协助。如果仓库有条件进行质量验收,经存货单位正式委托后,要认真负责地搞好质量验收,并作出验收记录。国务院批准的《仓储保管合同实施细则》规定,保管方的正常验收项目为:货物的品名、规格、数量、外包装状况,以及无须开箱拆捆直观可见可辨的质量情况,包装内的货物品名、规格、数量以外包装或货物上的标记为准;外包装或货物上无标记的,以供货方提供的验收资料为准。散装货物按国家有关规定或合同规定验收。质量验收牵涉到责任和赔偿的问题,由存货单位负责验收,仓库没有多大责任,不负责赔偿。如由保管方负责,那么,按《仓储保管合同实施细则》规定,保管方未按合同或本细则规定的项目、方法和期限验收或验收不准确,由此造成的经济损失,由保管方负责。合同规定按比例抽验的货物,保管方仅对抽验的那一部分货物的验收准确性以及由此造成所代表的那一批货物的实际经济损失负责,合同另有规定者除外。因此,仓库在与存货单位签订合同时,一定要明确质量验收问题。

在货物、商品验收过程中,如果发现品种、规格不符,件数或重量溢短,包装破损、潮霉、污染和其他问题时,应按《外贸仓储管理制度》规定,详细作出书面记录,由仓库收货人员和承运单位有关人员共同签字,并及时报告主管领导和存货单位,以便研究处理。《仓储保管合同实施细则》是这样规定的:交接中发现问题,供货方在同一城镇的,保管方可以拒收。外埠或本埠港、站、机场或邮局到货,保管方应予接货,妥善暂存,并在有效的验收期内(国内到货不超过 10 天,国外到货不超过 30 天)通知存货方和供货方处理;运输等有关方面应提供证明。暂存期间所发生的一切损失和费用由责任方负责。

二、物动量 ABC 分类

该仓库将那些品种数量较少,但进出库批量大、出库频率高的商品确定为 A 类;把品种数量多、出库频率低的商品,定位 C 类。其他介于两者之间的,批量较大、出库频率较高的商品确定为 B 类。

对于 A 类商品,因为出库频率高,所以在供应商将所需货物送到库仓后,部分商品可以不经存储,根据需求情况将货物就地加工卸货,直接装上出库运输车辆。对于 B 类、C 类商品,因为出库频率较低,所以在供应商将货物送到仓库以后,一般需要将商品分门别类整货入库。

对于 A 类商品,一般储存在靠近仓库出口、接近主要通道、货架下层等方便进出的地方。反之,C 类商品,一般储存在远离出货口、远离主通道以及货架上层的位置。B 类商品选择中间位置。

三、在库管理

商品入库以后,仓库就要对库存的商品承担起保管养护的责任。如果短少丢失,或者在合理储存期内由于保管不善,商品霉烂变质,仓库应负责赔偿。

在库管理,要做好以下几件工作:

第一,必须记账登卡,做到账、货、卡相符。商品验收无误后,要及时记账、登卡、填写储存凭证,详细记明商品名称、等级、规格、批次、包装、件数、重量、运输工具及号码、单证号码、验收情况、存放地点、入库日期、存货单位等,做到账、卡齐全,账、货、卡相符。

第二,合理安排货位,商品分类存放。入库商品验收以后,仓库要根据商品的性能、特点和保管要求,安排适宜的储存场所,做到分区、分库、分类存放和管理。在同一仓间内存放的商品,必须性能互不抵触,养护措施一致,灭火方法相同。严禁互相抵触、污染、串味的商品,养护措施和灭火方法不同的商品存放在一起。贵重商品,要指定专人保管,专库存放。普通仓库不能存放危险品、有毒品和放射性商品。

第三,商品堆码要科学、标准,符合安全第一、进出方便、节约仓容的原则。仓间面积的利用要合理规划,干道、支道要画线,垛位标志要明显,要编顺序号。

关于商品在库保管期间的责任问题,《仓储保管合同实施细则》有两条具体规定。第一,保管方履行了合同规定的保管要求,由于不可抗力的原因、自然因素或货物(含包装)本身的性质所发生的损失,由存货方负责。第二,货物在储存保管和运输过程中的损耗、磅差标准,有国家或专业标准的,按国家或专业标准规定执行;无国家或专业标准规定的,按合同规定执行。货物发生盘盈盘亏均由保管方负责。

问题:

(1)结合案例分析仓储入库业务的基本流程是什么。

(2)商品验收的业务流程是怎样的?

(3)商品在库管理应注意些什么?

综合实训

实训项目:商品的入库作业综合实训。

实训目的:通过本项目实训,使学生能熟知货物入库作业(包括验货、组托、上架等作业)的主要流程和内容、入库涉及的相关单证及其流转,熟练操作入库设备,掌握入库作业中遇到的问题的解决方法,在此基础上,合理、高效地完成货物的入库作业。

实训内容:在物流仓储与配送实训室,完成五种以上商品的验收入库、组托、上架等作业。

(1)货物验收入库的要求:

①入库商品的数量、外观质量、包装均需要符合验收要求。

②入库商品名称、规格、生产日期、保质期正确。

③入库商品数量、重量、质量符合验收要求。

④商品外包装完好、清洁,无破损、污染现象,文字及图标印刷清晰。

⑤能正确处理验收异常情况。

(2)货物组托的要求:

①商品堆码整齐,货垛外表面平齐。

②不同品种不能混堆,不同规格型号不能混堆,生产厂家、批号不同均不能混堆。

③堆码牢固,奇偶层压缝、整齐牢固,不能超出托盘盘面。

④注意货架高度和货位重量等限制、商品本身的限制码放层数。

(3)货物上架的要求:

①根据物动量 ABC 分类结果安排入库储位。

②同种商品尽量安排在相邻储位。

③能利用手动液压车(地牛)和堆高车把货物放入储位,不撞货、不摔货。

思政园地

战疫保供 京东物流力保重庆居民生活物资供应

项目4
仓储库内作业

ZHIHUI CANGCHU PEISONG YUNYING

思政目标

◎树立正确的价值观,培养认真负责、诚实守信的作风,提高岗位责任意识;
◎培养物流作业的规范化、标准化以及优化意识;
◎具备良好的安全意识、成本效率意识、环保意识、服务意识。

知识目标

◎掌握仓储库内作业如盘点、移库、补货、货物保管等工作的作业流程;
◎掌握仓储库内作业如盘点、移库、补货、货物保管等工作的作业方法和作业要求;
◎掌握货物质量变化的形式、影响因素、保管方法。

技能目标

◎能够根据货物的特点和要求,选择合适的盘点、移库、补货时机和方法;
◎按照企业标准实施货物盘点、移库、补货、货物保管等工作。

任务引例

某电商服装企业的仓储管理

广州某服装企业,是一家集服装设计、生产、批发、零售于一体的生产制造型企业。由于近年来电子商务的发展,该企业已经从线下销售转为线上与线下同步销售,在多个电商平台开设了店铺,在抖音开始了直播销售,并专门设置了针对线上订单的电商物流中心。

服装类产品由于款式、尺码、颜色等不同,生成的SKU(品项)特别多,少则几百上千,多的有几万、十几万,而且退货多、订单爆发性强,其仓储管理是一项复杂而又重要的工作。如果仓库运营效率低下、发货不准确,那对电商卖家而言是非常致命的,轻则店铺评分下降,严重的影响消费者对品牌的印象。

该服装企业电商仓储物流经常遇到的问题有:

1.产品管理困难:服装SKU多,款式、型号、批次管理困难。出入库频繁,上架、拣货难度较大。

2.响应不及时:电商平台中出单后,仓库响应时间较长,影响发货速度,造成消费者体验较差。

3.库存控制困难:库存控制是否得当,对服装企业的收益有着直接影响。该服装企业库存积压严重,不仅导致仓储成本增加,还导致现金流周转不畅。

4.各种损耗严重:运营中长期存在各种损耗,有的是可以看见和控制的,也有的损耗是难以统计和计算的,如账面错误、偷盗等。

5.数据滞后严重:纸质单据+ERP系统登记库存的数据,工作量巨大,数据滞后严重,且容易出错。

针对以上难点问题,该企业尝试使用如下的解决方案,极大地改善了仓储作业面貌。

1.产品精细化管理。

导入条码技术,结合WMS(仓储管理系统),对库位、服装产品,统一采用条码标识,每个

SKU都有特定的条码标签。通过产品的条码标识与库位管理功能，精细管理产品，并让之后的出入库、盘点、调拨等业务更加便捷。

2. 合理安排储位和拣选区。

服装类商品总体SKU非常多，那么就应该用物动量ABC分类法分类管理，区分出畅销品和滞销品，并合理安排储存位置。例如服装类商品的季节性强，那么当季畅销品应该属于A类商品，就应该放在靠近仓库出口、方便进出的地方，但是一旦过季，就应该及时移开，调整货位，调整到仓库靠里、货架上层等不方便进出的地方。通过合理安排储存，来提高作业效率。

电商客户以个人为主，个人订单的订购批量一般较小，但服务体验要求高。可以在储存区外，专门设置折零商品的拣选区，以提高拣选作业效率，缩短订单响应时间。拣选区的商品由储存区及时补货供应，保障拣选数量。

3. 合理控制库存。

库存的数量、状态都可以在系统中查询查看。服装企业可以通过WMS设置库存的上下限，以及产品的保质期提醒。当库存数量低于设置的下限或高于设置的上限，系统进行库存不足或库存积压的提醒；当产品的保质期即将到期，系统也会进行预警，提醒企业及时处理，避免库存呆滞。

4. 及时盘点，控制损耗。

针对各种损耗，需要经常盘点，来得知该物流中心的盈亏状况。一方面需要核查实际库存数量与账面数量是否一致，另一方面也可以计算企业资产损益。其次，可以发现商品管理中存在的问题，通过查明盈亏原因，发现作业和管理中存在的问题，并通过解决问题来改善作业流程，提高企业的管理水平。

5. 实时采集更新数据。

WMS运用了条码识别技术，各环节作业都是用PDA扫描完成。随着扫描作业的完成，作业的数据会自动采集更新，同步到系统当中，既保证了数据的实时性，又确保了数据的准确性。

（资料来源：https://baijiahao.baidu.com/s?id=1744543425440024692&wfr=spider&for=pc，有改动）

该案例表明：此案例描述了服装电商仓储物流经常遇到的问题和解决方案，可以看出服装类商品物流中心内部的管理非常重要，直接决定着作业效率、客户体验。该企业通过使用条码管理、ABC分类管理、移库作业、补货作业、合理控制库存、及时盘点、实时采集数据等方法，改善了作业效率，提高了管理水平。

货物库内作业是配送中心仓储作业管理的核心环节，也是货物出库作业的基础。货物的库内作业管理主要指对库内货物进行合理的保存和管理，具体内容包括货物盘点、移库、补货和保管等作业。

任务1　盘点作业

盘点作业是仓库为了准确地掌握库存数量及有效地保证库存的准确性而对仓库中的货物进行数量清查、清点的作业，以核对在库货物的实际数量与账面数量是否一致。

1. 盘点作业的内容

1)查数量

通过点数计数查明货物库内的实际数量,核对库存账面资料与实际库存数量是否一致。

2)查质量

检查库内货物质量有无变化,有无超过有效期和保质期,有无长期积压等现象,必要时还必须对货物进行技术检验。

3)查保管条件

检查保管条件是否与各种货物的保管要求相符合。

4)查安全隐患

检查各项安全措施和消防设施、器材是否符合安全要求,建筑物和设备是否处于安全状态。

2. 盘点作业的方法

1)永续盘点法

永续盘点法又称账面盘点法,是把每天出入库货物的数量和单价记录在存货账卡上,并连续计算汇总账面上的库存结余数量及金额。

2)实地盘点法

实地盘点法又称现货盘点法,是实际清点库内数量,根据货物单价计算出实际库存金额的方法,根据盘点时间、频率又可分为期末盘点和循环盘点。

3. 盘点作业的流程

一般情况下,盘点作业按照以下步骤进行操作:

(1)盘点前的准备工作。

事先对可能出现的问题及盘点中容易出现的差错进行研究和准备。

(2)确定盘点时间。

根据货物性质来确定盘点周期。从理论上讲在条件允许的情况下,盘点的次数越多越好,但每一次盘点,都要耗费大量的人力、物力和财力,因此,根据实际情况确定盘点的时间。比如按 ABC 分类结果分别制定相应的盘点周期,重要的 A 类货物,每天或每周盘点一次,一般的 B 类货物每两周或三周盘点一次,C 类货物可以一个月甚至更长的时间盘点一次。

(3)确定盘点方法。

因盘点场合、要求的不同,盘点的方法也有差异,一般采用两种盘点方法,既动态盘点法和循环盘点法。动态盘点法有利于及时发现差错和及时处理;循环盘点法日常业务照常进行,按时按照顺序每天盘点一部分,所需时间和人员都比较少,发现差错也可以及时分析和修正。

(4)确定并培训盘点人员。

盘点人员按职责分为填表人、盘点人、核对人和抽查人。盘点前一日对盘点人员进行必要的指导,如盘点要求、盘点常犯错误及异常情况的处理办法等,尤其是盘点、复盘、监盘人员必须经过训练。

(5)清理储存场所。

盘点工作开始时,对储存场所及库存货物进行一次清理,主要包括:对尚未办理入库手续的货物,应予以标明,不在盘点之列;对已办理出库手续的货物,要提前运到相应的配送区域;账卡、单据、资料均应整理后统一结清;整理货物堆垛、货架等,使其整齐有序,以便于清点计数;检查计量器具,使其误差符合规定要求。

(6)盘点数量。

由于盘点工作涉及大量的数字,所以在盘点过程中一定要仔细认真,还要注意因自然原因导致某些货物挥发、吸湿而重量有增有减。

(7)盘点的盈亏处理。

查清差异原因后,为了通过盘点使账面数与实物数保持一致,需要对盘点盈亏和报废品一并进行调整。库存盘点表如图 4-1 所示。

库存盘点表

盘点部门：　　仓　库：　　盘点日期：

序	物料编号	物料名称	计量单位	规格型号	账面数			实际盘点			盘盈			盘亏			备注
					数量	单价	金额	数量	单价	金额	数量	单价	金额	数量	单价	金额	
1																	
2																	
3																	
4																	
5																	
6																	
7																	
8																	
9																	
10																	
合　计																	

负责人：　　监盘：　　保管：　　制单：

图 4-1　库存盘点表

任务 2　移库作业

移库作业是指改变物品存放地点,将仓储的物品从一个位置转移到另一个位置,或从一个区域转移到另一个区域。移库作业一般是在企业内部,如总部与分公司之间、分公司与分公司之间、部门与部门之间、库房与库房之间进行的商品调拨。

1. 移库作业产生的原因

移库作业产生的原因很多,例如商品的销售量的变动、某些商品由于业务上的需要改变库存管理策略、货物分类、货物损坏或仓库内部重新布局等。

2. 移库作业的流程

移库的作业流程为:根据业务部门销售的需要和仓储部门商品存储的需要提出移库方案;制作移库单/调拨单;仓库保管员根据移库单/调拨单完成商品移库作业。

移库工作的步骤为:

(1)确定移库需求。仓库管理人员需要与销售、采购、生产等部门进行沟通,了解移库需求。这包括货物的种类、数量、移库的时间、目的地等信息。通过与相关部门的合作,确保移库计划与业务需求相符。

(2)制订移库计划。在确认移库需求后,仓库管理人员需要制订详细的移库计划。这包括移库的时间、方式、路径、目的地等。根据货物的特性和仓库的布局,确定合适的移库方式和路径,确保移库过程高效、安全。

(3)准备移库工具和设备。根据移库计划,仓库管理人员需要准备相应的移库工具和设备。这可能包括叉车、手推车、托盘等,以便于移动货物。确保移库工具和设备处于良好状态,操作人员熟练掌握使用方法。

(4)货物移动。根据移库计划,仓库管理人员需要协调仓库工作人员,按照计划将货物从原位置移动到目的地。这可能涉及货物的拆垛、装垛、包装、封装等操作。在移动货物时,需要注意货物的安全,避免货物损坏或人员受伤。

(5)库存更新。一旦货物完成移库,仓库管理人员需要及时更新库存记录,包括货物的新位置、新数量等信息。确保库存管理系统与实际库存保持一致,以便后续的库存查询、库存盘点等工作能够准确进行。同时,还需要通知相关部门和系统,以确保业务的正常进行。

案例分析 4-1

某企业移库管理规范(节选)

一、职责

仓库主管:负责对移库作业进行审批与监督。

仓库组长:负责在有移库作业需求时填写移库申请单,组织人员进行库位调整作业的操作。

仓管员:在仓库作业时,有需要对库位进行调整的,及时反馈给仓库组长。依据移库单进行具体的移库操作作业。

系统文员:收到移库单后,及时在系统内依据移库单做库位调整。

二、移库管理规程

需要移库的条件:

(1)收货时托盘不够用时,货物需要拼托,将会产生库位调整;

(2)日常仓库管理时,对货物需要拼托时进行库位调整;

(3)配货时剩余的货物较少,将其调整到一层存放或调整后进行拼托;

(4)配货时,叉车在回库时放错库位,需要重新在系统中调整库位;

(5)因某种因素(如季节性消费)需要大批量进行库位调整。

移库作业的要求与原则:

(1)一切移库作业,都要具备可追溯性;

(2)移库时要做到及时、细心、准确、无误,不论是先填写移库单,还是先将实物进行移库,都

要及时将后续工作完成;

(3)完成移库后,仓库组长要及时将移库单交接给系统文员;

(4)系统文员要及时在系统中按照移库单做库位调整;

(5)进行移库时,以相邻库位优先考虑,就近为先;相同货物优先,拼托时以一层库位优先,同区域为主;

(6)大批量移库作业时,调整后库位应相对集中存放(相同货物)。

移库流程:

(1)大批移库作业:因某种原因需要大批移库,仓库主管接到指令后将移库指令下达给仓库组长,并一同查找足够多的目的库位,由组长填写移库单。可先将原库位记录在移库单上,叉车司机进行移库作业,货品完成移库后,仓库组长再将目的地库位(移库后的库位)记录在移库单上。也可在找到足够的目的地库位后先填写移库单,审批后再进行移库作业。移库作业完成后,及时将移库单交接给系统文员,系统文员及时在系统中或Excel表单中做库位调整。

(2)日常管理拼托移库:日常管理中,对于因库位里的存货较少时,需要拼托的,由仓管员向仓库组长或仓库主管提出移库申请,填写移库申请单,经仓库主管审批后与叉车司机一起进行移库拼托作业(需要叉车司机配合时)。也可先将货品进行移库拼托作业,再及时补办移库单。完成移库拼托作业后,及时将移库单交接给系统文员,系统文员及时在系统中或Excel表单中做库位调整。

任务3 补货作业

由于库存货物的流动性,容易产生缺货,这就需要仓储部门根据出库作业计划及时做好出库前的准备工作,确保货物准确迅速地完成出库作业。

补货作业是指当拣货区的货物发生短缺时,将货物从仓库保管区域搬运到拣货区的物流活动,然后将此移库作业做库存信息处理。补货作业的目的是保证拣货区有货可拣,是保证出库时有充足货源的基础。

补货通常是以箱或托盘为单位,在配送中心通常有两种补货方式:①由储存区货架与拣货区货架组成的存货、拣货和补货系统,货物从储存区货架取出,补向拣货区,保证拣货区有货可拣的作业过程;②将供应商作为储存区,配送中心作为拣货区,从供应商处取出,补向配送中心,保证配送中心有货可拣的作业过程。

1. 补货方式

1)托盘补货

托盘补货方式是以托盘为单位进行补货,将整托盘的货物由储存区直接搬运到拣货区进行补货,适合体积大或出库量多的货物,供整箱采购的订单拣选。

2)整箱补货

整箱补货方式是以箱为单位进行补货,将箱装物品由货物储存区补货到拣货区,箱装物品在拣选区一般需要拆箱,以零散货的方式存放。这种方式适合体积小且批量小、品种多的货物,供零散采购的订单拣选。

3）货架上层—货架下层的补货方式

此种补货方式储存区与拣货区属于同一货架，利用堆垛机将上层储存区的货物搬至下层拣货区，适合体积不大、存货量不高，且多为中小量出库的货物。

2. 补货时机

补货作业的发生与否视拣货区的货物存量是否符合需求，因而究竟何时补货需检查拣货区存量，以避免拣货中途才发觉拣货区的货量不足，而影响整个拣货作业。补货时机主要有批次补货、定时补货和随机补货三种方式，配送中心应视具体情况选择适宜的补货方式。

1）批次补货

每天或每一批次拣货前，经由电脑计算所需货物总拣货量和拣货区的库存量，计算出差额并在拣货作业开始前补足货物。这种补货原则是"一次补足"，较适合一日内作业量变化不大，紧急插单不多，或是每批次拣货量可以事先掌握的情况。

2）定时补货

将每天划分为若干时段，补货人员在时段内检查拣货区货架上货物存量，若发现不足马上予以补足。这种"定时补足"的补货原则，较适合分批拣货时间固定、处理紧急订货时间也固定的情况。

3）随机补货

随机补货是指定专人从事补货作业的方式，补货人员随时巡视拣货区的货物存量，若有不足随时补货。这种"不定时补足"的补货原则，较适合每批次拣货量不大，紧急插单多，以至于一天内作业量不易事前掌握的场合。

3. 补货案例

某配送中心库存资料如表 4-1 和表 4-2 所示。

表 4-1 Y 仓库重型货架存储区库存情况

货位	01-03-02-03	02-01-02-01	02-02-02-03	01-04-01-02	02-03-05-02
品名	大丽花香皂	菊香洗手液	海棠水果罐头	沙丁鱼罐头	夏菲蚊香
规格	1×36 块	1×24 瓶	1×24 瓶	1×24 盒	1×80 盒
存储单位	箱	箱	箱	箱	箱
数量	20	26	20	23	18
货位	01-03-02-02	02-01-02-02	02-02-02-01	01-04-01-03	02-03-05-01
品名	婴儿纸尿裤	可乐年糕	艾尔湿纸巾	可乐磁化杯	多乐儿童牙膏
规格	1×48 片	1×24 袋	1×24 包	1×24 个	1×80 支
存储单位	箱	箱	箱	箱	箱
数量	24	30	20	13	18

续表

货位	01-03-02-03	02-01-02-01	02-02-02-03	01-04-01-02	02-03-05-02
品名	陈记香油	蟹味儿生抽	安溪铁观音	安化黑茶	科利尔碳素笔
规格	1×12 瓶	1×24 瓶	1×24 罐	1×24 盒	1×60 支
存储单位	箱	箱	箱	箱	箱
数量	13	20	20	20	18

表 4-2　Y 仓库重型货架散货区库存情况

货位	09-02-03-04	09-01-04-02	09-02-03-02	09-03-01-02	09-04-02-01
品名	大丽花香皂	菊香洗手液	海棠水果罐头	沙丁鱼罐头	夏菲蚊香
规格	250 g	420 mL	650 g	500 g	2 片
拣选单位	块	瓶	瓶	盒	盒
补货前数量	12	9	13	32	90
存储上/下限	120/10	60/10	60/10	60/10	200/10

表 4-3 至表 4-7 所示为 Y 仓库接到的客户订单。

表 4-3　客户订单 1

订单编号：D202310130101　　　　　订货时间：2023-5-12

序号	商品名称	单位	单价/元	订购数量	金额/元	备注
1	婴儿纸尿裤	箱	100	7	700	
2	大丽花香皂	块	20	15	300	
3	菊香洗手液	瓶	30	19	570	
4	沙丁鱼罐头	箱	960	2	1 920	
5	可乐年糕	箱	100	4	400	
6	海棠水果罐头	瓶	20	15	300	

客户名称：大安梅朵顾家 1 号店

表 4-4　客户订单 2

订单编号：D202310130102　　　　　订货时间：2023-5-12

序号	商品名称	单位	单价/元	订购数量	金额/元	备注
1	婴儿纸尿裤	箱	100	6	600	
2	艾尔湿纸巾	箱	100	8	800	
3	大丽花香皂	块	20	20	400	
4	海棠水果罐头	瓶	20	15	300	
5	沙丁鱼罐头	盒	40	16	640	
6	菊香洗手液	瓶	30	17	510	

客户名称：大安梅朵顾家 2 号店

表 4-5　客户订单 3

订单编号：D202310130103　　　　订货时间：2023-5-12

序号	商品名称	单位	单价/元	订购数量	金额/元	备注
1	陈记香油	箱	100	7	700	
2	蟹味儿生抽	箱	100	8	800	
3	夏菲蚊香	盒	10	30	300	
4	大丽花香皂	块	20	10	200	
5	菊香洗手液	瓶	30	15	450	
6	沙丁鱼罐头	盒	40	15	600	

客户名称：大安梅朵顾家 3 号店

表 4-6　客户订单 4

订单编号：D202310130104　　　　订货时间：2023-5-12

序号	商品名称	单位	单价/元	订购数量	金额/元	备注
1	可乐磁化杯	箱	100	8	800	
2	可乐年糕	箱	100	8	800	
3	安溪铁观音	箱	100	9	900	
4	沙丁鱼罐头	盒	40	14	560	
5	安化黑茶	箱	100	7	700	
6	大丽花香皂	块	20	15	300	

客户名称：大安梅朵顾家 4 号店

表 4-7　客户订单 5

订单编号：D202310130105　　　　订货时间：2023-5-12

序号	商品名称	单位	单价/元	订购数量	金额/元	备注
1	科利尔碳素笔	箱	100	9	900	
2	大丽花香皂	块	20	20	400	
3	海棠水果罐头	瓶	20	16	320	
4	多乐儿童牙膏	箱	100	8	800	
5	夏菲蚊香	盒	10	36	360	
6	安化黑茶	箱	100	8	800	

客户名称：大安梅朵顾家 5 号店

操作说明：

（1）以箱为单位订货的，从托盘货架拣选出库；以 SKU 为订货单位的，从重型货架散货区拣选出库。

(2)必须以整箱补货。
(3)每次补货量应满足一个拣选波次需要及规定。
根据上述情况,完成补货计划的编制,如表4-8所示。

表4-8 补货计划单

序号	品名	原货位	目标货位	补货数量
1	大丽花香皂	01-03-02-03	09-02-03-04	3箱
2	菊香洗手液	02-01-02-01	09-01-04-02	3箱
3	海棠水果罐头	02-02-02-03	09-02-03-02	2箱
4	沙丁鱼罐头	01-04-01-02	09-03-01-02	1箱

计算过程如下:
(1)利用Excel数据透视表,汇总5张客户订单的商品品种和数量。
(2)订购以箱为单位的商品数量汇总如表4-9所示。

表4-9 商品订购数量汇总表

商品名称	订购数量/箱	商品名称	订购数量/箱
艾尔湿纸巾	8	可乐磁化杯	8
安化黑茶	15	可乐年糕	12
安溪铁观音	9	沙丁鱼罐头	2
陈记香油	7	蟹味儿生抽	8
多乐儿童牙膏	8	婴儿纸尿裤	13
科利尔碳素笔	9		

(3)零散货。汇总客户订单中五种零散货商品的订购数量,并从Y仓库重型货架散货区查到补货前数量、存储下限值,列表如表4-10所示。

表4-10 五种零散货商品的订购数量汇总

商品名称	订购数量	补货前数量	存储下限
大丽花香皂	80块	12块	10块
海棠水果罐头	46瓶	13瓶	10瓶
菊香洗手液	51瓶	9瓶	10瓶
沙丁鱼罐头	45盒	32盒	10盒
夏菲蚊香	66盒	90盒	10盒

利用公式:补货数量=订购数量-补货前数量+存储下限。经计算,整箱补货数量如表4-11所示。

表 4-11　整箱补货数量

商品名称	最少补货数量	商品规格（每箱）	补货数量/箱	补货后库存
大丽花香皂	78 块	1×36 块	3	40 块
海棠水果罐头	43 瓶	1×24 瓶	2	15 瓶
菊香洗手液	52 瓶	1×24 瓶	3	30 瓶
沙丁鱼罐头	23 盒	1×24 盒	1	11 盒
夏菲蚊香	0 盒	1×80 盒	0	24 盒

逐一核对以上五种商品补货后的剩余库存，均没有超过存储上限，且高于储存下限，所以上述补货数量即为本案例的计算结果。

4. 补货数量的计算[①]

1）安全库存的计算

（1）安全库存的含义。

安全库存（又称保险库存）是指为了防止由于不确定因素（如突发性大量订货或供应商延期交货）影响订货需求而准备的缓冲库存。安全库存用于满足提前期需求。由于每日需求量、交货时间、供应商的配合程度，存在较多的不确定因素，企业需要通过安全存货来进行缓冲处理。安全库存在正常情况下不动用，只有在库存量过量使用或者送货延迟时才能使用。

安全库存的确定是建立在数理统计理论基础上的，大小主要由顾客服务水平（或订货满足率）来决定。所谓顾客服务水平，就是指对顾客需求情况的满足程度。公式表示如下：

$$顾客服务水平(95\%) = 1 - 年缺货次数/年订货次数$$

顾客服务水平（或订货满足率）越高，说明缺货发生的情况越少，从而缺货成本就较小，但因增加了安全库存量，导致库存的持有成本上升；而顾客服务水平较低，说明缺货发生的情况较多，缺货成本较高，安全库存量水平较低，库存持有成本较小。因而必须综合考虑顾客服务水平、缺货成本和库存持有成本三者之间的关系，最后确定一个合理的安全库存量。

安全库存量的计算需要对顾客需求量的变化和提前期的变化做一些基本的假设，显著性水平为 α 服务水平为 $1-\alpha$ 的情况下所对应的服务水平系数，是基于统计学中的标准正态分布的原理来计算的，一般通过正态分布表查得。

客户需求不确定、生产过程不稳定、配送周期多变、服务水平高低等是影响安全库存的重要因素。经典的安全库存计算公式为：

$$SS = z \cdot \delta_d \cdot \sqrt{LT}$$

其中：SS——安全库存量；

z——特定服务水平下的标准差数值；

δ_d——日需求量的标准差；

LT——在入库采购作业时是订货提前期，在补货作业时，是补货提前期。

[①] 参考百蝶 ITP 智慧教学平台资源。

通常,A类货物的服务水平可定为99%,B类货物的服务水平是95%,C类货物的服务水平是90%,通过查正态分布表可知,其对应的标准差z数值分别为2.33、1.65、1.28。

(2)安全库存计算案例。

某超市波力海苔(原味)为A类商品,服务水平为99%,日需求量的标准差为12,补货提前期为0.25天,那么请计算其安全库存值。

解答:根据安全库存计算公式

$$SS = z \cdot \delta_d \cdot \sqrt{LT}$$

可知 SS=2.33×12×0.5 件=13.98 件,可设置 14 件。

2)再补货点的计算

补货作业中,补货点为库存量,当实际库存量低于补货点库存量时,应立即补货。再补货点计算公式为:

$$P_q = LT \cdot R + SS$$

其中:P_q——再补货点;

LT——补货提前期;

R——补货提前期内的平均需求。

再补货点的计算案例:

某超市波力海苔(原味)的平均日需求量为16.60件,补货提前期为0.25天,安全库存为12.75件。请计算再补货点为多少件。

解答:利用再补货点的计算公式

$$P_q = LT \cdot R + SS$$
$$P_q = (0.25 \times 16.60 + 12.75)\text{件} = 16.9 \text{件}$$

3)补货数量的计算

在补货作业中,补货量的计算采用经济订货批量的计算公式:

$$Q^* = \sqrt{\frac{2DS}{C_i}}$$

其中:Q^*——补货数量;

D——商品的年需求量;

S——单次补货成本;

C_i——单位商品年保管费。

补货数量计算案例:

某超市波力海苔(原味)的年需求量为3 600件,单次补货成本为1元,单位商品年存储费用为2元。请计算补货数量为多少件。

解答:利用补货数量计算公式

$$Q^* = \sqrt{\frac{2DS}{C_i}}$$

$$Q^* = \sqrt{\frac{2 \times 3\ 600 \times 1}{2}} \text{件} = 60 \text{件}$$

任务4 货物保管

在库货物的保管是指仓库针对货物的特性,结合仓库的具体条件,采取各种科学的方法对货物进行养护,防止和延续货物质量变化的行为。货物保管的原则是"以防为主,防治结合"。要特别重视货物损害的预防,及时发现和消除事故隐患,防止损害事故的发生。特别要预防发生爆炸、火灾、水浸、污染等恶性事故和造成大规模损害事故。

常见的仓储货物保管的方法有通风、密封、吸潮、温度控制、湿度控制等。

1. 通风

通风是仓库最常采用的货物保管保养方法之一,其目的是利用通风降温、升温和除湿,以控制和调节库内温度和湿度。通风还具有消除货物散发出的有害气体的作用,还可以增加空气中氧气的含量。

通风的方式有自然通风和机械通风。自然通风是通过开启库房门窗和通风口,让库房内外空气自然交换。机械通风是利用通风机械(如排气扇等)产生的推压力或吸引力,即正压或负压,使库内外空气形成压力差,从而强迫库内外空气发生流动和置换。

通风的一般措施有:

利用通风降温:在炎热的季节适用于怕热但对空气要求不严格的物资,一般在早晚气温较低的时候通风为宜。

利用通风提温:在寒冷季节利用阳光充足、库外温度高时进行通风,达到提温的目的。

利用通风降潮:应选择干燥、风爽的天气进行,开启门窗进行通风。

2. 密封

密封是指利用绝热性与防潮性较好的材料把商品或库房严密封闭起来,防止和减弱外界温湿度对货物影响的一种保养方法。密封储存不仅能够达到防潮、防热、防干裂、防冻、防融化等目的,还可以实现防霉、防虫、防锈蚀、防老化等多种效果。

常见的密封材料:防潮纸(如柏油纸、蜡纸、油纸、用防水剂进行表面处理的纸和涂布塑料薄膜的防潮纸)、油毡纸、塑料薄膜、稻谷壳、纤维板、芦席、锯末、干草、河沙等。

密封的形式有整库密封、整室密封、整垛密封、整柜密封、整件密封。

3. 吸潮

当库内湿度过高不适宜货物保管,而库外湿度也过大不宜进行通风散潮时,可以在密封库内用吸潮的方法降低库内湿度。现代仓库普遍使用机器吸潮,即把库内的潮湿空气通过抽风机,吸入吸湿机冷却器内,使潮湿的空气凝结为水而排出。吸湿机一般适用于储存棉布、棉针织品、贵重百货、医药、仪器、电工器材和烟糖类的仓库。

此外也可用吸潮剂吸潮,常用吸潮剂有生石灰(氧化钙)、氯化钙、硅胶、分子筛、炉灰和干木炭等,一般硅胶用于高级仪器吸潮,生石灰、氯化钙等吸潮剂可以装在盆或木箱内,放于垛底、架底和库房沿墙四周吸潮。

4. 温度控制

普通仓库的温度直接受天气温度的影响,库存货物的温度也就与天气温度同向变化。有些货物温度太高时,可能会融化、膨胀、软化等,也容易腐烂变质、挥发、老化、自燃,甚至发生爆炸。所以,对此类货物要经常检查货物温度,当气温过高时,可以采取洒水或通风的方法适当降温。而有些货物温度太低时,可能会变脆、冻裂从而损害货物。一般来讲,绝大多数货物在常温下都可以保持正常的状态。

5. 湿度控制

湿度分为货物湿度和空气湿度。货物湿度指货物的含水量。货物的含水量对货物有直接影响,含水量高,则容易发生霉变、锈蚀、溶解、发热甚至化学反应;含水量太低时,则会产生干裂、挥发、容易燃烧等危害。控制货物的含水量是货物保管的重要环节。

湿度控制主要通过对湿度进行监测,当湿度过高或过低时要及时采取措施进行处理。当湿度太低时,应减少空气流通,通过洒水、喷水雾等方式增加仓内空气湿度,或者直接对货物进行如洒水等加湿处理。当湿度太高时,应封闭仓库或密封货垛,避免空气流通;或者采用干燥式通风、制冷降温;或者在室内摆放如生石灰、硅胶等吸湿材料;特殊货仓可采取升温措施。

 知识链接 4-1

常见各类仓库温湿度要求标准

温湿度管理是仓库管理中的重要环节,它关乎着货品质量的安全。不同的库房,其储藏环境要求各不相同,但都要基于相关的国家标准和行业规范,常见各类仓库温湿度要求标准如下:

1. 档案储藏库房:温度 14~24 ℃,夏季不大于 24 ℃;相对湿度 45%~60%,夏季不大于 60%。

2. 烟叶仓库:一般季节库内温度控制在 30 ℃ 以下,相对湿度控制在 55%~65%;高温高湿季节库内温度控制在 32 ℃ 以下,相对湿度控制在 70% 以下。

3. 电子元件仓库:
(1) 敏感元器件:温度 10~28 ℃,湿度 30%~60%RH。
(2) 普通电子元件:温度 10~35 ℃,湿度 30%~75%RH。

4. 纸箱储藏仓库:依照常温库要求,温度在 25~30 ℃,湿度在 45%~75%RH。

5. 粮食仓库:含水量少(12.5% 以下),环境温度 15~20 ℃。

6. 塑胶仓库:塑胶原料在 23 ℃ 的温度下,能保持其性能最佳状态,料仓温度应保持在 23 ℃ 左右。

7. 五金仓库:温度控制范围(20±5) ℃,湿度控制范围在 50%±20%RH。

8. 化学仓库:库温不超过 30 ℃,相对湿度不超过 80%。

9. 危险品仓库:
(1) 硝酸钾温湿度要求:库温不超过 30 ℃,相对湿度不超过 80%。
(2) 硫酸温湿度要求:库温不超过 35 ℃,相对湿度不超过 85%。

基本训练

▫ 知识题

1. 阅读理解

(1) 简述货物盘点的目的。

(2) 简述常见的仓储货物保管的方法。

(3) 货物移库的原因有哪些？移库的方法有哪些？

2. 知识应用

1) 选择题

(1) 盘点作业的内容有（　　）。

A. 查数量　　　　B. 查质量　　　　C. 查保管条件　　　D. 查安全

(2) 补货作业的方式有（　　）。

A. 托盘补货　　　　　　　　　　　B. 整箱补货

C. 货架上层到货架下层的补货　　　D. 储存区到拣选区的补货

(3) 补货的时机有（　　）。

A. 批次补货　　　B. 定时补货　　　C. 随机补货　　　D. 紧急补货

(4) 常见的仓储货物保管的方法有（　　）。

A. 通风　　　　　B. 密封　　　　　C. 吸潮　　　　　D. 温度、湿度控制

▫ 技能题

(1) 根据给定信息计算安全库存值。某超市嘉士利通心饼为 C 类商品，服务水平为 90%，日需求量的标准差为 3.4，订货提前期为 2 天，那么请计算其安全库存值。

(2) 根据下列补货作业计划资料，完成练习。

背景：配送中心散货库区每天下午五点采集客户需求订单，第二天上午八点开始自存储区向拣选区进行补货，第二天下午两点开始进行拣选配送。

请就配送中心散货库区的情况说明补货量的依据、补货时机。

(3) 根据以下补货作业计划资料，完成下列补货计划的填制。

Y 仓库库存资料如表 4-12 和表 4-13 所示。

表 4-12　Y 仓库重型货架存储区库存情况

货位	01-03-02-03	02-01-02-01	02-02-02-03	01-04-01-02	02-03-05-02
品名	大丽花香皂	菊香洗手液	海棠水果罐头	沙丁鱼罐头	夏菲蚊香
规格	1×36 块	1×24 瓶	1×24 瓶	1×24 盒	1×80 盒
存储单位	箱	箱	箱	箱	箱
数量	24	30	20	23	18
货位	01-03-02-02	02-01-02-02	02-02-02-01	01-04-01-03	02-03-05-01
品名	婴儿纸尿裤	可乐年糕	艾尔湿纸巾	可乐磁化杯	多乐儿童牙膏
规格	1×48 片	1×24 袋	1×24 包	1×24 个	1×80 支

续表

存储单位	箱	箱	箱	箱	箱
数量	24	30	20	23	18
货位	01-03-02-01	02-01-02-03	02-02-02-02	01-04-01-01	02-03-05-03
品名	陈记香油	蟹味儿生抽	安溪铁观音	安化黑茶	科利尔碳素笔
规格	1×12瓶	1×24瓶	1×24罐	1×24盒	1×60支
存储单位	箱	箱	箱	箱	箱
数量	24	30	20	23	18

表 4-13　Y 仓库重型货架散货区库存情况

货位	09-02-03-04	09-01-04-02	09-02-03-02	09-03-01-02	09-04-02-01
品名	大丽花香皂	菊香洗手液	海棠水果罐头	沙丁鱼罐头	夏菲蚊香
规格	250 g	420 mL	650 g	500 g	2 片
拣选单位	块	瓶	瓶	盒	盒
补货前数量	12	9	13	32	90
存储上/下限	120/10	60/8	70/10	60/10	200/20

表 4-14 至表 4-18 所示为 Y 仓库接到的客户订单。

表 4-14　客户订单 1

订单编号：D201810250101　　　　　　订货时间：2018-10-25

序号	商品名称	单位	单价/元	订购数量	金额/元	备注
1	婴儿纸尿裤	箱	100	5	500	
2	大丽花香皂	块	20	15	300	
3	菊香洗手液	瓶	30	19	570	
4	沙丁鱼罐头	箱	960	2	1 920	
5	可乐年糕	箱	100	4	400	
6	海棠水果罐头	瓶	20	18	360	

客户名称：大安梅朵顾家 1 号店

表 4-15　客户订单 2

订单编号：D201810250102　　　　订货时间：2018-10-25

序号	商品名称	单位	单价/元	订购数量	金额/元	备注
1	婴儿纸尿裤	箱	100	6	600	
2	艾尔湿纸巾	箱	100	8	800	
3	大丽花香皂	块	20	20	400	
4	海棠水果罐头	瓶	20	17	340	
5	沙丁鱼罐头	盒	40	14	560	
6	菊香洗手液	瓶	30	15	450	

客户名称：大安梅朵顾家 2 号店

表 4-16　客户订单 3

订单编号：D201810250103　　　　订货时间：2018-10-25

序号	商品名称	单位	单价/元	订购数量	金额/元	备注
1	陈记香油	箱	100	7	700	
2	蟹味儿生抽	箱	100	8	800	
3	夏菲蚊香	盒	10	30	300	
4	大丽花香皂	块	20	10	200	
5	菊香洗手液	瓶	30	13	390	
6	沙丁鱼罐头	盒	40	16	640	

客户名称：大安梅朵顾家 3 号店

表 4-17　客户订单 4

订单编号：D201810250104　　　　订货时间：2018-10-25

序号	商品名称	单位	单价/元	订购数量	金额/元	备注
1	可乐磁化杯	箱	100	8	800	
2	可乐年糕	箱	100	7	700	
3	安溪铁观音	箱	100	9	900	
4	沙丁鱼罐头	盒	40	14	560	
5	安化黑茶	箱	100	6	600	
6	大丽花香皂	块	20	10	200	

客户名称：大安梅朵顾家 4 号店

表 4-18 客户订单 5

订单编号:D201810250105　　　订货时间:2018-10-25

序号	商品名称	单位	单价/元	订购数量	金额/元	备注
1	科利尔碳素笔	箱	100	9	900	
2	大丽花香皂	块	20	20	400	
3	海棠水果罐头	瓶	20	16	320	
4	多乐儿童牙膏	箱	100	8	800	
5	夏菲蚊香	盒	10	35	350	
6	安化黑茶	箱	100	7	700	

客户名称:大安梅朵顾家 5 号店

操作说明:

(1)以箱为单位订货的,从托盘货架拣选出库;以 SKU 为订货单位的,从重型货架散货区拣选出库。

(2)必须以整箱补货。

(3)每次补货量应满足一个拣选波次需要及规定。

请根据上述情况,完成表 4-19 所示的补货计划的填制。

表 4-19 补货计划单

序号	品名	原货位	目标货位	补货数量

综合案例

某超市商品的在库管理方法

一、库存区的商品存放标准

1.在指定区域摆放库存商品,以分类来进行管理。分区域存放,做到不交叉。例如奶粉存储区、辅食存储区、营养保健区等。

2.建立储位卡(储位、品名、条码)固定商品摆放位置。如果商品摆放不固定,随意更换位置,会影响取货上架效率,增加人工成本。

3.无货架区域或货架底层堆放商品时,必须在商品下面垫栈板,存放需要保证高于地面高度,一方面防止水浸,另一方面防止地面潮湿影响商品安全。

4. 库存分类码放,单品库存尽量采用先纵后横的码放方式。

5. 商品库存设置要便于补货等操作。

6. 商品码放不能超高、超重,受力要均匀,考虑承重和受力等安全系数。

7. 所有库存区的纸箱要封箱、封底。

8. 易漏液、碎裂性商品要单独在特别区域存放。

9. 库存码放的重要准则是安全,任何时间、地点,商品不能从库存区上掉下来。

10. 商品离灯源须保持消防规定的距离,同时不能阻碍消防喷淋头和其他电子设施。

11. 仓库内必须留有通道,保证商品进出通畅。

12. 不能占用库存区消防器材的位置存放商品。

二、储位及管理要求

1. 门店储位标识的规定。门店储位标识使用 8 位码,格式如下：×××-××-×××。其中第一位码为英文大写字母,各课室英文字母分配如下：食品课——S,用品课——Y,纺织课——F,玩具课——W。储位标识第二位至第八位为阿拉伯数字,第一位与第二位阿拉伯数字代表货架排数,第一排货架即为01,以此类推。第三位与第四位阿拉伯数字代表此排货架中的节数,顺序为从前往后,第一节货架即为01,以此类推。最后三位阿拉伯数字代表此节货架中的第几层第几个位置,如第一层的第一个位置即为011,第二层的第一个位置即为021,以此类推。

2. 商品区储位标识制作标准。储位标识由三组数码组成(如：B01-04-023),B 代表区域,B01 中 01 代表第一排货架；04 代表第四节货架；023 中的 02 代表这节货架中的第二层货架,023 中的 3 代表第二层货架中的第三个储位。标识打印并张贴于货架层板上。

3. 由于门店系统无储位管理功能,故商品库存与商品陈列位置原则上做到一一对应,根据库存需求划分货架数量,库存布局与卖场布局要相对应,库存清晰。此对应关系方便上架、补货,门店课室对店内销售区域很熟悉,仓库内这种布局可以保证课室人员在最短时间内找到想要的商品。

三、仓库的盘点方式

1. 将仓库存管商品划分为三个等级。第一等级为价值高的商品,第二等级为价值不高、销量大的商品,第三等级为价值不高、销量小的商品。

2. 第一等级价值高的商品,由于门店销售忙,进行日盘可行性不大。需要对此类商品每周进行一次盘点,确保此类商品库存准确,在一周内发生的问题可以及时查验单据等,找出原因,解决问题,追回损失。

3. 第二类商品价值不高、销量大,对此商品过多地投入人力管理,会导致人力成本高于损益成本。每半个月对此商品进行一次盘点,查找差异原因,进行流程完善,一步步降低损益率。

4. 第三类商品价值不高、销量小,对此商品按照月度进行盘点,每月对此商品进行一次盘点,查找差异原因,进行流程完善,一步步降低损益率。

四、退货待处理区

退货待处理区是仓库存放外包装破损、临效、过期以及不能进行二次销售的商品的区域。退货待处理区注意事项如下：

1. 不能销售的商品需及时放至退货待处理区。

2. 易污染其他商品的待处理商品需分开存放。

3. 待处理商品需装箱并在箱外粘贴明细,不得零散摆放。
4. 待处理区每节货架左上角处张贴待处理商品明细表。
5. 及时联系采购、供应商处理待处理区商品,降低待处理区库存。
(资料来源:搜狐网,有改动)
问题:该超市商品的在库管理方法,对你有哪些启示?

综合实训

实训项目:商品的库内作业综合实训。

实训目的:通过本项目实训,使学生熟知货物库内作业的主要流程和作业内容、库内作业涉及的相关单证及其流转,以及库内作业中经常遇到的问题和常用的解决方法,在此基础上,合理、高效地完成货物的盘点、移库、补货及保管作业。

实训内容:在物流仓储与配送实训室,完成商品的盘点作业、移库作业和补货作业。

(1)完成五种以上货品的盘点作业。要求:
①查看储存物品的数量、质量、保管条件和安全措施是否符合要求。
②能正确处理盘点异常情况。

(2)根据 ABC 分类结果,对拣选区货物的储位进行检查,对需要调整储位的物品,做好货物移库作业。要求:
①移库前,根据 ABC 分类结果,先找好目的库位,填写好移库单,审批后再进行操作。
②在将实物进行移库时,系统中也要按照移库单做库位调整,两者都需要及时完成。
③选择移库货位时,就近为先,相同货物调整后的库位尽量相对集中。

(3)货物补货作业要求:
①准确把握补货时机。
②补货时商品的品名、规格要与待补货货架上的品名、规格相符。
③放置货物时位置要对齐,货物摆放要整齐,便于拣货。
④坚持"先进先出"的原则。
⑤补货时轻拿轻放,防止摔坏商品。

思政园地

警示!仓储物流场所千万别"上火"

项目5
仓储出库管理

ZHIHUI CANGCHU PEISONG YUNYING

思政目标

◎ 培养严谨细致的职业素养和精益求精的工匠精神；
◎ 树立正确的价值观，培养认真负责、诚实守信的作风，提高岗位责任意识；
◎ 培养物流作业的规范化、标准化以及优化意识；
◎ 具备良好的安全意识、成本效率意识、环保意识、服务意识。

知识目标

◎ 掌握客户订单有效性分析的考虑因素；
◎ 掌握客户优先权的多因素评价方法；
◎ 掌握货物拣选、复核的作业流程、作业方法和要点。

技能目标

◎ 能够根据常见因素来判断订单有效性；
◎ 能够利用多因素评价方法进行客户优先权分析；
◎ 按照企业标准实施货物拣选、复核等作业。

任务引例

京东物流上海亚洲一号无人仓的全自动化作业

京东物流上海亚洲一号全流程无人仓，占地4万平方米，2018年1月在上海嘉定投入运行，物流主体由收货、存储、订单拣选、包装四个作业系统组成，该仓承担着华东地区每天20万单3C等产品的入库、存储、包装、分拣、出库等任务，各环节紧密衔接、有条不紊。

在收货存储阶段，亚洲一号使用的是高密度存储货架，存储系统由8组穿梭车立库系统组成，可同时存储商品6万箱，可以简单理解为存储量更大的无人货架。货架的每个节点都有红外射线，这是因为在运输货物的过程中，需要以此确定货物的位置和距离，保证货物的有序摆放。

在包装阶段，京东投放使用自主研发的、全球最先进的自动打包机，分为两种，包括纸箱包装和纸袋包装。

在打包过程中，机器可以扫描货物的二维码，并根据二维码信息来进行包装和纸板的切割。两种包装在货物的包装数量上有不同。其中白色袋装可以同时包装好几件商品，更加灵活。黄色箱装只能包装1件商品，并且是更加标准化的商品，例如手机。在打包时，两种包装分为两条轨道独立运作，在去分拣中心之前汇集。

在货物入库、打包这两个环节里，京东无人仓配备了3种不同型号的六轴机械臂，应用在入库装箱、拣货、混合码垛、分拣机器人供包4个场景下。

在分拣阶段，采用AGV（automated guided vehicle，无人搬运车，即"小红人"）进行作业。亚洲一号的AGV有三种类型，按型号分为大中小号，中小AGV是在分拣轨道里面运作，运输货物；而大的AGV则是在货物掉入集口宝之后直接将集口宝运送到不同的分拨中心。

在分拣场内，京东分别使用了2D视觉识别、3D视觉识别，以及由视觉技术与红外测距组成的2.5D视觉技术，为仓库内上千智能机器人安装了"眼睛"，实现了机器与环境的主动交互。

这种视觉技术上的巨大变化，是为了让机器人更好地判断SKU的条码。视觉技术升级后，机器人可以更好地改进动作幅度、吸力来判断该抓取商品的位置。不过，即使如此，仍然会出现差错，这是因为，为了节省成本，商品通常只会打上条码，一旦条码处于机器人的视觉盲点，系统将无法获取商品信息。

这些AGV每次充电耗时10分钟，按照不同的轨道进行货物的运送，碰上加急的货物，其他AGV会自动让道，让加急货物优先运送。

目前亚洲一号的每日包裹量可达20万个，这种体量仅分拣场景就需要300人同时作业，而实现无人化后可以通过机器实现全自动化。

（资料来源：https://36kr.com/p/1722539933697，有改动）

该案例表明：京东物流上海亚洲一号无人仓，通过利用先进的智慧物流技术和设备，实现了全自动化作业，尤其是在打包、分拣、出库环节，大大减少了劳动力需求，提高了作业效率。

货物出库作业是仓储作业管理的最后一步，也是非常重要的环节。出库作业是货物保管工作的结束，它既涉及配送中心同货主、客户及承运部门的经济联系，也涉及配送中心各有关部门的作业活动。货物出库是根据存货人、客户或业务部门所持有的货物出库凭证（包括客户订单、提货单、领料单、调拨单等），按其所列货物的编号、名称、规格、型号和数量等项目，组织货物出库、登账、配货、复核、点交、送货等一系列工作的总称。

任务1　出库作业要求

1. 货物出库的依据

货物出库首先要根据货主开的"货物调拨通知单"进行，无论在何种情况下，配送中心都不得擅自动用、变相动用或外借货主的库存货物。"货物调拨通知单"的格式不尽相同，不论采用何种形式，都必须是符合财务制度要求的有法律效力的凭证，杜绝凭信誉或无正式手续发货。

2. 货物出库的要求

货物出库要求做到"三不、三核、五检查"。其中："三不"，即未接单据不翻账，未经审核不备货，未经复核不出库；"三核"，即发货时要核实凭证、核对账卡、核对实物；"五检查"，即对单据和实物要进行品名检查、规格检查、包装检查、件数检查、重量检查。具体说，货物出库要严格执行各项规章制度，杜绝差错事故，以提高服务质量，让客户满意。

3. 货物出库的流程

出库作业需要遵循"先进先出、推陈储新"的原则，使得仓储活动的管理实现良性循环。

根据货物在库内的流向，或出库单的流转构成各业务环节的衔接，不论采用哪种出库方式，都应按照以下流程做好管理工作（见图5-1）：

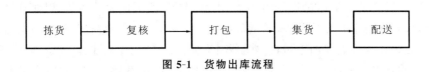

图 5-1 货物出库流程

(1)拣货。

拣货员必须认真核对出库单和拣货单,首先要审核单据的真实性,然后核对货物的品名、型号、规格、单价、数量、收货单位等,最后审核出库单的有效期等。审核单据之后,按照单证所列项目开始拣货工作,拣货时应本着"先进先出、易霉易坏先出、接近有效期先出"原则。拣货完毕后要及时变动料卡余额数量,填写实发数量和日期。

(2)复核。

为防止拣选差错,备货后应立即进行复核。出库的复核形式主要有专职复核、交叉复核和环环复核三种。

(3)打包。

拣货后的货物,如果是零散物品,就需要复核打包人员将周转箱里的零散物品装进纸箱进行打包。

(4)集货。

将复核打包好的货物交接给配送员,办理交接手续时,当面将货物点交清楚。交清后,提货人员应在出库凭证上签章。

(5)配送。

配送人员将出库的货物按照规定的时间送到指定的地点。

4. 货物出库的基本方式

货物出库的主要依据是有关单位开具的正式出库凭证。出库凭证的具体格式可以不同,但不论采用哪种格式,都必须符合财务制度要求且具有法律效力。货物出库的形式具体主要有自提、送货、托运、过户、取样和转仓。

1)提货方式

提货方式是由要货单位凭出库凭证,自备运输工具到仓储企业取货的一种方式。仓库管理部门人员根据领料凭证转开货物发放单,并按上述证、单配货,经复核人员逐项核对后,将物品当面点交给提货人员,在库内办理交接手续。它具有"提单到库,随到随发,自提自运"的特点。提货方式是物品发放的重要方式。

2)送货方式

送货是由仓储企业根据用户订单需求,组织运力将用户所需的货物送到用户指定地点的一种出库方式。

仓库管理部门在送货时必须以使用定额为依据,完善交接手续,分清责任。送货组织可采用专人定路线的方式。采用这种方式,可以用集装箱的办法巡回送货,也可采取由仓管员每日定时送货的办法。仓管员直接送货可以减少交接手续,直接由用料单位签收即可。

在送货过程中以及在向用料单位交接物品过程中,如果发现物品包装损坏、物品受损或物品数量短少等现象,应由物控人员追查处理。

仓库管理人员必须了解运送物品的性质、体积、重量、需要的紧迫性等，以便选择运送工具，组织装卸力量，安排装车的先后顺序，尽量节约运力。装车后，应检查捆绑、加固、苫盖等是否稳妥。卸车后，必须收回苫盖和加固材料。送货具有"预先付货、按车排货、发货等车"的特点。

实行送货具有多方面的好处：仓库可预先安排作业，缩短发货时间；收货人可避免因人力、车辆等不便而发生的取货困难；在运输上，可合理使用运输工具，减少运输费用。

3）托运方式

托运是由仓库管理部门将物品通过运输单位托运，发到物品需用单位的一种发货方式。仓库管理部门备完货后，到运输单位办理货运手续，通过承运部门（铁路、水运、汽运、航空、邮局等）将物品运送到物品需用部门所在地，然后由其去提取。在办理托运前，仓库管理部门应根据需用单位的要求，进行物品的分割（如金属材料）、配套、包装等工作，并做好发运日记。

按运输方式不同，托运可以分为整车货物托运、零担货物托运、集装箱货物托运三种。一批货物的重量、体积或形状需要一辆最小载重量以上货车运输时应按整车托运；不够整车运输条件的按零担托运；具备集装箱运输条件的可以按集装箱托运。按零担托运的货物，单件的体积最小一般不小于 0.22 m^3（单件重量在 10 kg 以上的除外），每批一般不得超过 300 件。按一批托运的货物，托运人、收货人、发站、到站和装卸地点必须相同。整车货物每车为一批；零担货物或使用集装箱运输的货物，按每张货物运单为一批。

4）过户方式

过户是一种就地划拨的出库形式，物品虽未出库，但是所有权已从原存货户头转移到新存货户头。仓库必须根据原存货人开出的正式过户凭证，才予以办理过户手续。日常操作时，往往是仓单持有人的转让，这种转让要经过合法手续。仓储部门在处理这种业务时，应根据货主单位的出库凭证和购进单位开具的入库凭证，分别进行转账处理。

仓库也可根据原存货人开具的正式过户凭证办理过户手续。过户凭证可以代替新存货人的入库凭证，仓库据此向其开出储存凭证，并另建新的货物明细保管账。对原存货人来说，过户凭证相当于其出库凭证，仓库据此进行货物出库账务处理。

5）取样方式

取样是货主出于对物品质量检验、样品陈列等需要，到仓库提取货样而产生的部分物品的出库。在办理取样业务时，要根据货主填制的正式样品提货单转开货物出库单，在核实货物的名称、规格、牌号、等级和数量等项后备货，经复核，将货物交提货人，并做好账务登记和仓单记载。

6）移（转）仓方式

货物转仓是货物存放地点的变动。某些货物由于业务上的需要，或由于货物不同特性的原因而需要变更储存场所，从一个仓库（或仓位）转移至另一仓库（或仓位）储存时，必须根据有关部门开具的货物移库单来组织货物出库。

转仓可分内部转仓和外部转仓，内部转仓为仓储企业内部的转仓单，并据此发货；外部转仓则根据货主填制的货物转仓单结算和发货。

任务2 订单有效性分析

1. 订单处理的基本流程

订单处理的基本流程如图5-2所示。

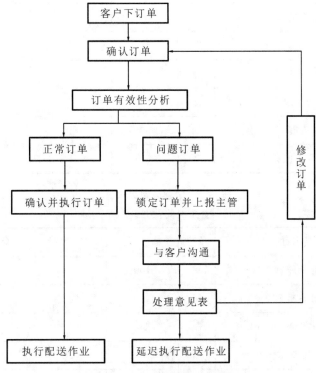

图 5-2 订单处理的基本流程图

订单有效性分析的目的是剔除无效订单。影响订单有效性的主要因素有：订单内容有误、订单日期有误、订单金额有误、客户累计应收账款超过信用额度等。

如果某企业客户累计应收账款超过信用额度时下单无效，那么通过计算每个订单的累计应收账款（应收账款＋订单金额），与客户的信用额度进行比较即可判断订单是否有效。

2. 订单有效性分析示例

（1）客户订单如表5-1至表5-4所示。

表 5-1 德福公司采购订单

订单编号：D20220617101　　　　　订货时间：2022-6-17

序号	商品名称	单位	单价/元	订购数量	金额/元	备注
1	婴儿纸尿裤	箱	100	5	500	

续表

序号	商品名称	单位	单价/元	订购数量	金额/元	备注
2	利鑫达板栗	箱	100	4	400	
3	恒大冰泉 500 mL	瓶	100	2	200	
4	百岁山饮用天然矿泉水 348 mL	瓶	50	9	450	
5	农夫山泉饮用天然水 380 mL	瓶	50	1	50	
6	康师傅包装饮用水 550 mL	瓶	50	1	50	
7	名仁苏打水 375 mL	瓶	50	2	100	
8	今麦郎凉白开熟水饮用水 550 mL	瓶	50	2	100	
9	美汁源红葡萄+玫瑰 420 mL	瓶	50	2	100	
10	美汁源果粒橙 450 mL	瓶	50	1	50	
11	美汁源白葡萄+槐花 420 mL	瓶	50	1	50	

表 5-2 德鄢公司采购订单

订单编号:D20220617102　　　　订货时间:2022-6-17

序号	商品名称	单位	单价/元	订购数量	金额/元	备注
1	婴儿纸尿裤	箱	100	5	500	
2	利鑫达板栗	箱	100	4	400	
3	统一冰糖雪梨 500 mL	瓶	50	1	50	
4	可口可乐零度汽水 330 mL	瓶	50	2	100	
5	美汁源果粒奶优草莓味+椰果粒 450 mL	瓶	50	1	50	
6	雪碧 300 mL	瓶	50	1	50	
7	名仁苏打水 375 mL	瓶	50	2	100	
8	今麦郎凉白开熟水饮用水 550 mL	瓶	50	1	50	
9	美汁源红葡萄+玫瑰 420 mL	瓶	50	2	100	
10	美汁源果粒橙 450 mL	瓶	50	1	50	
11	美汁源白葡萄+槐花 420 mL	瓶	50	2	100	

表 5-3　德来公司采购订单

订单编号：D20220617103　　　　订货时间：2022-6-17

序号	商品名称	单位	单价/元	订购数量	金额/元	备注
1	婴儿纸尿裤	箱	100	4	400	
2	烤花生仁	箱	100	3	300	
3	统一冰糖雪梨 500 mL	瓶	50	2	100	
4	可口可乐零度汽水 330 mL	瓶	50	2	100	
5	美汁源果粒奶优草莓味＋椰果粒 450 mL	瓶	50	2	100	
6	雪碧 300 mL	瓶	50	2	100	
7	名仁苏打水 375 mL	瓶	50	1	50	
8	今麦郎凉白开熟水饮用水 550 mL	瓶	50	1	50	
9	美汁源红葡萄＋玫瑰 420 mL	瓶	50	2	100	
10	美汁源果粒橙 450 mL	瓶	50	2	100	
11	美汁源白葡萄＋槐花 420 mL	瓶	50	1	50	
12	广意不锈钢碗	个	50	2	100	

表 5-4　德麟公司采购订单

订单编号：D20220617104　　　　订货时间：2022-6-17

序号	商品名称	单位	单价/元	订购数量	金额/元	备注
1	婴儿纸尿裤	箱	100	3	300	
2	利鑫达板栗	箱	100	3	300	
3	婴儿美奶粉	箱	100	2	200	
4	三A扑克	副	50	8	400	
5	得力办公黑色长尾夹12只	盒	50	2	100	
6	日天自粘性便条纸	包	50	2	100	
7	晨光可水洗水彩笔12色	盒	50	1	50	
8	美汁源果粒橙 450 mL	瓶	50	2	100	
9	美汁源白葡萄＋槐花 420 mL	瓶	50	2	100	
10	广意不锈钢碗	个	50	2	100	

(2)本次订单有效性判断条件为："累计应收账款超过信用额度，其订单为无效订单"。计算过程如下：

首先从客户档案中查到这 4 家客户的应收账款、信用额度,用公式"累计应收账款＝本次订单金额＋应收账款"计算累计应收账款,再将其与信用额度进行比较,判断订单是否有效,判断过程如表 5-5 所示。

表 5-5　客户订单有效性分析

客户名称	德福公司	德鄂公司	德来公司	德麟公司
订单金额/万元	0.205	0.155	0.155	0.175
应收账款/万元	11.95	178	142	152.5
累计应收账款/万元	12.155	178.155	142.155	152.675
信用额度/万元	12	190	150	160
累计应收账款超过信用额度	0.155	0	0	0
是否有效	无效	有效	有效	有效
无效原因	累计应收账款超过信用额度			

结论:德福公司订单为无效订单。无效订单处理如表 5-6 所示。

表 5-6　无效订单处理

客户名称	无效原因	处理办法	处理人	备注
德福公司	累计应收账款超过信用额度	联系客户,增加信用额度或取消订单		

任务 3　客户优先权分析

客户优先权用于区别客户群体中客户的性质及类别,客户优先权分析可用于明确客户订单的优先满足顺序,即出库时,如果出现缺货情况,应该优先满足哪些客户。判断依据是由客户类型、客户等级、忠诚度、满意度、信用额度等构成的指标体系。在实际操作中,通过对指标体系中的每个指标按照重要程度赋予适当的权重,并根据每个指标的等级进行赋分,然后进行加权求和,计算出每个客户的总得分,并按照总分值进行降序排列,即可得出客户优先权顺序。

接上节案例,对于德鄂公司、德来公司、德麟公司这三家客户,判断客户优先权过程如下:

(1)确定分析评价指标体系及权重。本配送中心从客户类型、客户级别、忠诚度、满意度、合作年限五个方面对客户实施综合评估,确定优先顺序,其权重分别为 0.3、0.2、0.15、0.15 和 0.2。

(2)针对每一项指标,设置一定赋值的规则。

①客户类型有母公司、伙伴型、重点型和普通型四种,其得分分别为 100、90、80 和 70。

②客户级别有 A、B、C 三级,其得分分别为 100、90 和 80。

③忠诚度有高、较高、一般和较差,其得分分别为 100、90、80 和 60。

④满意度有高、较高、一般和较差,其得分分别为100、90、80和60。
⑤合作年限的统计按取整处理(例:3年8个月按3年计)。根据合作年限予以评分,5年及以上的,给予100分;每少一年,减扣5分。
(3)根据以上赋值规则,对每个客户进行评估。
客户优先权详情如表5-7所示。

表5-7 客户优先权详情

分析指标	分析权重	德鄢公司	德来公司	德麟公司
客户类型	0.3	伙伴型	重点型	重点型
客户级别	0.2	A	A	B
客户忠诚度	0.15	高	高	较高
客户满意度	0.15	较高	较高	高
合作年限	0.2	12	14	12

进行赋值,如表5-8所示。

表5-8 客户优先权分析

分析指标	分析权重	德鄢公司	德来公司	德麟公司
客户类型	0.3	90	80	80
客户级别	0.2	100	100	90
客户忠诚度	0.15	100	100	90
客户满意度	0.15	90	90	100
合作年限	0.2	100	100	100

(4)对每个客户在各项指标上的得分进行加权求和。
德鄢公司最终得分为:$0.3\times90+0.2\times100+0.15\times100+0.15\times90+0.2\times100=95.5$。
德来公司最终得分为:$0.3\times80+0.2\times100+0.15\times100+0.15\times90+0.2\times100=92.5$。
德麟公司最终得分为:$0.3\times80+0.2\times90+0.15\times90+0.15\times100+0.2\times100=90.5$。
客户优先权顺序依次为:德鄢、德来、德麟。

任务4 货物拣选作业

拣货(order picking)是按订单或出库单的要求,从储存场所拣出物品,并码放在指定场所的作业。

拣货作业是依据顾客的订货要求或配送中心的送货计划,尽可能迅速、准确地将货物从其储位或其他区域拣选出来,并按一定的方式进行分类、集中,等待配装送货的作业流程。

1. 拣货单位

拣货单位分成托盘、箱及单品三种。拣货单位是根据订单分析结果而决定的。

（1）单品。单品是拣货的最小单位，单品可由箱中取出，由人工单手进行拣货。
（2）箱。箱由单品所组成，可由托盘上取出，通常需要双手拣货。
（3）托盘。托盘由箱叠放而成，无法由人工直接搬运，需借助堆垛机、叉车或搬运车等机械设备。

2. 拣货方式

配送中心常用的拣货方式主要有三种：按单拣货、批量拣货和复合拣货。其中按单拣货也称为摘果法，批量拣货也称为播种法。

1）摘果法

摘果法是针对每一份订单，拣货人员或设备巡回于各个货物储位，按照订单所列商品及数量，将商品从储存区或分拣区拣取出来，然后集中在一起的拣货方式（形似摘果）。其特点是每人每次只处理一份订单（或一个客户）。

摘果法的作业流程如图 5-3 所示。

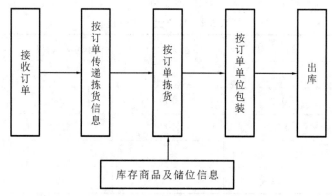

图 5-3　摘果法的作业流程图

一般来讲，摘果法的准确度较高，很少发生货差，并且机动灵活。这种方法可以根据用户要求调整拣货的先后次序；对于紧急需求，可以集中力量快速拣货；对机械化、自动化没有严格要求；一张货单拣货完毕后，货物便配置齐备，配货作业与拣货作业同时完成，简化了作业程序，有利于提高作业效率。但当商品品项多时，拣货行走路径加长，拣取效率低下。

摘果法拣选方式适合订单大小差异较大，订单数量变化频繁，商品差异较大的情况，如化妆品、电器、家具等。

2）播种法

播种法是将多份订单（多个客户的要货需求）进行组合，集合成一个批次（也称波次），把批次中的货物按品种进行数量的统计汇总，再按统计数量逐个品种进行拣选，拣选后再对所有订单进行分货（形似播种），所以也称为批量拣取。

播种法的作业流程如图 5-4 所示。

与摘果式拣货相比，播种式拣货由于将用户的需求集中起来进行拣货，所以有利于进行拣货路线规划，减少不必要的重复行走。但其计划性较强，规划难度较大，容易发生错误。

播种式拣货的主要适用范围：比较适合用户稳定，而且用户数量较多的专业性配送中心，需

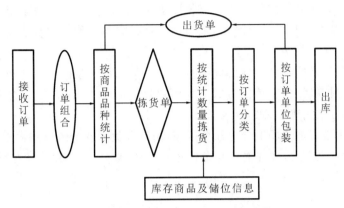

图 5-4 播种法的作业流程图

求数量可以有差异,配送时间要求也不太严格,但品种共性要求高。

3)复合拣货法

复合拣货法是将摘果法和播种法综合起来的复合拣选方式。复合拣货法要根据订单数量、货物品种和出库频率,来确定哪些订单采取摘果法拣货,哪些订单采取播种式拣货的方式。

复合拣货主要适用范围是订单密集且订单量大的场合。

4)拣货方式的确定

在规划拣货作业之前,首先要确定拣货方式,具体方法如下:

按出货品项数的多少及货物价值的高低,确定合适的拣货方式。

配合 EIQ 分析的结果,按当日 EN(订单品项数)及 IK(品项受订次数)值的分布判断出货品项数的多少和货物价值的高低,确定不同作业方式的区间。

原理:EN 值越大,表示一张订单所订购的货物品项数越多,货物的种类越多越杂时,批量分拣时分类作业越复杂,采取按单拣货较好;相对地,IK 值越大,表示某品项的重复订购频率越高,货物的价值越高,此时采取批量拣货可以大幅度提高拣货效率。

总的来说,按单拣货弹性较大,临时性的产能调整较容易,适合订单大小差异较大、订单数量变化频繁、有季节性的货物配送中心。批量拣货作业方式通常采用系统化、自动化设备,较难调整拣货能力,适合订单大、变化小、订单数量稳定的配送中心。

3. 拣货策略

拣货策略是影响拣货作业效率的关键,主要包括分区、订单分割、订单分批、分类四个因素,这四个因素相互作用,可产生多个拣货策略。在整体规划时,要考虑到这四者之间存在互动关系,必须按照一定的决定顺序才能将其复杂程度降低到最低。

1)分区

分区是指将拣货作业场地进行区域划分,主要的分区原则有四种:按货品特性分区、按拣货单位分区、按物流量分区与按工作分区。

(1)按货品特性分区就是根据货品原有的特性将需要特别存储搬运或分离储存的商品进行分区存放。

(2)按拣货单位分区是将拣货区分为箱装拣货区、单品拣货区、特殊商品拣货区等,这一分区与存储单位分区基本上是相对应的,其目的在于将存储与拣货单位分类统一,以便拣货与搬运单元化。

(3)按物流量分区是按各种货物出货量的大小以及拣货次数的多少进行分类,再根据各组的特征,决定合适的拣货设备及拣货方式。如可以以商品销售的 ABC 分类为原则,按照 ABC 分类结果确定拣选方式后确定拣选分区。

(4)按工作分区是将拣货场地分为几个区域,由专人负责各个区域的货物拣选。

在分区优化设计之前,需要先对储存分区进行了解、规划,才能使系统整体的配合完善。分区设计的程序图如图 5-5 所示。

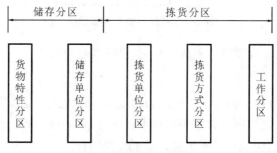

图 5-5 分区程序图

2)订单分割

当订单所订购的货物种类较多,或拣选系统要求及时快速处理时,为了能在短时间完成拣货处理,需要将一份订单分割成多份子订单,交给不同的拣货人员同时进行拣货。

订单分割一般与拣选分区相对应,订单到达物流中心后,首先要根据商品的储存区域进行订单的分割,各个拣选区域再根据分割后的子订单进行进一步处理或直接拣选,在拣选后进行汇总或直接分批出库。

3)订单分批

订单分批是将多张订单集合为一批进行批次拣货的作业。订单分批的方法有多种,常用的方法有按照总合计量分批、按时窗分批、固定订单量分批与智能分批等四种方法。

(1)总合计量分批,是在拣货作业前,将所有订单中订货量按品种进行累计,然后按累计的总量进行拣货,其好处在于可以缩短拣货路径。该方法适合固定点之间的周期性配送,可在固定时间段来完成订单收集、订单分批、订单分拣和分类。

(2)时窗分批,是指订单按照短时间并且固定的到达时窗进行分批,如 5 分钟、10 分钟等,将此时窗内所到达的所有订单合为一个批次,进行批量分拣。该方法适用于订单比较紧急或时效性较高的商品,一般与分区策略、订单分割策略联合运用,尤其适用于到达时间短且平均,订购量和商品种类数较低的订单形态。

(3)固定订单量分批,是订单按照先到先处理的原则,当累计订单量达到设定的数量时,再进行拣选作业。该方法适用于到达时间平均且订购数量和商品种类较少的订单形态,其订单处理速度较时窗分批低,但其作业效率稳定性较高。

(4)智能分批,是订单输入电脑后,经过计算机计算,将拣货路径相近的各订单集合成一批,可大大减少拣选搬运行走距离。该方式一般适用于订单不紧急,可累计汇总后进行处理的订单形态,对于紧急插单的情况处理困难。

订单分批原则如表5-9所示。

表5-9 订单分批原则

分批方式	配送客户数	订货类型	需求频率
总合计量分批	数量较多且稳定	差异小而数量大	周期性
时窗分批	数量多且稳定	差异小且数量小	周期性
固定订单量分批	数量较多且稳定	差异小且数量不大	周期性或非周期性
智能分批	数量较多且稳定	差异较大	非即时性

4)分类

如果采用分批拣货策略,还必须明确相应的分类策略,分类的方法主要有拣货时分类和拣货后分类两种。

(1)拣货时分类。

拣货时分类是指在分拣的同时将商品按照订单分类,这种方式通常与固定订单量分批和智能分批进行联合使用,一般需要分拣台车或播种货架作为拣选设备,并通过计算机系统辅助完成快速分拣。这种方法适用于量少、品项数多的订单形态。

(2)拣货后分类。

分批按照合计数量拣选后再集中进行分类。该方式可采用人工分类,也可使用分类输送机系统进行集中分类,一般采用后一种。当订单商品种类数多时,一般采用分类输送机系统进行分类,可减小分类出错率。

拣货后集中分类由自动分拣机完成,或在空地上以人工方式分类;拣货时分类由计算机辅助拣货台车来进行。

分类方式的决定除了受订单分批方式的影响外,也可以表5-10作为判断分类方式的依据。

表5-10 订单分类方式

分类方式		处理订单数量	订购货物品项数	货物重复订购频率
拣货时分类		多	少	较低
分拣后分类	分类输送机	多	多	变化较大
	人工分类	少	少	较高

4. 拣货路径

拣货路径是为了缩短拣货员的行走距离或拣货设备的搬运距离,事先确定的货物拣货顺序和路线。它的目标就是确定订单上货物的拣货顺序,通过启发式或优化路径来减少分拣人员的行走路径。

针对单区仓库分拣作业的启发式分拣路径方法主要有穿越、返回、中点回转、最大间隙、组合策略。此外,还有分割穿越策略、分割返回策略以及针对多区布局下应用的通道接通道策略。

1) 穿越式路径方法

穿越式路径方法又称"S"形路径,从通道一端进入,拣货人员取通道两侧货架上的物品,最后从通道另一端离开,在返回出入口之前分拣人员会走遍所有包含拣货位置的通道,通常适合于拣货密度高的情况,如图 5-6 所示。

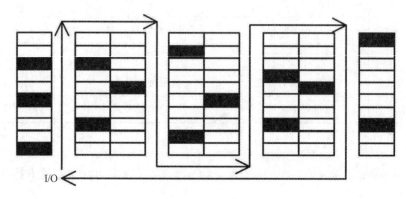

图 5-6　穿越式路径

2) 返回路径方法

返回路径方法是拣货人员从分拣通道的一端进入,先沿路拣选一侧货架上所需物品,当一侧货架上的物品拣选完就返回开始拣选另一侧货架上的物品,最后从进入通道的一端离开,如图 5-7 所示。

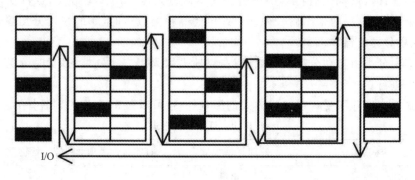

图 5-7　返回路径

3) 中点回转策略

中点回转策略是在拣货通道的中点将分拣区域分成前后两部分,拣货人员从通道的一端进入,拣完货物后回转折返,最远处就是该通道中点。当拣货员离开拣货区域的前半部时,拣货员要从最右边的通道穿越进入通道后半部分,以同样方法开始后半部分的拣货。当后半部分的拣货完成后,穿越最左边的通道回到出入口,如图 5-8 所示。

这里不但采用回转方法,在进入和退出后半部分通道时采取了穿越策略。还有一种分割回转策略与中点回转策略很相似。分割回转策略要求先将整个拣货区域分割为前后两个部分,但分割点不一定以中心点为界,如图 5-9 所示。

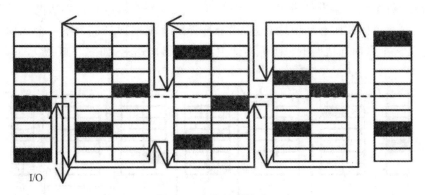

图 5-8　中点回转策略

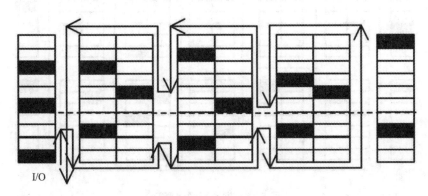

图 5-9　分割回转策略

4）最大间隙策略

最大间隙策略是指将位于同一个通道内待取的货物和上下两侧底端通道的距离做比较,选择较短距离的路径,若货物和上下两侧底端的通道距离小于货物之间的最小距离,则直接回转,如图 5-10 所示。

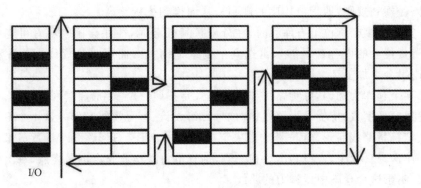

图 5-10　最大间隙策略

5）通道接通道策略

通道接通道策略是针对具有多个横向通道仓库的启发式方法。

一般来讲，每个纵向通道只访问1次，分拣员从入口处开始进入最左边的有待取物品的通道，当一个纵向通道内的所有品项拣选完，接着选择一个横向通道进入下一个纵向通道。该方法需要确定从一个纵向通道向下一个纵向通道过渡的横向通道，如图5-11所示。

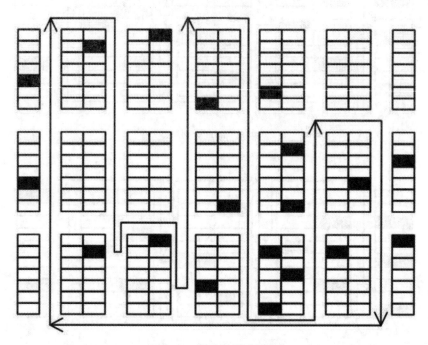

图5-11　通道接通道策略

一般来讲，小仓库存放货物有限，出货量也有限，不需要太复杂的拣货路线。而较大的仓库存放较多的货物，出货量也较大，拣货员的工作量会比较大，合理科学的拣货路线能够大大提高拣货效率，降低拣货员的工作量。

拣货路径的规划，实际上就是地理信息学中的路径规划问题。而在物流库房中的路径规划操作，基于的是货位信息，货物的几何顺序可以按照其所在货位分辨出来，因此也可依据货位号排序，制定路径规划规则（即货位排序的规则），从而得到拣货路径。

当同一货物在多个货位上有库存时，在分配拣货任务时，往往会比较所有可能的拣货路径（前提是所有货位上的库存都足够），再选其中的最适路径。而当一些货位上的库存数量不足时，其计算逻辑会更加复杂。

这里以某个仓库为例，其拣货路线和拣货方式是按照4个"S"形嵌套来设计的。这4个"S"形分别是货架S形摆放、拣货S形路线、货位号S形设计、搜寻视线S形。这4个S形的关系是货架S形决定拣货路线S形，货位号S形决定搜寻视线S形。S形路线对拣货员来说是效率最高的路线。在这个仓库中，入口和出口在一侧，拣货员每次作业起点也是终点，每次作业不会走重复的路线，属于这个仓库中最省力的路线。

货架的摆放位置按照牌号左单右双，保证拣货员走的路线也是S形。每个货架是多层结构，货位号也是从上到下呈S形排列。这样4个S形的设计，不仅保证拣货员走的路线是最经济的，也保证了拣货员视线搜寻的路线也是最经济的。

5. 拣选作业案例

某配送中心收到三家客户（德鄢公司、德来公司、德麟公司）的订单，客户订单汇总表如表 5-11 所示，目前货物在仓库的库存示意图如图 5-12 所示。请根据订单汇总情况和库存示意图，确定商品的拣选策略，设计拣选单。

表 5-11 重型货架客户订单汇总表

商品名称	单位	客户名称			订购数量	库存数量	结余
		德鄢公司	德来公司	德麟公司			
婴儿纸尿裤	箱	5	4	3	12	44	32
利鑫达板栗	箱	4	0	3	7	26	19
烤花生仁	箱	0	3	0	3	20	17
婴儿美奶粉	箱	0	0	2	2	55	53

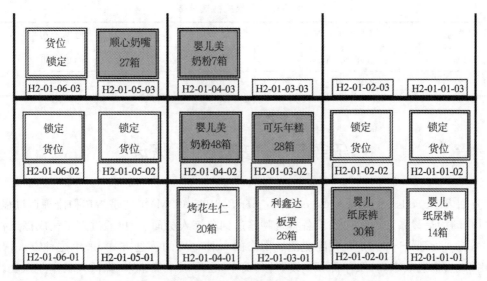

图 5-12 库存示意图

解答：根据上述客户订单汇总情况、目前仓库的库存情况，确定婴儿纸尿裤和利鑫达板栗采用播种式拣选，烤花生仁和婴儿美奶粉采用摘果式拣选，制定拣选单如表 5-12 至表 5-15 所示。

表 5-12 播种式拣选单 1

商品名称		婴儿纸尿裤		
货位地址	H2-01-01-01	拣选数量		7
序号	客户名称	出库单号	单位	数量
1	德鄢公司	D20220617102	箱	5
2	德来公司	D20220617103	箱	4
3	德麟公司	D20220617104	箱	3

表 5-13　播种式拣选单 2

商品名称		利鑫达板栗		
货位地址	H2-01-03-01	拣选数量	7	
序号	客户名称	出库单号	单位	数量
1	德鄢公司	D20220617102	箱	4
3	德麟公司	D20220617104	箱	3

表 5-14　摘果式拣选单 1

出库单号	D20220617103	客户名称	德来公司
货位号	商品名称	拣选单位	拣选数量
H2-01-04-01	烤花生仁	箱	3

表 5-15　摘果式拣选单 2

出库单号	D20220617104	客户名称	德麟公司
货位号	商品名称	拣选单位	拣选数量
H2-01-04-03	婴儿美奶粉	箱	2

任务 5　“货到人”拣选

“货到人”(goods to person 或 goods to man,G2P 或 G2M)拣选是指在物流拣选过程中,系统通过自动搬运设备或自动输送设备将货物输送到分拣人员面前,再通过人工完成拣选作业的拣选方式。“货到人”拣选是现代物流配送中心的一种重要的拣选方式,采用这种方式,分拣人员不用行走,拣选效率高,工作面积紧凑,补货简单,也可减小拣错率,降低人工作业强度。

1.“货到人”拣选系统分类①

“货到人”拣选系统根据储存和搬运设备形态不同,主要分为 AS/RS、Miniload、垂直旋转式货架系统、AGVs、多层穿梭车系统、密集储存系统、智能搬运机器人系统等。“货到人”拣选系统适用情况如表 5-16 所示。

表 5-16　“货到人”拣选系统适用情况

设备形态	特点
自动化立体仓库 (AS/RS)	自动化立体仓库是最传统的“货到人”拣选方式,以托盘储存为主,搬运设备以堆垛机为主,由于堆垛机的存取能力有限,该种拣选方式主要针对整件拣选,很少用于拆零拣选

① 参考百蝶 ITP 智慧教学平台资源。

续表

设备形态	特点
箱式自动化立体仓库（Miniload）	Miniload 是在 AS/RS 的基础上发展而来的以料箱为储存单元的自动化立体仓库，是"货到人"拆零拣选的重要存取形式，主要以货叉和载货台车的形式出现
多层穿梭车系统（Multi-shuttle）	多层穿梭车系统是在 Miniload 的基础上发展而来的，将搬运设备从堆垛机转变为穿梭车，由于穿梭车具有体积小、速度快、精度高等优势，极大地提升了系统的空间利用率和运行效率
密集储存系统	密集储存系统是集 Miniload、穿梭车、提升机等多种系统于一体的新型储存系统，可分为托盘和料箱拣选，如图 5-13 所示
智能搬运机器人系统（AGVs）	智能搬运机器人系统是由亚马逊提出的一种新型"货到人"拣选方式，这种方式打破原有的货架位置固定的模式，提出采用智能搬运机器人配合搬运移动货架，实现"货到人"拣选的动态拣选方式。该方式下货物不受料箱尺寸限制，由于移动货架和智能搬运机器人具有通用性，拣选作业更为灵活可靠，是"货到人"拣选历史的一大革新，如图 5-14 所示

图 5-13　密集储存系统

图 5-14　智能搬运机器人系统

2."货到人"拣选技术优势

"货到人"拣选具有十分明显的优势，随着人工成本的不断攀升，实现"货到人"不仅可以有效节约人工成本，也可有效地降低作业难度，提高作业效率。"货到人"拣选技术主要有以下优势：

1）拣选高效

"货到人"拣选技术具有高效的优势。首先，"货到人"拣选作业的效率一般是人工拣选的 8～15 倍。其次，"货到人"拣选具有极高的准确性，系统通过配合电子标签、RFID、拣选站台、称重系统等辅助拣选系统，有效降低拣选的出错率。"货到人"拣选的准确率一般在 99.5%～99.9%。同时，通过拣选站台系统、称重系统等辅助复核，降低了人工复核的强度。

2）提高空间利用率

"货到人"拣选系统通过密集存储或移动货架进行存储，其储存密度也大大提高。其中密集存储货架去掉了多余的巷道空间，提高了货架的密度；移动货架根据不同货物的包装规格设计了多种规格货格,通过不同规格货格的组合,有效提高了货架空间的使用率。

3)降低劳动强度

"货到人"拣选通过智能搬运设备或自动输送设备搬运货物,大幅度降低了作业人员的劳动强度。在多层穿梭车系统中,一个巷道对应一个拣选站台,一个拣选站台分配一个工作人员,一整个仓库仅需少量工作人员即可实现全部的拣选作业;在智能搬运机器人系统中,一个偌大的仓库仅需少量的工作站台即可完成商品的拣选,主要的搬运工作均由智能机器人来完成。

知识链接 5-1

电商仓库主要的拣选方式及优劣势分析

电商仓库主要的拣选方式有人工拣选、电子标签辅助拣选、语音拣选、密集库拣选、AGV拣选等。其优劣势分析如下:

一、人工播种式拣选

原理:将仓储管理系统WMS中即时生产波次里的多张订单集合成一个批次,按照品种、类别及数量进行汇总,由人工按货品集中拣选,然后再根据每张订单的商品进行分货。

优势:适用于订单数量非常大的仓库,可以明显提高拣货效率,缩短拣货时的行走及搬运的距离,提高了单位时间的拣选数量。

不足:集中拣选缩短了拣选的时间,对后端的复核集货环节增加了分货、集货的操作,相对于按单拣货作业增加了复核环节作业时间。

二、人工摘果式拣选

原理:通过人工根据每张订单进行一次性行走拣选,把每张订单里面需要拣选的所有商品全部拣出。

优势:一次行走拣选完成单个订单的所有待拣商品的拣选,相对于播种式拣选节省了分拣、合并的环节。适合订单量少、大宗批量性订单,以及季度性趋势明显,订单总量波动频繁的场景。操作简单,拣选员责任清晰,易于考核评估。

不足:SKU较多时,对拣选路径及效率影响较大,单个订单的拣选出库耗时较长;容易出现多个工人同时同区拣选不同的批量订单,会造成通道拥挤;另外,拣选区域越大,搬运越困难。

三、摘果式DPS拣选

原理:依靠电子标签系统,对每一张订单的商品逐一进行拣选,原则上货物储位、SKU与电子标签一一对应。有时为了提升效率,会选用多色电子标签,可以用不同颜色的灯指示不同的订单,这样就可以达到一次处理多张订单的目的。另外,为了更先进的提高效率的做法,会与路径优化系统和拆零补货区系统做集成,提高拣选和缺货补货的效率。

优势:摘果式DPS拣选实现了拣选信息交互的无纸化,拣选员只需要根据电子标签系统指示的信息来拣选所需商品,拣选上更精准、快捷,降低了拣选员识别拣选的难度,相比纯人工纸单拣选提高了作业效率。

不足:电子标签货架需要提前购置和配置SKU对照关系,费用相对较高,件型上主要适用于小件。可能出现的问题即当商品缺货需暂时关闭,并需同步生成补货任务进行及时补货操作。

四、DAS 播种式拣选（digital assorting system）

原理：该系统也是依靠电子标签系统做识别，此时的每一个电子标签所代表的是一个配送对象或订货客户，工作人员汇集多家订货单位的多张订单，以商品 SKU 为处理单位，将批拣出来的所有 SKU 录入系统。拣选员取出某一 SKU 的需求总数，需配此 SKU 的订货单位的电子标签亮起，拣选人员依电子标签上显示的数量进行配货，如此依次完成其他 SKU 拣选。

优势：相较于 RF 枪拣选，更精准、高效，减少了人工确认商品的耗时。

不足：在订单中大件居多及订单量不大的情况下适用性不强，主要适用于小件库中一单多件及一单一件的情况；容易出现的问题就是在 DPS 扫描枪绑定弹出口箱号时操作人员容易出现不按顺序绑定箱号的情况，会导致订单商品集货过程出错，如打包环节依然未发现异常，就会出现发错货、重复核对商品等问题。

五、语音拣选

原理：语音拣选也是"人到货"的拣选方式，通过对在库订单进行分析归类，按货物品类、SKU 大小分类，结合仓储的储位布局，佩戴微型电脑及麦克风，系统自动为员工规划拣选最优路径，按 U 形或 Z 形路线行走，多种 SKU 拣选一步能到位，上手容易，拣选上更快更高效。

优势：解放了双手，效率相当的情况下，语音拣选投入成本或许只是电子标签拣选的一小部分。

不足：对拣货员语言有要求，对库房网络线缆联通有要求。

适用的场景：对批量订单、大件及少 SKU、一单多件订单货物的拣选较适合。

六、AS/RS（automated storage and retrieval system，自动存取系统）拣选、箱式自动化立体仓库（Miniload）

原理：借助 WMS、WCS 技术，通过堆垛机、穿梭车，从高位拣选货架按照订单需求，拣选出对应 SKU 货品，以整托盘或料箱为单位暂存拣货区，由人工或机械手臂，将货品进行扫描贴签的操作，投递于回流分拣线至场地集中分拣发货区，属于"货到人"的拣选方式。

优势：拣选作业过程更省力、高效、精确，降低了人工操作的劳动强度。

不足：初期基建成本、设备成本投入较大，人工贴签未实现自动化前需要对商品进行确认贴标。

七、AGV 拣选

AGV 仓库拣选原理：技术上借助 WMS 系统，通过 AGV 系统接收下传的拣货指令，根据关联货架绑定的货品逻辑，将对应货架的货品移动至拣选工位处，通过拣选位的 PC 端映射待拣货架格口进行拣选。

AGV 分拣拣选原理：借助条码扫描记录每个订单信息，通过识别技术定位每个包裹的对应分拣格口，由 AGV 小车带着货物移动，自动行走避障，锁定目的地格口后进行翻板投递。

优势：产能扩展灵活，能有效应对波峰波谷的订单变化，同时充分利用场地的空间位置，节省了人工，提升了单位坪效和人效。

不足：初期基建、设备成本较高，增加了后期设备维养成本，对网络及系统稳定性要求提升。

（资料来源：http://www.bigwms.com/log_know/expand/438.html，有改动）

任务6　货物复核打包作业

1. 复核作业的方式

货物在出库过程中应反复核对,以保证出库货物的数量准确、质量完好,避免出库差错。复核的方式主要有:

1)个人复核

个人复核即由同一个拣货员完成拣货、复核工作,并对所拣货物的数量、质量负全部责任。

2)相互复核

相互复核又称交叉复核,即两名拣货员对对方所拣货物进行照单复核,复核后应在对方出库单上签名,与对方共同承担责任。

3)专职复核

专职复核是指由仓库设置的专职复核员进行复核。

4)环环复核

环环复核即发货过程的各环节,如查账、交货、检斤、开出门证、出库验放、销账等各环节,对所拣货物的反复核对。整个出库过程三次检查,分别是拣货、拣完货后可以进行二次清点及复核打包员在出库前用不同的人、不同的方法再次清点。三次检查基本保证了出库的准确性,可能会影响出库的效率,但降低了差错率,提高了配送中心的信誉。

2. 复核作业的内容

复核作业需要按出库凭证上的内容逐项核对。主要复核内容包括品名、规格、数量、质量、文件资料、证件及包装是否符合运输安全要求,品种数量是否准确、货物质量是否完好、配套是否齐全、技术证件是否齐备、外观质量和包装是否完好等。经复核不符合要求的货物应停止发货,对不符的情况应及时查明原因。

3. 复核过程中出现的问题及应对措施

1)出库凭证(提货单)上的问题

若发现出库凭证超过提货期限,出库凭证发现有假冒、复制、涂改等情况,客户因各种原因将出库凭证遗失等情况时,应及时与仓库部门联系,妥善处理,缓期发货。

2)提货数与实存数不符

若出现提货数量与货物实存数不符的情况,无论是何种原因造成的,都需要和仓库主管部门取得联系,核对后再做处理。

3)串发货和错发货

若出现串发货和错发货的情况,应该立即组织人力,重新发货。

4）包装破漏

在发货过程中，遇到货物外包装破损引起的渗漏等问题，都应该经过整理或更换包装，方可出库，否则造成的损失应由仓储部门承担。

任务7　商品分类打包原则[①]

为了保证订单在运输和配送过程后安全到达客户手中，避免商品在运输和配送中破损或污染，一般在电商物流配送中心有商品的分类、打包作业。分类打包作业要求会规定某些属性的商品不可混装，例如某配送中心的具体要求如下：

（1）化学用剂类（洗发水、香皂、肥皂、洗衣粉、各类清洁剂、杀虫剂）不可与食品类混装。

（2）电子产品类（包括剃须刀、电动牙刷等电子类产品）独立打包出库，不可与其他商品混装。

（3）液体类商品不可与其他商品混装。

（4）纺织品（床单、枕头、棉被、衣物等）一般不与食品类商品混装，避免污染。

（5）单箱限装15件，包裹重量不超过8 kg。

基本训练

□知识题

1．阅读理解

（1）简述订单有效性判断的原则有哪些。

（2）简述客户优先权分析的目的和方法。

（3）简述货物拣选的方式有哪些。各有哪些特点。

（4）简述货物复核打包作业流程和作业要点。

2．知识应用

1）选择题

（1）影响订单有效性的主要因素有（　　）。

　　A．订单内容有误　　　　　　　　B．订单日期有误

　　C．订单金额有误　　　　　　　　D．客户累计应收账款超过信用额度

（2）常用的客户优先权判断指标包括（　　）。

　　A．客户类型　　　　　　　　　　B．客户等级

　　C．客户的忠诚度、满意度　　　　D．客户的信用额度

（3）配送中心常用的拣货方式有（　　）。

　　A．摘果法　　　B．播种法　　　C．复合拣货法　　　D．批量拣货法

（4）"货到人"拣选技术的主要优势有（　　）。

　　A．拣选高效　　　　　　　　　　B．提高空间利用率

---

① 参考百蝶ITP智慧教学平台资源。

C. 降低劳动强度　　　　　　　　　　D. 初始投资少

(5)出库复核作业的内容包括核对(　　)。

A. 品名、规格　　B. 数量　　　　C. 质量　　　　D. 文件资料、证件及包装

□技能题

(1)根据给定的订单详情、客户背景资料详情,根据以下条件,判断给出的5张订单的有效性。

判断条件:公司性质为民营企业的客户,累计应收账款超过信用额度订单无效;公司性质为国有或中外合资、外商独资企业的客户,累计应收账款超过信用额度5%以上订单无效。

订单详情、客户背景资料扫二维码获取。

客户订单详情

客户背景资料

(2)针对上题的有效订单、客户背景资料详情、以下客户评估制度,进行客户的优先权分析(见表5-17)。

配送中心从客户类型、客户级别、忠诚度、满意度、合作年限五个方面对客户实施综合评估,确定优先顺序,其权重分别为0.3、0.2、0.15、0.15和0.2。

①客户类型有母公司、伙伴型、重点型和普通型四种,其得分分别为100、90、80和70。

②客户级别有A、B、C三级,其得分分别为100、90和80。

③忠诚度有高、较高、一般和较差,其得分分别为100、90、80和60。

④满意度有高、较高、一般和较差,其得分分别为100、90、80和60。

⑤合作年限的统计按取整处理(例:3年8个月按3年计)。根据合作年限予以评分,5年及以上的,给予100分;每少一年,减扣5分。

表5-17　客户优先权计算情况

分析指标	权重	客户		
客户类型				
客户级别				
忠诚度				
满意度				
建档日期				
维护日期				
合作年限				

(3)请根据上题客户优先权的计算结果、有效订单汇总情况(见表5-18)和库存示意图(见图

5-15),确定商品的拣选策略,设计拣选单。

表 5-18 重型货架客户订单汇总表

商品名称	单位	客户名称			订购数量	库存数量	结余
		加州超市	宏达超市	天元超市			
伊利QQ星营养果汁酸奶饮品	箱	3	1	2	6	(12)+31	37
诚诚油炸花生仁	箱	2	2	4	8	25	17
隆达葡萄籽油	箱	1	1	1	3	30	27
幸福方便面	箱	2	0	0	2	(6)+15	19
爱牧云南优质小粒咖啡	箱	4	1	2	7	(15)+30	38
强生婴儿牛奶沐浴露	箱	0	2	2	4	(4)	0
美心蜂蜜	箱	0	3	1	4	(10)	6

注:库存数量列中带括号的表示原始库存。

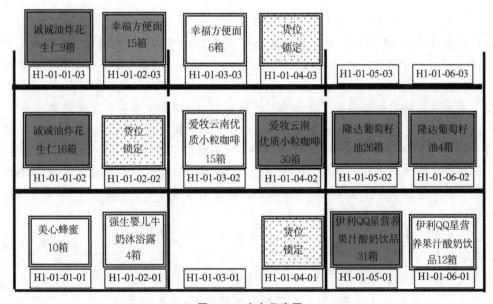

图 5-15 库存示意图

综合案例

京东物流天狼"货到人"系统,助力企业仓储物流数字化转型

在电子商务蓬勃发展的推动下,我国仓储行业快速发展,智能机器人逐渐成为大型仓储物流中心必不可少的关键组成部分。在3C、服饰、工业品、医药、汽车等行业中,品类多、人员少、差错高、空间小等仓储问题日益凸显,如何通过技术创新改变物流高成本、低效率的现状,实现企业降本增效,是国内物流企业不得不面临的难题。针对此类难题,京东物流基于拥有的自建

物流体系优势,探索并实践出一套较为有效的实施方案。

一、京东天狼系统介绍

天狼系统是京东物流自主研发的密集存储系统,由多种自动化设备、软件系统组合而成,可以解决目前仓储物流行业存储能力不足、出入库效率不高等痛点,并缓解仓储占地及人力问题。6年时间里,京东物流不断优化天狼系统,进行了两次版本迭代升级,第三代天狼系统应运而生,如图5-16所示。

图 5-16　天狼智能仓储拣选系统

第三代天狼系统的硬件部分包括水平搬运的穿梭车、垂直搬运的提升机和兼具拣货、盘点于一体的工作站;软件部分则由自主研发的仓储管理系统 WMS、控制系统 WCS 和监控系统 3D SCADA 组成智能调度系统,借助5G网络快速、精准地下达任务,最大限度地发挥设备效率,实现高效、精准、密集。

第三代天狼系统的行走速度和加速度都达到国内领先水平,穿梭车行走速度 4 m/s,加速度 $2 m/s^2$;提升机升降速度 5 m/s,加速度 $7 m/s^2$;工作站自动供箱,效率达 600 箱/时,拣货效率提升 3~5 倍。在设备运行精度及识别精准方面,穿梭车定位精度 ±3 mm;提升机定位精度 ±1 mm;拣货准确率可达 99.99%。同时,穿梭车采用超薄车身,减少占有空间;提升机超高立柱可达 20 米,单位面积存储密度提升 3 倍以上。通过提升拣货效率和存储密度,更好地服务外部客户。

二、3C电子应用案例

1.项目背景。

广东亿安仓供应链科技有限公司(以下简称"亿安仓")隶属于中国电子信息产业集团(CEC)旗下,前身是中电港的供应链业务部和仓储物流部,承接着平台上电子元器件的分销业务,服务于上游 100 多家元器件厂商以及下游超过 5 000 家的电子设备生产制造商。在亿安仓传统的仓储作业中,主要存在以下难题:

(1)SKU种类多、效期管理严格、存储分散导致人工拣货效率低、拣货准确率低,影响业务快速发展。

(2)存储商品类型中存在完税商品和保税商品,实际作业过程中只能通过不同楼层进行物理隔离,人工作业效率低,管理难度高。

(3)3C行业产品存储环境要求高,对温度、湿度、防尘、防电等级要求非常高。

基于以上问题,京东物流结合客户实际业务痛点及现场条件,通过对产品升级调整,打造

3C行业领域具备密集存储、精准拣选、智能分单的综合性解决方案。

2. 解决方案。

亿安仓虎门中心仓的仓库占地面积为2万平方米,总高度为23.8米,建筑面积约为3.4万平方米,其中保税仓面积为2.4万平方米,非保税面积为9 039平方米,公摊面积为565平方米。通过前期调研发现,原有作业流程有较多优化空间。如仓库有效利用高度不足、坪效低;完税和保税商品通过楼层物理隔离,不易管理;大多为托盘地堆或隔板货架存储,上万种SKU采用人工搬运、补货、拣选方式,效率低、作业时间长、易出错等。

根据实际情况和需求,将改造方案的设计思路确定为以下4点。

(1)现有仓库原址技改,在不影响生产作业的前提下,保留物流作业通道,综合考虑消防、土建要求,合理安排施工计划。

(2)最大化地利用现有的有限空间,在20米高的净空内满足大小托盘不同层高设计,满足整箱与周转箱共库存储,储量最大化设计,提高坪效。

(3)与客户WMS系统无缝对接,做系统匹配,根据电子元器件订单特性,设计符合人机工程学的拣选工作站,提高拣选效率,减少差错。

(4)最大化发挥设备效能,预留足够扩展空间,增加效率,提升空间。

最终,确定立体仓库区占地面积1 800平方米,用于打造高密度储存空间,70%的面积做托盘存储,30%的面积做箱式存储,实现托盘存储3 200托以上,箱式存储2万箱以上。

3. 项目亮点。

(1)采用托盘及箱式存储相结合的存储形式,有效解决了原有存储空间不足、SKU数量多、箱式拣选的难题。

(2)实现存储最大化,在满足消防安全的前提下,使托盘货位、箱式货位存储容量达到最大。

(3)保税区输送线采用定制化滚筒输送,可满足不同尺寸原箱自动出入仓库,解决原仓库存储空间不足、拣选效率不高的问题。

(4)箱式立体库采用纸箱与周转箱共库存储,采用可变距穿梭车自动存取,提高仓库柔性。

(5)采用超级电容供电驱动的穿梭车、19米的料箱提升机(加速度可达到$7~m/s^2$,速度达5 m/s),输送线配有多功能工作站,可实现入库、拣选、理货、盘点,提高通用性,提升工作效率。

(6)WCS控制系统通过输送线实现原箱自动分配工作站、空箱自动供给、出入库调度共享。

(7)周转箱采用防静电箱,可有效保护电子商品安全。

(8)穿梭车支持原箱输送存取,满足多种尺寸原箱混合存储、直接出入库;支持超级电容方式供电,减少滑触线和电池使用,更加节能经济;车辆额定载荷达50公斤,最远伸叉距离达1.2米,在不增加车辆的基础上,保证储位数量和出入库效率要求;在满足消防安全的前提下,实现托盘货位、箱式货位存储容量最大化。

4. 实施效果。

通过项目升级改造,在同一库区,可实现完税商品与保税商品自动存取,有效提升仓储管理能力,提高仓储运营效率。根据分析对比,京东物流助力亿安仓节省10 000平方米以上仓储面积,提升拣选效率80%,提升作业人效230%,提升拣货准确率至99.99%。在大幅提升拣选效率的同时,有效降低人员作业强度,解决了复杂仓储作业环境下的自动化升级改造难题,打造全新智能仓储模式,从而助力亿安仓逐渐实现产业供应链现代化。

(资料来源:https://baijiahao. baidu. com/s? id = 1747018203891557514&wfr =

spider&for=pc,有改动)

问题:智慧物流系统是如何助力传统仓储企业数字化转型的？转型升级中需要注意哪些方面的问题？

综合实训

实训项目:商品的出库作业综合实训。

实训目的:通过本项目实训,使学生掌握货物出库作业的主要流程、订单处理方法和出库拣选原则,熟悉出库涉及的相关单证的使用方法,以及出库作业中遇到的问题及常用的解决方法,在此基础上,合理、高效地完成订单处理、出库拣选、复核等相关作业。

实训内容:在物流仓储与配送实训室,根据给定的有效客户订单(三张以上),完成五种以上整箱物品、十种以上零散物品的拣选出库、点检复核等作业。

(1)货物拣选出库的要求:

①能正确使用地牛和堆高车进行整箱货物拣选出库。

②会正确使用电子标签货架、阁楼式货架、B2C播种式货架、AGV货到人系统、电商播种墙等设备,提高零散物品的拣选效率。

③出库商品拣选正确、数量无误,拣选方法正确、拣选路径短、拣选时间短。

④出库商品符合"先进先出""货位释放"等原则。

⑤能正确处理错拣、漏拣等异常情况。

(2)货物点检复核的要求:

①能根据点检单,正确实施物品的点检复核工作。

②复核出库物品的品名、规格、数量、文件资料、证件及包装是否符合运输安全要求,品种数量是否准确、货物质量是否完好、配套是否齐全、技术证件是否齐备、外观质量和包装是否完好等。

③经复核不符合要求的货物应停止发货,对不符的情况应及时查明原因,做出处理。

思政园地

从"汗水流淌"到"智慧流动"——智慧物流加速拓宽发展"快车道"

项目6 智慧仓储库存控制管理

ZHIHUI CANGCHU PEISONG YUNYING

思政目标

◎树立节俭意识和成本最低的管理理念,使学生养成节俭的习惯思维。

知识目标

◎了解企业库存管理的重要性;
◎了解库存的类型、作用和成本;
◎掌握常用库存控制方法,并能灵活运用指导实践;
◎掌握如何运用各种库存模型,会求各种模型下的经济订货批量和库存总成本。

技能目标

◎确定订购批量;
◎根据企业运作实际采用合适的库存控制方法。

任务引例

武汉华夏通风设备厂的库存管理

武汉华夏通风设备厂是一家专业生产空调配件、防火排烟通风设备的厂家,全厂员工约500人、年产值有2 000多万元。2005年总经理换届后,新任总经理希望改善企业的物流,决定物流经理实行竞聘上岗。李瑞提出了保证生产、降低库存量500万元、资金周转率提高50%的年度工作目标,加上自己拥有多年良好的管理表现而赢得了公司领导和员工的青睐,最终竞选上了物流经理这个岗位。

李瑞进入物流部门后,首先深入物流部门的下属部门——材料仓库、工具库、采购部等了解库存管理的情况,经过一个多月的了解,他掌握到如下情况:

(1)仓库中有多种物料是多年积压下来的。由于企业产品的不断更新换代,某些产品淘汰了,而未使用完的原材料至今仍积压在库中,以后可能也不会使用。

工具库也存在相同问题,某些用不上的设备、工具仍积压在库中。

(2)5台总价值50多万元的设备长期被压在库中,物流部门有人提议卖掉,遭人说闲话,"你与买主有什么关系",等等,以后谁也不再提及此事。今年要以1万元/台出售时,无人问津。

(3)对工件所需材料,工艺和生产各个环节累加加工余量过大。如每年生产部门订货后,要400 mm厚的钢材,工艺部门为了保证质量,要增加到460 mm厚,而物流部门为了保证生产,采购了500 mm厚的钢材。

(4)由于材料库、工具库中的库存品种总共有上千种之多,仓库管理员不仅要负责发货,还要手工完成库存记录,物料库存记录难免会有误。生产部门不能及时准确地掌握库存信息。

(5)缺料情况时有发生。有些物料直到缺货才发现需要采购了。有时重要的材料缺货,对生产影响严重。各采购小组重复采购时有发生。各种物料何时采购、采购数量多少大部分都是凭经验,没有可靠的决策依据。

(6)各采购小组工作人员各自的工作热情不高,只是应付,无人想出外采购,因此,对"杂而散,用量少,跑断腿,无成效"的材料,采购小组采取一次采购足量的办法采购。如某特种不锈钢,年需求量为4吨,而采购员遇到货后买了15吨,但次年厂里需求量降为2吨,没用完的就积压下来了。

该厂在2004年库存量已达1 000万元,它的资金周转率一年也仅一次,虽然库存量很高,然而缺货仍时有发生,不良的库存管理已经严重影响到该公司生产和运作。

该案例表明:库存管理对企业非常重要,不良的库存管理会给企业生产带来很大阻力。本案例中该企业的库存管理存在很多不合理的地方。例如呆料的长期积压,不仅占用企业宝贵的流动资金,占用库房,还需要花费保管成本。缺乏合理的库存控制方法和采购方法,在什么时候采购、采购多少这些问题上凭经验操作,必然会导致采购的盲目性,造成缺货,影响生产,或增加库存成本。本项目将讨论如何管理企业的库存。

任务1 库存概述

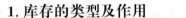

1. 库存的类型及作用

1) 什么是库存

库存是制造业和服务业都经常遇到的问题,库存管理是生产运作管理的一个主要内容。究竟什么是库存?库存的作用是什么?什么是库存控制系统?对库存管理有什么要求?库存问题有哪些基本模型?这些模型又如何应用?这些都是本项目将要回答的问题。

在制造企业中,为了保证生产的正常进行,必须在各个生产阶段之间设置必要的物资储备,这些物资就是库存。它一般包括储备的原材料、辅助材料、燃料以及备用设备、零件、工具等,存放着等待加工的在制品、半成品,等待销售的成品。在服务业中的等待销售的商品、用于服务的耗用品等都是库存。

2) 库存的类型

按其功能分,库存可以分为以下五种类型:

(1)经常性库存,指企业为满足日常生产的需要而持有的库存,这种库存随着生产的进行,不断减少,当库存降到一定水平时,就要进行订货来补充库存。

(2)季节性库存,指为了满足特定季节的特殊需求(如夏季对空调的需求)而建立的库存。对于季节性强的商品,商店必须在高需求季节到来之前准备充足的存货以满足需要。

(3)投机性库存,指为了避免因物价上涨造成损失或为了从商品价格上涨中获利而建立的库存。

(4)促销库存,指为了应对企业的促销活动,产生销售量增加而建立的库存。

(5)安全库存,指为了防止由于不确定因素(如大量突发性订货、交货期突然延长等)影响订货需求而准备的缓冲库存。它是在补充订货期间所维持的过量库存。安全库存能够减小订货提前期内的缺货风险。

按库存是否需要多次补充可分为:

(1)单周期库存,指消耗完毕后,不需要重新补充的库存,即那些发生在比较短的时间内的物料需求。比如新年到来对挂历的需求、中秋节对月饼的需求。

(2)多周期库存,指每次库存消耗后需重新购买、补充的库存。大多数库存属于这种类型。

3)库存的作用

几乎所有的公司都要保持一定的库存,库存的功能有很多,主要有以下几个:

(1)防止供应中断、交货误期。企业在向供应商订购原材料时,有许多原因都会导致原材料交货延误,常见的有:发运时间的变化、供应商原材料紧张短缺而导致订单积压、供应商工厂或运输公司发生意外的工人罢工、订单丢失以及材料误送或送达的原料有缺陷,等等。

保持适当的原材料库存,可确保生产正常运行。

(2)费用分摊。原材料或在制品的库存,可利用批量采购分摊费用。采购过程中,进行大批量采购,可以使单位物品分摊订货、运输等费用,批量采购能使总的采购费用降低。

在生产过程中,在制品采取批量加工,每件物品可以分摊生产中的调整准备等费用,降低总的生产费用。

(3)防止生产中断。生产过程中,维持一定的在制品库存,可以防止生产中断。比如,当某道工序的加工设备发生故障时,如果工序间有在制品库存,后续工序就不会停工中断。

(4)便于顾客订货,适应产品需求的增加。适当的成品储备,顾客可以很快采购到所需物品,缩短顾客订货提前期,提高了服务水平。另外可以保证企业在市场需求突然增大时,具有一定的应变能力,以免丧失商机。

可见,维持适当数量的物资储备,对调节供需,保证生产经营活动正常而有效地进行,并获得良好的经济效益,都是完全必要的。

但过量的库存也会给企业带来很多不利的影响,主要有以下几点:

(1)库存会占用企业的流动资金、场地。

(2)保管成本会增加。保管成本又称储存成本,即物资在仓库内存放期间发生的各种费用。它包括存储费(仓库管理费用、搬运费用、管理人员工资等)、物资存放过程中发生变质、损坏、丢失、陈旧、报废等的损失费用、保险金、税金,以及占用资金的利息支出、机会成本等。

(3)库存会掩盖企业生产经营中存在的问题。例如,设备故障造成停机,工作质量低造成废品或返修,计划不周造成生产脱节,生产脱节造成工期延误等,都可以动用各种库存,使企业中的问题被掩盖。表面上看,生产仍在平稳进行,实际上整个生产系统可能已是千疮百孔。

所以,日本企业提出"向零库存进军"的口号。压缩库存是各企业普遍需要重视的问题。一个将库存水平降到最低点的生产系统,无疑是一个高效率的系统,但它同时又是一个非常"脆弱"的系统。系统中任何一个环节出了问题,都可能造成系统整个停顿。因此,在一定的生产技术和经营管理水平下,还需要有库存,更需要加强库存管理,使库存数量始终保持在经济合理的水平上。

现代企业的库存管理,是对企业内部的原材料、辅助材料、外购件、在制品和产成品等物料进行管理,目的是在保证均衡生产和满足顾客需求的前提下,尽可能降低库存。

2.库存成本

企业如何控制库存的总成本呢?这需要对库存成本进行分析。总的来看,库存的成本包括以下几项:

1)采购成本

采购成本指采购物资过程中发生的各种费用,包括办理订购手续、物资运输与装卸、验收入库等费用,以及采购人员的差旅费等。总的采购成本随采购次数的增加而增加,随采购批量的增加而减少。

2)保管成本

保管成本随库存储备的数量与时间的增加而增加。

3)购置成本

购置成本指购置物资所花费的成本。许多企业为了增加销售,当买方购买的物资数量较多时,采用差别定价策略,以较低的价格卖给顾客,即为用户提供批量折扣。对于大批订货给予折扣优惠是极为普遍的做法,买方可以通过增加每次订货的批量,获得较低的总的购置成本。

当供应商对大批量采购的物资给予优惠价格,则要考虑此项成本。如果物资的购置成本不受批量大小的影响,可不考虑这项成本。

4)缺货成本

缺货成本指由于不能满足用户需求而产生的成本。它主要来自两方面的费用:一是由于赶工处理这些误期任务而追加的生产与采购费用;二是由于丧失用户而对企业的销售与信誉所造成的损失,也包括误期的赔偿费用损失。显然,缺货成本随缺货量的增加而增加。

如何在给定的顾客服务水平下,使总的库存成本最低,就需要正确的库存决策。如应该什么时候进行订购或生产,订购量或生产量应该为多少,应采用什么类型的库存控制系统来维护预期的库存决策。

比如一个企业要确定订购量或生产量,就需要考虑在不同批量下上述几项成本的变化关系,从而找到能使库存总成本最低的最适当的批量。库存控制系统正是通过控制订货点和订货量来满足外界需求并使总库存费用最低。

3. 影响库存决策的因素

企业的生产在不断地消耗库存品,而企业又不断地购进物资,补充库存,所以企业的库存量总处于不断变化的状态之中。如何在保证生产的前提下,尽量减少库存积压,是库存控制的核心。

在生产需求一定的条件下,平均库存水平是由每次的订货量决定的。如果每次订货批量大,则订货次数相对减少,平均库存水平相对较高。如图6-1(a)所示,当每次订货批量是M时,平均库存水平为$M/2$。如果每次订货批量小,则订货次数相对较多,而平均库存水平相对较低。如图6-1(b)所示,当每次订货批量是$M/2$时,平均库存水平降低为$M/4$。图6-1表明了订货批量、频率的变化对平均库存水平的影响。

库存控制的目标是在企业现有资源的约束下,以最低的库存成本满足预期需求。库存控制的基本决策包括:确定相邻两次订货的间隔时间;确定每次订货的订货批量;确定每次订货的提前期;满足用户需求的服务水平。

要做好上述的库存控制决策,需考虑多方面的因素。

1)需求特性

物品的需求特性的不同对库存控制决策有着决定性的影响。它们表现为如下的几种情况。

(1)需求确定或不确定。若物品的需求是确定和已知的,那么可只在有需求时准备库存,库

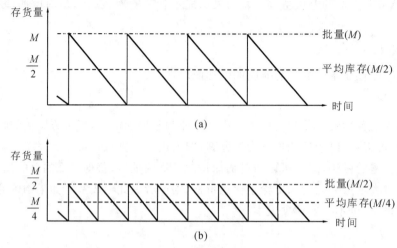

图 6-1 订货批量、频率的变化对平均库存量的影响

存的数量根据计划确定。若需求是不确定的,则需要保持经常的储备量,以供应随时发生的需求。

(2)需求有规律变化或随机变动。如果需求的变动存在着规律性,如季节性变动,则可以有计划地根据变动规律准备库存。如在旺季到来之前,准备较多的库存储备以备销售增长的需要。若需求变动没有一定规律,呈现为随机性变化,就需设置经常性库存,甚至准备一定的保险储备量来预防突然发生的需求。

(3)独立性需求或相关性需求。独立性需求一般指对最终产品的需求。最终产品的需求是随机发生的,是企业所不能控制的,只能用预测的方法得到,无法精确地计算出来。相关性需求来自企业的内部,一般指零部件的需求,零部件的需求与最终产品的需求具有相关性。根据产品的需求计划,零部件的需求可以直接推算得到。

例如某汽车装配企业,市场对其汽车的需求量是独立需求。汽车的生产数量,公司需要依赖市场调查和以往销售数据。而当汽车的需求计划确定以后,汽车轮胎、发动机、方向盘等部件的需求是可以推算出来的,这就属于相关需求。再比如麦当劳店中番茄酱的需求量取决于汉堡和炸薯条的售出量,番茄酱的需求类型也为相关需求。

本项目讨论的库存物资主要是独立性需求的物资。相关需求物资的库存管理方法将在下一项目着重讨论。

(4)需求的可替代性。有些物资如果可以用其他物资替代使用,那么它们的库存储备量可以适当少一些,万一发生缺货也可以使用替代物资来满足需求。对于没有替代材料的物资,则必须保持较多的库存才能保证预期的供应要求。

2)订货/生产提前期

提前期是指从订购或下达生产指令开始,到物资入库的时间周期。这一时间对库存量有显著的影响。如果从订货至交货这段时间相对较长,则我们必须存储更多的货品,特别是关键的重要物品。同样如果一个零件的生产时间长,也需要存储更多的货品。

在库存控制中,都是根据库存储备将要消耗完的时间,提前一个提前期提出订货,以避免在订货到达之前发生缺货。在提前期内应储备多少存货也是控制库存的一项重要决策。

3）物资单价

产品物资的价格越高,会占用的库存资金数额也就越多,对这样的产品物资是不应该掉以轻心的,那些杰出的企业会增加采购次数,缩减库存量。这也是库存控制的手段之一。

4）保管费用与采购费用

采购费用与订货次数成正比,因此若采购费用大,应考虑减少订货次数。有了库存就必须进行保管,也就需要保管费用,显然保管费用数额与库存量成正相关关系,所以对于保管费用高的产品物资应该把库存控制在适当的水平上。

5）服务水平

服务水平一般是由企业领导部门根据经营的目标和战略而规定的。服务水平的高低影响到库存储备水平的选择。服务水平要求高,就需要有较多的储备来保证。服务水平的计量方式有若干种,如用户的百分数、订货数量的百分数等,但最常用的是按满足订货次数的百分比来规定服务水平。

如果库存能满足全部用户的全部订货需要,则其服务水平为100%。若每100次订货只能满足95次,则服务水平为95%,相应地这时的缺货概率为5%。

服务水平可用于决定再订货点(ROP)。再订货点是指在进行补充订货时现有的库存量。再订货点的确定是为了满足预先确定的服务水平。因此,在补充订货期间,对需求变化的了解一定要充分。当再订货点确定时,也同时确定了安全库存的水平。

4. 库存合理化

库存合理化(inventory rationalization)是指以最经济的方法和手段从事库存活动,并发挥其作用的一种库存状态及其运行趋势。库存合理化的内容主要包括库存量合理、库存结构合理、库存时间合理以及库存空间合理等四个方面。

1）库存量合理的含义及控制方法

库存量合理是指以满足市场需要、保障销售、符合经济核算原则,使商品库存量满足销售量的需要。制定商品库存定额是使库存量合理的主要控制方法,包括:

(1)商品定额(库存商品的数量定额),指在一定时期内对某种商品所规定的平均库存量,通常用于A类商品以及B、C类商品中不能缺货商品的库存控制。

(2)商品资金定额(库存商品的价值定额),指在一定时期内对某种商品平均库存资金占用的规定。企业可以采用总额控制的方式对B、C类商品进行库存量控制。

2）库存结构合理的含义及控制方法

库存结构合理是指库存商品总额中,各类商品所占的比例,同类商品中高、中、低档商品之间的比例,以及同种商品不同规格、不同花色之间库存量的比例都适应销售的需要。

库存结构合理的控制方法主要包括三个方面:

(1)商品质量结构控制。商品质量结构是指库存商品自身的质量(不良品、废品、质次价高商品、紧俏商品、适销商品、过季商品、积压商品)以及商品适应当地市场需求的品种结构情况。要保持高质量的库存商品,主要环节及措施是:①把握市场行情,按需组织货源;②根据供求变化适时适量采购;③加强商品入库验收,防止伪劣商品进入储存环节;④对库存商品实行库存定额管理。

(2)商品层次结构确定。商品层次结构是指库存商品满足不同水平消费需求的结构状况。商品层次结构确定的主要任务是除了满足主要层次消费者需求外,兼顾其他层次消费者需求,编制"必备商品目录",并确定各档次商品在全部商品中所占的比例。

(3)商品销售结构分析。通过销售结构(一定时期内各种商品销售额在全部销售额中所占比例)分析,确定经营中的主要品种、次要品种和一般品种,从而有区别地加以管理。措施:①主要品种,按品种甚至规格指定库存定额,实行保本保利库存期管理;②次要品种,分大类进行库存定额管理;③一般品种,只控制总金额,实行一般管理。

3)库存时间合理的含义及控制方法

库存时间合理是指所有库存商品的库存期(商品进入库存环节后停留的时间)适应供求变化。库存时间合理的控制可以通过对商品保本库存期(商品从购进到销售出去,不发生亏损的最长库存期限)和商品保利库存期(能够实现经营利润的最长库存期限)的控制来进行。

商品保本保利期控制就是运用量本利分析和目标管理的原理,通过对商品保本保利期的预测,对商品购、存、销全过程进行系统的价值管理的过程。

任务2　常用库存控制方法的运用

常用的库存控制的方法有三种:一是定量控制法,对库存量进行连续观测,看是否达到重新订货点来进行控制;二是定期控制法,通过固定的时间周期检查库存量,达到控制库存的目的;三是ABC分类法,这类方法是以库存资金价值为基础进行分类,并按不同的类别进行库存控制。

1. 定量控制法

案例分析6-1

某超市销售矿泉水,每当矿泉水剩下2箱时就发出订货,每次订货量是20箱,订货5小时内能到店面。

分析:这一案例中的控制库存方法就是定量控制法。每当矿泉水剩下2箱时就发出订货,所以订货点 R 为2箱。每次订货量 Q 为20箱,订货提前期 L 为5小时。

1)定量控制法的原理

定量控制法也称为连续检查控制法或订货点法。它是连续不断地检查库存余量的变化,当库存余量下降到订货点 R 时,便提出订购,且订购量是固定的。经过一段订货时间 L,货物到达后补充库存。定量控制法的库存变化如图6-2所示。

图6-2中 R 为补充库存的重新订货点,每次订货量为 Q,订货提前期为 L。

这种库存控制的特点是:

(1)每次的订货批量通常是固定的,批量大小的确定主要考虑库存总成本最低的原则;

(2)每两次订货的时间间隔通常是变化的,其大小主要取决于需求的变化情况,需求大则时

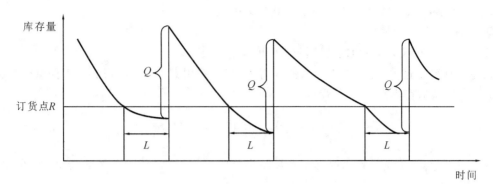

图 6-2 定量控制法的库存变化图

间间隔短,需求小则时间间隔长;

(3)订货提前期基本不变,订货提前期是由供应商的生产与运输能力等外界因素决定的,与物资的需求没有直接的联系,故通常被认为是一个常数。

这种方法主要通过建立一些存储模型,以求解决库存降到什么水平订购,订购量应该多大,才能使总费用最低这两大问题。

2)订货量的确定

(1)经济订货批量(EOQ)。

案例分析 6-2

某制造企业全年耗用某项物资的需求量为 100 000 件,假定每年有 250 个工作日,该物资的单价为 1 元,每次采购费用 25 元,订货提前期为 10 天,年保管费用率为 12.5%。该物资订购后一次性到货,企业生产均匀消耗,且不允许缺货。那么该物资经济订货批量、订货点和最小库存费用分别是多少呢?

分析:该物资订购过程如下。假定时间为 0 时,仓库内尚有物资为 Q 单位,随着生产过程的进行,物资被均匀耗用,由于不允许缺货,所以当库存降至 R 水平提出订购,订购量为 Q,从订购日 t_1 起,物资须经过 L 天时间才能到达企业。假定在 L 天库存物资恰好用完,同时,所订购的 Q 单位物资恰好到达企业,上述订购过程可用图 6-3 来描述。

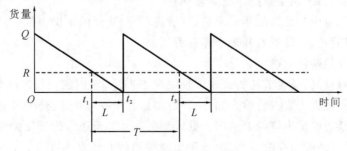

图 6-3 不允许缺货条件下的存储模型

图 6-3 中有:

R:订购点,当仓库内存储水平降至 R,提出订购。

L:订货间隔(天),从开始提出订购到物资入库所经历时间。

Q:订购量,是一个固定值。

T:订货周期(天),相邻两次订货的时间间隔。

上述的订购过程中,发生了如下三种费用:库存总费用 C_t = 采购费用 C_o + 保管费用 C_h + 购置成本 C_g(缺货费用 C_q = 0)。所以有:

$$C_t = \frac{D}{Q}A_o + \frac{Q}{2}Pi + P \times D \tag{6-1}$$

式(6-1)中 $\frac{D}{Q}$ 是全年订货次数, $\frac{D}{Q}A_o$ 是全年订货费用; $\frac{Q}{2}$ 为平均库存量, $\frac{Q}{2}Pi$ 为全年的保管费用。为使 C_t 最小,求 C_t 的一阶导数并令其为零,可解出经济订货批量 Q^*。

由

$$\frac{dC_t}{dQ} = 0 \Rightarrow -\frac{D}{Q^2}A_o + \frac{1}{2}Pi = 0$$

得到

$$Q^* = \sqrt{\frac{2DA_o}{Pi}} \tag{6-2}$$

将经济订货批量公式(6-2)代入式(6-1),求得最小库存费用 C_t^*:

$$C_t^* = \sqrt{2DA_oPi} + P \times D \tag{6-3}$$

订货点 R 计算公式为:

$$R = 平均日需求量 B \times L$$

由此可计算得到案例分析 6-2 中该物资订货点的库存储备量 R 为:

$$R = B \times L = (100\,000/250) \times 10 \text{ 件} = 4\,000 \text{ 件}$$

案例分析 6-2 中,经济订货批量 Q^* 和最小库存费用 C_t^* 为:

$$Q^* = \sqrt{\frac{2DA_o}{Pi}} = \sqrt{\frac{2 \times 100\,000 \times 25}{1 \times 12.5\%}} \text{ 件} = 6\,325 \text{ 件}$$

$$C_t^* = \sqrt{2DA_oPi} + P \times D = (\sqrt{2 \times 100\,000 \times 25 \times 1 \times 0.125} + 1 \times 100\,000) \text{元}$$
$$= 100\,790 \text{ 元}$$

总的来说,经济订货批量模型适用于有如下假设条件的情况:外部对库存系统的需求率已知,需求率均匀且为常量;一次订货量无最大最小限制;采购、运输均无价格折扣;订货提前期已知,且为常量;订货费与订货批量无关;维持库存费与库存量成正比;不允许缺货;补充率为无限大,全部订货一次交付;采用定量控制法管理库存。

在这些前提下,可根据已知的年需求量、订货提前期、物资的单价、每次采购费用、年保管费用率等求得经济订货批量、订货点和最小库存费用。

(2)季节性产品订购量的确定。

对于报纸、新鲜食品、圣诞节礼物或季节性时装等产品,它们的销售时间性非常强,一旦过时,没卖出去的产品就大大失去价值。如:一天没卖掉的烤面包往往会降价出售,剩余的海鲜可能会被扔掉,过期杂志廉价出售给旧书店。处置剩余商品甚至还可能需要额外费用。

所以考虑这类产品的库存时,一方面要避免缺货而持有较高的库存,另一方面防止持有库存量大于需求量时,部分产品未能及时销售而造成损失。

计算这类产品的库存量,决策者必须优化缺货成本(销售损失)与产品过剩损失的关系,以达到期望销售利润最大。下面用一个例子说明这类问题的解法。

案例分析 6-3

按过去的记录,新年期间对某商店挂历的需求分布率如表 6-1 所示。

表 6-1 某商店挂历的需求分布率

需求 d/份	0	10	20	30	40	50
概率 $p(d)$	0.05	0.15	0.20	0.25	0.20	0.15

已知,每份挂历的进价为 $C=50$ 元,售价 $P=80$ 元。若在 1 个月内卖不出去,则每份只能卖 30 元。该商店该进多少挂历为好?

分析:要使该商店的期望利润最大,就要比较不同订货量下的期望利润,取期望利润最大的订货量作为最佳订货量。

设订货量为 Q 时的期望利润为 $E_p(Q)$,实际需求 d。设 1 个月内卖出去每份挂历盈利 C_u,则 $C_u=(80-50)$ 元 $=30$ 元。1 个月内卖不出去每份挂历亏损 C_o,则 $C_o=(30-50)$ 元 $=-20$ 元。

则当订货量 $Q \leqslant$ 实际需求 d 时,不会出现卖不出去的情况,利润为 $C_u Q$。

当订货量 $Q >$ 实际需求 d 时,有卖不出去的挂历,会存在一部分挂历亏损,此时利润为 $C_u d + C_o(Q-d)$。

期望利润 $E_p(Q)$ 的计算公式为:

$$E_p(Q) = \sum_{Q>d}[C_u d + C_o(Q-d)]p(d) + \sum_{Q \leqslant d} C_u Q p(d)$$

计算过程如表 6-2 所示。

表 6-2 不同订货量下的期望利润计算过程

订货量 Q	实际需求 d						期望利润 $E_p(Q)$
	0	10	20	30	40	50	
	$p(d)$						
	0.05	0.15	0.20	0.25	0.20	0.15	
0	0	0	0	0	0	0	0
10	−200	300	300	300	300	300	275
20	−400	100	600	600	600	600	475
30	−600	−100	400	900	900	900	575
40	−800	−300	200	700	1 200	1 200	550
50	−1 000	−500	0	500	1 000	1 500	425

当订货量 $Q=20$ 时,$E_p(20)=[(20-0) \times (30-50) \times 0.05]$ 元 $+[(20-10) \times (30-50) \times 0.15]$ 元 $+[10 \times (80-50) \times 0.15]$ 元 $+[20 \times (80-50) \times (0.20+0.25+0.20+0.15)]$ 元 $= 475$ 元。

当 Q 取其他值时,以此类推。结果见表 6-2。

由表 6-2 可以得出,当订货量为 30 份时,期望利润最高,为 575 元,所以该商店挂历最佳订货量为 30 份。

2. 定期控制法

案例分析 6-4

某超市销售矿泉水,每星期(如每个星期天早上 8 点)检查一次矿泉水的剩余箱数,检查以后就发出订货请求。如果预计下周销售量较好,可能一次订货 50 箱;如果预计销售不好,可能订货 10 箱。每次的订货需一天才能到店面。

分析:本案例就使用的定期控制法。每星期订货 1 次,所以订货间隔周期 T 为 1 周,它是固定的。每次订货量 Q 是不固定的,订货提前期 L 为 1 天。

定期控制法也称周期检查控制法或订货间隔期法。

1)定期控制法的特点

它是一种定期盘点库存的控制方法,它的特点是:

(1)每两次订货的时间间隔是固定的,以固定的间隔周期 T 提出订货。

(2)每次订货批量是不确定的。管理人员按规定时间检查库存量,并对未来一段时间内的需求情况做出预测,若当前库存量较少,预计的需求量将增加时,则可以增加订货批量,反之则可以减少订货批量,并据此确定的订货量发出订单。

(3)订货提前期基本不变。

定期控制法的库存变化如图 6-4 所示。

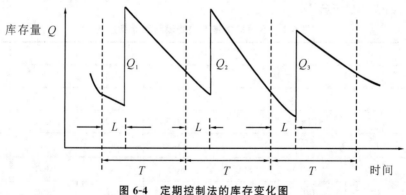

图 6-4 定期控制法的库存变化图

图 6-4 中 T 为订货间隔周期,每次订货量分别为 Q_1、Q_2、Q_3,订货提前期为 L。

这种控制方式当物资出库后不需要对库存品种数量进行实地清点,可以省去许多库存检查工作,在规定订货的时候检查库存,简化了工作。缺点是在两次订货之间没有库存记账,则有可能在此期间出现缺货的现象。如果某时期需求量突然增大,也有可能发生缺货,所以一般适用于重要性较低的物资。

2)订货间隔期和每次的订购量的确定

这种控制方式主要面对的关键问题是:确定订货间隔期和每次的订购量。

一般来说,其订货间隔周期 T 由存储物资性质而定。对存储费用高、缺货损失大的物资,

T 可以定得短一点，反之可定得长一点。

每次订购量可由下式确定：

订购量＝平均日需求量×订货间隔周期＋保险储备量－现有库存量－已订货未交量

保险储备量＝保险储备天数×平均日需求量

保险储备天数可由以往统计资料中平均误期天数来定。

3. 定量控制法和定期控制法的比较

运用定量控制法必须连续监控剩余库存量。它要求每次从库存里取出货物或者往库存里增添货物时，必须刷新记录，以确认是否已达到再订购点。而定期控制法，库存盘点只在规定的盘点期发生。

影响选择这两种系统的其他因素是：

(1)定期控制法平均库存较大，因为要预防在盘点期发生缺货情况；定量控制法没有盘点期。

(2)因为平均库存量较低，所以定量控制法有利于贵重或重要物资的库存。因为该模型对库存的监控更加密切，这样可以对潜在的缺货更快地做出反应。

(3)由于每一次补充库存或货物出库都要进行记录，维持定量控制法需要的时间更长。

两者的差别比较如表 6-3 所示。

表 6-3 定量控制法和定期控制法的比较

项目	定量控制法	定期控制法
订货量	固定的 Q	变化的 Q
何时订购	根据固定的订货点 R	根据固定的订货周期 T
库存记录及更新	与每次出库对应	与定期的库存盘点对应
库存水平	低（不设置安全库存）	高（设置安全库存）
适用产品	重要、价值高的 A 类	B 类、C 类

4. ABC 分类管理法

由于一般企业的库存物资种类很多，对全部物资进行管理是一项复杂而繁重的工作。管理者精力有限，因此，应该使用重点管理的原则，将管理重点放在重要的物资上。ABC 分类管理法便是物资重点管理法。

ABC 分类管理法把企业繁多的物资品种，按其重要程度、消耗数量、价值大小、资金占用等情况进行分类排队。把品种数量占库存物资总种数的 20% 左右，而其资金占库存物资总资金量的 70% 左右的一类物资定为 A 类物资。把品种数量占库存物资总品种数的 50% 以上，而资金占总资金量的 10% 以下的一类物资定为 C 类物资。其余的物资都是 B 类。ABC 分类法示意图如图 6-5 所示。

下面通过一个例子来说明如何利用上述原理来划分企业的库存物资。

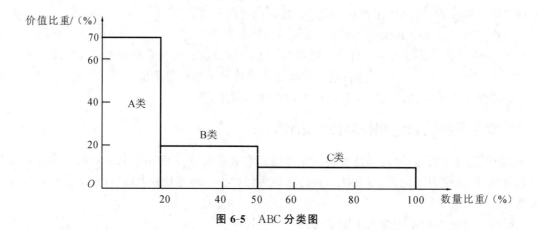

图 6-5　ABC 分类图

知识链接 6-1

一个仓库有库存物资 11 个品种,它们的年均资金占用量如表 6-4 所示,其 ABC 分类如下。

表 6-4　各库存物资资金占用量

物资编号	年均资金占用量/元	占用资金比例/(%)
2	45 000	42.06
12	30 000	28.04
6	10 000	9.35
15	8 000	7.48
7	6 000	5.61
3	5 000	4.67
8	2 000	1.87
5	500	0.47
16	400	0.37
19	100	0.09
总计	107 000	100.00

根据资金占用比例,得到分类结果,如表 6-5 所示。

表 6-5　分类结果

物资类型	物资编号	年均资金占用量/元	占用资金比例/(%)
A	2,12	75 000	70.10
B	6,15,7	24 000	22.42
C	3,8,5,16,19	8 000	7.48
总计		107 000	100.00

A类物资是一些品种不多但耗用金额很大的物资,也可以包括一些虽然耗用金额不太大,但对企业来说是关键性的物资。主要是原材料,例如在纺织企业中就是原棉、化纤、原毛、丝麻等;在机械制造企业中就是金属材料与非金属材料;在电机制造企业中除金属材料外,还包括绝缘材料。这类物资的耗用与生产过程有直接的、密切的联系。

B类物资是品种较多、耗用金额不太大的一些物资。B类物资大多是一些主要材料、建筑材料、大型的辅助材料,辅助器材与设备等。

C类物资是一些耗用量不大、耗用金额小,但品种很多的物资,这类物资性能复杂,规格繁多,用途不一。如工具、包装材料、备用材料、润滑剂、办公用具和零星辅助材料等。

ABC分类意味着A类库存需实行重点管理,花费在保管A类库存物资上的资金大大多于花费在C类的库存物资上,严格控制A类库存储备量、订货量、订货时间,现场控制也应更严格,应该把它们存放在更安全的地方,并且为了保证它们的记录的准确性,应对它们频繁地进行检查控制。对A类物资的预测应比其他类别的物资的预测更为仔细精心。

B类物资可以适当控制,并可适度地减少B类库存。

C类物资可以放宽控制,增加订货量,以加大两次订货间的时间间隔,减少订货次数。

在控制方式的选择方面,A类物资适宜采用连续检查控制方式,C类物资较多地应用周期检查控制方式。

需要注意的是,因为ABC分类法主要是以库存资金数量为基础进行分类的,没有反映库存品种对利润的贡献、供货的紧迫性等方面的指标。在某些情况下,因C类库存造成的缺货也可能是十分致命的。因此,在应用ABC分类法时应给予充分注意。

基本训练

□ 知识题

1. 阅读理解

(1)库存的含义是怎样的?库存有哪些类型?
(2)影响库存决策的因素有哪些?
(3)什么叫库存合理化?有哪些内容?
(4)库存控制有哪些方法?
(5)定量控制法和定期控制法的区别是怎样的?

2. 知识应用

1)判断题

(1)转变员工的观念不是零库存管理的做法。( )
(2)库存越多越好。( )
(3)库存量越大,库存成本越高。( )
(4)ABC分类法主要是以库存资金数量为基础进行分类的。( )
(5)A类库存需实行重点管理。( )

2)选择题

(1)消耗完毕后,不需要重新补充,即那些发生在比较短的时间内的物料需求的库存是( )。

A. 单周期库存　　B. 多周期库存　　C. 随机库存　　D. 经常性库存

(2)由于不能满足用户需求而产生的成本是(　　)。

A. 采购成本　　B. 保管成本　　C. 缺货成本　　D. 购置成本

(3)不属于定期盘点库存的控制方法的特点的是(　　)。

A. 每两次订货的时间间隔是固定的

B 每次订货批量是不确定的

C. 订货提前期基本不变

D. 订货提前期发生变化

(4)通过对多种产品集中补货来降低库存成本的方法是(　　)。

A. 协同规划补货法　　　　　　　　B. 联合补货法

C. 定期盘点法　　　　　　　　　　D. 预测和补给的补货法

(5)其品种数量占库存物资总品种数的20%左右,而其资金占库存物资总资金量的70%左右的一类物资定为(　　)。

A. A类物资　　B. B类物资　　C. C类物资　　D. 都对

□ 技能题

(1)参观某小型超市(最好是教学商店),深入了解所有文具类(或其他感兴趣的类型)商品的价格、销售量等,用ABC分类法对其进行分类,对超市(商店)的经营提出自己的看法。再选出几种常用物品,确定合适的库存控制方法。

实训目的:让学生学会运用ABC分类方法对物品分类,会选用合适的库存控制方法。

实训要求:要求学生能深入调查,了解所调查的超市(商店)是如何控制库存的,依据所学知识提出自己的看法。ABC分类结果用表格的形式给出。能通过物品的价格、销售量等信息,选用合适的库存控制方法。

(2)参观2家不同类型的企业,比如一家制造企业和一家牛奶生产企业,了解不同类型企业原材料的库存控制方法,各选1~2种原材料,确定库存控制的各项参数。写一份实习报告。

实训目的:掌握不同类型物料库存的合理控制方法。

实训要求:要求能根据产品的需求特性、到货情况、采购情况,确定合理的库存控制方法,并确定订货点、每次订货量、订货提前期等参数。

(3)某企业年需要物资量为14 400件,该物资的单价为0.40元,存储费率为15%,每次的订货成本为20元,一年工作52周,订货提前期为一周。试求:

①经济订货批量是多少?

②一年应该订几次货?

③全年的库存总成本是多少?

④订货点的库存储备量为多少?

实训目的:掌握库存控制基本模型的应用。

实训要求:根据本章模型,会求物资经济订货批量、订货次数、订货点等参数。

(4)某企业年需要某种物资量为5 000件,购货价随订货批量增大而降低。批量在100件以下时,每件5元;批量大于100件小于1 000件时,每件4.5元;批量大于1 000件时,每件3.9元。试求企业每次订货多少件时,总成本最低。

实训目的:掌握有批量折扣时的库存控制方法。

实训要求：根据有批量折扣时的库存控制模型，求出合理的订货批量。

(5)某民用航空公司的某一航班有座位100个，根据经验，在知道大约有100位顾客订票的情况下，实际未购票人数达到3人的概率为0.1，达到2人的概率为0.4，达到1人的概率为0.2，全部购票的概率为0.3。每卖一张机票的纯利润为600元，接受订票但不能售出票的赔偿为1 000元。问售票处应该接受多少顾客的订票最为经济？

实训目的：掌握物品的库存控制方法。

实训要求：求出单周期物品的经济订货批量。

综合案例

案例1 神州摩托

神州摩托车自行车专营商店，是一家批发和零售各种型号摩托车、自行车及其零配件的商店，每年销售各种类型摩托车约7 000辆，自行车30 000辆，年销售额近5 000万元。过去几年产品畅销，商店效益好，但是管理比较粗放，主要靠经验管理。由于商店所在地离生产厂家距离较远，前几年铁路运输比较紧张，为避免缺货，神州商店经常保持较高的库存量。近两年来，经营同类业务的商店增加，市场竞争十分激烈。

神州商店摩托车经销部新聘任徐先生担任主管，他上任以后，就着手了解情况，寻求提高经济效益的途径。

摩托车、自行车采购的具体方式是，参加生产厂家每年一次的订货会议，签订下年度的订货合同，然后按期到生产厂办理提货手续，组织进货。

徐先生认为摩托车经销部应当按照库存控制理论，在保证市场供应的前提下，尽量降低库存，这是提高经济效益的主要途径。

神州商店销售不同型号的摩托车，徐先生首先选择XH公司生产的产品为例。

一、计算其经济订购批量

(一)已知条件。

徐先生计算XH公司供应的摩托车的经济批量，他收集了如下数据：

1.每年对XH公司生产的摩托车需用量为3 000辆，平均每辆价格为4 000元。

2.采购成本，主要包括采购人员处理一笔采购业务的旅费、住勤费、通信等费用。以往采购人员到XH公司出差，乘飞机、住宾馆、坐出租车，一次采购平均用16至24天，采购员各项支出每人平均为6 700元，每次订货去两名采购员，采购成本为6 700×2元＝13 400元。

3.每辆摩托车的年保存费用。

(1)所占用资金的机会成本。每辆摩托车平均价格为4 000元，银行贷款利率年息为6%。

所占用资金的机会成本＝4 000×6%元/(辆·年)＝240元/(辆·年)

(2)房屋成本(仓库房租及折旧、库房维修、库房房屋保险费用等平均每辆摩托车分担的成本)。商店租用一仓库，年租金52 000元。仓库最高库存量为700辆，最低时不足100辆，平均约为400辆。因此，房屋成本可取130元/(辆·年)。

(3)仓库设施折旧费和操作费。吊车、卡车折旧和操作费平均10元/(辆·年)。

(4)存货的损坏、丢失、保险费用平均20元/(辆·年)。

以上各项合计年保存费用为：

(240＋130＋10＋20)元/(辆·年)＝400元/(辆·年)

（二）经济订购批量的计算。

徐先生将以上数据代入经济订购批量计算公式，计算出经济订购批量，以及订购间隔、订购点库存、年库存成本等。

1. 经济订购批量：

$$\sqrt{\frac{2\times 3000\times 13400}{400}} \text{辆} \approx 448 \text{辆}$$

2. 每年订购次数：

$$3\,000/448 \text{次} \approx 7 \text{次}$$

3. 订购间隔。神州商店每周营业7天，除春节放假5天外，其他节假日都不停业。年营业日为360日，订购间隔可用下面的公式算出。

$$\text{订购间隔} = 360/7 \text{天} \approx 52 \text{天}$$

若采用定期订购方式，订购间隔为52天，即每隔52天订购一次。

4. 订购点量。若采用定量订购方式，则要计算出订购点量。

徐先生为计算订购点量，需要订货提前期的有关数据，他了解到订货提前期由下面的几个部分组成。

订货提前期的组成：

采购准备时间	与供应商谈判时间	供应商提前期	到货验收
←— 4 —→	←— 4 —→	←— 15 —→	←— 2 —→

其中采购准备工作时间，包括了解采购需求、采购员旅途时间。供应商提前期指与供应商谈判结束到摩托车到商店仓库所需的时间。由以上数据可算出，订购提前期为25天。

若安全库存为40辆，可用下式算出订购点量：

$$\text{订购点量} = [25 \times (3\,000/360) + 40] \text{辆}$$
$$\approx 250 \text{辆}$$

5. 年库存成本。年库存成本等于年订购成本与年保存费用之和，即：

$$\text{年库存成本} = [7 \times 13\,400 + (448/2 + 40) \times 400] \text{元}$$
$$= (93\,800 + 105\,600) \text{元}$$
$$= 199\,400 \text{元}$$

经过上面的数据收集、分析与计算，徐先生对库存各种费用的大体情况，以及在哪些方面可以采取措施降低费用，有了一个初步的认识。

徐先生在仔细调查了商店XH摩托车的销售数据后发现，摩托车的销售量在一年之中并不是均衡的，它与季节有一定的关系。

摩托车一月份销售量较大，一月份即新年到春节之间，许多单位发年终奖或双倍工资，在春节前形成一购买高峰。在高峰过后，销量骤减。其余各月销售量有波动，但不是很大。

徐先生根据西尔弗-米尔启发式方法，根据销售量的分布，重新安排了订购时间及订购量（见表6-6）。

表 6-6 订购时间及订购量

月份	1	2	3	4	5	6	7	8	9	10	11	12	总计
订购量	650	540	0	0	600	0	360	0	450	0	400	0	3 000

由于全年订购次数为 6 次,每次订购成本为 13 400 元,全年总订购成本为:
$$13\ 400 \times 6\ 元 = 80\ 400\ 元$$

每辆摩托车年保存成本为 400 元,每月的保存成本应为 400/12 元,即 33.3 元,期末库存总计为 1 580 辆,总保存成本应为:
$$1\ 580 \times 33.3\ 元 = 52\ 614\ 元$$

总库存成本为:
$$(80\ 400 + 52\ 614)\ 元 = 133\ 014\ 元$$

这种算法忽略了订货提前期及安全库存。徐先生认为可按订货提前期为一个月考虑安排订购,订货提前期原为 25 天,现增加至一个月,增加的 5 天可视为安全库存。

二、为进一步降低库存费用,徐先生提出以下改进措施

(一)降低订购费用。

实行订购费用承包,每次出差去 XH 公司,承包开支为:

旅费 1 200 元;

住勤费 120 元/天 × 20 天 = 2 400 元;

电话费 10 元/天 × 20 天 = 200 元;

合计 3 800 元/人 × 2 人 = 7 600 元。

并考虑是否可将每次由两名采购员去订购,改为每次一人。

(二)降低保存费用。

保存费用中资金的机会成本由摩托车价格和银行利息所决定,没有降低的余地。仓库设施的折旧费和操作费,存货的损坏、丢失、保险费用等在保存费用中所占比例很小,压缩这些费用可节省的开支十分有限。徐先生将降低保存费用的主要目标集中在降低仓库租金方面。

现在商店租用的仓库,最多可存放 700 辆摩托车,全年只有一个月摩托车的销售量达到 650 辆,其余月份最高销售量为 360 辆。徐先生提出两种设想:

1.上半年租用原有仓库面积,下半年按 150 辆摩托车需用面积租仓库,大约可节省 1 万元。

2.将 5 月份订购 600 辆,改为 5 月订购 240 辆,6 月订购 360 辆。这样,除一、二月份要租用较大仓库外,其余 10 个月可按 450 辆存放面积租仓库。这样仓库租用费大约可节省 1.6 万元。

徐先生做了初步估算,如果上述两项建议能实现,每年大约可再节约 6.8 万元库存费用。

问题:

(1)一般而言,保管成本与库存量成正比,那么,该怎样计算保管费用?

(2)徐先生的计算有没有不符合实际的地方?他建议的改进措施是否可行?为什么?

(资料来源:申元月.生产运作管理[M].2 版.济南:山东人民出版社,2005,有改动)

案例 2 沃尔玛的库存管理

沃尔玛是美国最大的连锁零售集团之一,从 20 世纪 80 年代起,沃尔玛从一个规模非常有限的区域性企业,快速成长为一个超级跨国集团,创造了一个令人称奇的经济奇迹。

沃尔玛的成功,与其精准的库存管理有着不可分割的密切联系。

首先,沃尔玛建立了实时监控销售的 POS 系统,该系统记录销售出的商品的价格和数量。在 20 世纪 90 年代初,沃尔玛购买了一颗专用卫星,用来传送公司的销售数据等信息,沃尔玛总部及配送中心任何时间都可以知道,每一个商店现在有多少存货,有多少货物正在运输过程当中,有多少货物存放在配送中心等;同时还可以了解某种货品上周卖了多少,去年卖了多少,并能够预测将来能卖多少。沃尔玛的供应商也可以利用这个系统直接了解自己昨天、今天、上周、上个月和去年的销售情况,并根据这些信息来安排组织生产,保证产品的市场供应,同时使库存降低到最低限度。

沃尔玛各分店所有货品每 11~13 个月彻底盘点一次,平时也有库存管理小组的盘点员随机对商品进行盘点,修正库存记录。

其次,沃尔玛建立了自己的运输网络,可以快速地将订到的货物送往遍布各地的沃尔玛大型超市,由于货源补充迅速,沃尔玛货场的库存量远远低于同业平均水平。

最后,沃尔玛对少量的销售不畅的库存物资,采用退货或者减价销售的方式快速消化库存,保证整个集团的物资库存处于一个很低的水平。沃尔玛的库存年周转 4.5 次,而其同行竞争者平均为 2.8 次,竞争优势可见一斑。

由于采用了上述的措施,沃尔玛的运营成本远远低于同等规模的其他连锁零售集团,因而,可以采用低价销售的方式吸引更多的顾客,销售额增长迅速。

问题:
(1)沃尔玛的运营成本为什么能远远低于同等规模的其他连锁零售集团?
(2)沃尔玛的库存管理的主导思想是什么?是怎么实现的?

综合实训

实训目的及要求:
(1)提高学生学习兴趣。
(2)掌握多门相关学科知识的综合应用。
(3)培养掌握针对问题,应用所学库存管理以及相关管理学科理论与方法进行分析,提出解决方案的能力。提高学生解决库存实际问题的能力。

实训内容:
(1)公司背景:

某工厂生产 200 多种不同塑钢机械的固定部件。每种机型都需要不同的部件,而每个部件又需要不同的原材料。在厂房里有各种原材料——从铆钉到钢板,现在对原材料库存的管理出了问题。某些固定部件订购了足够生产一年的原材料,但其他部件却只订购了保证生产一周的原材料。在存储没用的原材料上浪费了大量的钱,却因为处理到货迟了的订单而损失了大量的钱。现在需要解决的问题是:应当如何控制库存——对每一种部件应储备多少原材料,应该多长时间订购一次原材料,以及应该订购多少。每当工厂客户的销售部接到某种塑钢机械订单时,订单就传到客户当地的装配厂。接着装配厂就向该工厂发一份订单,订购装配这种机械所需的固定部件。不幸的是,由于工厂这里经常发生原材料短缺,从工厂收到订单到完成订单并发货到装配厂要一个月的时间。

(2)收集订单的详细资料。

该工厂三年前建立了数据库,这个库存系统非常复杂。将复杂的系统分解成简单的组成部分,对每一种固定部件独立地分析其库存控制。但是200多种部件,从何处开始呢?该工厂客户是装配公司,当收到某种机械的订单时,客户就会向工厂订购装配这种机械所需的固定部件。工厂也是在订单中的所有部件都完成后才向装配厂发货。一份订单的交货时间是由给定订单中完成所需时间最长的部件来决定的。从装配最常用的机械所需的生产时间最长的固定部件开始入手分析。

(3)通过数据分析库存问题。

寻找所需部件中生产时间最长的部件。进一步调查发现,在过去一年中,完成该部件从下订单算起平均需要一个月的时间。找出这家工厂的生产问题,以及主要是因为什么导致库存管理一团糟。

(4)去库存改善部门索要完成分析所需的财务数据,主要收集成本信息资料。

(5)解决的问题:

①公司在某部件上应实行什么库存政策。

②你是否认为对每一固定部件单独分析会导致错误的库存政策?为什么?

思政园地

我国老年人的数量持续增加,企业应如何爱护老年人,努力满足老年人的需求?阅读二维码资料,谈谈你对老年化社会的认识,企业和你应承担什么样的责任?

深耕细挖老年服饰蓝海

项目 7
供应链库存管理

ZHIHUI CANGCHU PEISONG YUNYING

项目 7　供应链库存管理

思政目标
◎互惠互利。

知识目标
◎理解供应链管理的含义；
◎掌握供应链库存管理策略；
◎了解供应链库存管理的问题；
◎理解零库存、联合库存、供应商管理库存的含义。

技能目标
◎能用所学知识对供应链库存管理状况进行分析；
◎能做一些简单的库存管理与控制的方案。

任务引例

供应链管理使宝洁的库存成本下降

宝洁的库存成本下降了，不仅如此，宝洁在通往动态生产、规划和供应系统的道路上更进了一步，离成为具有适应性的企业的目标也越来越近了。如果说宝洁过去采取的是"批量"流程，生产周期很长并造成库存堆积，新的宝洁则更趋向于根据需求来生产。宝洁的经理人曾花三天时间拜访了好几个公司，接触研究人员和咨询顾问，寻求供应链管理中最近的创新。其中一个公司是 BiosGroup，这是一家利用新科技解决复杂商业问题的咨询及软件开发公司。刘易斯 (John Lewis) 是当时宝洁的物流副总裁，他很欣赏 BiosGroup 的合伙创始人、理论生物学家考夫曼 (Stuart Kauffman) 所著的《宇宙为家》一书。在此书中，考夫曼研究了类混沌状态的生物领域中的"自组织"的潜在原则，并探讨了如何将这些原则应用在其他领域（从进化论的观点来说，自组织是指一个系统在遗传、变异和优胜劣汰机制的作用下，组织结构和运行模式不断地自我完善，从而不断提高其对于环境的适应能力的过程）。BiosGroup 将供应链看作复杂的适应性系统，并在这方面进行了领先的探索，分析各种刺激源的影响，并提出战略手段，提高企业的效率。急剧变化的环境要求宝洁公司的管理层变得更加敏捷、快速和高效，公司意识到，必须拥有更加具有适应性的供应链。而现有的做法无法缩短订货至发货的循环周期，削减不必要的安全存货 (safety inventory，是指公司为了避免供应短缺而保留在手上的超出订购量的库存)，并且向快速流通配送 (flow-through) 的方向转变。传统的供应链管理方法无法降低库存，而 BiosGroup 则可能帮助宝洁做到这一点，为此宝洁要求 BiosGroup 将库存减少 50%。

（资料来源：http://wenku.baidu.com/view/b3071a74a417866fb84a8e2e.html，有改动）

该案例表明：传统的管理导致库存成本难以下降，在供应链环境下库存控制的管理要采用新的方法，只有这样，才能减少库存成本，提高效率。

任务 1　供应链管理下的库存管理概述

1. 供应链管理的含义及内容

1）供应链管理的定义

所谓供应链管理，就是为了满足顾客的需求，在从原材料到最终产品的过程中，为了获取有效的物资运输和储存，以及高质量的服务和有效的相关信息所做的计划、操作和控制。

供应链管理的范围包括从最初的原材料到最终产品到达顾客手中的全过程，管理对象是在此过程中所有与物资流动及信息流动有关的活动和相互之间的关系。因此，它是一种集成的管理思想和方法。供应链系统的功能是，将顾客所需的产品能够在正确的时间按正确的数量和正确的质量及状态送到正确的地点（即 6"R"：right product，right time，right quantity，right quality，right status，right place），并且使总成本最小。

2）供应链管理的内容

供应链管理研究的内容主要涉及四个主要领域（见图 7-1）：供应、生产作业、物流、需求。它是以各种技术为支持，尤其以 Internet/Intranet 为依托，围绕供应、生产作业、物流（主要指制造过程）、满足顾客需求来实施的。供应链管理主要包括计划和合作控制从供应商到用户的物料（零部件和成品等）和信息。供应链管理的目标在于提高用户服务水平和降低总的交易成本，并且寻求两个目标之间的平衡（这两个目标往往有冲突）。

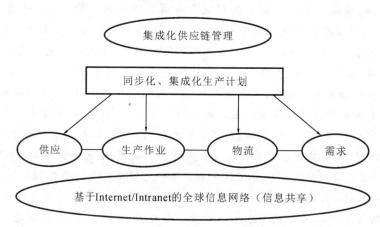

图 7-1　供应链管理涉及的领域

3）供应链管理的目标

供应链管理的理念是指在供应链管理的过程中，网络构成的相关方应坚持：面向顾客理念；双赢和多赢理念；管理手段、技术现代化的理念。供应链管理的目标是指根据市场需求的扩大，提供完整的产品组合；根据市场需求的多样化，缩短从生产到消费的周期；根据市场需求的不确定性，缩短供给市场与需求市场的距离；降低整体供应链的物流成本和费用，提高整体供应链的运作效率，增强整体供应链的竞争力。

2. 供应链管理环境下的库存问题

供应链是围绕核心企业，通过对信息流、物流、资金流的控制，从采购原材料开始，制成中间产品以及最终产品，最后由销售网络把产品送到消费者手中的，将供应商、制造商、分销商、零售商直到最终用户连成一个整体的功能网链结构模式。它是一个范围更广的企业结构模式，它包含所有加盟的节点企业。这条链上的节点企业必须达到同步、协调运行，才有可能使链上的所有企业都能受益。这也就是供应链管理理论的核心所在。

库存控制是影响供应链管理成败的重要因素之一。它直接关系着供应链成本的高低和服务质量的好坏。在供应链管理环境下，库存控制不再仅仅是某个单独企业如何降低库存水平的问题，更需要企业有全局观念，促使供应链整体绩效达到最优。只有了解供应链管理环境下库存控制的特点及存在的问题，才能有针对性地提出解决问题的策略和方法。

1) 供应链环境下的库存控制的特点

供应链环境下的库存控制不是简单的需求预测和补给，而是通过库存控制获得用户服务与利润的优化。供应链环境下的库存控制模式的最高境界是实现供应链的无缝连接，消除供应链企业之间的高库存现象。供应链管理模式赋予库存控制以下四个方面的新特点：

(1) 供应链管理能够暴露出企业库存控制过程中的潜在问题和危机，加强库存控制程度。

(2) 供应链管理可以有效地降低社会库存量，减少库存控制成本。供应链的形成，要求对组成供应链的各个环节做出优化，建立良好的协作关系，这种关系有利于促进产品快速流通，降低社会库存量，避免库存浪费和资金占用。

(3) 供应链管理有利于企业从"库存实物控制"向"库存信息控制"的转变，实现信息化库存控制的目标。

(4) 供应链管理确保了企业库存控制的柔性和快速反应能力。供应链管理环境下，企业库存得到了优化，整个供应链中多余、呆滞的库存降到了最低点，面对市场需求的变化，企业可以迅速做出反应，调整产品或是改变策略，有效地规避了企业的经营风险。

2) 供应链管理环境下库存控制存在的问题

供应链环境下的库存问题和传统的企业库存问题有许多不同之处，这些不同点体现出供应链管理思想对库存的影响。传统的企业库存管理侧重于优化单一的库存成本，从存储成本和订货成本出发确定经济订货量和订货点。从单一的库存角度看，这种库存管理方法有一定的适用性，但是从供应链整体的角度看，单一企业库存管理的方法显然是不够的。

虽然从宏观理论上说，供应链管理环境下的库存控制较之传统管理下的库存控制有诸多优势，但整个供应链毕竟是由多个单一企业所构成，在实际操作中，由于每个企业对供应链管理的理解存在差异，对自身企业获利程度存在担忧，甚至有些企业的独立目标与供应链的总体目标相悖等种种原因，在实际运用供应链管理环境下的库存控制理论和方法时，也不免会暴露出许多现实问题。目前在实践中，主要存在几个方面的问题：

(1) 没有供应链的整体观念。虽然供应链的整体绩效取决于各个供应链的节点绩效，但是各个部门都是各自独立的单元，都有各自独立的目标与使命。有些目标和供应链的整体目标是不相干的，更有可能是冲突的。因此，这种各行其道的山头主义行为必然导致供应链的整体效率低下。

案例分析 7-1

库存的问题

美国北加利福尼亚的计算机制造商,电路板组装作业采用每笔订货费作为其压倒一切的绩效评价指标,该企业集中精力放在减少订货成本上。这种做法本身并没有不妥,但是它没有考虑这样做对整体供应链的其他制造商和分销商的影响,结果该企业维持过高的库存以保证大批量订货生产。而印第安纳的一家汽车制造配件厂却在大量压缩库存,因为它的绩效评价是由库存决定的。结果,它到组装厂与零配件分销中心的响应时间变得更长和波动不定。组装厂与分销中心为了满足顾客的服务要求不得不维持较高的库存。

分析:这两个例子说明,供应链库存的决定没有考虑整体的效能。一般的供应链系统都没有针对全局供应链的绩效评价指标,这是普遍存在的问题。有些企业采用库存周转率作为供应链库存管理的绩效评价指标,但是没有考虑对用户的反应时间与服务水平,用户满意应该成为供应链库存管理的一项重要指标。

(2)对用户服务的理解与定义不恰当。供应链管理的绩效好坏应该由用户来评价,或者以对用户的反应能力来评价。但是,对用户服务的理解与定义各不相同,导致对用户服务水平的差异。许多企业采用订货满足率来评估用户服务水平,这是一种比较好的用户服务考核指标,但是订货满足率本身并不保证运作问题。比如一家计算机工作站的制造商要满足一份包含多产品的订单要求,产品来自各供应商,用户要求一次性交货,制造商要等各个供应商的产品都到齐后才一次性装运给用户,这时,用总的订货满足率来评价制造商的用户服务水平是恰当的,但这种评价指标并不能帮助制造商发现哪家供应商交货迟了还是早了。

传统的订货满足率评价指标也不能评价订货的延迟水平。两家同样只有90%的订货满足率的供应链,在如何迅速补给余下10%的订货要求方面差别是很大的。其他的服务指标也常常被忽视了,如总订货周转时间、平均回头订货、平均延迟时间、提前或延迟交货时间等。

(3)不准确的交货状态数据。当顾客下订单时,他们总是想知道什么时候能交货。在等待交货过程中,也可能会对订单交货状态进行修改,特别是当交货被延迟以后。我们并不否定一次性交货的重要性,但我们必须看到,许多企业并没有及时而准确地把推迟的订单交货的修改数据提供给用户,其结果当然是用户的不满。如一家计算机公司花了一周的时间通知用户交货日期,有一家公司30%的订单是在承诺交货日期之后交货的,40%的实际交货日期比承诺交货日期偏差10天之久,而且交货日期修改过几次。交货状态数据不及时、不准确的主要原因是信息传递系统的问题,这就是下面要谈的另外一个问题。

(4)低效率的信息传递系统。在供应链中,各个供应链节点企业之间的需求预测、库存状态、生产计划等都是供应链管理的重要数据,这些数据分布在不同的供应链组织之间,要做到有效地快速响应用户需求,必须实时地传递,为此需要对供应链的信息系统模型做相应的改变,通过系统集成的办法,使供应链中的库存数据能够实时、快速地传递。但是目前许多企业的信息系统并没有很好地集成起来,当供应商需要了解用户的需求信息时,常常得到的是延迟的信息和不准确的信息。由于延迟引起误差和影响库存量的精确度,短期生产计划的实施也会遇到困难。例如企业为了制订一个生产计划,需要获得关于需求预测前库存状态、订货的运输能力、生产能力等信息,这些信息需要从供应链的不同节点企业数据库获得,数据调用的工作量很大。

数据整理完后制订主生产计划,然后运用相关管理软件制订物料需求计划(MRP),这样一个过程一般需要很长时间。时间越长,预测误差越大,制造商对最新订货信息的有效反应能力也就越小,生产出过时的产品和造成过高的库存也就不奇怪了。

(5)忽视不确定性对库存的影响。供应链运作中存在诸多的不确定因素,如订货提前期、货物运输状况、原材料的质量、生产过程的时间、运输时间、需求的变化等。为减少不确定性对供应链的影响,首先应了解不确定性的来源和影响程度。很多公司并没有认真研究和跟踪其不确定性的来源和影响,错误估计供应链中物料的流动时间(提前期),造成有的物品库存增加,而有的物品库存不足的现象。

任务2　基于供应链的库存管理方式

长期以来,传统的供应链库存控制策略是各自为政,供应商、用户都保持一定的库存和分别实施自己的库存控制策略。这往往不可避免地造成了需求信息的扭曲,从而产生了"牛鞭效应"。为了消除"牛鞭效应",不同性质的核心企业采取了许多先进的库存管理技术和方法。这些方法主要有:围绕处于供应链上游、实力较雄厚的制造商(或分销商)建立的供应商管理库存系统(VMI)、围绕零售业以及连锁经营业中的地区分销中心(或在供应链上占据核心位置的大型企业)建立的联合库存管理系统(JMI)、围绕大规模生产组装型制造商建立的多级库存管理系统以及可适用于围绕各类核心企业建立的协同规划、预测与补给系统(CPFR)。

1. 供应商管理库存系统

1)供应商管理库存的含义及特点

供应商管理库存(vendor managed inventory,VMI)是指供应商等上游企业基于其下游客户的生产经营、库存信息,对下游客户的库存进行管理与控制。供应商管理库存是为了适应供应链一体化而出现的一种全新的库存管理模式。VMI是指由供应商监控用户库存水平,并周期性地执行包含订货数量、出货及相关作业的补货决策。VMI作为供应链集成管理思想的一种新型库存管理模式,如图7-2所示。

VMI的实施需要有先进的管理理念和管理技术做基础,它是优化供应链性能的主要途径,也是今后供应链管理中的重要研究方向之一。引入VMI可以更好地实现供应链成员之间的信息交流与合作,加强互信,提高供应链集成化运作的可行性。供应链中常见的牛鞭效应也可以通过实施VMI策略而得到有效的降低。一些著名的零售公司,如Walmart、Kmart、Dillard's以及JCPenney等,另外很多网站如亚马逊网站往往也通过VMI来管理自己的商品,实施VMI使得这些企业可以有效管理好成千上万种商品,并能够与供应商保持一个非常良好的合作关系。VMI是一种在用户和供应商之间的合作性策略,具体来说,这是一种以用户和供应商双方都获得最低成本为目的,在一个共同的协议下由供应商管理库存,并不断监督协议执行情况,修正协议内容,使库存管理得到持续改进的合作性策略。

同传统的库存控制方法相比,VMI模式主要有以下几个特点:

①合作性。VMI模式的成功实施,客观上需要供应链上各企业在相互信任的基础上密切

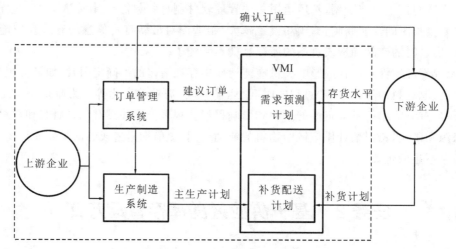

图 7-2　VMI 系统运作流程图

合作。其中,信任是基础,合作是保证。

②互利性。VMI 模式主要考虑的是如何通过合作降低双方的库存成本,而不是考虑如何就双方的成本负担进行分配的问题。

③互动性。VMI 模式要求各节点企业在合作时采取积极响应的态度,以快速的反应努力降低因信息不通畅所引起的库存费用过高的问题。

④协议性。VMI 模式的实施,要求企业在观念上达到目标一致,并明确各自的责任和义务。具体的合作事项都通过框架协议明确规定,以提高操作的可行性。

这种库存管理策略打破了传统的各自为政的库存管理模式,体现了供应链的集成化管理思想,适应市场变化的要求,是一种新的有代表性的库存管理思想。

2) VMI 实施方法

首先,供应商和批发商一起确定供应商的订单业务处理过程所需要的信息和库存控制参数,然后建立一种订单的处理标准模式,如 EDI 标准报文,最后把订货、交货和票据处理各个业务功能集成在供应商一边。其实施步骤如下:

第一步,建立顾客情报信息系统。通过建立顾客的信息库,供应商能够掌握需求变化的有关情况,把由批发商(分销商)进行的需求预测与分析功能集成到供应商的系统中。

第二步,建立销售网络管理系统。供应商要很好地管理库存,必须建立起完善的销售网络管理系统,保证自己的产品需求信息和物流畅通。为此,必须保证自己产品条码的可读性和唯一性;解决产品分类、编码的标准化问题;解决商品存储运输过程中的识别问题。

第三步,建立供应商与分销商(批发商)的合作框架协议。供应商和销售商(批发商)一起通过协商,确定处理订单的业务流程以及控制库存的有关参数(如再订货点、最低库存水平等)、库存信息的传递方式等。

第四步,组织机构的变革。过去一般由会计经理处理与用户有关的事情,引入 VMI 策略后,在订货部门产生了一个新的职能,负责用户库存的控制、库存补给和服务水平。

一般来说,在以下的情况下适合实施 VMI 策略:零售商或批发商没有 IT 系统或基础设施来有效管理它们的库存;制造商实力雄厚并且比零售商市场信息量大;有较高的直接存储交货水平,制造商能够有效规划运输。

  案例分析 7-2

宝洁公司与一个香港零售商的 VMI 项目实施

现通过宝洁公司与一个香港零售商的 VMI 项目实施来介绍 VMI 的实施过程和效果。该零售商有 10 个店铺和 1 个配送中心,项目实施前采用手工订单。VMI 技术采用宝洁公司的 KARS 软件+EDI。

项目实施前,宝洁商品单品数 115;中心仓库库存 8 周;店铺库存 7 周;缺货率 5%。宝洁公司有关人员在详细分析零售商居高不下的库存及缺货率以后,选择实施 VMI 技术来解决宝洁产品的有效补货问题。项目在 2000 年 3 月正式启动,宝洁公司与零售客户投入双方的信息技术、后勤储运、采购业务部门,组建了多功能小组。在几个月的实施过程中,重新组合了订单、储运的流程,确定了标准的流程、清晰的角色与任务,安装了 VMI 系统,建立起电子数据交换的沟通渠道。

系统在 2000 年 7 月开始运行。3 个月后,业务指标明显改进,经济效益显著。零售商销售(宝洁产品)增加 40%;宝洁商品单品数 141(增加 22.6%);中心仓库库存 4 周(降低 50%);店铺库存 5.8 周(降低 17%);缺货率 3%(降低 40%)。不仅如此,零售商的供应链管理走上了科学合理高效的轨道,各个环节在新的系统下有条不紊地工作,大大减轻了人员的劳动强度,提高了效率,降低了运作成本。

供应商管理库存 VMI 项目的实施要点:

VMI 项目的实施要注意如下几点:

(1)双方有着良好的合作关系,相互信任,愿意一起改进供应链管理,提高效率,实现双赢。

(2)双方高级管理层足够重视,落实有关的负责人员,为以后各部门紧密协作打下基础。

(3)协商合理的库存水平和运输成本等指标,商议订单的计算公式。

(4)信息技术、采购、后勤储运等多部门紧密协作。

(5)每日单品销售量和库存数据的高准确性(IRA>98%)是 VMI 的基础。

(6)商店的补货是可以预测的,能够把偶然性的大宗购买的数据排除出去。

(7)业务流程的改进、优化和实施。这是项目中难度最大、耗时最多的一项。因为自动补货系统过程包括零售商的日常业务、管理的许多过程,而每一环节的数据准确率都会影响最终结果的准确性。业务流程的重组是双方的各部门紧密协作、精确调研、反复优化的成果。

分析:由此案例我们可以知道,VMI 是供应链管理发展的一种必然趋势。VMI 可以满足下游企业降低成本和提高服务质量的需要,VMI 追求的本身就是双赢的局面,同时给处于供应链上游企业的供应商带来许多利益,下游企业的投资也相应减少,供应商在对自己的产品的管理方面更有经验、更专业。

2.联合库存管理系统

1)联合库存管理系统的含义

联合库存管理(JMI)是一种上游企业和下游企业权利责任平衡和风险共担的库存管理模式。它把供应链系统管理集成为上游和下游两个协调管理中心,库存连接的供需双方从供应链整体的观念出发,同时参与、共同制订库存计划,实现了供应链的同步化运作,从而部分消除了由供应链环节之间的不确定性和需求信息扭曲现象导致的供应链的库存波动。JMI 的流程如图 7-3 所示。

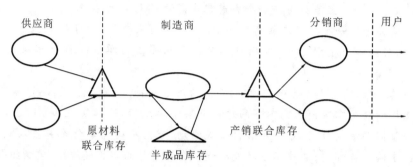

图 7-3 基于协调中心的 JMI 流程图

2) JMI 的两种模式

第一种模式是集中库存控制模式。各个供应商的零部件都直接存入核心企业的原材料库中,即变各个供应商的分散库存为核心企业的集中库存。在这种模式下,库存管理的重点在于核心企业根据生产的需要,保持合理的库存量,既能满足需要,又要使库存总成本最小。第二种模式是无库存模式。供应商和核心企业都不设立库存,核心企业实行无库存的生产方式。此时供应商直接向核心企业的生产线进行连续小批量、高频率的货物补充,并与之实行同步生产、同步供货,从而实现"在需要的时候把所需要品种和数量的原材料送到需要的地点"。

3) 联合库存管理的实施策略

建立供需协调管理机制。为了发挥联合库存管理的作用,供需双方应从合作的精神出发,建立供需协调管理机制,明确各自的目标和责任,建立合作沟通的渠道,为供应链的联合库存管理提供有效的机制。

发挥两种资源计划系统的作用。为了发挥联合库存管理的作用,在供应链库存管理中应充分利用目前比较成熟的两种资源管理系统:制造资源计划系统(MRP)和配销需求计划系统(DRP)。原材料库存协调管理中心采用 MRP,而在产品联合库存协调管理中心则应采用 DRP。

建立快速响应系统。快速响应(QR)系统的目的在于减少供应链中从原材料到用户过程的时间和库存,最大限度地提高供应链的运作效率。

发挥第三方物流系统的作用。第三方物流系统(TPL)也叫物流服务提供者(LSP),它为用户提供各种服务,如产品运输、订单选择、库存管理等。把库存管理的部分功能委托给第三方物流系统管理,可以使企业更加集中精力于自己的核心业务。第三方物流系统起到了联系供应商和用户的桥梁作用,为企业获得诸多好处。如:减少成本;使企业集中于核心业务;获得更多的市场信息;改进服务质量;获得一流的物流咨询;快速进入国际市场。面向协调中心的第三方物流系统使供应与需求双方都取消了各自独立的库存,增加了供应链的敏捷性和协调性,并且能够大大改善供应链的用户服务水平和运作效率。

4) 应用第三方物流策略实施联合库存管理

第三方物流系统是供应链集成的一种手段,它为客户提供各种服务,如产品运输、订单选择、库存管理等。把库存管理的部分功能委托给第三方物流系统管理,可以使企业更加集中精力于自己的核心业务,第三方物流系统起到了供应商和客户之间联系的桥梁作用,如图7-4所示。

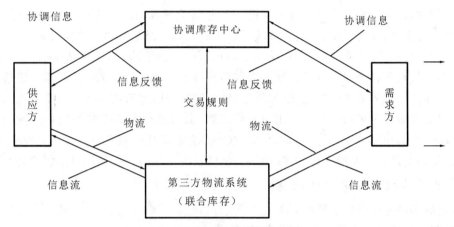

图 7-4　第三方物流管理库存图

协调库存中心的职能是负责供应链协调管理机制的建立。第三方物流企业的职能首先是负责从供方到需方的物流管理,尤其是联合仓库的管理;其次在第三方物流公司和供方、第三方物流公司和需方之间交流互通信息;最后就交易规则同协调库存中心进行谈判,并定期和协调库存中心之间进行行为的协调一致。交易规则的内容由协调库存中心负责拟订。

案例分析 7-3

库存管理:让消费者"伸手可及"

在库存管理上,IKEA 也从过去的错误经验里得到许多改善灵感。举例来说,IKEA 在 2011 年刚开始推动电子商务时,可让消费者看到库存数据,消费者看到某个喜欢的家具有库存,可能会花 2~3 个小时开车到门市,希望现场就可把喜爱的家具买回家。不过,消费者却大失所望,因为这些家具并非摆放在消费者伸手可及的储位,而是放在比较高的补货式储位,根据 IKEA 的安全政策,又禁止消费者直接操作店内堆高机将商品搬下来,因此往往消费者看到了商品库存,但是到店后又买不到。

为解决这个问题,IKEA 将库存数据修正为消费者"伸手可及"的库存,而不是店内的总库存,并且提供未来四天内预计的库存数量让消费者参考,消费者有了这些信息,可以规划自己方便的时间到 IKEA 门市选购。

除此之外,IKEA 的信息系统在工作日(周一到周五)每隔 90 分钟更新一次最新的库存状况;但是到了节假日,库存的更新频率提高到每 45 分钟一次,而且库存更新的数据来源不仅有各店的 POS 系统,还包括店内服务人员例行巡场时,如发现某个商品有破损或是瑕疵,立刻就可通过随身携带的手持系统进行库存扣除,以避免消费者买到瑕疵商品。

分析:该案例是让需求方参与库存管理的实例。

3. 多级库存管理系统

1) 多级库存管理系统的含义

多级库存的优化与控制是在单级库存控制的基础上形成的。多级库存系统根据不同的配置方式,有串行系统、并行系统、纯组装系统、树形系统、无回路系统和一般系统。

多级库存控制的方法有两种:一种是非中心化(分布式)策略,另一种是中心化(集中式)策略。非中心化策略是各个库存点独立地采取各自的库存策略,这种策略在管理上比较简单,但是并不能保证产生整体的供应链优化,如果信息的共享度低,多数情况产生的是次优的结果,因此非中心化策略需要更多信息共享。用中心化策略,所有库存点的控制参数是同时决定的,考虑了各个库存点的相互关系,通过协调的办法获得库存的优化。但是中心化策略在管理上协调的难度大,特别是供应链的层次比较多,即供应链的长度增加时,更增加了协调控制的难度。

2) 多级库存控制应考虑的问题

供应链的多级库存控制应考虑以下几个问题:

(1) 库存优化的目标是什么?成本还是时间?

传统的库存优化问题无不例外地进行库存成本优化,在强调敏捷制造、基于时间的竞争条件下,这种成本优化策略是否适宜?供应链管理的两个基本策略——ECR 和 QR,都集中体现了顾客响应能力的基本要求,因此在实施供应链库存优化时要明确库存优化的目标是什么,成本还是时间。成本是库存控制中必须考虑的因素,但是,在现代市场竞争的环境下,仅优化成本这样一个参数显然是不够的,应该把时间(库存周转时间)的优化也作为库存优化的主要目标来考虑。

(2) 明确库存优化的边界。

供应链库存管理的边界,即供应链的范围。在库存优化中,一定要明确所优化的库存范围是什么。供应链的结构有各种各样的形式,有全局的供应链,包括供应商、制造商、分销商和零售商各个部门;有局部的供应链,分为上游供应链和下游供应链。在传统的所谓多级库存优化模型中,绝大多数的库存优化模型是下游供应链,即关于制造商(产品供应商)—分销中心(批发商)—零售商的三级库存优化。很少有关于零部件供应商—制造商之间的库存优化模型,在上游供应链中,主要考虑的问题是关于供应商的选择问题。

(3) 多级库存优化的效率问题。

简单的多级库存优化并不能真正产生优化的效果,需要对供应链的组织、管理进行优化,否则,多级库存优化策略效率是低下的。

(4) 明确采用的库存控制策略。

在单库存点的控制策略中,一般采用的是周期性检查与连续性检查策略,这些库存控制策略对于多级库存控制仍然适用。

3) 供应链环境下的库存补货

对于单一品种的补货,可以采用拉动式库存管理法进行库存控制,其基本思想就是采用连续检测的补货对策进行补货。连续检测的补货对策目前已被国内外广泛地研究和应用,再订货点法是其中的一个重要内容。基于连续库存检测的再订货点法具有较高的理论研究价值和很好的实践指导意义,其基本思想如图 7-5 所示,其中:

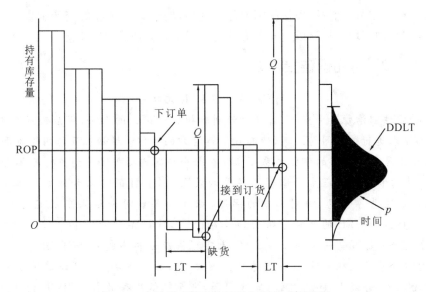

图 7-5 产品需求不确定下的再订货点库存图

ROP——再订货点；
Q——订货批量；
LT——平均提前期；
DDLT——提前期内需求；
p——提前期内的期望现货供应概率。

目前对于多品种的库存补货方法有以下几种：

(1)联合补货法。

联合补货法是通过对多种产品集中补货来降低库存成本的。从传统角度看，它是一个多阶段或多产品补货问题。多阶段的联合补货问题主要解决上下游库存之间补货渠道的协同问题，减少整个库存系统成本；多产品联合补货则是协同不同产品之间补货，降低库存成本，实现成本优化。联合补货对策在许多行业已经得到了广泛的应用。

(2)协同规划、预测和补给(CPFR)的补货法。

随着供应链库存管理技术的发展，出现了一种新的管理方法——协同规划、预测和补给(CPFR)的补货方法，CPFR 既是一种理念，又是一系列活动和流程。它以提高消费者价值为共同目标，通过供应链上企业的相互协作，共享标准化的信息，制订有的放矢的计划，开展精确的市场预测、有效的库存管理，根据需求动态及时补货，以提高整个供应链的业绩和效率。通过整合供应链上需求和供应两方面的信息，由生产商、零售商等彼此分享，为供应链上各个企业降低库存成本、减少运营费用、创造更多的业务机会、提高销售额、提升满足消费者的需求，形成多方共赢的环境等提供了一定的指导作用。

(3)定期盘点法。

对于库存品的存货控制不需要做详细控制的商品，或为了方便快捷，减少库存控制环节，简化程序，常常采用定期盘点法在同一时间对多种产品的库存水平进行核查。使用定期盘点法会导致库存水平略有上升，但持有成本的上升可能远远低于管理成本的降低、价格和/或采购成本的下降。因此，它是一种简单实用的库存控制方法，在众多大型企业中有广泛的应用。

对于多品种的季节性商品,应该根据商品自身的特点,以及企业的资产配置、人员结构、组织机能、资金实力和环境等选择以上几种方法之一或多种方法结合起来应用。

 知识链接 7-1

JMI、VMI、CPFR 比较

JMI 这种方法以消费者为中心,着眼于计划和执行更详细的业务,供应链经常应用工作组(team work)技术进行关键问题处理,使其在了解对方的运作和增强相互作用等方面得到改善,其结果有助于发展贸易伙伴的信任关系。JMI 在每个公司内增加了计划执行的集成,并在消费者服务水平、库存和成本管理方面取得了显著的效果,但 JMI 的建立和维护成本高。VMI 和 JMI 可以局部解决共享信息、协同工作的问题,但还不是针对全程供应链流通的应用集成。CPFR 建立在 JMI 和 VMI 的最佳分级实践基础上,同时摒弃了 JMI 和 VMI 中的主要缺点,如,没有一个适合所有贸易伙伴的业务过程,未实现供应链的集成等。CPFR 是一套由企业与交易伙伴,通过分享预测相关信息,来追求供应链协同合作的方法。而通过这种方法,可以使双方的预测更为准确,并减少供应链上的库存问题,进而降低库存成本。CPFR 使得整个供应链上各方同时节约成本并提高服务水平。

 案例分析 7-4

沃尔玛的需求预测和 CPFR

沃尔玛是很早采用协同计划、预测和补货(CPFR)的企业,通过全盘管理、网络化运营的方式来管理供应链中的贸易伙伴。CPFR 帮助沃尔玛建立起一套针对每件商品的短期预测方法,用来指导订货。在美泰公司工作的首席信息官约瑟夫·埃克若斯说:"我之所以能够根据一个玩具的销售进度情况决定是增加生产还是停止生产,取决于我得到的信息。以日或者小时为单位获取的销售数据非常重要,我可以很准确地计算出什么东西在什么地方卖得最好,然后调整生产。当美泰和生产厂家之间建立起信任、互惠互利的关系时,整个系统的效能就发挥出来了。从全球范围内的客户那里收集的数据,可以帮助我最优化销售并为客户提供最好的价格。"

沃尔玛实施了一个数据仓库项目,在一台中央服务器上汇总历史数据并进行分析,从数据中更好地了解商业环境,并做出最好的决策。最初系统只收集销售点和运输的数据,之后数据仓库包括了 65 周的库存数据、预测数据、人口统计数据、降价数据、退货和市场数据,这些数据按照每件商品、每个商店和每一天进行归类。数据仓库中除了沃尔玛的运营数据以外,还包括竞争对手的数据。这些数据向沃尔玛的买家、中间商、物流提供商和预测相关人员以及 3 500 家合作伙伴开放。例如,当沃尔玛的竞争对手开设了一家杂货商店,沃尔玛会努力去分析其设立对自身销售的影响。预测过程从数据仓库开始。沃尔玛应用的数据挖掘软件是由 NeoVista Software(被 J&A 软件集团收购)开发的,用来分析一年来的销售点销售数据,并向美国的商店提示购进各种商品的贸易伙伴。其目标就是节约几百万的库存成本,更好地处理季节性和每周的销售变化,针对顾客需求和市场变化制订商业计划。

预测过程是这样运转的:沃尔玛的买家提交一份初步的预测,这个数据会显示在华纳-兰伯特(Warner-Lambert)实施 CPFR 的服务器上(华纳-兰伯特是一家世界一流的制药公司,在 2000 年与辉瑞合并)。华纳-兰伯特的计划人员将意见和建议分享给沃尔玛的计划制订者。最后经协调统一的每件产品的预测结果用于华纳-兰伯特的生产和沃尔玛的仓库管理。沃尔玛和它的供应商使用同样的系统。数据挖掘软件发现一些有趣的事情。例如,每家商店的购买模式都十分不同,以及全年都保持较高库存的护齿产品和宠物食品的销售模式也十分不同。这一发现应用于沃尔玛的自动订货和供给系统。沃尔玛将7亿种商品进行组合分析,实现了将正确的商品在正确的时间以合适的价格运送到正确的商店,卖给顾客。沃尔玛不断提高预测的准确性,取得了零售行业内无法比拟的竞争优势。

分析:这种由相互协商确立的短期预测成为改进需求管理的动力,实现了对供给和库存水平的更好控制。CPFR项目的实施帮助沃尔玛和供应商节约了大量的库存维护成本,并促使沃尔玛逐步成为一个准时制系统。

4. 零库存管理

1)零库存管理的含义

零库存管理(zero inventory management/zero-stock management),它并不是指以仓库储存形式的某种或某些物品的储存数量真正为零,而是通过实施特定的库存控制策略,实现库存量的最小化。所以"零库存"管理的内涵是以仓库储存形式的某些物品数量为"零",即不保存经常性库存,它是在物资有充分社会储备保证的前提下,所采取的一种特殊供给方式。

实现零库存管理的目的是减少社会劳动占用量(主要表现为减少资金占用量)和提高物流运动的经济效益。如果把零库存仅仅看成是仓库中存储物的数量减少或数量变化趋势而忽视其他物质要素的变化,那么,上述的目的则很难实现。因为在库存结构、库存布局不尽合理的状况下,即使某些企业的库存货物数量趋于零或等于零,不存在库存货物,但是,从全社会来看,由于仓储设施重复存在,用于设置仓库和维护仓库的资金占用量并没有减少。因此,从物流运动合理化的角度来研究,零库存管理应当包含以下两层意义:一是库存货物的数量趋于零或等于零;二是库存设施、设备的数量及库存劳动耗费同时趋于零或等于零。后一层意义上的零库存,实际上是社会库存结构的合理调整和库存集中化的表现。

2)企业实行零库存管理的做法

零库存管理方式不仅在日本、美国广泛应用,其应用足迹也遍布欧洲、大洋洲等世界各地。虽然零库存在美国、日本和欧洲等许多国家里已经被普遍推广,但它充满了诱惑也充满了风险。零库存能否真正实现取决于各方面的具体条件和情况,包括供应商、技术、产品、客户和企业自身决策层的支持,因此,建议企业做好以下工作:

(1)转变员工观念,树立全员对减少库存的认识。企业在推行零库存管理前,应对全体员工广泛宣传教育,对于不同专业的员工进行针对性宣传。做到人人了解推行零库存管理的意义,形成推行零库存管理的良好氛围。

(2)合理选择供应商,与供应商建立合作伙伴关系。由于零库存要求供应商在需要的时间提供高质量的原材料,因此对于原材料库存、供应商的距离远近及运输方式的选择是关键因素。同时注重与供应商建立长期的合作伙伴关系,分享信息,共同协作解决问题,保证对订货的及时供应。

(3)建立由销售定生产的观念。销售部门要致力于拓展销售市场,并保证销售渠道的稳定,而生产部门要有灵活的应变能力和以弹性的生产方式全力配合销售部门的工作,使企业能较均衡地进行生产,这对减少存货是有利的。

(4)严格奖惩制度。在零库存管理系统中,企业生产经营各环节、各生产工序的相互依存性空前增强。企业内部整条作业链中的任何一个环节出现差错,都会使整条作业链出现紊乱甚至瘫痪。因而应严格奖惩制度,来保障生产经营活动顺序顺利进行。

零库存实现的方式有许多,目前企业实行的"零库存"管理有:无库存储备;委托营业仓库存储和保管货物;协作分包方式;采用适时适量生产方式;按订单生产方式;实行合理配送方式。

案例分析 7-5

奥康的零库存管理

2004年以前,奥康在外地加工生产的鞋子必须通过托运部统一托运到温州总部,经质检合格后方可分销到各个省级公司,再由省级公司向各个专卖店和销售网点进行销售。没有通过质检的鞋子需要重新打回生产厂家,修改合格以后再托运到温州总部。这样一来,既浪费人力、物力,又浪费了大量的时间,加上鞋子是季节性较强的产品,错过上市最佳时机,很可能导致这一季的鞋子积压。

经过不断探索与实践,奥康运用将别人的工厂变成自己的仓库的方法来解决这一问题。在外地生产加工的鞋子,只需总部派出质检人员前往生产厂家进行质量检验,质量合格后生产厂家就可直接从当地向各营销点发货。这样,既节省大量人力、物力、财力,又可以大量减少库存甚至保持零库存。

分析提示:根据企业的现实情况,实时采用零库存管理,可以取得比较好的效果,特别是可以降低库存成本。

案例分析 7-6

零距离、零库存——零运营资本

海尔认为,企业之间的竞争已经从过去直接的市场竞争转向客户的竞争。海尔CRM联网系统就是要实现端对端的零距离销售。海尔实施的ERP系统和CRM系统,都是要拆除影响信息同步沟通和准确传递的阻隔。ERP是拆除企业内部各部门的"墙",CRM是拆除企业与客户之间的"墙",从而快速获取客户订单,快速满足用户需求。

传统管理下的企业根据生产计划进行采购,由于不知道市场在哪里,所以是为库存采购,企业里有许许多多"水库"。海尔现在实施信息化管理,通过三个JIT打通这些水库,把它们变成一条流动的河,不断地流动。JIT采购就是按照计算机系统的采购计划,需要多少,采购多少。JIT送料指各种零部件暂时存放在海尔立体库,然后由计算机进行配套,把配置好的零部件直接送到生产线。海尔在全国建有物流中心系统,无论在全国什么地方,海尔都可以快速送货,实现JIT配送。

分析:库存不仅仅是资金占用的问题,最主要的是会形成很多的呆坏账。现在电子产品更新很快,一旦产品换代,原材料和产成品价格跌幅均较大,产成品积压的最后出路就只有降价,所以会形成现在市场上的价格战。不管企业说得多么好听,降价的压力就是来自于库存。海尔用及时配送来满足用户的要求,最终消灭库存的空间。

项目7 供应链库存管理

基本训练

□ 知识题

1. 阅读理解
(1) 什么叫供应链管理?内容有哪些?
(2) 供应链库存存在哪些问题?
(3) 什么叫联合管理库存?
(4) 企业实行零库存有哪些做法?
(5) 什么叫供应商管理库存?

2. 知识应用

1) 判断题
(1) 实现零库存管理的目的是减少社会劳动占用量(主要表现为减少资金占用量)和提高物流运动的经济效益。( )
(2) 常常采用定量盘点法在同一时间对多种产品的库存水平进行核查。( )
(3) VMI 是指由供应商监控用户库存水平。( )
(4) 供应链管理的理念是指在供应链管理的过程中,网络构成的相关方应坚持:面向效益理念;双赢和多赢理念;管理手段、技术现代化的理念。( )
(5) 联合库存管理是一种上游企业和下游企业权利责任平衡和风险共担的库存管理模式。( )

2) 选择题
(1) 通过对多种产品集中补货来降低库存成本的方法属于( )。
　A. 联合补货　　　B. 定期盘查　　　C. 协同规划　　　D. 定量盘查
(2) 根据不同的配置方式,( )有串行系统、并行系统、纯组装系统、树形系统、无回路系统和一般系统。
　A. 单级控制系统　B. 多级控制系统　C. 定期控制系统　D. 定量控制系统
(3) 围绕处于供应链上游、实力较雄厚的制造商(或分销商)建立的供应商管理库存系统属于( )。
　A. 零库存管理　　　　　　　B. 联合管理库存系统
　C. 供应商管理库存　　　　　D. 多级库存管理系统
(4) 企业实行零库存管理,建议企业做好的工作包括( )。
　A. 转变员工观念　　　　　　B. 合理选择供应商
　C. 建立由销售定生产的观念　D. 严格奖惩制度
(5) VMI 模式主要的特点有( )。
　A. 合作性　　　　B. 互利性　　　　C. 互动性　　　　D. 协议性

综合案例

案例1　成本控制案例:美的——供应链双向挤压

中国制造企业有 90% 的时间花费在物流上,物流仓储成本占据了总销售成本的 30%~40%,供应链上物流的速度以及成本更是令中国企业苦恼的老大难问题。美的针对供应链的库存问题,利用信息化技术手段,一方面从原材料的库存管理做起,追求零库存标准;另一方面针对销售商,以建立合理库存为目标,从供应链的两端实施挤压,加速了资金、物资的周转,实现了供应链的整合成本优势。

美的虽多年名列空调产业的"三甲"之位,但是不无一朝城门失守之忧。自2000年来,在降低市场费用、裁员、压低采购价格等方面,美的频繁变招,其路数始终围绕着成本与效率。在广东地区已经悄悄为终端经销商安装进销存软件,即实现"供应商管理库存"(以下简称VMI)和"管理经销商库存"中的一个步骤。

对于美的来说,其较为稳定的供应商共有300多家,其零配件(出口、内销产品)加起来一共有3万多种。从2002年中期,利用信息系统,美的集团在全国范围内实现了产销信息的共享。有了信息平台做保障,美的原有的100多个仓库精简为8个区域仓,在8小时可以运到的地方,全靠配送。这样一来美的集团流通环节的成本降低了15%～20%。运输距离长(运货时间3～5天)的外地供应商,一般都会在美的的仓库里租赁一个片区(仓库所有权归美的),并把其零配件放到片区里面储备。

在美的需要用到这些零配件的时候,它就会通知供应商,然后再进行资金划拨、取货等工作。这时,零配件的产权,才由供应商转移到美的手上——而在此之前,所有的库存成本都由供应商承担。此外,美的在ERP(企业资源管理)基础上与供应商建立了直接的交货平台。供应商在自己的办公地点,通过Web的方式就可登录到美的公司的页面上,看到美的的订单内容——品种、型号、数量和交货时间等,然后由供应商确认信息,这样一张采购订单就已经合法化了。

实施VMI后,供应商不需要像以前一样疲于应付美的的订单,而只需做一些适当的库存即可。供应商不用备很多货,一般能满足3天的需求即可。美的零部件库存周转率,在2002年上升到70～80次/年。其零部件库存也由原来平均的5～7天存货水平,大幅降低为3天左右,而且这3天的库存也是由供应商管理并承担相应成本。库存周转率提高后,一系列相关的财务"风向标"也随之"由阴转晴",让美的"欣喜不已":资金占用降低、资金利用率提高、资金风险下降、库存成本直线下降。

在业务链后端的供应体系进行优化的同时,美的也加紧对前端销售体系的管理进行渗透。在经销商管理环节上,美的利用销售管理系统可以统计到经销商的销售信息(分公司、代理商、型号、数量、日期等),而近年来则公开了与经销商的部分电子化往来,以前半年一次的手工性的繁杂对账,现在则进行业务往来的实时对账和审核。

在前端销售环节,美的作为经销商的供应商,为经销商管理库存。这样的结果是,经销商不用备货了,"即使备也是五台十台这种概念"——不存在以后的淡季打款。经销商缺货,美的立刻就会自动送过去,而不需经销商提醒。经销商的库存"实际是美的自己的库存"。通过这种存货管理上的前移,美的可以有效地削减和精准地控制销售渠道上昂贵的存货,而不是任其堵塞在渠道中,让其占用经销商的大量资金。

美的以空调为核心对整条供应链资源进行整合,更多的优秀供应商被纳入美的空调的供应体系,美的空调供应体系的整体素质有所提升。依照企业经营战略和重心的转变,为满足制造模式"柔性"和"速度"的要求,美的对供应资源布局进行了结构性调整,供应链布局得到优化。通过厂商的共同努力,整体供应链在"成本"、"品质"、"响应期"等方面的专业化能力得到了不同程度的发育,供应链能力得到提升。

目前,美的空调成品的年库存周转率接近10次,而美的的短期目标是将成品空调的库存周转率提高1.5~2次。目前,美的空调成品的年库存周转率不仅远低于戴尔等电脑厂商,也低于年周转率大于10次的韩国厂商。库存周转率提高1次,可以直接为美的空调节省超过2 000万元人民币的费用,因而保证了在激烈的市场竞争下维持相当的利润。

问题:
(1)结合案例分析仓储成本的构成有哪些。
(2)结合案例分析美的采取仓库零库存的策略给生产带来了哪些好处。
(3)分析美的的成功之处。

案例2 某乳业有限公司乳制品自动化立体仓库

某乳业有限公司乳制品自动化立体仓库,是该乳业公司委托太原刚玉物流工程有限公司设计制造的第三座自动化立体仓库。该库后端与该乳业公司乳制品生产线相连接,与出库区相联接,库内主要存放成品纯鲜奶和成品瓶酸奶。库区面积8 323平方米,货架最大高度21米,托盘尺寸1 200毫米×1 000毫米,库内货位总数19 632个,其中,常温区货位数14 964个,低温区货位数4 668个。入库能力150盘/时,出库能力300盘/时。出入库采用联机自动。根据用户对存储温度的不同要求,该库划分为常温和低温两个区域。常温区保存鲜奶成品,低温区配置制冷设备,恒温4 ℃,存储瓶酸奶。按照生产—存储—配送的流程及奶制品的工艺要求,经方案模拟仿真优化,最终确定库区划分为入库区、储存区、托盘(外调)回流区、出库区、维修区和计算机管理控制室6个区域。入库区由66台链式输送机、3台双工位高速穿梭车组成,负责将生产线码垛区完成的整盘货物转入各入库口。双工位穿梭车则负责生产线端输送机输出的货物向各巷道入库口的分配、转动及空托盘回送。储存区包括高层货架和17台巷道堆垛机。高层货架采用双托盘货位,完成货物的存储功能。巷道堆垛机则按照指令完成从入库输送机到目标的取货、搬运、存货及从目标货位到出货输送机的取货、搬运、出货任务。托盘(外调)回流区分别设在常温储存区和低温储存区内部,由12台出库口输送机、14台入库口输送机、巷道堆垛机和货架组成,分别完成空托盘回收、存储、回送,外调货物入库,剩余产品、退库产品入库、回送等工作。出库区设置在出库口外端,分为货物暂存区和装车区,由34台出库口输送机、叉车和运输车辆组成。叉车司机通过电子看板、RF终端扫描来完成叉车装车作业,反馈发送信息。维修区设在穿梭车轨道外一侧,在某台穿梭车更换配件或处理故障时,其他穿梭车仍旧可以正常工作。计算机控制室设在二楼,用于出入库登记、出入库调度管理和联机控制。

自动化立体仓库控制与监控系统是实现仓储作业自动化、智能化的核心系统,它负责管理调度仓储物流信息系统的作业队列,并把作业队列解析为自动化仓储设备的指令队列,根据设备的运行状况指挥协调设备的运行。同时,本系统以动态仿真人机交互界面监控自动化仓储设备的运行状况。系统包括作业管理、作业调度、作业跟踪、自动联机入库、设备监控、设备组态、设备管理等几个功能模块。

问题:分析该公司采用的此立体化仓库有哪些优越性。

综合实训

实训目的:正确认识供应链环境下的库存管理,掌握供应链环境下的库存管理策略。
背景资料:武汉中百物流配送有限公司是武汉中百集团股份有限公司下属子公司,它拥有自己的大型商品配送中心和农产品加工配送基地;有自己大型的仓储基地以及现代化的机械设备;运用了先进的管理信息系统和智能化仓库技术,从而优化了企业的供应链,形成了较为完善的物流配送体系。作为中百集团的另外两个子公司,中百仓储的生鲜品种卖场成功实现了"清洁环保绿色散场"的经营理念,向顾客保证"天天新鲜"的产品质量;中百便民超市则每天向各个社区的居民提供多品种的优质生鲜食品,已成为大多数武汉居民的"生活之友"。这一切,都离不开武汉中百物流配送有限公司强大的后勤保障。

武汉中百物流配送有限公司下属东西湖吴家山常温配送中心、汉口生鲜配送中心、汉阳低温冷藏配送中心三大部门。在中百的生鲜物流运营中,订单处理和货品配送都有严格的时间限制。不同的货品具体送货时间各有差异,但供应商在规定时间之外送达的货品,配送中心是拒收的。为了进一步缩短货品在冷藏中心的停留时间,冷藏中心在选择供应商时更加注重其专业性,更加强调货品的质量,以简化检验程序,加快货品流动的速度。

物流公司内部建有自己的内部网,各门店及供应商的资料全部由该系统处理。物流公司与集团门店之间有一套订货管理系统,各门店通过内部网向公司请货。公司使用管理软件将接到的订单整合,形成采购单,然后向供应商下订单,订单内容包括采购部门、订货日期时间、指定收货地点、数量、供应商等。业务尚未联网的供应商,公司则将订单传真过去。供应商接单后,会及时向配送中心回馈商品信息,并按指定时间将货品送到配送中心。中心验货后,将到货信息输入电脑,形成配送单,经审核后打印出配送单,交给作业部门配货、送货。

中百物流公司运用微波通信技术,对三大百货商场的销售系统进行实时联网和统一管理,建立公司与中百仓储连锁经营信息系统;采用缆带和专线相结合的方式,广泛搭建各门店与便民总部快速有效的通信平台。

利润分配程序:在中百集团内部,薪酬与考核委员会独立于各子公司。各子公司的收入都上交到总部,由总部结算收入并统一分派薪酬。其中,物流公司在运营中,向第三方提供物流服务时,按5%收取服务费;而接收物流公司订单的供应商则是直接到中百总部结账,与物流公司无直接结算业务。

中百物流有限公司运营中存在的问题:

配送中心使用的主要包装容器是托盘和塑料筐,托盘的使用范围一般限制在配送中心的库房,作业人员将已拣选好并单元化包装的货品堆放到托盘上,再将托盘拖拽到指定的货位待装。因为长期与地面摩擦,托盘的磨损情况非常普遍和严重,冷藏中心每年都更换一次托盘;而生配中心托盘的使用寿命更短。

车队的使用效率低是一笔隐形开支,很容易被企业忽视;而敏锐的中百经营者仍然注意到这一大利润流失点。

物流有限公司只是作为市场交易主体中百集团的一个环节,它本身不是一个独立的市场主体,没有直接面对市场,从而市场机制优胜劣汰的竞争压力没有直接迫使公司运营者及集团投资者提高内部管理水平,降低成本,开展多方面业务。同时也造成了物流公司内部运营效率不高、管理不严的现象。

对其贡献成果的间接激励不能对物流公司形成有效激励——分配程序决定了一线门店的销售业绩与物流公司的利益息息相关,只有一线获利丰厚,物流公司才能获得较满意的收入。

中百物流公司存在上述问题的根源在于中百物流公司和集团内部企业之间不是通过市场机制来进行交易,而是一个企业内部的交易关系,即中百物流公司并没有成为一个独立的市场第三方，与其客户之间来根据市场交易规则进行交易。

　　解决中百物流有限公司存在的问题的总体思路是：通过股权改革、并购等，开发新的市场，使中百物流有限公司作为第三方物流公司，并从供应链管理的角度在更大范围内实施联合库存管理。

　　实训要求：分析如何应用第三方物流策略实施联合库存模型。

　　实训项目安排：分小组进行。查阅资料，实地考察。

项目 8
特殊货物的仓储

ZHIHUI CANGCHU PEISONG YUNYING

思政目标
◎爱护财产；
◎培养安全意识。

知识目标
◎理解特殊货物仓储管理的含义；
◎明确危险品、油库、粮仓仓储管理的重要性。

技能目标
◎能用所学知识对危险品、冷藏库、粮仓、油库仓储管理状况进行分析；
◎能结合企业具体情况提出如何进行特殊货物仓储管理的一些措施。

任务引例

连云港外贸冷库

连云港外贸冷库于1973年由外经贸部投资兴建，是我国外贸系统的大型冷藏库之一，由12 000吨的低温库（-18 ℃）和5 000吨的保鲜库（0 ℃）组成，配备双回路电源。另有3 000平方米的普通仓库，100多吨运力的冷藏车队，年加工能力为1 500吨的冷冻品加工厂。其经营范围为：物资储存，商品储存、加工；食用油及制品、副食品、饲料、建筑材料、金属材料的销售、代购、代销、公路运输服务等。冷库所处区位优越，在连云港港区内，门前公路东接港口，西接宁连、连徐、汾灌高速公路，距离连云港民航机场只有50千米，库内有铁路专用线与新亚欧大陆桥东桥头堡相连，毗邻公路、铁路客运站，交通十分便捷。设备完善的主库和从日本引进的组装式冷库构成了一流的冷冻冷藏条件，保鲜库为国内外客户储存苹果、蒜头、洋葱等果品、蔬菜类保鲜食品。冷冻品加工厂设备完善，质保体系严格，采用恒温避光作业，拥有蔬菜、水产品两条加工生产线，可常年同时加工鲜、冻农副产品及水产品。该冷库在存放商品方面条件优越。

（资料来源：http://956481.czvv.com/，有改动）

该案例表明：连云港外贸冷库的选址充分考虑了冷库的交通条件和周边环境，所处区位优越，离港口、高速公路、机场、铁路等都很近，交通十分便捷。冷库管理在冷冻链中的作用：①冷库是冷冻链货品的储存和中转地点；②冷库是冷冻链的控制和信息收集地；③冷库包含冷冻链管理的大部分技术；④冷库是冷冻链成本的重要组成部分。

任务1 危险品仓库管理

1. 概述

1）危险品库的定义和类型

危险品库是存储和保管易燃、易爆、有毒、有害物资等危险品的场所。危险品库根据隶属和使用性质分为甲、乙两类,甲类是商业仓储业、交通运输业、物资管理部门的危险品库,乙类为企业自用的危险品库。其中甲类危险品库储量大、品种多,所以危险性大。危险品库根据规模又可分为三类:面积大于 9 000 平方米的为大型危险品库;面积在 550～9 000 平方米的为中型危险品库;550 平方米以下的为小型危险品库。危险品库根据其结构形式分为地上危险品库、地下危险品库、半地下危险品库。

2)危险品库的选址

危险品库根据其具有危险性的特点,在选址时应依据政府的总体市政布局,选择合适的建设地点,一般选择较为空旷的地区,远离居民区、供水地、主要交通干线、农田、河流、湖泊等,处于当地常年主风向的下风位。如必须在市区内,大、中型的甲类仓库和大型乙类仓库与居民区和公共设施的间距应大于 150 米,与企业、铁路干线的间距大于 100 米,与公路距离大于 50 米,在库区大型库房间距为 20～40 米,小型库房间距为 10～40 米。易燃商品应放置在地势低洼处,桶装易燃液体应放在库内。

3)危险品库结构

危险品库具体建筑形式有地面仓库、地下仓库和半地下仓库,还有窑洞以及露天堆场。

(1)危险品地面仓库的建筑结构。

危险品库应根据当地气候和存放物品的要求,采取防潮、隔热、通风、防小动物等措施。危险品库可采用砖墙承重,屋顶宜采用轻质易碎结构。危险品库的安全出口一般不应少于两个;当仓库面积小于 150 m^2,且长度小于 18 m 时,可设一个。仓库内任意一点至安全出口的距离,不应大于 15 m。危险品库的门应向外平开,不得设门槛;门洞的宽度不宜小于 1.2 m。贮存期较长的总仓库的门宜为双层,内层门为通风用门,两层门均应向外开启。危险品总仓库的窗应能开启,宜配置铁栅和金属网。在勒脚处宜设置进风窗。危险品库的地面,应符合下列规定:对火花能引起危险品燃烧、爆炸的工作间,应采用不发生火花的地面;当工作间内的危险品对撞击、摩擦特别敏感时,应采用不发生火花的柔性地面;当工作间内的危险品对静电作用特别敏感时,应采用不发生火花的导静电地面。

(2)危险品库的工作间。

危险性工作间的内墙应抹灰。有易燃易爆粉尘的工作间,其地面、内墙面、顶棚面应平整、光滑,不得有裂缝,所有凹角宜抹成圆弧形。易燃易爆粉尘较少的工作间宜用湿布擦洗,内墙面应刷 1.5～2.0 m 高油漆墙裙;经常冲洗的工作间,其顶棚及内墙面应刷油漆,油漆颜色与危险品颜色应有所区别。有易燃易爆粉尘的工作间,不宜设置吊顶,当设置吊顶时,应符合下列规定:吊顶上不应有孔洞;墙体应砌至屋面板或梁的底部。

2. 危险品库的管理

1)危险品库的作业

(1)落实消防安全责任制,积极做好消防组织管理。

(2)危险品仓库及储存的安全管理:

落实《建筑设计防火规范》(GB 50016)的有关规定。

危险品的储存:①物资应分类储存。②进出库严格检查验收。③危险品堆垛规范:限高,稳固;堆垛要"五留距",即留墙距、柱距、灯距、垛距、顶距,确保货物的安全;仓库内消防通道不小于 4 m,货场内的消防主通道不小于 6 m;货堆的显著位置要悬挂标明危险品编号、品名、性质、类别、级别、消防方法的标志牌;对于硫黄粉、硫酸铝、尿素、亚硝酸钠等受潮后理化性质易发生改变的物品,码垛底下有衬垫。

(3)危险品储存过程中的安全管理:①危险品入库后,要及时记账、登卡,做到"三清"(规格清、型号清、数量清)、"两齐"(库容整齐、摆放整齐),确保账、卡、物一致;②库存危险品按规定的储存期限和储存条件,做好"十防"(防火、防爆、防冻、防热、防潮、防水、防霉、防漏、防变质、防事故),对超过储存期的物资重新检验并做好记录;③保管员对危险品"一日三查",即上班后、当班中、下班前检查;④根据危险品领料单所列名称、规格、等级、数量核对实物无误后,按物资出库"先进先出,后进后出"的原则,办理出库手续;⑤危险品搬运时,采取规定的安全防护措施。

2)危险品库的管理

危险品库应根据危险品的种类、特性,采用妥善的建筑结构,并取得相应的许可。同时设置相应的监测、通风、防晒、调温、防火、灭火、防爆、泄压、防毒、中和、防潮、防雷、防静电、防腐、防渗漏或隔离等安全设施和设备。

建立严格和完善的管理制度。为保证危险品仓储的安全,仓库需要依据危险品管理的法律和法规的规定,根据仓库的具体情况和所储存的危险品的特性,制定严格的危险品仓储管理制度、安全操作规程,并具体落实到责任人。仓库还要根据法规规定和管理部门的要求,履行登记、备案、报告的法律和行政义务。

严格出入库制度。危险品入库时,仓库管理人员要严格把关,认真核查品名、标志,检查包装,清点数目,细致地做好登记,重点危险品要实行双人收发制度。危险品出库时,仓库管理人员除要认真核对品名、标志、数量外,还要认真登记提货人,详细记录危险品的流向。

恰当选择货位和堆垛。危险品的储存方式、数量必须符合国家的有关规定,选择合适的存放位置,妥善安排相应的通风、遮阳、防水、防湿、温控条件,根据危险品的性质和包装合理确定堆放垛型和垛的大小,要有合理的间距,消防器材和配电箱周围禁止堆货或放置其他物品。

保管和装卸作业安全。在保管和装卸作业过程中,要严格遵守有关规定和操作规程,合理选用装卸器具,对包装不符合作业要求的要妥善处理再行作业。保管人员要定期检查危险品品种、数量和相关设施,及时清扫库场,进行必要的消毒处理,严格限制闲杂人员进库。

要有周密的应急处理和废弃物处理措施。当危险品库遇到紧急情况时,要有措施安排和应急处理指挥人员,包括汇报情况、现场紧急处理、人员疏散、封锁现场、人员分工等。应急处理指挥人员要有相关的专业知识,能熟练掌握操作技能。

仓库要定期组织员工开展应急情况演习,新员工上岗时要培训。

对于废弃的危险品及包装容器等,要有妥善的处置措施,如封存、销毁、中和、掩埋等无害化处理,不得遗留隐患。处置方案要到相关部门备案,并接受监督。剧毒危险品被盗、丢失、误用时,要立即向公安部门报告。

知识链接 8-1

危险化学品储存、装卸安全要求

一、储存基本要求

1.危险品的露天存放应符合防火防爆要求。

2.储存危险化学品的仓库必须配备具有专业知识的专业技术人员,其库房和场所应设专人管理,并配备可靠的个人防护用品。

3.储存的化学品应有明显的标志。

4.储存危险品的建筑物、区域内严禁烟火和使用明火。

5.各类危险化学品不得与禁忌物料混合储存,如易燃液体不得与氧化剂、助燃气体混合储存。

二、储存场所的要求

1.储存危险品的建筑物不得有地下室或其他地下建筑。

2.储存场所内的电气系统均应符合国家有关安全规定,易燃易爆危险品储存场所应符合防爆安全规定。

3.储存易燃爆炸危险品的建筑,必须安装避雷设施。

4.储存场所必须安装通风设备,并注意设备的防护措施。

5.储存危险品的建筑采暖应用水暖,其温度不应超过60 ℃。

三、储存安排与储存量限制

1.露天储存的储存量为 $1\sim1.5\ t/m^2$,其库房隔离储存 $0.5\ t/m^2$。

2.库房储存与墙的距离为 0.3～0.5 米,垛距为 0.3～0.5 米。

3.受日光照射能发生化学反应引起燃烧、爆炸、分解、化合的危险品应采用避光、降温措施。

四、危险化学品的养护

1.危险品入库时应严格检验货物质量、数量、包装情况、有无泄漏等,发现异常应及时向上级管理人员汇报处置。

2.在储存期内应定期检查,发现有品质变化、包装损坏渗漏应及时处理。

3.库房的温度、湿度应严格控制,经常检查,发现变化及时调整。

五、危险化学品装卸安全管理

1.进入危险化学品储存区的人员、机动车辆,必须采取防火措施。

2.装卸、搬运危险化学品作业必须在装卸管理人员的现场指挥下进行,否则不得进行,装卸管理人员不得在装卸过程中脱岗。

3.装卸危险品必须轻装、轻卸,严禁摔、碰、撞击、拖拉、倾斜和滚动。

4.在修补、换装、清扫、装卸易燃易爆物料时,其工具、装卸机具上的电气设备元件必须符合防火防爆要求和使用不产生火花的铜制、合金制或其他防爆工具。

任务2　冷藏仓库管理

1.冷藏仓库概述

1)冷库的定义和作用

冷库(cold storage)是指利用降温设施创造适宜的湿度和低温条件的仓库,又称冷藏库。冷库是加工、贮存产品的场所,它能摆脱气候的影响,延长各种产品的贮存期限,以调节市场供应。

冷库是用人工制冷的方法让固定的空间达到规定的温度以便于贮藏物品的建筑物。冷库可广泛应用于食品厂、乳品厂、制药厂、化工厂、果蔬仓库、禽蛋仓库、宾馆、酒店、超市、医院、血站、部队、实验室等。冷库主要用于对乳制品、肉类、水产、禽类、果蔬、冷饮、花卉、绿植、茶叶、药品、化工原料、电子仪表仪器等的恒温贮藏。

2）冷库工作人员的要求

企业必须按有关规定配备受过专门教育和培训，具有冷藏、加工、制冷、电气、卫检等专业知识、生产经验和组织能力的各级管理人员和技术人员，有一定数量的技师、助理工程师、工程师、高级工程师负责冷库的生产、技术、管理、科研工作。

冷库的压缩机房操作人员，必须具有初中以上文化程度，经过专业培训，获得合格证书，方能上岗操作。

负责冷库生产和管理的企业领导人，应具有冷库管理的专业知识和实践经验。要定期组织专业技术人员和操作人员进行技术学习和经验交流，要对相关规范的实施负全部责任。冷库的使用，应按设计要求，充分发挥冻结、冷藏能力，确保安全生产和产品质量，养护好冷库建筑结构。库房管理要设专门小组，责任落实到人，每一个库门、每一件设备、工具，都要有人负责。

3）冷库的类型

冷库按其用途不同，可分为生产性冷库、分配性冷库和综合性冷库。

(1)生产性冷库是生产企业在产品生产过程中的一个环节，这类冷库被设在企业内部，以储存半成品或成品。如肉类加工厂内或药品制造厂内的冷库便属于此类。生产性冷库只对产品做短期储存，仓库的规模根据生产能力以及运输能力来确定。

(2)分配性冷库属于货物的流通领域，是为保持已经冷却或冻结货物的温度和湿度条件而设置，其功能是保持市场供货的连续性和长期储存需要。这类冷库一般建在大中型城市、交通枢纽和人口稠密的地区。分配性冷库储存量较大，货物以整进零出的方式通过仓库，但在交通枢纽的货物则以整进整出方式出入冷库。

(3)综合性冷库则是将生产性与分配性融为一体，链接产品的生产和货物的流通。由于这一特点，综合性冷库的容量往往较大，货物进出较为频繁。这类冷库用于当地生产、当地消费的货物储存。

根据冷库规模的大小，冷库可分为大型冷库(储量在5 000 t以上)、中型冷库(储量为500～5 000 t)和小型冷库(储量小于500 t)。

2. 冷藏仓库的管理

1）冷藏仓库的构成

冷藏仓库一般由冷冻间、冷却货物冷藏间、冷冻库房、分发间以及货物传输设备、压缩机房、配电房、制冰间和氨库等组成。

(1)冷冻间。冷冻间是对进入冷库的商品进行冷冻加工的场所。货物在进入冷藏或者冷冻库房以前，应先在冷冻间进行冷冻处理，使货物均匀降温至预定的温度，否则，当货物温度较高、湿度较大时，直接进入冷藏或冷冻库会产生雾气，影响库房的结构。对于冷藏货物，一般降至2～4 ℃，冷冻货物则迅速降至-20 ℃，使货物冻结。为了使货物合理冷冻，在冷冻间将货物分散存放,以使其均匀降温。由于预冷作业只是短期的作业,货物不堆垛,一般处于较高的搬运活性状态,多数直接放置在搬运设备上,如放置在推车上或托盘上。为便于维修,冷冻间一般在库外单独设立。

(2) 冷藏间。冷藏间是温度保持在0℃左右的冷藏库,用于储存冷却保存的商品。货物经预冷后,达到均匀的保藏温度时送入冷藏库堆码存放,或者少量货物直接送入冷藏间冷藏。因为冷藏品特别是果蔬类货品对温度有较高的要求,不允许有较大的波动,所以冷藏间还需要进行持续的冷处理。冷藏间一般采用风冷式制冷。为防止货物垛内升温,保持货物间新鲜空气的流通,冷藏间一般采用行列垛的方式堆码。另外,还需要安装换气装置,以满足货物呼吸的要求。

(3) 冷冻库房。冷冻库房是温度控制在-18℃左右,相对湿度在95%～98%之间的冷藏库,这类冷藏库房能够较长时间地保存经过预冷的货物。货物经过预冷后,转入冷冻库房存放。货堆一般较小,以降低内部温度。货垛底部采用货板或托盘垫高,一般不与地面接触。它用于存储冻结货物,储存时间较长。

(4) 分发间。冷库由于低温不便于货物分拣、成组、计量、检验等人工作业,此外为了控制冷冻库和冷藏库的温度、湿度,减少能量耗损,需要缩短开门时间和次数,以免造成库内温度波动太大,因此货物出库时应迅速地将货物从冷藏或冷冻库移到分发间,在分发间进行作业,从分发间装运。分发间尽管温度也低,但其直接向库外作业,温度波动大,因而分发间不能存放货物。

(5) 传输设施。货物传输设施用于货物在冷库内的位移,垂直位移主要用电梯,水平位移主要用皮带输送机。货物传输设施的数量应根据冷藏库的货物吞吐量以及货物周转频率确定。

(6) 其他设施。压缩机房是冷库的制冷动力中心,一般为单层建筑。由于机房内温度较高,故机房应设在自然通风较好的位置,以确保压缩机运行安全。配电间应有较好的通风条件,以保证变压器产生的热量及时扩散。

制冰间的设施一般有制冰池、融冰池、制冰设备等。当快速制冰时,则可采用专门的成套设备。

2) 冷藏仓库管理注意事项

冷库是用隔热材料建成的,具有怕水、怕潮、怕热气、怕跑冷的特性,要把好冰、霜、水、门、灯五关。防止建筑结构冻融循环、冻酥、冻臌;保护地坪(楼板),防止冻臌和损坏。冷库必须合理利用仓容,不断总结、改进商品堆垛方法,安全、合理安排货位和堆垛高度,提高冷库利用率。堆垛要牢固、整齐,便于盘点、检查、进出库。库房要留有合理的走道,便于库内操作、车辆通过、设备检修,保证安全。商品进出库及库内操作,要防止运输工具和商品碰撞库门、电梯门、柱子、墙壁和制冷系统管道等工艺设备,在易受碰撞之处,应加防护装置。库内电气线路要经常维护,防止漏电,出库房要随手关灯。冷库要加强商品保管和卫生工作,重视商品养护,严格执行《中华人民共和国食品卫生法》,保证商品质量,减少干耗损失。冷库要加强卫检工作。要合理利用仓容,改进货物的堆存方式,在地面承载能力允许的范围内,充分利用单位面积的堆存能力,但货堆必须整齐,便于货物进出和检查。

在冻结间内堆存的货物与库顶排管的距离应至少为0.2米,而冷却间内货物与吊顶冷风机间距至少为0.3米;货物距墙上排管外侧距离应至少为0.4米。库内要留有便于操作、确保安全的通道。这是冷藏仓储管理较重要的一个方面。

冷库要特别注意保证库内存储货物的质量,对含水货物应减少干耗,对于食用品应加强卫生检疫,冷库应设专职的卫生检疫人员,对出入库货物进行检查;在库内应做到无污染、无霉菌、无异味、无鼠害、无冰霜。

当将货物从冻结间转入冻结货物冷藏间时,货物温度不应比冷藏间温度高3℃以上。

对于腐烂的货物、受污染的货物以及其他不符合卫生要求包装的食品,在入库前需经过挑选、除污、整理和包装后方可储存。

以上是对冷藏仓库的介绍,需要注意的是,在进行冷藏仓储管理时,不同的货物的冷藏要求也有所不同,物流公司需格外注意这一点。

3)冷藏仓库的防潮

如今,地下室冷库在不少地方仍然很普遍,冷藏仓库防潮措施做得不好的话,会对冷库的密封造成严重影响。冷库由于内外空气温差较大,则必然形成与温度差相应的水蒸气分压力差,进而造成水蒸气从分压力较高的高温侧通过围护结构向分压力较低的冷库内渗透。当水蒸气经过围护结构内部后到达低于空气露点的某温区时,水蒸气即凝结为水或结冰,造成隔热结构的破坏。仓库防潮层的有无与好坏对围护结构的隔热性能起着决定性的作用,而且隔汽防潮层设置得不合理,同样会对围护结构造成严重的破坏。如果隔汽防潮层处理不当,那么不管隔热层采用什么材料和多大的厚度,都难以取得良好的隔热效果。隔热层做得薄一些,还可以通过增加制冷装置的容量加以弥补,而若防潮层设计和施工不良,外界空气中的水蒸气就会不断侵入隔热层以至库内,并产生如下后果:①引起隔热材料的霉烂和崩解;②引起建筑材料的锈蚀和腐朽;③使冷间内和蒸发器表面结霜增多,增加融霜次数,影响库温的稳定和储藏商品的质量;④使冷间温度上升加快,增加电耗和制冷成本;⑤水蒸气长期渗透的最终结果,将导致围护结构的破坏,严重时甚至使整个冷库建筑报废。因此,在冷库建筑的设计施工中,对围护结构的隔汽防潮应给予足够的重视。

为了改善围护结构内部的湿度状况,可以采取以下地下室防潮措施:

防潮材料层的选择:为了保证围护结构内不产生水分凝结,必须把密实的防潮材料层布置在高温侧,而把热阻和蒸汽渗透系数大的材料层布置在低温侧,尽量使水蒸气"难进易出"。

地面防潮层部位:对于低温侧比较潮湿的地方(冷却间、冻结间、水产准备间),外墙和内隔墙隔热层的两侧均宜设防潮层。为了防止地坪下地下水及土壤中水分的渗透,在其隔热层的上下均应设防潮层。库房隔热外墙外侧为砖墙时应做外粉刷,内侧做防潮层。外墙、内墙隔热层的底部均应做防潮层。

仓库防潮层布置:空气中的水蒸气总是由高温侧向低温侧渗透。在南方地区的冷库,常年的室外气温高于库温,因此应在外墙隔热层的高温一侧布置隔汽防潮层,而在低温侧则要求防潮材料能起透湿作用。

 知识链接 8-2

厨房的冷藏设备使用

厨房使用冷藏设备的目的是利用低温抑制细菌、微生物的繁殖速度,保持原料的质量,使其在短期内不会发生变质腐败的现象。因此,冷藏冰箱的温度一般控制在0~5℃之间,而蔬菜水果冷藏的温度在2~7℃之间。作为厨房的生产人员,必须了解不同原料的不同冷藏温度、湿度要求。通常,在 10~60 ℃ 最适合细菌的繁殖,在食品贮藏中属于危险区,因此一般的冷藏设备必须将温度控制在 10 ℃ 以下,如表 8-1 所示给出了参考值。

表 8-1　食品原料冷藏温度、湿度参考值

种类	温度/℃	相对湿度/(%)
新鲜肉类禽类	0~2	75~85
新鲜水产类	−1~1	75~85
蔬菜水果类	2~7	85~95
奶制品类	3~8	75~85
厨房一般冷藏	1~4	75~85
自然解冻	−3~3	60

需要注意的是,冷藏不是万能的,有时候原料冷藏不当照样会引起腐败变质,所以在了解必需的贮藏条件之后,还应该掌握一定的冷藏管理的方法:

1. 冷藏的各种设备每天要检查,查看原料的保鲜状况,保证各类原料在适宜的温度下存放。
2. 冷藏冰箱或冷藏室中原料要有规律地摆放,必要时使用保鲜盒,使散乱的原料摆放有序,便于拿取和存放;同时要留有一定的间隙,保证冷气的流通,避免由于冷气不流通,造成原料堆积温度过高而引起腐败。
3. 熟制品一定要放凉了以后才能放入冷藏冰箱,避免未凉食品提高冷藏室的温度;生熟原料要分开放置,有条件的厨房,熟制品要使用专用冰箱,如果没有,熟制品一定要放置在生品之上,注意冷菜间的保鲜冰箱只能放置熟制品。
4. 对不经常使用的原料要标明冷藏日期,注意及时将过期食品销毁。
5. 冷藏冰箱和冷藏室一定要定期清理,不要等到冰箱有异味了,才开始清理,这时可能有的原料已经被不良气味污染,必将造成原料的损失。
6. 定人负责每个冷藏冰箱的清洁和卫生工作。

厨房冷冻库的温度一般控制在 −23~−18 ℃ 之间,在这种温度下,大部分微生物和细菌都得到了抑制,可以使原料保存更长的时间。

对冷冻库的管理有如下方法:

1. 对新鲜原料冷冻,必须要先经过速冻,再进行冷冻贮藏,否则原料质量会大受影响。
2. 控制好冷冻库的温度,千万不能随意地调节。
3. 一次性地准备好所要冷冻或领取的原料,避免来回开启冷库大门的做法。
4. 冷冻原料一经解冻,不要再次冷冻贮藏,否则原料的质量就急剧下降。
5. 入冷冻库贮藏的原料一定要有抗挥发性的包装材料,以免水分的缺失造成原料冻伤。
6. 原料一定要上架,并摆放整齐。
7. 专人定期清理冷冻库,保持冷气的通畅与干净卫生。

任务3 油品仓库管理

1. 油库的分类分区

油库是用来接收储存和发放原油产品的企业或单位,是协调原油生产、原油加工、成品原油的供应及运输的纽带,是国家石油储备和供应基地,对保障国防和促进国民经济高速发展有重要意义。

油库按管理体制和业务性质分为独立油库、企业附属油库;按储存方式分为地面油库、隐藏油库、山洞油库、地下水封石洞油库、海上油库。

油库分为储油区、装卸区(铁路、水运、公路装卸区)、辅助生产区、行政管理区等四个区域。

2. 油库的设计

油库设计首先应解决的问题:正确确定油库容量。油库容量在生产上起调节作用,保证市场与生产部门稳定供油。油库的库容为该油库所储各种油品设计容量之和。

油库的操作要求:每种油品至少选两个油罐;尽量选容积较大的油罐;油罐的规格尽量一致。

库址选择原则:认真贯彻国家有关基本建设的各项政策,正确处理选址中出现的各种矛盾;必须贯彻执行节约用地原则;建库地点力求隐蔽;要注意周围环境,贯彻国家有关安全防火和环保规定;一、二级石油库的库址不宜在地震基本烈度九度及以上地区。

油库工艺流程设计:合理布置和设计油库主要油品的流向和可能完成的作业,包括油品的装卸、倒罐、灌装等。一个好的流程设计便是以下三者的统一:满足生产,调度灵活,节约投资。

知识链接 8-3

某加油站易燃、易爆油品储存、出入库安全管理制度

第一条 为了加强危险化学品及其他物资仓库的安全管理,确保加油站职工的安全健康和仓库各类物品的储存安全,保证生产经营活动顺利进行,制定本制度。

第二条 本制度适用于本加油站的仓库管理。

第三条 职责:

(一)站长是仓库的安全管理责任人,具体负责本单位仓库的安全、维护、日常管理等工作。按照国家相关的安全管理规定,编制仓库人员的安全职责,安全管理制度、标准、作业规程,做好仓储和物资进出登记工作,并建立台账。

(二)站长负责加油站仓库的安全、物资管理检查工作。

(三)站长负责仓库区的安全保卫检查管理工作。

第四条 仓库基本要求:

(一)物资储存场所应根据物品性质,配备足够的、相适应的消防栓、事故水池、消防器材,并应装设消防通信和报警设备,化学品仓库应配备防护器材。

(二)建立健全岗位防火责任制度、火源、电源管理制度,值班巡回检查制度和各项操作制度,做好防火、防洪(汛)、防窃等工作。

(三)在仓库应设明显的防火等级标志,通道、出入口和通向消防设施的道路应保持畅通。

第五条 仓库安全规定:

(一)必须严格执行物品入库验收制度,核对、检验进库物品的规格、质量、数量。无产地、名牌、检验合格证的物品不得入库。危险化学品必须挂贴"危险化学品安全标签"。

(二)易燃易爆物品的仓库(堆垛),要采取杜绝火种的安全措施和设立安全警示牌。

(三)物品的发放,应严格履行手续,认真核实。危险化学物品的发放,应严格控制,应经常检查核准。库存物资要建立明细台账,日清日结。

(四)危险物品的储存要严格执行危险物品的配装规定,对不可配装的危险物品必须严格隔离。

(五)储存易燃和可燃物品的仓库、堆垛附近,不准进行试验、分装、封焊、维修、动火等作业,如因特殊需要,应由站长批准,采取安全措施后才能进行。作业结束后,要彻底清除残余火种。

(六)应根据所保管的危险物品的性质,配备必要的防护用品、器具。

(七)自燃物品、易燃物品堆垛,应当布置在温度较低、通风良好的场所,并应设通风降温装置。

(八)甲、乙类物品的包装容器应当牢固、密封,发现破裂、残缺、变形和物品变质、分解等情况时,应当及时进行处理。

(九)库房内不准设办公室和休息室、住人。每日应进行安全检查,然后关闭门窗,切断电源,方可离开。

知识链接8-4

油品仓储和配送注意事项

根据易燃、易爆、化工危险品本身的物理、化学性质及其所需不同保管条件,区别对待,分别储存,其对储存仓库(或容器)的结构、面积(容积)、设施和地点都有特殊要求,对保管条件、环境、人员和防护措施都要有具体规定。在装卸运输时,必须穿戴好劳保用品,使用专用的包装和容器,避免遇水、受潮、阳光暴晒、撞击、振动及倾倒,注意轻装轻卸,隔绝热源、火源和氧化剂等。失火时,要根据不同物资特点,使用专用消防器材救火,灭火人员需戴防毒面具。

任务4 粮食仓库管理

1.国家粮库的分类

粮食仓库主要包括仓房、货场(或晒场)和计量、输送、堆垛、清理、装卸、通风、干燥等设施并配有测量、取样、检查、化验等仪器。

粮食仓库的设计应考虑粮种、贮藏量(仓容)和建筑费用等因素,在构造上主要应满足粮食安全贮藏和粮食仓库工艺操作所需的条件。选址和布局应考虑粮源丰富、交通方便、能源充足、地势高爽等因素。

根据承担的任务,国家粮库可分为下列4类:

(1)收纳粮库:设于粮食产区,主要接收国家向农业生产者征购的粮食。一般以房式仓为主,仓位大小要配套,以适应接收多品种粮食的需要。

(2)中转粮库:设于交通枢纽地,主要接收从收纳粮库或港口调运来的粮食,做短期贮存后,即调给供应粮库或储备粮库。以筒仓为主。

(3)供应粮库:设于大、中城市,工矿区或经济作物区等粮食消费地区,主要接收由收纳粮库或中转粮库调来的粮食,以供应粮食加工厂或就地加工为成品粮或饲料,分别供应给粮店销售。以筒仓为主。

(4)储备粮库:国家为了储备必要的粮食,以应付严重自然灾害等特殊情况而设置的粮库。一般以具备防潮、隔热、密闭功能或通风条件良好的房式仓或地下仓为宜。

2. 粮食仓库防潮要求

由于粮食仓库是用以储存粮食作物的专业仓储仓库,所以在设计及建设粮食仓库时,要保证粮食仓库通风干燥,提高粮食仓库防潮能力。

通常来说,最容易引起粮食受潮霉变的,也就是粮食仓库防潮重点关注的地方,是仓库墙壁、墙根和地坪,所以粮食仓库的地址应该选择在地下水位较低、地基干燥、四周排水畅通的地方,仓内地坪一般要高于仓外。

另外,粮食仓库防潮要求对仓库墙壁、地坪和屋面铺设沥青、油毛毡或防水橡胶等防潮材料,做好整体的防渗、防潮处理。对于不同的粮食仓库防潮要求不同,用于储存散粮的平房仓,地面和堆粮线以下墙身应做好防渗、防潮处理;用于中转的仓房,墙身可只做一般防潮处理。

3. 粮食仓库防火措施

正确选择库址,合理布置库区;严防粮食自燃,随时监测粮仓的温度;库区内不得动用明火和采用碘钨灯、日光灯,严禁一切火种;下班或作业结束后,必须切断仓库内的电源;烘干粮食时,操作人员要严格按照烘干机的操作规程操作,发现异常现象要及时检修;库内应设消防水池,有足够的消防用水,并配备合适的消防器材。

知识链接 8-5

粮食的存储

民以食为天,粮食存储的可靠性、安全性关乎国计民生。科学保粮具有重要的经济和社会意义。合理的粮食贮藏、运输、分配,一定要能确保粮食的品质、数量和时效。而众所周知,因为粮食特殊的货物属性,决定了粮食具有数量大、分散、不易统计管理、对环境要求苛刻等特性。针对这些管理上的难题,某储备粮直属库与英诺泰尔合作,结合现场信息化管理和RFID等新兴技术,成功上线实施了英诺泰尔粮库管理系统,对于如何科学管理粮库做了有益的探索。英诺泰尔粮库管理系统囊括了粮库库存管理、车辆运输称重系统、粮库环境温湿度监控系统等内容。

粮库库存管理。粮食在粮库内贮藏、移动、出入库,各环节下粮食以托盘为单位,精确到标准袋,不同属性库存彼此区分。由系统统一指派,分别执行操作,所有流转操作再实时汇报系统。配合各环节接合处的独立检查确认和定期计划性盘点,确保系统中始终是实时、准确的库存信息。

车辆运输称重系统。散运和整袋标准袋的粮食在出库阶段不仅由本单位车辆承运,还有其他专业运输车辆。原先的监管过程较为松散,容易出现统计运输数量与实际承运量不符甚至统计不清的情况。引入整套车辆运输称重管理系统后,粮食装车过程由库管人员与运输司机共同确认,运输信息直接通过现场移动终端上报系统。车辆在进出库区前后均要过磅称重,前后重量差记录入系统,并现场打印凭证,交由司机确认。厘清运输过程中问题的责任划分。

粮库环境温湿度监控系统。粮库室内温湿度变化通过安装在粮库内各关键位置的温湿度传感器实时记录,通过与其连接的电子标签定期发送给无线读取设备,上传系统备案。当出现严重超标情况更会实时报警,提请管理人员处理。

通过全方位精细的终端信息化管理,粮食在库房中的贮存运输得到全程监控。管理人员可随时掌握库存以及库存质量信息,而流转信息的全程记录又为库存管理的人员调配和业务计划提供了准确依据。

4.粮食仓储管理注意事项

与时俱进是做好粮食仓储管理工作的基本思路。粮食生产和流通的大形势在变,粮食仓储管理的对象在变,粮食仓储管理的方法在变,这些因素都要求粮食仓储管理工作的思路也要变。

遵守《粮食流通管理条例》及相关法律法规,做到学法知法懂法再执法。《粮食流通管理条例》的实施为建立粮食仓储社会化服务体系提供了良好的外部环境,粮食行政管理机关应当积极主动地把原有的国有粮食企业仓储力量较强的优势组织起来,统一规划,指导建立粮食仓储业务社会化服务体系,为粮食经营者提供优质的专业化服务,积极发挥粮油储藏学会在粮食仓储管理中的作用。

加强对粮食经营者的业务培训。积极推广科学保粮、绿色保粮,降低粮食损失损耗,提高储粮品质,通过粮食仓储安全为粮食安全做贡献。

引导和制裁相结合,做好粮食仓储管理工作。不仅仅要依据《粮食流通管理条例》规定的法律责任,还要依据如反不正当竞争法、反垄断法及产品质量法、安全生产法等实施法律行为。开展对农民自留粮食保管的技术指导和服务。粮食行政管理机关应当勇敢地承担起这样的责任和义务,帮助农民掌握储粮技术。

▶ **基本训练**

□ 知识题

1.阅读理解

(1)危险品库的定义和类型是怎样的?

(2)设计油库要考虑哪些因素?
(3)粮仓管理注意事项有哪些?
(4)冷库的结构包括哪几个部分?

2.知识应用

1)判断题

(1)危险品库是存储和保管易燃、易爆、有毒、有害物资等危险品的场所。(　　)

(2)粮食不可能自燃。(　　)

(3)粮食仓库主要包括仓房、货场(或晒场)和计量、输送、堆垛、清理、装卸、通风、干燥等设施并配有测量、取样、检查、化验等仪器。(　　)

(4)当将货物从冻结间转入冻结货物冷藏间时,货物温度应高于冷藏间温度3 ℃。存储费率可根据货物保管的难易程度、货物价值、进出库场的作业方式等制定。(　　)

(5)油库的库容为该油库所储各种油品设计容量之和。(　　)

2)选择题

(1)根据承担的任务,国家粮库可分为(　　)。
　A.收纳粮库　　　　B.中转粮库　　　　C.供应粮库　　　　D.储备粮库

(2)按管理体制和业务性质,油库分为(　　)。
　A.地面油库　　　　B.独立油库　　　　C.企业附属油库　　D.隐藏油库

(3)危险品库内消防通道不小于(　　)。
　A.4 m　　　　　　B.6 m　　　　　　C.8 m　　　　　　D.13 m

(4)油库每种油品至少应选择的油罐数量为(　　)。
　A.8个　　　　　　B.2个　　　　　　C.1个　　　　　　D.5个

(5)冷藏冰箱的温度一般控制在(　　)。
　A.10 ℃以下　　　B.0 ℃以下　　　　C.0～5 ℃　　　　D.5～10 ℃

□技能题

(1)参观1～2家特殊仓储企业(粮仓、油库、冷藏库均可),要求学生写一份参观报告,报告内容包括特殊品保管方式、仓库的特殊设计、仓库结构等情况。

实训目的:要求学生了解特殊品仓储企业生产经营状况。

实训要求:仔细观察,认真听讲解,结合所学知识。

(2)查阅物流管理的知名网站,写出3～4个网址,对某一自己感兴趣的网页栏目的话题写一篇1 000字左右关于特殊品仓储管理的体会。

实训目的:对特殊品仓储管理的重要性有进一步认识;掌握一些特殊品仓储管理的经验。

实训要求:认真思考,结合所学知识,用自己的语言写出自己关于特殊品仓储管理的体会。

综合案例

黄岛油库"8·12"特大火灾事故分析

黄岛油库区始建于1973年,胜利油田开采出的原油经东(营)黄(岛)输油线输送到黄岛油库后,由青岛港务局由码头装船运往各地。黄岛油库原油储存能力76万立方米,成品油储存能力约6万立方米,是我国三大海港输油专用码头之一。

1989年8月12日9时55分,石油天然气总公司管道局胜利输油公司黄岛油库老罐区,2.3万立方米原油储量的5号混凝土油罐爆炸起火,大火前后共燃烧104小时,烧掉原油4万多立方米,占地250亩的老罐区和生产区的设施全部烧毁,这起事故造成直接经济损失3 540万元。在灭火抢险中,10辆消防车被烧毁,19人牺牲,100多人受伤,其中公安消防人员牺牲14人,负伤85人。8月12日9时55分,2.3万立方米原油储量的5号混凝土油罐突然爆炸起火,到下午2时35分,青岛地区西北风,风力增至4级以上,几百米高的火焰向东南方向倾斜。燃烧了4个多小时,5号罐里的原油随着轻油馏分的蒸发燃烧,形成速度大约每小时1.5米、温度为150~300℃的热波向油层下部传递。当热波传至油罐底部的水层时,罐底部的积水、原油中的乳化水以及灭火时泡沫中的水汽化,使原油猛烈沸溢,喷向空中,洒落四周地面。下午3时左右,喷溅的油火点燃了位于东南方向相距5号油罐37米处的另一座相同结构的4号油罐顶部的泄漏油气层,引起爆炸。炸飞的4号罐顶混凝土碎块将相邻30米处的1号、2号和3号金属油罐顶部震裂,造成油气外漏。约1分钟后,5号罐喷溅的油火又先后点燃了3号、2号和1号油罐的外漏油气,引起爆燃,整个老罐区陷入一片火海。失控的外溢原油像火山喷发出的岩浆,在地面上四处流淌。大火分成三股,一部分油火翻过5号罐北侧1米高的矮墙,进入储油规模为30万立方米全套引进日本工艺装备的新罐区的1号、2号、6号浮顶式金属罐的四周。烈焰和浓烟烧黑3罐壁,其中2号罐壁隔热钢板很快被烧红。另一部分油火沿着地下管沟流淌,汇同输油管网外溢原油形成地下火网。还有一部分油火向北,从生产区的消防泵房一直烧到车库、化验室和锅炉房,向东从变电站一直引烧到装船泵房、计量站、加热炉。火海席卷着整个生产区,东路、北路的两路油火汇合成一路,烧过油库1号大门,沿着新港公路向位于低处的黄岛油港烧去。大火殃及青岛化工进出口黄岛分公司、航务二公司四处、黄岛商检局、管道局仓库和建港指挥部仓库等单位。18时左右,部分外溢原油沿着地面管沟、低洼路面流入胶州湾。大约600吨油水在胶州湾海面形成几条十几海里长、几百米宽的污染带,造成胶州湾有史以来最严重的海洋污染。

事故发生后,社会各界积极行动起来,全力投入抢险灭火的战斗。在大火迅速蔓延的关键时刻,党中央和国务院对这起震惊全国的特大恶性事故给予了极大关注。江泽民总书记先后三次打电话向青岛市人民政府询问灾情。李鹏总理于13日11时乘飞机赶赴青岛,亲临火灾现场视察指导救灾。李鹏总理指出:"要千方百计把火情控制住,一定要防止大火蔓延,确保整个油港的安全。"山东省和青岛市的负责同志及时赶赴火场进行了正确的指挥。青岛市全力投入灭火战斗,党政军民一万余人全力以赴抢险救灾。山东省各地市、胜利油田、齐鲁石化公司的公安消防部门,青岛市公安消防支队及部分企业消防队,共出动消防干警1 000多人,消防车147辆。黄岛区组织了几千人的抢救突击队,出动各种船只10艘。在国务院的统一组织下,全国各地紧急调运了153吨泡沫灭火液及干粉。北海舰队也派出消防救生船和水上飞机、直升机参与灭火,抢运伤员。

13日11时火势得到控制,14日19时大火扑灭,16日18时油区内的残火、地沟暗火全部熄灭,黄岛灭火取得了决定性的胜利。在与火魔搏斗中,灭火人员团结战斗,勇往直前,经受住浓烟烈火的考验,涌现出许许多多可歌可泣的英雄事迹。他们用生命和鲜血保卫着国家财产和人民生命的安全,表现了大无畏的革命英雄主义精神和爱祖国、爱人民的满腔热情。

事故原因及分析。黄岛油库特大火灾事故的直接原因是非金属油罐本身存在缺陷,遭受对地雷击产生感应火花而引爆油气。事故发生后,4号、5号两座半地下混凝土石壁油罐烧塌,1号、2号、3号拱顶金属油罐烧塌,给现场勘察、分析事故原因带来很大困难。在排除人为破坏、明火作业、静电引爆等因素和实测避雷针接地良好的基础上,根据当时的气象情况和有关人员的证词(当时,青岛地区为雷雨天气),经过深入调查和科学论证,事故原因的焦点集中在雷击的形式上。混凝土油罐遭受雷击引爆的形式主要有六种:一是球雷雷击;二是直击避雷针感应电压产生火花;三是雷电直接燃爆油气;四是空中雷放电引起感应电压产生火花;五是绕击雷直击;六是罐区周围对地雷击感应电压产生火花。

经过对以上雷击形式的勘察取证、综合分析,5号油罐爆炸起火的原因,排除了前4种雷击形式。第5种雷击形式可能性极小,理由是:绕击雷绕击率在平地是0.4%,山地是1%,概率很小;绕击雷的特征是小雷绕击,避雷针越高绕击的可能性越大,当时青岛地区的雷电强度属中等强度,5号罐的避雷针高度为30米,属较低的,故绕击的可能性不大;经现场发掘和清查,罐体上未找到雷击痕迹,因此绕击雷也可以排除。

事故原因极大可能是由于该库区遭受对地雷击产生感应火花而引爆油气,根据是:

(1)8月12日9时55分左右,有6人从不同地点目击,5号油罐起火前,在该区域有对地雷击。

(2)中国科学院空间中心测得,当时该地区曾有过两三次落地雷,最大一次电流104安培。

(3)5号油罐的罐体结构及罐顶设施随着使用年限的延长,预制板裂缝和保护层脱落,使钢筋外露,罐顶部防感应雷屏蔽网连接处均用铁卡压固,油品取样孔采用九层铁丝网覆盖,5号罐体中钢筋及金属部件的电气连接不可靠的地方颇多,均有因感应电压而产生火花放电的可能性。

(4)根据电气原理,50~60米以外的天空或地面雷感应,可使电气设施100~200毫米的间隙放电。从5号油罐的金属间隙看,在周围几百米内有对地的雷击时,只要有几百伏的感应电压就可以产生火花放电。

(5)5号油罐自8月12日凌晨2时起到9时55分起火时,一直在进油,共输入1.5万立方米原油。与此同时,必然向罐顶周围排放油气,使罐外顶部形成一层达到爆炸极限范围的油气层。此外,根据油气分层原理,罐内大部分空间的油气虽处于爆炸上限,但由于油气分布不均匀,通气孔及罐体裂缝处的油气浓度较低,仍处于爆炸极限范围。

(资料来源:http://www.clb.org.cn/Print/InfoPrint.aspx? ID=17114,有改动)

问题:

(1)结合案例分析出现这个事故的原因。黄岛油库违反了油库储存设计的哪些规定?

(2)油库储存管理应注意哪些事项?

综合实训

实训目的:正确认识特殊品仓储管理的重要性,掌握特殊品仓储管理的内容和注意事项。

背景资料:深圳安贸危险品仓库事故:1993年8月5日13时15分,深圳市安贸危险品储运公司清水河仓库4库,因违章将过硫酸铵、硫化钠等化学危险品混储,引起化学反应而发生火灾爆炸事故。此事故发生是由于违反安全规定。

(1)违反消防法规,丙类物品仓库当甲类仓库使用。1987年5月,该公司以丙类杂品干货仓库使用性质向深圳市消防支队报请建筑消防审核。1989年,该仓库部分库房存储危险品,违反了消防规范要求。

(2)消防安全管理工作不落实。第一,没有称职的防火安全干部;第二,化学危险品进库没有进行安全检查和技术监督,账目不清,管理混乱;第三,仓库搬运工和部分仓管员是外来临时工,上岗前未经必要的培训,发生火灾后不懂如何扑救。

(3)拒绝消防监督提出的整改建议,对隐患久拖不改。

(4)消防基础设施、技术装备与扑救大火不适应。深圳市是缺水城市,清水河地区更是缺水区,仓库区虽然有些消防栓,但因压力达不到国家消防技术标准规定,使灭火工作受到影响。

(资料来源:http://www.docin.com/p-96463146.html,有改动)

实训要求:结合背景资料分析危险品仓库应如何管理,应注意哪些事项,危险品仓库设计有哪些特殊要求。

项目9
配送及配送作业

ZHIHUI CANGCHU PEISONG YUNYING

思政目标

◎培养为人民服务的精神。

知识目标

◎理解智慧配送模式、配送流程、配送组织的含义；
◎明确智慧配送模式和配送流程类型；
◎了解配送路线的选择和优化；
◎掌握配送需求计划和作业计划的制订。

技能目标

◎能够参与智慧物流配送企业配送模式的选择确定；
◎能够参与制订配送需求计划和配送作业计划。

任务引例

某烟草公司的物流配送

某烟草公司在改革之前，分析了在物流配送方面存在的主要问题有：

物流配送的线路设计不够灵活，卷烟配送车辆利用率不高。

卷烟零售户布局不合理，城市网络客户数量人口比例已达0.61%，而农村网络客户数量人口比例已达0.15%，农村、城市卷烟零售客户的分布严重不均，严重威胁着现行卷烟物流配送体系平稳运行。

缺乏对配送车辆的过程管理，每天都有25辆配送车辆运行在各种乡村小道和城市马路上，其安全状况、目前的位置、配送的线路等在配送车辆开出配送中心的那一刻起，管理者就无法得知，无从得知。某一网络客户处滞留不前等原因导致配送车辆早出晚归，还不能完成配送任务的情况经常发生。

找出问题后，采取了一系列措施：

实现卷烟配送中心合理化布局。

充分利用现代信息技术，提高管理效率。充分利用现代信息技术和信息手段，实现卷烟配送体系的信息化，真正实现对销售网络客户的动态管理和配送车辆的全程监控，全面提高卷烟销售网络客户的管理水平，实现降低成本、提高员工积极性的目标。

通过电子商务平台，更快捷地完成各种订货周期的客户的订单分类，系统利用双向互动的订单采集平台和接口软件，能够将呼入形成的订单按照其规定的周期进入订单生成流程，然后传输到卷烟销售物流信息系统，以便第二天的卷烟配送工作的顺利进行，节约卷烟物流配送体系成本。

该案例表明：配送直接面对客户，配送的质量及服务水平直观而具体地体现了物流系统对需求的满足程度。企业必须选择良好的配送流程、合理的配送模式，才能最大限度地降低配送成本，使企业的配送活动能够良好有序地进行。

任务 1　配送业务模式

1. 配送模式的种类

配送模式是企业对配送所采取的基本战略和方法。根据国内外的发展经验及我国的配送理论与实践,主要形成了以下几种配送模式:

1)自营配送模式

自营配送模式是指企业配送的各个环节由企业自身筹建并组织管理,实现对企业内部以及外部货物配送的模式。这是目前生产、流通或综合性企业所广泛采用的一种配送模式,通过自己独立组建配送中心,实现对内部各部门、场、店的物品配送以及对外部客户的配送。它有利于企业生产、供应和销售的一体化运行,系统化程度相对较高,它既可以满足企业内部原材料、半成品和成品的配送需求,又可以满足对外进行市场拓展的需求。

一般而言,采取自营性配送模式的企业大都是规模较大的集团公司。有代表性的是连锁企业的配送,其基本上都是通过组建自己的配送系统来完成企业的配送业务,包括对内部各场、店的配送和对企业外部顾客的配送。

2)共同配送模式

共同配送是指两个或两个以上有配送业务的企业相互合作对多个客户开展配送活动的一种物流模式,是指物流配送企业之间为了提高配送效率以及实现配送合理化所建立的一种功能互补的配送联合体。

共同配送模式运用的核心在于强化和充实配送组织的配送功能,提高配送效率,实现配送的共享化与合理化,从而降低配送作业的成本。共同配送的优势在于有利于实现配送资源的有效配置,弥补配送企业功能的不足,促使企业配送能力的提高和配送规模的扩大,更好地满足客户需求,提高配送效率,降低配送成本。其缺点有:配送货物繁杂,客户要求不一致,难于管理;运作主体多元化,主管人员管理协调存在困难;利益分配、资源调度问题重重;商业机密容易泄露。图 9-1 所示为共同配送一般流程图。

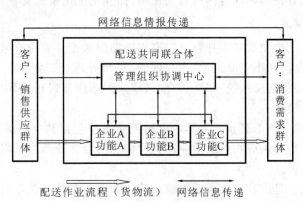

图 9-1　共同配送的一般流程

思考9-1

你认为同产业和异产业共同配送有哪些优缺点？

答：同产业共同配送优点在于配送商品物理化学特性相似，容易组织混载配送。缺点在于容易造成商业信息的泄露。

不同产业共同配送优点在于不存在商业信息泄露的问题。缺点在于配送商品物理化学特性不同，不容易组织混载配送，另外配送成本核算也较难。

3）互用配送模式

互用配送模式，是指几个企业为了各自利益，以契约的方式达成某种协议，互用对方配送系统而进行的配送模式。其优点在于企业不需要投入较大的资金和人力，就可以扩大自身的配送规模和范围，但需要企业有较高的管理水平以及与相关企业的组织协调能力。图9-2所示为互用配送模式的基本形式。

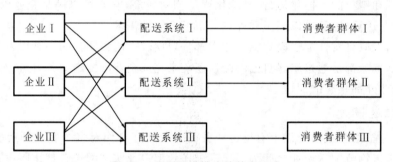

图9-2 互用配送模式的基本形式

与共同配送模式相比较，互用配送模式的特点主要有：

（1）共同配送模式旨在建立配送联合体，以强化配送功能为核心，为社会服务；而互用配送模式旨在提高自己的配送功能，以企业自身服务为核心。

（2）共同配送模式的合作对象是经营配送业务的企业；而互用配送模式的合作对象既可以是经营配送业务的企业，也可以是非经营配送业务的企业。

（3）由于合作形式的不同，共同配送模式的稳定性较强，而互用配送模式的稳定性较差。

（4）共同配送模式旨在强调联合体的共同作用，而互用配送模式旨在强调企业自身的作用。

4）第三方配送模式

第三方配送模式，是指交易双方把自己需要完成的配送业务委托给第三方来完成的一种配送运作模式。它是指专门从事商品运输、库存保管、订单处理、流通加工、包装、配送、物流信息管理等物流活动的社会化物流系统。第三方配送模式的运作方式有如下几种：

（1）企业销售配送模式。

企业销售配送模式是指工商企业将其销售物流业务外包给独立核算的第三方物流公司或配送企业运作，企业采购和供应物流配送业务仍由供应物流管理部门承担，如图9-3所示。

（2）企业供应配送模式。

企业供应配送模式，是由社会物流服务商对某一企业或者若干企业的供应需求实行统一订货、集中库存、准时配送或采用代存代供等其他配送服务的方式。企业供应配送模式运行情况如图9-4所示。

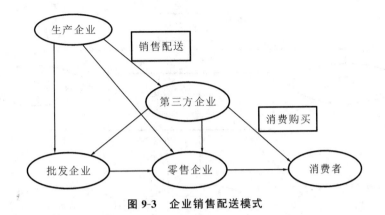

图 9-3　企业销售配送模式

图 9-4　企业供应配送模式

这种供应配送按用户送达要求的不同可以分为以下几种形式：

"门对门"配送供应：即由配送企业将用户供应需求配送到用户"门口"，后续工作由用户自己去做。有可能在用户企业内部进一步延伸成企业内的配送。

"门对库"配送供应：由配送企业将用户供应需求直接配送到企业内部各个环节的仓库。

"门对线"配送供应：由配送企业将用户的供应需求直接配送到生产线。显然，这种配送可以实现企业的"零库存"，对配送的准时性和可靠性要求较高。

（3）供应—销售物流一体化配送模式。

供应—销售物流一体化配送，是指第三方物流企业承担了用户企业的供应与销售物流，如图 9-5 所示。

知识链接 9-1

组合配送

第三方物流企业的组合配送是指第三方物流企业根据采购方的小批量和多频次的要求，按照地域分布密集情况，决定供应方的取货顺序，保证 JIT 取货和配送。

适用情况与要求：拉式经营模式；小批量、多频次取货；门到门的服务；运输时间代替仓储时间；组合后的最佳经济批量；GPS 全程监控；订单处理增值服务。

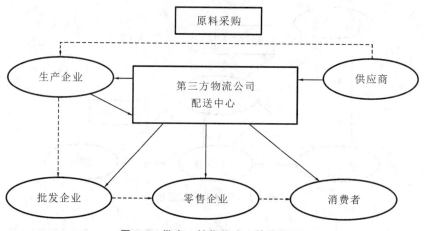

图 9-5 供应—销售物流一体化配送

根据供应商的分布和供应商的数量要求可分为三种运输方式:第一,对较小、较远且分布分散的供应商,确定一个聚合点,将小车里的零部件转配入大车,运送到工厂;第二,对较小、分布集中的供应商,采用多点停留,固定集配路线,将零部件集结运输;第三,对主要供应商,一天中需要多次运送的,直接送到工厂。

2. 配送模式的选择

企业选择何种配送模式,主要取决于以下几方面的因素:配送对企业的重要性、企业的配送能力、市场规模与地理范围、保证的服务及配送成本等。一般来说,企业配送模式的选择方法主要有矩阵图决策法、比较选择法等。

1) 矩阵图决策法

矩阵图决策法主要是通过两个不同因素的组合,利用矩阵图来选择配送模式的一种决策方法。其基本思路是选择决策因素,然后通过其组合形成不同区域或象限再进行决策。本章我们主要围绕配送对企业的重要性和企业配送的能力来进行分析,如图 9-6 所示。

在实际经营过程中,企业根据自身的配送能力和配送对企业的重要性组成了上述区域,一般来说,企业可按下列思路来进行选择和决策:

在状态 I 下,配送对企业的重要性程度较大,企业也有较强的配送能力,在配送成本较低和地理区域较小且市场相对集中的情况下,企业可采取自营配送模式,以提高顾客的满意度和配送效率,与营销保持一致。

在状态 II 下,配送虽对企业的重要性程度较大,但企业的配送能力较低,此时,企业可采取的策略是寻求配送伙伴来弥补自身在配送能力上的不足。可供选择的模式有三种:第一种是加大投入,完善配送系统,提高配送能力,采用自营配送模式;第二种是进行一些投入,强化配送能力,采用共同配送模式;第三种是采取第三方配送模式,将配送业务完全委托给专业性的配送企业来进行。一般来说,在市场规模较大且相对集中及投资量较小的情况下,企业可采取自营配送模式;若情况相反,则可采取第三方配送模式。

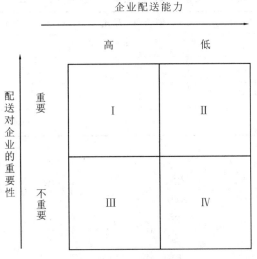

图9-6 矩阵图决策法

在状态Ⅲ下,配送在企业战略中不占据主要地位,但企业有较强的配送能力,此时,企业可向外拓展配送业务,以提高资金和设备的利用能力,即可以采取共同配送的模式,也可以采用互用配送模式。若企业在该方面具有较大竞争优势时,也可适当地调整业务方向,向社会化的方向发展,成为专业的配送企业。

在状态Ⅳ下,企业的配送能力较强,且不存在较大的配送需求,此时,企业宜采取第三方配送模式,将企业的配送业务完全或部分委托给专业的配送企业去完成,而将主要精力放在企业最为擅长的生产经营方面,精益求精,获得更大的收益。

2)比较选择法

比较选择法是企业对配送活动的成本和收益等进行比较而选择配送模式的一种方法,一般有确定型决策、非确定型决策和风险型决策等。

(1)确定型决策。

确定型决策是指一个配送模式只有一个确定的结果,只要比较各个方案的结果,即可做出选择何种模式的决策。

在实际经营过程中,企业对配送模式的选择往往需要考虑诸多方面的因素,即需要进行多目标决策。此时,评价配送模式的标准是各模式的综合价值,一般可用综合价值系数来进行评价。某一模式的综合价值系数越大,则说明该模式的综合价值就越大,那么,该模式即为企业最佳的配送模式或满意模式。综合价值系数的公式为 $V = \sum M_i F_i$,其中,V 为综合价值系数,M_i 为分数,F_i 为权数。

  案例分析9-1

某企业在选择配送模式时主要考虑四个方面的目标,如表9-1所示。

表9-1　某企业选择配送模式时主要考虑的目标

配送模式	成本/万元 0.1	销售额/万元 0.3	利润/万元 0.4	顾客满意/(%) 0.2
自营	10	220	25	98
互用	8	180	17	97
第三方	5	140	15	99

根据公式计算：

$$V_{自营}=\frac{5}{10}\times 0.1+\frac{220}{220}\times 0.3+\frac{25}{25}\times 0.4+\frac{98}{99}\times 0.2=0.95$$

$$V_{互用}=\frac{5}{8}\times 0.1+\frac{180}{220}\times 0.3+\frac{17}{25}\times 0.4+\frac{97}{99}\times 0.2=0.78$$

$$V_{第三方}=\frac{5}{5}\times 0.1+\frac{140}{220}\times 0.3+\frac{15}{25}\times 0.4+\frac{99}{99}\times 0.2=0.73$$

因此，自营配送模式的综合价值系数最大，自营配送模式即为该企业应选择的最佳模式。

需要注意的是，在利用确定型决策选择配送模式时，要明确以下几方面的问题：一是决策的目标要明确；二是至少要有两个可供选择的配送模式；三是未来有一个确定的自然状态或一组确定的约束条件；四是各备选方案的自然状态或约束条件的效益值可以确定出来。

（2）非确定型决策。

非确定型决策是指一个配送模式可能出现几种结果，而又无法知其概率时所进行的决策。进行非确定型决策应满足的条件有：决策者期望的目标明确，存在着不以决策者意志为转移的两种以上状态，具有两个或两个以上可供选择的配送模式，不同模式在不同状态下相应的损益值可以获得。非确定型决策作为一种决策方法，虽带有较大的主观随意性，但也有一些公认的决策准则可供企业在选择模式时参考。一般采用按乐观准则来决策、按悲观准则来决策、按折中准则或赫维斯准则来决策、按最小后悔值准则来决策。

（3）风险型决策。

风险型决策是指在目标明确的情况下，依据预测得到不同自然状态下的结果及出现的概率所进行的决策。由于自然状态并非决策所能控制，所以决策的结果在客观上具有一定的风险，故称为风险型决策。风险型决策通常采用期望值准则。一般是先根据预测的结果及出现的概率计算期望值，然后根据指标的性质及计算的期望值结果进行决策。产出类性质的指标，一般选择期望值大的方案；投入类性质的指标，一般选择期望值小的方案。

知识链接9-2

越库配送

越库配送包括任何一种避免在将货物送去零售商之前将其放入仓库的运输方法。越库配送是指货物从收货过程直接"流动"到出货过程，绕过仓库，其间用最少的搬运和存储作业，减少了收货到发货的时间，降低了仓库存储空间的占用，同时也降低了货物的保管成本。

实施越库配送需要考虑的问题有两个：第一，分担成本，分享收益，不能把成本转嫁给供应商;第二,多供应商集中的配送中心。

美国商场搞促销的方式是,部分商品每逢周日降价,所以商场平时就没多少人,星期天的人流很大。所以制造商就要考虑运输和生产计划的安排,并考虑如何降低成本来获取更多的利润。生产商一定要与物流企业联手搞策略联盟来解决这个问题。于是新的运作方式"越库配送"就得到了运用,即商品到了配送中心以后不进库,而直接在站台上向需要的客户进行配送,这样就使物流的成本大大地降低了。

任务2 智慧配送流程

1. 配送的基本环节

从总体上讲,配送是由备货、理货、送货和配送加工四个基本环节组成的。

1) 备货

备货是准备货物的一系列活动,是配送的准备工作和基础工作。物流企业在组织货源和筹集货物时往往采用两种方法:一是直接向生产企业订货或购货完成此项工作;二是选择商流和物流分开的模式,由货主自己去完成订货、购货等工作,物流企业只负责进货和集货等工作,货物所有权属于货主。

2) 理货

理货是配送的一项重要内容,也是配送区别于一般送货的重要标志。理货包括货物分拣、配货和包装等具体活动。

货物分拣就是采用适当的方式和手段,从储存的货物中选出用户所需的货物。分拣货物一般采取摘取式和播种式两种方式来操作。

摘取式分拣就是像在果园中摘果子那样去拣选货物,作业人员拉着集货箱(分拣箱)在排列整齐的配送中心货架间巡回走动,按照拣货单上所列的品种、规格、数量将客户所需要的货物拣出并装入集货箱内,如图9-7所示。

播种式分拣货物类似于田野中的播种操作,将数量较多的同种货物集中运到发货场,然后根据每个货位的发送量分别取出物品,并分别放到每个代表客户的货位上,直到配货完毕,如图9-8所示。

配货是指把拣取分类完成的货品经过配货检查过程后,装入容器和做好标识,再运到配货准备区,待装车后发货。

包装是指物流包装,其主要作用是保护货物并将多个零散包装物品放入大小合适的箱子中,以实现整箱集中装卸、成组化搬运,同时减少搬运次数,降低货损,提高配送效率。另外,包装也是产品信息的载体,通过外包装上书写的产品名称、原料成分、重量、生产日期、生产厂家、产品条形码、储运说明等,可便于客户和配送人员识别产品,进行货物的装运。

图 9-7 摘取式分拣　　　　　　　　图 9-8 播种式分拣

知识链接 9-3

超市理货的基本原则

理货是随着水上贸易运输的出现而产生的,英文叫 tally,其含义为计数用的筹码。最早的理货工作就是计数,现在的理货包含制作理货单证、分票和理数、理残、绘制实际货物积载图、签证及批注等具体作业。

超市理货的基本原则包括:

(1)最大化原则:产品陈列的目标是占据较多的陈列空间,尽可能增加货架上的陈列数量,只有比竞争品牌占据较多的陈列空间,顾客才更有可能购买你的产品。

(2)全品项原则:尽可能把公司的产品全品项分类陈列在一个货架上,这既可满足不同消费者的需求,增加销量;又可提升公司形象,加大产品的影响力。

(3)集中展示:除非商场有特殊规定,一定要把公司所有规格和品种的产品集中展示,每次去店中,都要把混入公司陈列中的其他品牌清除。

(4)满陈列原则:要让自己的产品摆满陈列架,做到满陈列。这样既可以增加产品展示的饱满度和可见度,又可以防止陈列位置被竞争品牌挤占。

(5)垂直集中原则:垂直集中陈列可以抢夺消费者的视线,因为垂直集中陈列符合人们的习惯视线,而且容易做出生动有效的陈列面。

(6)下重上轻原则:将重的、大的产品摆在下面,小的、轻的产品摆在上面,符合人们的习惯审美观。

(7)重点突出原则:在一个堆头或陈列架上,陈列公司系列产品时,除了全品项和最大化之外,一定要突出主打产品的位置,这样才能主次分明,让顾客一目了然。

(8)伸手可取原则:要将产品放在消费者最方便、最容易拿取的地方,根据不同主要消费者不同的年龄、身高等特点,进行有效的陈列。如,儿童产品应放在一米以下。

(9)统一性原则:所有陈列在货架上的公司产品,标签必须统一将中文商标正面朝向消费者,这样可达到整齐划一、美观醒目的展示效果。

(10)整洁原则:保证所有陈列的公司产品整齐、清洁。如果你是消费者,你一定不会购买脏乱不堪的产品。

(11)价格醒目原则:标示清楚、醒目的价格牌,是增加购买的动力之一。它既可增加产品陈列的醒目宣传告示效果,又让消费者买得明白,可对同类产品进行价格比较。还可以写出特价和折扣数字以吸引消费者。如果消费者不了解价格,即使很想购买产品,也会犹豫,进而丧失一次销售机会。

(12)陈列动感原则:在满陈列的基础上要有意拿掉货架最外层陈列的几个产品,这样既有利于消费者拿取,又可显示产品良好的销售状况。

(13)先进先出原则:按出厂日期将先出厂的产品摆放在最外一层,最近出厂的产品放在里面,避免产品滞留过期。专架、堆头的货物,至少每两个星期要翻动一次,把先出厂的产品放在外面。

(14)最低储量原则:确保店内库存产品的品种和规格不低于"安全库存线"。

(15)堆头规范原则:堆头陈列往往是超市最佳的位置,是公司花高代价买下做专项产品陈列的,从堆围、价格牌、产品摆放到POP配置都要符合整体、协调、规范的原则。

3)送货

送货是备货和理货工序的延伸,是配送活动的末端。在物流活动中,送货活动实际上就是货物的运输(或运送),因此常常以运输代表送货。但是,组成配送活动的运输与通常所讲的干线运输是有很大差别的。前者多表现为用户的末端运输和短距离运输,并且运输的次数比较多;后者多为长距离运输。

由于配送中的送货需要面对众多的客户,并且要多方向运动,因此在送货过程中,常常要涉及运输方式、运输路线和运输工具的选择。按照配送合理化的要求,必须在全面计划的基础上,制订科学的、距离较短的货运路线,选择经济、迅速、安全的运输方式和适宜的运输工具。通常,配送中的送货都以汽车作为主要的运输工具。

4)配送加工

配送加工是流通加工的一种,它虽然不是普遍的,但是往往有着重要的功能,能大大提高客户的满意程度,如图9-9所示。

图9-9 配送加工

案例分析 9-2

让包装盒成为打动顾客的绝佳道具

任何人都不希望自己网购回来的衣服,在收到时被挤压成团或皱褶不堪。对于电子商务来说,商品包装盒在运输过程中被挤压变形、破损带来的危害是相当严重的,商品的价值也会大打折扣。就凡客的衬衫来说,大多数售价在百元左右,显然已无法再承受因包装问题带来的贬值。全体成员都为了如何打好包装而费尽心思,他们的目标就是让顾客在打开包装盒时看到服装的那一刻,可以获得物超所值的惊喜。

目前业内的通常做法,是类似比萨盒的包装形式,将衬衫的内部包装盒插入外部包装盒,其形状如抽屉。这种包装盒形式虽然能让顾客在一两秒时间内抽出衬衫的内部包装盒,但依然无法达到一下子就可以跳出来的感觉;同时,侧面放置很难避免衬衫与包装盒之间的摩擦与挤压。一个现成参考对象如手机的包装盒,这种"全开箱"式的包装盒,让顾客在第一眼看到自己购买的手机时,便会产生更喜欢的感觉。

虽然绝大多数衣服不会因为挤压而破损,通常有些卖家和快递公司会选择结实的包装盒进行包装,但衣服的平整度是很难得到保证的。以男士衬衣起家的凡客,延续了衬衣送到顾客手中必须平整的要求,包装盒不能有明显压扁的迹象,材质上选择抗压能力更好的三层牛皮纸。在包装盒定稿时还要进行专门的抗压测试。来自凡客的数据说明,这种包装盒及包装辅料的成本在4元左右,大概占运营成本的5%。但凡客的董事长宁愿选择压缩其他的运营成本,而继续加大对包装盒质量上的投入,并且每一次升级都需要经过他亲自来确认。

他们所有的努力只是为了顾客在签收时的那一刻的感受。当物品到达时,配送员将客户在凡客订购的衣服送到家中,他会一手托着包装盒,一手将盒盖轻轻打开,订购的货物即会全部呈现在客户的眼前。盒里的衬衫,如同刚刚精心放置,而不会像其他卖家寄过来的包裹那样,里面的物品经过抛、摔、长途运输的颠簸早已脱离它放置时的位置。

凡客位于北京南五环的一处仓库,每天会有数以万计的包裹从这里配送到顾客手中。仓库里除了一排排货架,最吸引目光的莫过于整齐摆放的包装盒。凡客的包装盒款式超过十种,而作为凡客最具辨识度的扁平外包装盒,则有七种不同尺寸。与衬衫精准匹配的包装盒,亦是能够保持衣物平整度的重要因素。

整个仓库犹如工厂流水线一般,为了确保这些数以万计的包裹不出任何差错,一个看似简单的打包过程,被拆分成不同的流程。包装台是整个流水线中最重要的一环,它就像我们在大型超市里看到的成排的收银台那样,在操作台旁边都高高堆起不同尺寸的包装盒,由专门负责包装的包装员站在包装台前,根据货物的体积、高度来选择尺寸合适的包装盒进行包装。

配送的快递人员则需要对运输中的包装盒的品相负责。不仅需要注意不让包装盒破损、淋雨,还要尽量避免碰撞变形和弄脏。因为服装电子商务这一行的规矩是,顾客如果对商品及包装不满意,可以拒绝签收而退回。每一笔退单都意味着要另外卖几件衬衫才能挽回损失,由包装而不是由衬衫款式、质量产生的退货,对凡客来说显然是因小失大。这对于凡客显然是不可以接受的,这也是他们将很大精力放在这一小小包装盒上的重要原因。

(资料来源:《环球企业家》杂志,有改动)

分析:凡客衬衫的"全开箱"式的包装盒,就是让顾客在收到衣服时能轻而易举地打开包装盒,而无须再费力地去拆胶带;打开之后,又可以让衬衫完好如初地呈现在顾客面前。虽然这种包装盒的做法增加了销售的成本,但由此带来衣服品质和口碑的提升,从而提高商品的销售是值得的。这种包装盒的形式也是值得其他卖家学习和借鉴的。

2. 智慧配送流程的种类

1）一般流程

配送的一般流程比较规范,适用于以干货为主的配送,主要是指服装、鞋帽、日用品等小百货,家用电器等机电产品,图书等印刷品及其他杂品的配送。这类产品的特点是有确定的包装、商品的尺寸不大,可以对它们进行混装、混载,适用于多品种、少批量、多批次、多用户配送需要,它们的配送过程是一种适用范围较宽的配送工艺流程结构。

具体到不同类型、不同功能的配送中心或节点的配送活动,其流程可能有些不同,而且不同的商品,由于其特性不一样,其配送流程也会有所区别。配送的一般流程基本上是图 9-10 所示的这样一种运动过程。

图 9-10 配送的一般流程图

2）生产资料的配送流程

生产资料是劳动手段和劳动对象的总称。在管理工作中,人们常常把生产资料分成两大类:工业品生产资料和农业品生产资料。本章所讲的生产资料指用于满足工作、交通、基本建设等需要的工业品生产资料,其中包括各种原料、材料、燃料、机电设备等。

一般来说,生产资料的消费量都比较大,从而运输量也就比较大。从物流的角度看,有些生产资料是以散装货裸装方式流转的,如煤炭、水泥、木材等产品;有些则是以捆装和集装方式流转的,如金属材料、机电产品等。有些产品是经过初加工以后才供应给消费者使用的,如木方、配煤、型煤等;还有些产品则是直接进入消费领域,中间不经过初加工过程。由于产品的性质和消费情况各异,其配送流程也迥然不同。

(1)金属材料配送流程。

作为配送对象的金属材料主要包括这样几种产品:黑色金属材料,包括各种型材、板材、线材等;有色金属材料,包括有色金属及其型材;各种金属制品,包括铸件、管件、坯料等。与生活资料相比,金属材料有如下一些特点:重量大、强度高、规格品种繁多,但运输时可以混装。一般来说,这类物资的产需关系比较稳定,但是需求结构比较复杂。因此,金属材料配送多数都含有加工工序。对于一些需求量不太大但需要的品种较多的用户,金属材料的配送流程中又常常包含着分拣、配货和配装等作业。就加工工序而言,主要有这样几项作业:集中下料;材料剪切、定尺和整形;除锈、剔除毛刺。

金属材料的配送流程如图 9-11 所示。

(2)煤炭产品配送流程。

作为配送对象的煤炭产品主要有原煤、型煤、配煤(混配煤炭)。这类产品需求有这样一些共同特点:需求量大,需求范围广;消耗稳定,用户较固定;储运大多以散堆为主,很难与其他产品混装。

鉴于煤炭有其特殊的物理和化学性能,因而在实际操作中形成了两种不同的配送流程。一种工艺流程是从储存场地直接装货、直接送货;另一种工艺流程是在储货场地设置加工环节,将

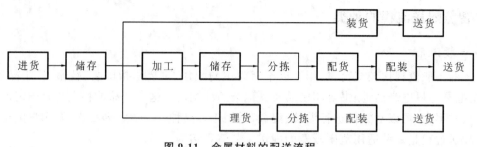

图 9-11 金属材料的配送流程

煤炭加工成"配煤"(即将几种发热量不同的煤炭掺混在一起,达到消费者的使用要求)和型煤,然后进行装货和发货。煤炭配送的两种流程如图 9-12 所示。

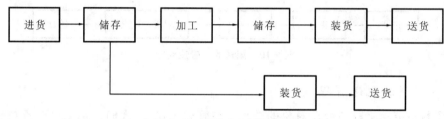

图 9-12 煤炭产品配送流程

(3)化工产品配送流程。

化工产品的种类繁多,有些系无毒无害产品,而有些产品则正相反,具有燃烧、爆炸、毒害、腐蚀、放射性、污染等危险性质。这里所述的化工产品是指单位时间内消耗量大、有毒、有腐蚀性和有一定危险的化工产品,主要包括硫酸、盐酸、磷酸、烧碱、纯碱和树脂等。它们的共同特点是:活性强,不同种类产品不能混装、混存,其装载运输和存储须使用特制的容器、设备和设施。

由于化工产品形态较为复杂,进货情况不同,所以其配送工艺也不尽相同。从总体来看,基本上有两种形式:

①散装或大包装产品配送流程。配送企业(配送中心)集中进货后,通常都要按照要求进行分装加工,变散装或大包装为小包装,然后采取一般配送流程进行配送作业,如图 9-13 所示。

图 9-13 散装或大包装产品配送流程

②小包装产品配送流程。有些化工产品在出厂之前即已包装成用户可以接受的标准的小单元,对于这类产品,行为主体集中进货以后不需要再进行分装加工,可以直接按照一般的配送流程安排作业,如图 9-14 所示。

图 9-14 小包装产品配送流程

3）生活资料的配送流程

生活资料是用来满足人们生活需要的劳动产品，它包括供人类吃、穿、用的各种食品、饮料、衣物、用具和各种杂物。生活资料的品种、规格较之生产资料更为复杂，其需求变化也比生产资料要快，因此，生活资料的配送不但必须安排分拣、配货和配装等工艺或工序，而且其作业难度也比较大。此外，就生活资料中的食品而言，有保鲜、保质期和卫生等质量要求，根据这一特点，一部分生活资料的配送流程中也包含着加工工序。

(1)中小杂货配送流程。

中杂品主要指如下几类产品：小百货，包括服装、鞋帽、日用品等；小机电产品，如家用电器、仪器仪表和电工产品等；图书和其他印刷品；无毒无害的化工产品和其他杂品。这类产品的共同特点是：有确定的包装，可以集装、混装和混载，产品的尺寸不大，可以成批存放在设有单元货格的现代化仓库中。因此，为了进行合理运输，在配送流程中又必然安排配装工序。就整个配送流程而言，中小杂品配送是一种标准化的配送模式，其流程如图9-15所示。

图9-15　中小杂货配送流程

(2)生鲜食品、副食品配送流程。

生鲜食品、副食品种类非常多，形态也很复杂，对外界流通条件要求差别很大，按食品性质及流通条件要求不同可分为：有一定保质期的，包装较为完善可靠的食品；无小包装，保质期较短的需尽快送达用户的食品；特殊条件保鲜保活的鲜鱼、水产物、肉类等；新鲜果菜等数量较大，保质期较短的食品。

据此，食品配送有三种工艺流程：

①不带储存的食品配送流程。在备货工序之后紧接分拣和配货等工序，中间不存在储存工序，即货物(食品)组织到以后，基本上不存放，而且很快进行分拣、配货，然后快速送货。通常，保质期较短和保鲜要求较高的食品，如点心类、肉制品、水产品等，基本上都按照上述流程进行配送。其配送工艺流程如图9-16所示。

图9-16　不带储存的食品配送流程

②带有储存的食品配送流程。在备货作业之后安插储存工序，然后再依次进行配货和配装等作业。通常，保质期较长的食品主要按照此流程进行配送。其操作程序是：大量货物组织进来之后，先要进行储存、保管，然后再根据用户订单进行分拣、配货、配装，待车辆满载以后，随即向各个用户送货。这种带有储存工序的食品配送流程如图9-17所示。

图9-17　带有储存的食品配送流程

③带有加工工序的食品配送流程。大量货物集中到仓库或场地以后，先进行初加工，然后

依次衔接储存、分拣、配货、配装和送货等工序,其配送流程如图 9-18 所示。

图 9-18 带有加工工序的食品配送流程

食品配送特别强调速度和保质,因此,在物流实践中,一般采用定时配供、即时配送等形式向用户送货。

 知识链接 9-4

冷链物流

冷链物流(cold chain logistics)泛指冷藏冷冻类食品在生产、贮藏、运输、销售,到消费前的各个环节中始终处于规定的低温环境下,以保证食品质量,减少食品损耗的一项系统工程。它是随着科学技术的进步、制冷技术的发展而建立起来的,是以冷冻工艺学为基础、以制冷技术为手段的低温物流过程。随着中国农产品冷链物流业的快速发展,国家必须尽早制定和实施科学、有效的宏观政策。冷链物流的要求比较高,相应的管理和资金方面的投入也比普通的常温物流要大。

冷链物流的适用范围包括:

初级农产品:蔬菜、水果;肉、禽、蛋;水产品、花卉产品。

加工食品:速冻食品,禽、肉、水产等包装熟食,冰激凌和奶制品,巧克力,快餐原料。

特殊商品:药品。

由于食品冷链是以保证易腐食品品质为目的,以保持低温环境为核心要求的供应链系统,所以它比一般常温物流系统的要求更高、更复杂,建设投资也要大很多,是一个庞大的系统工程。由于易腐食品的时效性要求冷链各环节具有更高的组织协调性,所以,食品冷链的运作始终是和能耗成本相关联的,有效控制运作成本与食品冷链的发展密切相关。

任务 3　配送计划的组织与实施

1. 配送需求计划

1)配送需求计划的含义

配送需求计划(distribution requirement planning)简称 DRP,是一种既保证有效地满足市场需要,又使得物流资源配置费用最少的计划方法,是 MRP 原理与方法在物品配送中的运用。DRP 是流通领域中的一种物流技术,是配送需求在流通领域应用的直接结果。它主要解决分销物资的供应计划和调度问题,达到保证有效地满足市场需要又使得配置费用最省的目的。它基于 IT 技术和预测技术,对不确定的顾客需求进行预测分析,并规划确定配送系统的存货、分拣、运输等能力。

DRP 主要适用于流通企业以及自己具有销售网络和储运设施的生产企业。这两类企业共同的基本特征是：以满足自身的需求为宗旨；都依靠一定的物流能力，包括仓储、运输、包装、装卸、搬运等功能；以物流活动作为基本手段来满足社会的商品需求；都要从商品生产企业或商品资源市场组织商品资源。

2）配送需求计划原理

DRP 主要解决产成品的供应、调度与配送的问题，基本目标就是合理地进行物资配送和资源配置，在保证有效地满足市场需要的基础上，使得配置费用最省。

如果企业是由其地区级仓库接受订货和订单处理的，就可能导致企业的最终产品在各地区仓库之间形成不平衡分布。如果所有订单由工厂集中处理，有利于全面按照顾客订货的轻重缓急程度，合理分配产品。当发生缺货的情况时，可以统筹调剂安排，避免有的顾客得到全部订货，有的顾客则完全没有订货等不均衡情况发生。因此，有物流专家认为，实行 DRP 的关键是必须由生产工厂集中进行订单处理。配送需求计划原理如图 9-19 所示。

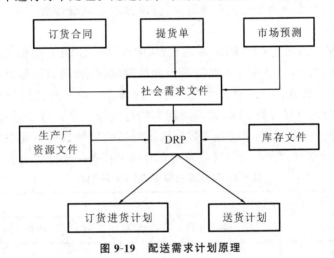

图 9-19　配送需求计划原理

实施 DRP 时，要输入三个文件，然后根据这三个文件产生两个计划，即一个订货或进货计划，一个送货计划。

(1) 配送需求计划的输入文件。配送需求计划的输入文件有社会需求文件、库存文件和生产厂资源文件。社会需求文件是指客户的订货单、提货单或供货合同，也包括下属各子公司、下属各地区配送中心的订货单。库存文件是配送系统的仓库里所有库存物资品种和数量的列表，库存文件也是制订 DRP 必需的文件。生产厂资源文件是货物生产厂或供应商的可供资源文件。该文件包括可供的物资品种、数量、时间，也包括生产厂或供应商的地理位置情况。生产厂资源文件主要是为 DRP 制订订货计划使用。

(2) 配送需求计划的生成文件包括订货进货计划和送货计划。订货进货计划是指配送系统对供货厂商的订货或进货计划。送货计划是指对客户的送货计划。根据库存文件和生产厂资源文件可以确定客户的订货是从仓库送货，还是需要订货、进货再送货，或是会发生缺货。

3）DRP 的编制和明细表调整

(1) DRP 的编制。

如果企业的配送系统包括工厂成品库、配送中心和零售商店三个环节，则编制 DRP 的一般程序是：先由各零售商店开始，根据它们在一定时期的计划销售数量，扣除预计库存，确定计划补充订购日期和数量，报送各自归口的配送中心；各配送中心按照编制 MRP 的原理，确定各自的各种产品计划补充订购日期和数量，报送生产工厂；生产工厂即据此计算工厂的各种产品的需求量，并与工厂各种产品的销售计划和生产计划衔接起来。

DRP 最基本的工具就是明细表，它用于协调整个计划期内的需求。每一个物品储存单元（SKU）和每一个配送设施都有一张明细表。同一个物品储存单元的明细表被综合起来，即可用于确定诸如工厂仓库之类的整个补给设施的需求。

明细表用每周的时间增量展开，称作"买空卖空"（bucket）。每一个"买空卖空"反映了一段时期的活动。虽然每周增量是最常见的，但也可使用每日或每月的周期时间。对每一个地点和物品储存单元，明细表报告当前现有存货剩余、安全储备、完成周期长度以及订货批量等。此外，对于一个计划周期，明细表报告总需求数、已定时接收数以及预计现有存货数和已计划订货数。明细表的信息不断更新，并在中央仓库和地区仓库之间实现周期性传递或即时传递。

下面以一个中央仓库和两个地区仓库为例，简单说明地区仓库和中央仓库 DRP 明细表的编制。

表 9-2 所示为某一地区仓库的 DRP 明细表，从中可以看出 DRP 明细表的一般结构。预测开始之前的存货数量为 45 个。第 1 行是需求预测的时间周期，周、日、年为单位。第 2 行是预测的需求数，它反映了来自客户或者其他配送单位的需求。第 3 行是该仓库已定时接收货物量。第 4 行是预计的现有存货数，表示预测周期末的存货量。这一行是通过公式计算得来的：预计现有存货数＝上一时间周期末的存货数＋已定时接收货物数－本周期的预测需求数。第 5 行是计划订货数，计划订货和已定时接收货物在时间上相差一个订货周期。

表 9-2 某地区仓库 1 的 DRP 明细表

预测时间周期/周		1	2	3	4	5	6	7
预测的需求数/个		20	20	20	10	30	30	20
已定时接收货物数/个				60		60		60
预计现有存货数/个	45	25	65	45	35	65	35	75
计划订货数/个				60		60		

说明：

当前库存：45 个。安全库存：20 个。订货批量：60 个。订货周期：2 周。

表 9-3 为地区仓库 2 的 DRP 明细表。

表 9-3 某地区仓库 2 的 DRP 明细表

当前库存：32 个　安全库存：10 个　订货批量：40 个　订货周期：1 周

预测时间周期/周		1	2	3	4	5	6	7
预测的需求数/个		15	15	15	20	15	15	15
已定时接收货物数/个			40		40			40
预计现有存货数/个	32	17	42	27	47	32	17	42
计划订货数/个		40		40		40		

所有的地区仓库的DRP明细列表出来以后,就可以将其中的计划订货数信息传递到中央仓库,得到中央仓库的DRP明细表,表9-4为中央仓库的DRP明细表。

表9-4 中央仓库的DRP明细表

预测时间周期/周		1	2	3	4	5	6	7
地区仓库1计划订货数/个				60		60		
地区仓库2计划订货数/个		40		40			40	
总需求数/个		40	0	100	0	60	40	0
已定时接收货物数/个				150			150	
预计现有存货数/个	100	60	60	110	110	50	160	160
计划订货数/个			150			150		

说明:

当前库存:100个。安全库存:50个。订货批量:150个。订货周期:1周。

由中央仓库的DRP明细表可以得到中央仓库的计划订货数。这些计划订货数的数据就可以作为制订主生产计划的依据。也就是说,主生产计划必须保证中央仓库的订货得到及时的满足(其中也必须考虑订货周期)。

(2)DRP明细表的调整。

每个时间周期的需求数量是由以往的经验预测出来的。实际的需求一般会在预测值附近波动,这样经过几个时间周期,原DRP明细表中的内容就需要进行调整,尤其是计划订货的时间。

以表9-5的例子来说明。

表9-5 DRP明细表的调整

预测时间周期/周		1	2	3	4	5
预测的需求数/个		20	20	20	20	20
已定时接收货物数/个		40		40		40
预计现有存货数/个	6	26	6	26	6	26
计划订货数/个			40		40	

第1周的实际需求:16个

预测时间周期/周		2	3	4	5	6
预测的需求数/个		20	20	20	20	20
已定时接收货物数/个			40		40	
预计现有存货数/个	30	10	30	10	30	10
计划订货数/个		40		40		

续表

第2周的实际需求:26个					
预测时间周期/周	3	4	5	6	7
预测的需求数/个	20	20	20	20	20
已定时接收货物数/个	40	40		40	
预计现有存货数/个　4	24	44	24	44	24
计划订货数/个	40		40		40

说明：

当前库存：4个。安全库存：5个。订货批量：40个。订货周期：1周。

知识链接 9-5

配送资源计划（DRPⅡ）

为了提高各环节的物流能力,达到系统优化运行的目的,扩展了配送需求计划的内容,称为配送资源计划(distribution resource planning,DRPⅡ)。当配送系统有多个运行单位(如多个仓库)时,需要从系统整体的角度,对现有的各配送资源进行有效的整合,确定各运作单位的经营方向和经营内容。

DRPⅡ能有效解决以下问题：

(1)当配送系统设立多个仓库/储运中心/转运站时,设置多少仓储据点是合理的；

(2)仓库位置的选择和配送区域的确定,以满足配送系统的需求；

(3)仓库存放的商品种类、数量,以供应该区域的商品需求,仓库空间的规划；

(4)仓库据点的设施资源和人力资源的确定。

2.配送作业计划

配送作业计划是指配送中心为完成各项配送任务而制订的具体执行安排。其目的是：实现配送管理的合理化；消除配送中的作业浪费、时间浪费；减少商品损失,提高设备、设施、运输工具的使用效率,从而削减配送费用,使配送工作能够按最高效率的路线和行车时间表进行(如进行夜间配送)。

1)配送作业计划的主要内容

配送作业计划的目的主要是为具体的配送作业提供指导,因此配送作业计划的内容就是要确定在特定的时间、特定的场所,要做什么、谁去做以及怎么做等问题。一般来说,配送作业计划的内容主要包括以下五个方面：

(1)确定每天从各配送点发运的商品的具体品种、数量、规格。

(2)列出详细配送计划表供审批、执行和备案。

(3)按日排定客户所需商品的品种、数量、送货时间、送达地点、规格以及接货人等,并弄清各客户的详细地址,可以在运输路线图上标明,也可以在出货的单据或表格中列出。

(4)按计划的要求选择配送服务的具体组织方式,确定配送路线。

(5)按客户需要的时间,确定配送作业准备的提前期。

2)配送计划的种类

配送计划一般包括配送主计划、每日配送计划和特殊配送计划。

配送主计划是指针对未来一定时期内,对已知客户需求进行前期的配送规划,便于对车辆、人员、支出等做统筹安排,以满足客户的需要。例如,为迎接家电行业3—7月份空调销售旺季的到来,某公司于年初制订空调配送主计划,根据各个零售店往年销售情况加上相应系数预测配送需求量,提前安排车辆、人员等,制订配送主计划,全面保证销售任务完成。

每日配送计划是针对上述配送主计划,逐日进行实际配送作业的调度计划。例如,订单增减、取消、配送任务细分、时间安排、车辆调度,等等。制订每日配送计划的目的是,使配送作业有章可循,成为例行事务,做到忙中有序。当然这和责任人也是有很大关系的。

特殊配送计划是指针对突发事件或者不在主计划规划范围内的配送业务,或者不影响正常性每日配送业务所做的计划。它是配送主计划和每日配送计划的必要补充。例如,空调在特定商场进行促销活动,可能会导致配送需求量突然增加,或者配送时效性增高,这都需要制订特殊配送计划,增强配送业务的柔性,提高服务水平。

3)配送计划制订的步骤

制订一个高效的配送计划不仅仅是为了满足客户的要求,而且应该能够对客户的各项业务起到有效的支撑作用,达到帮助客户创造利润的目的,也就是我们所说的发掘"第三利润源泉",最终使客户和物流企业同时受益,达到"双赢"的效果。

配送计划的制订一般应遵循图9-20所示的步骤进行。

企业在制订配送计划时必须考虑制订配送计划的目的。例如,配送业务是为了满足短期实效性要求,还是长期稳定性要求;配送业务是服务于临时性特定顾客,还是服务于长期固定客户。不同的配送目的,需要有不同的配送计划支撑。对相关数据资料的收集并做相应的分析是制订配送计划的关键,是提高配送服务质量的关键。配送"七要素"是指:货物、客户、车辆、人员、路线、地点、时间这七项内容,"七要素"也称作配送的功能要素,在制订配送计划时应对此七项内容做深入了解并加以分析整理。

在完成第三个步骤之后,结合自身能力以及客户需求,便可以初步确定配送计划。在具体业务的操作上,要取得良好的配送服务质量,是需要客户与配送公司密切配合的,并不是单纯某一方的责任。

经过与客户几次协调沟通之后,初步配送计划经过反复修改最终确定。已经确定的配送计划应该成为配送合同中的重要组成部分,并且应该让执行此配送计划的双方或者多方人员全面了解,确保具体配送业务的顺利操作,确保服务质量。

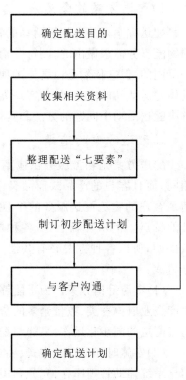

图9-20 制订配送计划的步骤

案例分析 9-3

某烟草公司实施合理配送、降低配送成本的探索之路

某烟草公司立足实际需要,通过实施"三步走",实现了缩短配送线路、中转站撤并两个主要目标,达到送货线路优化。第一步,实施跨区域配送整合;第二步,按照"条件成熟即撤站,实现中心百分之百直送"的工作思路进行线路整合;第三步,本着"物流顺向"的原则,将紫云中转站改为"接力送货"管理形式,撤销了最后一个中转站。其次,为进一步降低物流成本,该烟草公司将调整客户访送周期,作为降低物流成本的新方式。卷烟配送中心将原有的"一周一访(送)、半月一访(送)、一月一访(送)"三种周期模式调整为"半月一访(送)、一月一访(送)"两种周期模式,最终取得配送户次减少、送货成功率提高、车辆装载率提高、行驶里程减少、费用下降的有效成果。

分析:该烟草公司以科学的方法反复测算,对多种不同的配送路线进行编排组合,推行"块状配送模式",最终形成了最优的送货线路,使配送效率显著提升,物流成本明显降低。

任务 4 配送组织

1. 配送方案

1)配送方案的含义

配送方案是从事配送活动的物流配送项目和物流配送运作的总称。配送方案是针对具体的物流服务需求做出的,而每个物流活动所需的服务都是不同的,因此,每个配送方案也都应该是不同的,但它依然是由具体的项目和具体的运作组成。配送方案包含两层意思:一是指某个具体配送活动的方案,如受客户委托,对某个产品的具体配送活动做出规划和实施计划;二是指解决配送活动中问题的方法和具体运作的描述。

2)配送方案的选择

配送方案是物流服务供应商提出的配送服务解决方案。客户提出的配送服务要求不尽相同,而且客户的产品或商品又千差万别,因此配送方案的形式和内容也不完全一样。为了满足客户的物流配送服务的个性化要求,为客户量身定做的物流配送解决方案必然各有自己的特点。但从宏观上看,各种配送方案都是为提供合理的、低成本、高效率的配送服务而做出的,所以各种方案必有共性,即有共同的基本内容。这些基本的内容主要由以下七个部分组成:

(1)资源筹措方案。为了能够按照客户要求配送货物,首先必须集中客户需求规模备货,从生产企业取得种类、数量繁多的货物。即在客户需求计划的协调下,缩短客户的响应时间,实现物流配送的同步化运作,采购与配送保持同步,从而使物流管理和客户服务一体化。

(2)实施时间、地点、方式、要求、状况的规定。为实现准时服务,必须采用先进的物流管理信息系统辅助管理库存,充分利用虚拟物流技术。从收到客户订单,下达配送计划,安排配送,启动服务程序运行,使物流通过信息流一步到位,使客户得到"一站式"服务。管理统一及过程同步的结果是需求准确、库存合理、调控及时、配送经济、服务完善,因此,减少了环节,缩短了流程,提高了效率,使客户能够在适当的时间和地点,获得所需质量与数量的货物和服务,从而提高顾客满意度。

(3)合作伙伴的选择。通过与合作伙伴建立稳定的关系,降低运行成本,分散单个企业的竞争压力,以合作伙伴的整体来规避市场风险,提高企业抗风险能力。对合作伙伴的选择要求,一是合作伙伴的实力;二是合作伙伴的诚信度;三是产品的市场份额。

(4)配送计划的拟订。从物流的观点来看,配送几乎包括了物流的全部活动;从整个流通过程来讲,它又是物流与商业信息流的统一体。因此,配送计划的制订要以市场信息为导向、商流为前提、物流为基础,这就是说要以商流信息为主要依据来制订配送计划。

(5)配送路线的选择。配送路线是指各送货车辆向各个客户送货时所要经过的路线。配送路线合理与否对配送速度、成本、效益有较大的影响,采用科学的合理的方法来优化配送路线,是配送活动中非常重要的一项工作。选择配送路线的方法有许多种,要根据配送货物的数量、特性,客户的地理位置、距离,以及交通状况、运送成本、客户对配送服务的时间要求等因素具体确定。

(6)配送合理化分析。对于配送合理与否的判断,是配送决策系统的重要工作内容。目前国内外尚无一定的技术经济指标体系和判断方法,一般来说可以从库存标志、资金标志、成本和效益、供应保证等标志来进行分析。

(7)配送成本分析。配送中心承担了物流企业绝大部分乃至全部的物流任务,因此其物流成本管理实际上是把企业的利润目标具体化,这便要求推行以预算管理为核心的物流成本计划和统筹管理,并通过成本差异分析发现问题,提出解决问题的方法。

2.配送路线的选择与优化

由于配送活动一般都面对多个固定或非固定客户,并且这些客户坐落地点各不相同,送货时间和配送数量也都不尽相同,如果不进行运输路线的合理规划,往往会出现不合理运输现象,如迂回运输、重复运输、重复装卸等,从而造成送货时间的耽误、送货成本的增加,乃至配送服务水平也难以提高,因此采取科学的方法对配送路线进行合理的优化组合是配送活动中非常重要的一项工作。

1)配送路线选择

(1)配送线路方案目标的选择。

配送线路方案目标的选择可以从以下几个方面来考虑:

以配送效益最高为目标。在选择效益最高为目标时,一般是以企业当前的效益为主要考虑因素,同时兼顾长远的效益。效益是企业整体经营活动的综合体现,可以用利润来表示,因此,在计算时是以利润的数值最大化为目标值的。

以成本最低为目标。成本和配送路线之间有密切的关系,在计算各配送路线的运送成本时需要结合运输成本、装卸搬运成本、包装成本等进行综合考量,最终确定总送货成本。由于成本对最终效益起决定作用,选择成本最低为目标实际上还是选择了以效益为目标。

以路程最短为目标。如果成本和路程相关性较强,而和其他因素是微相关时,可以采取路程最短为目标,这可以大大简化计算,而且也可以避免许多不易计算的影响因素。需要注意的是,有时候路程最短并不见得成本就最低,如果道路条件、道路收费影响了成本,单以最短路程为最优解则不一定合适了。

以吨公里(或吨千米)最小为目标。吨公里最低通常是长途运输或是采取共同配送方式时所选择的目标,在多个发货站和多个收货站的条件下,而又是整车发货情况下,选择吨公里最低为目标可以取得满意的结果。在"节约里程法"的计算中所确定的配送目标就是采用吨公里最小。

以准时性最高为目标。准时性是配送活动中重要的服务指标,以准时性为目标确定配送路线就是要将各客户的时间要求和路线先后到达的安排协调起来,这样有时难以顾及成本问题,甚至需要牺牲一定的成本来满足准时性要求。需要注意的是,这时总成本始终应控制在目标范围内,而不能因此失控。

以劳动消耗最低为目标。以油耗最低、司机人数最少、司机工作时间最短等劳动消耗最低为目标确定配送路线也有所应用,这主要是在特殊情况下(如供油异常紧张、油价非常高、意外事故引起人员减员、某些因素限制了配送司机人数等)所要选择的目标。

(2)确定配送路线的约束条件。

以上目标在实现时都受到许多条件的约束,必须在满足这些约束条件的前提下才能取得目标需要实现的结果。一般配送约束条件有以下几项:

路线允许通行的时间限制。某些路段在一定的时间范围内,不允许某种类型的车辆通行,确定配送路线时应当考虑这一因素。

运输工具最大装载能力的限制。最大装载能力的限制包括载重量的限制和装载容积的限制。运输途中需要保证货物的安全,因此在安排货物的配送路线时应确保同路线货物的重量或者体积不会超过所使用运输工具的最大装载能力。

配送中心的能力。配送中心的能力包括运输和服务这两个方面的能力。所谓运输能力,是指提供适当的专门化车辆的能力,如温度控制、散装产品以及侧面卸货等;对于服务能力而言,它包括编制时间表和开发票、在线装运跟踪以及储存和整合。

自然因素的限制。自然因素主要包括气象条件、地形条件。尽管现代运输手段越来越发达,自然因素对于运输的影响已相对减少,但是,自然因素仍是不可忽视的影响因素之一。如突然发生的地陷导致正常的运输道路毁坏,因此在进行配送路线的规划时应考虑好替代路线。

其他不可抗力因素所产生的风险。其他不可抗力主要指法律的颁布、灾害的发生、战争的爆发,等等。这些因素有时会产生很严重的后果,为了规避风险,应当对其进行充分估计并购买相应保险。

2)配送路线优化的方法

在配送线路设计中,当由一个配送中心向一个特定客户进行专门送货时,从物流的角度看,客户需求量接近或大于可用车辆的定额载重量,须专门派一辆或多辆车一次或多次送货。货物的配送追求的是多装快跑,选择最短配送线路,以节约时间和费用,提高配送效率,也就是寻求物流网络中的最近距离的问题。

(1)经验判断法。

经验判断法是指利用行车人员的经验来选择配送路线的一种主观判断方法。一般是以司机习惯行驶路线和道路行驶规定等为基本标准,拟订几个不同方案,然后通过倾听有经验的司机和送货人员的意见,或者直接由配送管理人员凭经验做出判断。这种方法的质量取决于决策者对运输车辆、客户的地理位置与交通路线情况的掌握程度以及决策者的分析判断能力与经验。尽管缺乏科学性,易受掌握信息的详细程度限制,但其运作方式简单、快速和方便。通常在配送路线的影响因素较多,难以用某种确定的数学关系表达时,或难以以某种单项依据评定时采用。

(2)节约里程法。

随着配送的复杂化,配送线路的优化一般要结合数学方法及计算机求解的方法来制订合理的配送方案。下面主要介绍确定优化配送方案的一个较成熟的方法——节约里程法,也叫节约法。

节约法的基本规定:利用节约法确定配送线路的主要出发点是,根据配送中心的运输能力(包括车辆的多少和载重量)和配送中心到各个客户以及各个客户之间的距离来制订使总的车辆运输的吨公里数最小的配送方案。

节约法的基本原理如图 9-21(a)所示,三角形的三个顶点分别为 P、A、B。P 点为配送中心,它分别向客户 A 和 B 送货。三者相互之间道路距离分别为 a、b、c,即三角形的三个边长。送货时最直接的想法是利用两辆车分别为 A、B 两个客户配送,此时,如图 9-21(b)所示,车辆的实际运行距离为 $2a+2b$。然而,如果按图 9-21(c)所示,改用由一辆车巡回配送,则实际运行距离为 $a+b+c$。如果道路没有什么特殊情况时,可以节省的车辆运行距离为 $(2a+2b)-(a+b+c)=a+b-c$,根据定理三角形两边之和大于第三边,$a+b-c>0$,则这个节约量被称为"节约里程"。

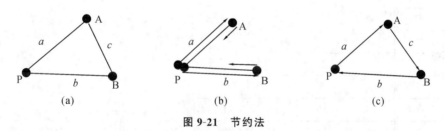

图 9-21 节约法

根据节约法的基本思想,如果有一个配送中心 P,分别向 N 个客户配送货物,在汽车载重能力允许的前提下,每辆汽车的配送线路上经过的客户个数越多,则总配送距离越小,配送线路越合理。下面通过举例来说明节约里程法的求解过程。

案例分析 9-4

如图 9-22 所示为某配送网络,P 为配送中心所在地,A~J 为客户所在地,共 10 个客户,括号内的数字为配送量,单位为公吨(t),路线上的数字为道路距离,单位为公里(km)。现有可以利用的车辆是最大装载量为 2 t 和 4 t 的两种厢式货车,并限制车辆一次运行距离在 30 km 以内。为了尽量缩短车辆运行距离,试用节约里程法设计出最佳配送路线。

分析:

第一步:首先计算相互之间最短距离,先根据图 9-22 列出的配送中心 P 至各用户之间的距离,如 P—A 的距离为 10 km,P—B 的距离为 9 km,以此类推;再依次计算某一用户与其他用户

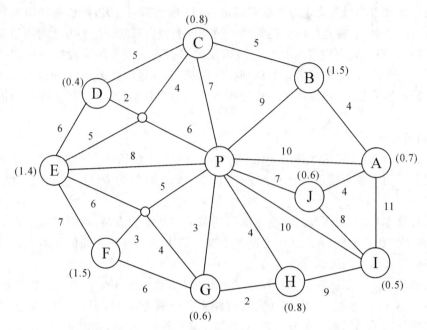

图 9-22　配送网络

之间的最短距离,如 A—B 的最短距离为 4 km,A—C 的最短距离为 9 km,A—D 的最短距离为 14 km,A—E 的最短距离为 18 km,以此类推;然后得出配送路线最短的距离矩阵,即最短距离表,如图 9-23 所示。

	P	A	B	C	D	E	F	G	H	I
A	10	A								
B	9	4	B							
C	7	9	5	C						
D	8	14	10	5	D					
E	8	18	14	9	6	E				
F	8	18	17	15	13	7	F			
G	3	13	12	10	11	10	6	G		
H	4	14	13	11	12	12	8	2	H	
I	10	11	15	17	18	18	17	11	9	I
J	7	4	8	13	15	15	15	10	11	8

图 9-23　最短距离表

第二步:从最短距离矩阵中依次计算某一用户与其他用户之间的节约距离,编制节约里程表,如图 9-24 所示。例如,要计算 A—B 的节约距离,根据节约法的基本原理,设 P—A 的距离为 a,P—B 的距离为 b,A—B 的距离为 c,则 A—B 的节约距离为 $a+b-c=(10+9-4)$ km= 15 km。

第三步:对节约距离按由大至小的顺序进行排列,编制节约里程顺序表,见表 9-6。

	A								
B	15	B							
C	8	11	C						
D	4	7	10	D					
E	0	3	6	10	E				
F	0	0	0	3	9	F			
G	0	0	0	0	1	5	G		
H	0	0	0	0	0	4	5	H	
I	9	4	0	0	0	1	2	5	I
J	13	8	1	0	0	0	0	0	9	J

图 9-24 节约里程表

表 9-6 节约里程排序表

顺序号	连接点	节约里程	顺序号	连接点	节约里程
1	A—B	15	13	F—G	5
2	A—J	13	14	G—H	5
3	B—C	11	15	H—I	5
4	C—D	10	16	A—D	4
5	D—E	10	17	B—I	4
6	A—I	9	18	F—H	4
7	E—F	9	19	B—E	3
8	I—J	9	20	D—F	3
9	A—C	8	21	G—I	2
10	B—J	8	22	C—J	1
11	B—D	7	23	E—G	1
12	C—E	6	24	F—I	1

第四步：按照节约里程顺序表和配车(车辆的载重和容积因素)、车辆行驶里程等约束条件，逐渐绘出配送路线。

(1)初始解。如图 9-25 所示，从配送中心 P 向各个用户配送，共有配送路线 10 条，总运行距离为 148 km，需要最大装载量为 2 t 的汽车 10 辆。

(2)二次解。按照节约里程的大小顺序连接 A—B、A—J、B—C，同时取消 P—A、P—B，如图 9-26 所示，形成 P—J—A—B—C 的配送路线 I，且共有配送路线 7 条，总运行距离为 109 km，需要 2 t 车 6 辆、4 t 车 1 辆。从图 9-26 可以看出，规划的配送路线 I，装载量为 3.6 t，运行距离为 27 km。

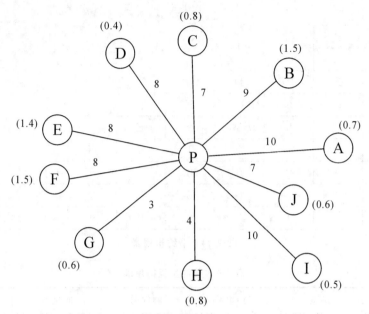

图 9-25 初始解

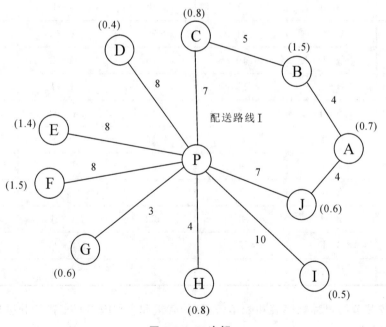

图 9-26 二次解

(3)三次解。按照节约里程大小顺序,应该是 C—D 和 D—E,C—D 和 D—E 都有可能连接到二次解的配送路线Ⅰ中,但是由于受车辆装载量和每次运行距离这两个条件的限制,配送路线Ⅰ不能再增加用户,为此不再连接 C—D,而连接 D—E,组成配送路线Ⅱ,该路线装载量为 1.8 t,运行距离 22 km。此时,配送路线共 6 条,总运行距离 99 km,需要 2 t 汽车 5 辆、4 t 汽车 1 辆。

(4)四次解。接下来的顺序是 A—I、E—F,由于将用户 A 已组合到配送路线Ⅰ中,而且该路线不能再扩充用户,所以不再连接 A—I,连接 E—F 并入配送路线Ⅱ中,配送路线Ⅱ装载量为 3.3 t,运行路线为 29 km。此时,配送路线共有 5 条,运行距离 90 km,需 2 t 车 3 辆、4 t 车 2 辆。

(5)五次解。按节约里程顺序排列,接下来应该是 I—J、A—C、B—J、B—D、C—E,但是,这些连接均包含在已组合的配送路线中,不能再组成新的配送线路。接下来可以将 F—G 组合在配送路线Ⅱ中,这样配送路线Ⅱ装载量为 3.9 t,运行距离为 30 km,均未超出限制条件。此时,总配送路线只有 4 条,运行距离 85 km,需要 2 t 汽车 2 辆、4 t 汽车 2 辆。

(6)最终解。接下来的节约里程大小顺序为 G—H,由于受装载量及运行距离限制,不能再组合到配送路线Ⅱ内,所以不再连接 G—H,连接 H—I 组成新的配送路线Ⅲ,如图 9-27 所示。到此为止,完成了全部的配送路线的规划设计。共有 3 条配送路线,运行距离为 80 km,需要 2 t 汽车 1 辆、4 t 汽车 2 辆。

配送路线如下:

配送路线Ⅰ:4 t 车 1 辆,运行距离 27 km,装载量为 3.6 t。

配送路线Ⅱ:4 t 车 1 辆,运行距离 30 km,装载量为 3.9 t。

配送路线Ⅲ:2 t 车 1 辆,运行距离为 23 km,装载量为 1.3 t。

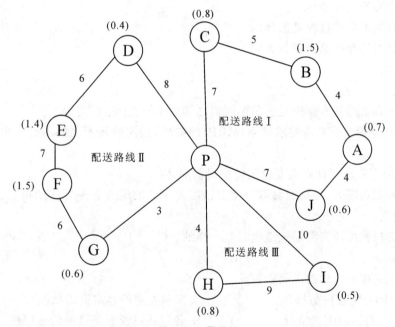

图 9-27 最终解

使用节约里程法的注意事项如下。

(1)适用于顾客需求稳定的配送中心。

(2)对于需求不稳定的顾客,采用其他途径配送,或并入有富裕的配送路线中去。

(3)最终确定的配送路线要充分听取司机及现场工作人员的意见。

(4)各配送路线的负荷量尽量调整平衡。

(5)要充分考虑道路运输状况。

(6)不可忽视在送达用户后需停留的时间。

(7)要考虑到司机的作息时间及指定的交货时间。

(8)因为交通状况和需求的变化会影响到配送路线,所以最好利用仿真模拟来研究对策及实施措施。

配送路线的选择方法除了以上两种常用的方法,还有蚁群算法、启发式算法等,用于不同类型的企业。蚁群算法又称蚂蚁算法,简单地说是一种用来在图中寻找优化路径的机率型算法。它由 Marco Dorigo 于 1992 年在他的博士论文中提出,其灵感来源于蚂蚁在寻找食物过程中发现路径的行为。启发式算法也叫逐次逼近法,即先简单地求出初始解,然后利用一些经验法则反复计算修改初始解,并通过模仿人的跟踪校正过程使之逐步达到最优解的方法。

基本训练

□知识题

1.阅读理解

(1)DRP 的基本原理是什么？如何评价？

(2)为什么要制订配送作业计划？

(3)制订配送作业计划的主要依据及主要内容有哪些？

(4)配送方案的内容是什么？

(5)配送方案决策的过程是怎样的？

(6)配送路线选择的原则是什么？

2.知识应用

1)判断题

(1)节约里程法的基本原理是三角形两边之和大于第三边。(　　)

(2)DRP 在逻辑上是制造需求计划(MRP)的扩展,这两种技术之间不存在根本性的差异。(　　)

(3)DRP 的订货进货计划需要设定订货提前期。(　　)

(4)第三方配送模式,是指交易双方把自己需要完成的配送业务委托给第三方来完成的一种配送运作模式。(　　)

(5)生产资料和生活资料的配送流程是一样的。(　　)

2)选择题

(1)编制配送作业计划的主要依据是(　　)。

A.订货合同与配送商品特点　　　　B.发包企业的客户资源状况

C.交通条件与运力配置情况　　　　D.各配送点资源与订单的适应性

(2)编制配送计划的依据是(　　)。

A.客户有支付能力的需求　　　　　B.金融市场的资金与利率状况

C.自身供应能力与客户需求均衡　　D.计划时间段内的盈利水平

(3)配送方案决策步骤中的第一步是(　　)。

A.实施方案　　　B.追踪反馈　　　C.确定决策目标　　　D.识别问题

(4)配送线路方案目标的选择可以从以下哪个方面来考虑？(　　)

A.以库存最低为目标　　　　　　　B.以成本最低为目标

C. 以路况最好为目标　　　　　　　　D. 以资金利用率最高为目标

(5)下面可以解释为在配送活动的备货、储存、分拣、配货、配装、送货、送达服务及配送加工等环节中所发生的各项费用的总和,是配送过程中所消耗的各种活劳动和物化劳动的货币表现的是(　　)。

A. 设备费用　　　　B. 包装成本　　　　C. 配送成本　　　　D. 生产成本

□ 技能题

(1)设配送中心 P 向 7 个客户 A~G 配送货物,其配送路线网络、配送中心与客户的距离以及客户之间的距离如图 9-28 与图 9-29 所示,图 9-28 中括号内的数字表示客户的需求量(单位:t),线路上的数字表示两节点之间的距离(单位:km),现配送中心有 2 台 4 t 卡车和 2 台 6 t 卡车两种车辆可供使用。

问题:①试用节约里程法制订最优的配送方案。②设配送中心在向客户配送货物过程中单位时间平均支出成本为 45 元,假定卡车行驶的平均速度为 25 km/h,试计算优化后的方案比单独向各客户配送可节约多少费用。

分析提示:根据节约里程法的基本思想和解题步骤求出最优方案。

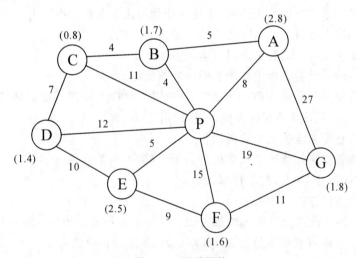

图 9-28　配送网络

P							
A	8	A					
B	4	5	B				
C	11	9	4	C			
D	12	16	11	7	D		
E	5	13	9	16	10	E	
F	15	22	18	26	19	9	F
G	19	27	23	30	30	20	11	G

图 9-29　最短距离表

(2)某配送中心某月从财务报表及其他费用凭证中计算出物流环节所耗用的各项费用,如表 9-7 所示。

表 9-7 某月物流成本表

项目	物流成本/元	项目	物流成本/元
车辆租赁费	100 080	办公费	8 115
包装材料费	30 184	易耗品费	8 974
工资津贴费	178 668	资金占用利息	10 045
水电气暖费	6 664	税金	13 937
保险费	5 400	通信费	4 364
修缮维护费	10 327	软件租赁费	7 472
折旧费	20 977	合计	405 207

根据会计账簿记录和其他相关资料,上述各项物流成本资料分析如下:

该配送中心供应和销售物流共同费用的分配比为 1∶2。

运输部门主要为采购产品和销售提供运输劳务。

配送管理部门的活动主要集中在产品的供应及销售。

车辆租赁费为配送中心运输部门所发生的费用。本月运输部门提供物流运输劳务 3 200 吨公里,其中采购产品耗用 1 200 吨公里,销售耗用 2 000 吨公里。

包装材料费为仓库实施包装作业耗用。

工资津贴费按各物流作业职工人数进行分配。其中,包装作业 6 人,运输作业 12 人,仓库保管作业 4 人,装卸作业 10 人,配送管理人员 4 人。

水电气暖费为物流作业管理所耗用。

保险费按各物流作业设施的账面价值分配。其中包装设备价值为 480 000 元,运输设备价值为 1 740 000 元,仓库保管设备价值为 987 000 元,装卸设备价值为 216 000 元,配送管理部门设备价值 147 000 元。

修缮维护费、折旧费的发生和分配同保险费。

易耗品费可根据材料领料单分配确定。其中,包装作业耗用 2 896 元,仓库保管作业耗用 3 756 元,管理部门耗用 2 322 元。

办公费为配送作业管理发生。

资金占用利息为公司存货资金所占用的利息。

税金为固定资产占用税,分配方法同保险费。

通信费和软件租赁费为信息流通费。

本月公司支付的委托物流费为 120 840 元,其中,购买产品的市内运输费 48 040 元,仓库保管费为 72 800 元。

本月其他企业支付物流费为 56 340 元,其中,本月发生购进对其他企业支付的配送费(运费)为 34 260 元,本月发生销售对其他企业支付的配送费(运费)为 22 080 元。

要求:假设该配送中心的物流功能包括包装、运输、仓储、装卸、信息流通和配送管理六个方面,则根据上述资料编制各配送成本计算表和汇总表,并对表中数据进行分析。

分析提示:根据配送中心成本的详细分析方法进行分类计算和分析。

综合案例

麦当劳物流配送方案的制订

麦当劳餐厅(McDonald's Plaza)是大型的连锁快餐集团,在世界上大约拥有三万间分店,主要售卖汉堡包、薯条、炸鸡、汽水、冰品、沙拉、水果。麦当劳公司(McDonald's Corporation)旗下最知名的麦当劳品牌拥有超过3 2000家快餐厅,分布在全球121个国家和地区。在世界各地的麦当劳按照当地人的口味对餐点进行适当的调整。大多数麦当劳快餐厅都提供柜台式和得来速式(drive-through的英译,即指不下车便可以购买餐点的一种快餐服务。顾客可以驾车在门口点菜,然后绕过餐厅,在出口处取餐)两种服务方式,同时提供室内就餐,有时也提供室外座位。

麦当劳非常注重高品质的原料供应,同时又要求以低成本、高效率实施物流运营,因此主要从三个方面实施物流配送方案的制订。

1. 运输方案。确定的目标是"用最低的成本,达到最高的效率"。运输方式采取公路运输方式。麦当劳是大型的快餐连锁店,在各种食品材料的选材、加工、运输过程中,始终保持食品的新鲜、标准化及安全。公路运输既省时又迅速方便。运营模式则采取外包运输模式,运用外包运输业务保障了产品的安全和快速到达,既方便又节省了本公司的人力。外包运输方除了提供食品运输,还提供其他服务,比如信息处理、存货控制、贴标签、生产和质量控制等。在运输线路的选择上,其原则是选择最短最省时最安全的路线。在确定运输车辆大小和数量时,根据食品材料保鲜保质的要求以及预计的需求量,最终确定使用的运输车辆。

2. 仓储方案。由与麦当劳合作的配销系统负责。麦当劳本身不涉及采购工作,而只是管理所有供应商以及配销中心。麦当劳如果没有配销中心,光是物料的取得便已十分繁杂,其过程包括本地供应商产品以及进口物料的整合、品质鉴定、储货(又分为干货、冷藏品以及冷冻品)以及储货顺序安排(先到的货必须先出货,以保证新鲜)、订单管理、载运送货(其中牵涉如何设计路线图,以最短的公里数、最少的耗油量来运送,在提升运输效率的同时又必须考量店内仓储空间以及实际运送状况等),而后才送到各中心并加工成顾客手中新鲜美味的食品。因此,在仓储方案的制订中,一方面是库存的合理保持。麦当劳作为一个大型的快餐店,需要掌握好合理的订货来保持库存,因为作为一个快餐店随时保持足够的食物库存是非常重要的。麦当劳在这一方面做得非常好,由于麦当劳与夏晖公司特有的外包模式,麦当劳存货控制做得比其他大型快餐更具优势。另一方面,合理利用储存空间和高技术的储存能力。根据不同食物的特质和存放要求不同,合理使用现有的仓储空间。比如冻品必须存放在冷库里,冷库的温度要求零下18摄氏度左右,但是冷藏品就不能存放于冻库中。还有就是存放的地点、温度的条件不同。麦当劳的高技术储存能力体现在冷链模式中。即使在运输过程中,也非常重视食物的储存。比如麦当劳要求,运输鸡块的冷冻车内温度需要达到零下22摄氏度,并为此统一配备价值53万元的8吨标准冷冻车并且全程开机。

3. 整体配送方案。首先,在供应商的配送上,麦当劳只有一家主要材料的供应商,即夏晖公司。麦当劳要求夏晖提供一条龙式物流服务,即第三方物流模式,包括生产和质量控制在内。麦当劳利用夏晖设立的物流中心,为其各个餐厅完成订货、储存、运输及分发等一系列工作,使得整个麦当劳系统得以正常运作。通过夏晖的协调与连接,每一个供应商与每一家餐厅达到畅通与和谐,为麦当劳餐厅的食品供应提供最佳的保证。其次,麦当劳对物流服务的要求是比较严格的。在食品供应中,除了基本的食品运输之外,麦当劳要求物流服务商提供其他服务,比如信息处理、存货控制、贴标签、生产和质量控制等诸多方面,这些"额外"的服务虽然成本比较高,但它使麦当劳在竞争中获得了优势。最后,在客户配送方面,麦当劳十分注重对于客户的送货,大多数麦当劳快餐厅都提供柜台式和得来速式服务,方便快捷的送达服务是麦当劳的一大优势。

问题:麦当劳公司配送方案的制订包括哪些内容?

提示:从麦当劳公司的产品性质、客户需求以及配送方案的内容来分析。

综合实训

实训项目1:

实训目的:

(1)通过本项目实训,使学生了解配送计划的种类及配送计划的内容。

(2)掌握配送计划制订的步骤,并在配送企业中验证具体配送业务的步骤。

(3)能结合配送企业具体配送业务情况制订合理的配送计划。

实训内容:

(1)在综合性物流配送企业实习。

(2)熟悉物流配送企业各种配送业务的配送计划的制订程序和内容。

(3)对实习企业现行的配送计划进行分析,找出不足,并能为其设计较合理的配送计划。

实训要求:

(1)对实习企业配送需求计划、配送作业计划进行调查,掌握企业相关单据的制订方法。

(2)对实习企业具体业务配送计划进行调查,分析总结企业制订配送计划的程序和内容。

(3)撰写实践报告和实训报告幻灯片。

(4)五到六人为一组,相互讨论。

(5)实习结束后一周内完成。

(6)实践报告完成后设课堂讨论课,相互交流实训经验。

注意事项:

(1)配送计划制订的活动环节多,要注意组内的分工协作。

(2)虚心向企业工作人员学习求教。

(3)在企业期间遵守各项规章制度,注意劳动安全。

实训项目2:

实训目的:能将本章主要知识如配送方案的内容、配送路线的选择、合理化分析等进行综合运用,提高操作技能。

实训背景资料:

郑州思念集团现开发一项新的配送项目,即向上海区域某一客户配送10 000吨的冷冻食品。由于要配送的货物量很大,在配送方式上计划采用小批量多批次的方式。而且由于货物是冷冻食品,必须采用冷藏运输。在考虑运输方式时,由于运输量比较大,若采用公路运输,每辆车额定载重量小,需要车辆过多,消耗油量大,路程长,耗时多,并且一些路段收取费用,总费用远远高于铁路运输成本。若采用空运,空运成本高,运输量太小,完全不适合此项目货物运输。若采用铁路运输,每次运输量较大,并且成本低,所以初步考虑采用铁路运输。铁路运输的起点是郑州,沿途经过开封市、徐州市、南京市、镇江市、苏州市,终点到达上海,总时长为7小时,运输路线总长度为1 000公里。

另外,根据发改委关于调整铁路运输价格的通知,标重为60吨的C61、C62A型的敞车,可增载2吨;铁路运输每辆列车车厢一般不超过20节,采用每节车厢装载60 t,10 000 t需要166节车厢,每次运输用14节分12批比较合理。根据铁路运价表(见表9-8),经过分析计算:

火车车厢一般为12~18节,每节车厢为60吨,订单为10 000吨,10 000/60≈166.7,166/14≈12(14为车厢节数,12为次数),由此得出运输批次分为12批。

铁路运输费用的计算办法一般有三种:

(1)整车货物每吨运价=基价1+基价2×运价公里;
(2)零担货物每10千克运价=基价1+基价2×运价公里;
(3)集装箱货物每箱运价=基价1+基价2×运价公里。

由于整车与零担、集装箱相比,费用较低,运输量较大,具有优势,因此,总运输成本可以计算如下:

$$(11.5+0.079\times1\ 000)\times10\ 000\ 元=90.5\ 万元$$

表9-8 铁路运价表

办理类别	运价号	基价1		基价2	
		单位	标准	单位	标准
整车	1	元/吨	5.70	元/吨公里	0.0336
	2	元/吨	6.40	元/吨公里	0.0378
	3	元/吨	7.60	元/吨公里	0.0435
	4	元/吨	9.60	元/吨公里	0.0484
	5	元/吨	10.40	元/吨公里	0.0549
	6	元/吨	14.80	元/吨公里	0.0765
	7			元/吨公里	0.2445
	机械冷藏	元/吨	11.50	元/吨公里	0.0790

思念集团在对此项目进行配送合理化分析时,还考虑了以下四个方面:

(1)分批配送能够使库存周转灵活。
(2)分批配送能够使资金周转灵活。每送一批食品,能够先得到一定的资金来维持资金周转,减少运营风险。
(3)分批配送能够使对方减少库存成本并减少缺货。由于该客商需要的冷冻食品较多,每次配送的量如果较大,会造成其库存增加,并且及时配送减少了缺货带来的损失。
(4)采用铁路运输能够减少物流费用,并且减少了中转次数。

实训要求:请根据该案例拟出思念集团向上海客户确定配送方案的过程。

(提示:分别从配送方案的内容、配送路线的选择、合理化分析以及配送成本的核算分析来回答)

思政园地

阅读二维码内容,总结该公司成功的经验,该公司选拔人才的标准是什么?你如何努力?

海福发展(深圳)有限公司的配送体系

项目10
智慧配送中心

ZHIHUI CANGCHU PEISONG YUNYING

思政目标

◎通过智慧配送中心知识的传授,鼓励学生创新创业。

知识目标

◎了解智慧配送中心的作用和类型、配送中心的基本布局分类;
◎理解配送中心的概念和功能、配送中心的区域布置方法;
◎熟知配送中心规划的内容和程序、配送中心的网点布局;
◎掌握智慧配送中心规划资料的收集与分析、配送中心的选址规划方法。

技能目标

◎能够进行智慧配送中心规划资料的收集和分析;
◎能够参与智慧配送中心的规划与设计过程。

任务引例

沃尔玛的配送中心

1970年,沃尔玛的第一家配送中心在美国阿肯色州的一个小城市本顿维尔建立,这个配送中心供货给4个州的32个商场,集中处理公司所销商品的40%。到现在,沃尔玛在美国已有30多家配送中心,分别供货给美国18个州的3 000多家商场。

从配送中心的设计上看,沃尔玛的每个配送中心都非常大,平均占地面积大约有11万平方米,相当于23个足球场。一个配送中心负责一定区域内多家商场的送货,从配送中心到各家商场的路程一般不会超过一天行程,以保证送货的及时性。配送中心一般不设在城市里,而是在郊区,这样有利于降低用地成本。

沃尔玛的配送中心虽然面积很大,但它只有一层,之所以这样设计,主要是考虑到货物流通的顺畅性。有了这样的设计,沃尔玛就能让产品从一个门进,从另一个门出。如果产品不在同一层就会出现许多障碍,如电梯或其他物体的阻碍,产品流通就无法顺利进行。

沃尔玛配送中心的一端是装货月台,可供30辆卡车同时装货;另一端是卸货月台,可同时停放135辆大卡车。每个配送中心有600~800名员工,24小时连续作业;每天有160辆货车开来卸货,150辆车装好货物开出。

(资料来源:世贸人才网,有改动)

该案例表明:配送中心的建设是一项规模大、投资高、建设周期长、涉及面广的系统工程。要建造一个设施完整、功能齐全、服务优良的现代物流配送中心,系统规划设计乃是关键。配送中心的规划设计可细分为基本资料的收集与分析、选址、功能规划、作业流程设计等。

任务 1　智慧配送中心概述

1. 配送中心的概念和作用

1) 配送中心的定义

简单地说,配送中心就是指从事配送业务的物流场所或组织。

根据中华人民共和国国家标准《物流术语》(GB/T 18354),配送中心被定义为:具有完善的配送基础设施和信息网络,可便捷地连接对外交通运输网络,并向末端客户提供短距离、小批量、多批次配送服务的专业化配送场所。配送中心应基本符合下列要求:①主要为特定客户或末端客户提供服务;②配送功能健全;③辐射范围小;④多品种、小批量、多批次、短周期。

物流学家王之泰教授在《现代物流学》中也指出:"配送中心是从事货物配备(集货、加工、分货、拣选、配货)和组织对用户的送货,以高水平实现销售或供应的现代流通设施。"

2) 配送中心与仓库、物流中心的区别

仓库是存储物品的地方,在以前的仓库中,存储的物品时间较长,主要作用是保管货物,而现在的仓库更多地考虑经营上的收益而不仅为了贮存,这是同旧式仓库的区别所在。现代仓库从运输周转、贮存方式和建筑设施上都重视通道的合理布置,货物的分布方式和堆积的最大高度,并配置经济有效的机械化、自动化存取设施,以提高贮存能力和工作效率。

配送中心是位于物流的下游,从供应者手中接收多种大量的货物,进行倒装、分类、保管、流通加工和信息处理等作业,然后按照订货要求备齐货物,以令人满意的服务水平进行配送的设施。配送中心的作用是减少交易次数和流通环节、产生规模效益、减少客户库存,提高库存保证程度,与多家厂商建立业务合作关系。配送中心一般采用"门到门"的汽车运输,其作业范围较小(20~300公里),为本地区的最终客户服务。有时,配送中心还有流通加工的业务。

物流中心是处于枢纽或重要地位的、具有较完整物流环节,并能将物流集散、信息和控制等功能实现一体化运作的物流据点。将物流中心的概念放在物流系统化或物流网络体系中考察才更有理论和实践意义,物流系统是分为若干层次的,依物流系统化的对象、范围、要求和运作主体不同,应用其概念的侧重点也就有所不同。

三者的共同点就是,都是自营或代客户保管和运输物品的场所,都有保管和保养物品的功能以及其他相同的功能,只是程度、强弱的不同,此外物流中心和配送中心是由仓库发展、派生而成的。三者的区别如表10-1所示。

表10-1　配送中心与仓库、物流中心的区别

种类	比较模式			
	储存周期	现代化程度	针对角度	反应速度
仓库	长	低	设施	慢
配送中心	短	高	功能	快
物流中心	短	高	宏观	快

3）配送中心的作用

(1)使供货适应市场需求变化。

各种商品的市场需求在时间、季节、需求量上都存在大量随机性,而现代化生产、加工无法完全在工厂、车间来满足和适应这种情况,必须依靠配送中心来调节、适应生产与消费之间的矛盾与变化。

(2)经济高效地组织储运。

从工厂企业到销售市场之间需要复杂的储运环节,要依靠多种交通、运输、库存手段才能满足,传统的以产品或部门为单位的储运体系明显存在不经济和低效率的问题。建立区域、城市的配送中心,能批量进发货物,能组织成组、成批、成列直达运输和集中储运,有利于降低物流系统成本,提高物流系统效率。

(3)提供优质的保管、包装、加工、配送、信息服务。

现代物流活动中由于物资物理、化学性质的复杂多样化,交通运输的多方式、长距离、长时间、多起终点,地理与气候的多样性,对保管、包装、加工、配送、信息提出了很高的要求,只有集中建立配送中心,才有可能提供更加专业化、更加优质的服务。

(4)促进地区经济的快速增长。

配送中心同交通运输设施一样,是经济发展的保障,是吸引投资的环境条件之一,也是拉动经济增长的内部因素,配送中心的建设可以从多方面带动经济的健康发展。

(5)对于连锁店的经营活动是必要的。

配送中心可以帮助连锁店实现配送作业的经济规模,使流通费用降低;减少分店库存,加快商品周转,促进业务的发展和扩散。批发仓库通常需要零售商亲自上门采购,而配送中心解除了分店的后顾之忧,使其专心于店铺销售额和利润的增长,不断开发外部市场,拓展业务。此外,还加强了连锁店与供方的关系。

2. 配送中心的类型

1）按配送中心的经济功能分类

(1)供应型配送中心。

供应型配送中心是专门向某些用户供应货物、充当供应商角色的配送中心。其服务对象主要是生产企业和大型商业组织(超级市场或联营商店),配送中心所配送的货物以原料、元器件和其他半成品为主,客观上起着供应商的作用。这些配送中心类似于用户的后勤部门,故属于供应型配送中心。那些接受客户委托,专门为生产企业配送零件、部件以及专为大型商业组织供应商品的配送中心,均属于供应型配送中心。我国上海地区6家造船厂共同组建的钢板配送中心、服务于汽车制造业的英国Honda斯温登配件中心、美国Suzuki Motor洛杉矶配件中心,以及德国Mazda Motor配件中心等物流组织,就是这种配送中心的典型代表。

(2)销售型配送中心。

以销售商品为主要目的、以开展配送为手段而组建的配送中心,属于销售型配送中心。在竞争日趋激烈的市场环境下,许多生产者和商品经营者为了扩大自己的市场份额,采取了种种降低流通成本和完善其服务的办法和措施,其中包括代替客户(或消费者)理货、加工和送货等。

同时,组建了专门从事加工、分货、拣货、配货、送货等活动的配送组织——配送中心。很明显,上述的配送中心完全是围绕着销售而开展配送业务的。

销售型配送中心又可细分成三种:

第一种,是生产企业为了直接销售自己的产品及扩大自己的市场份额而建立的销售型配送中心。

第二种,是专门从事商品销售活动的流通企业为了扩大销售而自建或合作建立起来的销售型配送中心。近几年,在我国一些试点城市所建立或正在建立的生产资料配送中心,多属于这种类型的物流组织。

第三种,是流通企业和生产企业联合建立的销售型配送中心。这种配送中心类似于国外的"公共型"配送中心。

(3)储存型配送中心。

这是一种有很强储存功能的配送中心。实践证明,大范围、远距离、高水平地开展配送活动客观上要求配送组织储存一定数量的商品。有一些大型配送中心是在发挥储存作用的基础上组织、开展配送活动的,这样的配送中心多起源于传统的仓库。中国物资储运总公司天津物资储运公司唐家港仓库即是储存型配送中心,而瑞士 Giba-Geigy 公司所属的配送中心、美国福来明公司的食品配送中心则是国外储存型配送中心的典型。上述瑞士配送中心拥有规模居世界前列的储存仓库,可储存 4 万个托盘。美国福来明公司的食品配送中心的建筑面积为 7 万平方米,其中包括 4 万平方米的冷库和冷藏库、3 万平方米的杂货仓库。

2)按物流设施的归属分类

(1)自有型配送中心。

包括原材料仓库和成品仓库在内的各种物流设施和设备归一家企业或企业集团所有,作为一种物流组织,配送中心是企业或企业集团的一个有机组成部分。通常,它是不对外提供配送服务的。例如,美国沃尔玛商品公司所属的配送中心,就是公司独资建立、专门为本公司所属的连锁店提供商品配送服务的自有型配送中心。

(2)公共型配送中心。

这类配送中心是面向所有用户提供后勤服务的配送组织。只要支付服务费,任何用户都可以使用这种配送中心。这种配送中心一般是由若干家生产企业共同投资、共同持股和共同管理的经营实体。在国外,也有个别的公共型配送中心是由私人(或某个企业)投资建立和独资拥有的。

(3)合作型配送中心。

这种配送中心是由几家企业合作兴建、共同管理的物流设施,多为区域性配送中心。合作型配送中心可以是企业之间联合发展,如中小型零售企业联合投资兴建,实行配送共同化;也可以是系统或地区规划建设,达到本系统或本地区内企业的共同配送;或是多个企业、系统、地区联合兴建,形成辐射全社会的配送网络。北京粮食局系统的八百佳物流中心即为系统内联合之一例。

3)按服务范围和服务对象分类

(1)城市配送中心。

城市配送中心是只能向城市范围内的众多用户提供配送服务的物流组织。由于使用汽车配送物资时机动性强、供应快、调度灵活,因此,在实践中依靠城市配送中心能够开展少批量、多批次、多用户的配送活动,也可以开展"门到门"的送货业务。城市配送中心的服务对象多为城市圈里的零售商、连锁店和生产企业,所以一般来说,它的辐射能力不太强。在流通实践中,城市配送中心多是采取与区域配送中心联网的方式运作的。

(2)区域配送中心。

这是一种辐射能力较强、活动范围较大,可以跨市、跨省进行配送活动的物流中心。美国沃尔玛公司下属的配送中心、荷兰 Nedlloyd 集团所属的"国际配送中心",就是这种性质的物流组织。

区域配送中心有三个基本特征:其一,经营规模比较大,设施和设备齐全,并且数量较多、活动能力强。如美国沃尔玛公司的某配送中心,建筑面积12万平方米,投资7 000万美元,每天可为分布在6个州的100家连锁店配送商品,经营的商品有4万种。其二,配送的货物批量比较大而批次较少。其三,区域配送中心虽然也从事零星的配送活动,但这不是其主要业务。很多配送中心常常向城市配送中心和大的工商企业配送商品。

4)按运营主体的不同分类

(1)以制造商为主体的配送中心。

这种配送中心里的商品是由制造商自己生产制造的,这样可以降低流通费用,提高售后服务质量,及时地将预先配齐的成组元器件运送到规定的加工和装配工位。从商品制造到生产出来后条码和包装的配合等多方面都较易控制,所以按照现代化、自动化的配送中心设计比较容易,但不具备社会化的要求。

(2)以批发商为主体的配送中心。

一般是按部门或商品类别的不同,把各个制造厂的商品集中起来,然后以单一品种或搭配形式向消费地的零售商进行配送。这种配送中心的商品来自各个制造商,它所进行的一项重要的活动便是对商品进行汇总和再销售,而它的全部进货和出货都是社会配送,社会化程度高。

(3)以零售商为主体的配送中心。

零售商发展到一定规模后,就可以考虑建立自己的配送中心,为专业商品零售店、超级市场、百货商店、建材商场、粮油食品商店、宾馆饭店等服务,其社会化程度介于前两者之间。

(4)以仓储运输业者为主体的配送中心。

这种配送中心最强的是运输配送能力,而且地理位置优越,如港口、铁路和公路枢纽,可迅速将到达的货物配送给用户。它提供仓储货位给制造商或供应商,而配送中心的货物仍属于制造商或供应商所有,配送中心只是提供仓储管理和运输配送服务。这种配送中心的现代化程度往往较高。

3.配送中心的功能

配送中心是专门从事货物配送活动的经济组织,也是集加工、理货、送货等诸多功能于一体的物流据点,是集货中心、分货中心和加工中心功能的综合。从理论上说,配送中心可以具备如下一些基本功能:

(1)集散功能。

配送中心凭借其在物流网络中的枢纽地位和拥有的各种先进设施设备,能将分散在各地的生产厂商的产品集中到一起,经过分拣、配装后向众多用户发送。与此同时,配送中心也可以把各个用户所需的多种货物有效地组合配载,形成经济合理的货运批量。

(2) 运输功能。

配送中心需要自己拥有或租赁一定规模的运输工具;具有竞争优势的配送中心不只是一个点,而是一个覆盖全国的网络,因此,配送中心首先应该负责为客户选择满足客户需要的运输方式,然后具体组织网络内部的运输作业,在规定的时间内将客户的商品运抵目的地。除了在交货点交货时需要客户配合外,整个运输过程,包括最后的市内配送,都应由配送中心负责组织,以尽可能方便客户。

(3) 储存功能。

为了顺利而有序地完成向用户配送商品的任务,配送中心都要兴建现代化的仓库并配置一定数量的仓储设备,存储一定数量的商品。但客户需要的不是在配送中心储存商品,而是要通过仓储来保证市场销售活动的开展,同时尽可能降低库存占压的资金,减少储存成本。

(4) 装卸搬运功能。

这是为了加快商品在配送中心的流通速度而必须具备的功能。公共配送中心应该配备专业化的装载、卸载、提升、运送、码垛等装卸搬运机械,以提高装卸搬运作业效率,减少配送作业对商品造成的破损。

(5) 分拣功能。

作为物流节点的配送中心,其服务对象有的能达到数百家。由于不同客户的经售特点和商品的物流方式不同,在订货或进货时,对货物的种类、规格、数量等会提出不同的要求。因此,为能有效地开展配送,适应市场需要,配送中心必须采取适当的方式、技术和设备对配送中心接收的货物进行分拣作业,也同时向不同的用户配送多种货物。

(6) 衔接功能。

通过开展货物配送活动,配送中心把各种工农业产品运送到广大用户手中,客观上起到了联系产销、平衡供求的衔接作用,在其间架起了相互沟通的桥梁。

(7) 流通加工功能。

为了扩大经营范围和提高配送水平,许多配送中心都配备了各种加工设备,由此形成了一定的加工能力。按照用户的要求与合理配送的原则,将组织进来的货物加工成一定规格、尺寸和形状,既大大方便了用户,省却了不少烦琐的劳动,而且也有利于提高资源利用率和配送效率。

(8) 物流信息处理功能。

由于配送中心现在已经离不开计算机,因此将各个物流环节各种物流作业的信息进行实时采集、分析、传递,并向货主提供各种作业明细信息及咨询信息,这是相当重要的。

(9) 需求预测功能。

自有配送中心经常负责根据配送中心商品进货、出货信息来预测未来一段时间内的商品进出库量,进而预测市场对商品的需求。

任务2　智慧配送中心规划与设计

1. 配送中心规划目标、内容和原则

1)配送中心规划与建设的目标

配送中心的规划与建设是基于物流合理化和满足市场需要而开展的。配送中心规划应达到的总体目标是：

(1)效益最大化。

效益最大化是配送中心规划与建设的首要目标。经济效益最大化有两种实现的途径：一是物流服务价格的提高；二是提供物流服务成本的降低。二者有时存在冲突，因此在配送中心规划的过程中应该根据自身的发展战略，对影响配送中心规划设计的因素进行分析，合理选择规划方案。

(2)服务最优化。

提供优质高效的物流服务是配送中心利润的源泉。规划建设的配送中心必须能够提供适时适量的配送服务，提高配送组织的反应速度，才能获得更多的客户，进而扩大市场占有率。

(3)规范作业、流程自动化。

配送中心的规划必须强调作业流程、作业运作的标准化和程序化，使复杂的作业变成简单的、易于推广与考核的运作。

(4)管理法制化、经营市场化。

规划建设的配送中心不但在法律制度上健全、规范，而且在具体经营时采用市场机制，无论是企业自己组织物流配送，还是委托社会化物流配送企业承担物流配送任务，都以"服务—成本"的最佳配合为目标。

(5)柔性化、智能化。

配送中心规划要融入新的经营理念和高新科技。柔性化要求配送中心根据需求，"多品种、少批量、多批次、短周期"地实施作业。智能化是物流系统高层次的应用，是物流作业的运筹和决策。

2)配送中心规划的内容

配送中心的规划主要应从物流系统规划、信息系统规划、运营系统规划三个方面来进行。规划内容如图 10-1 所示。通过系统规划，实现配送中心的高效化、信息化、标准化和制度化。

3)配送中心规划的主要原则

在配送中心的规划设计中，要遵循以下原则：

(1)系统最优原则。

由于各种物流活动成本常常表现出相互冲突的特征，因此在进行配送中心规划时，应追求系统总成本最优，而不能是单项成本最优；不能只考虑某个部门、某项物流活动的效益，而应该追求配送系统整体的总效益。必须高度重视各作业环节之间的紧密衔接、互相适应。

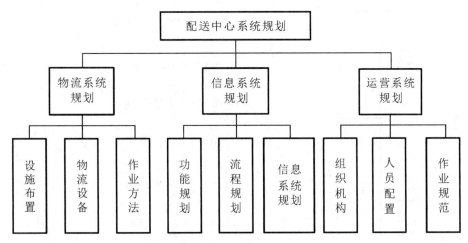

图 10-1 配送中心规划的基本内容

(2) 满足使用要求原则。

配送中心的总体规划设计要遵循适用的原则。所谓适用就是总体设计要能满足各种类型的配送中心的共同使用要求。各种类型的配送中心尽管储存的商品和配送方式不同,在使用上都有一个共同的要求,那就是既要方便收发货和保管、养护工作的展开,又能保证商品进出迅速。

(3) 价值工程原则。

建造配送中心耗资巨大,因此,必须对建设项目进行可行性研究,并做多方案的技术、经济比较,以求最大的企业效益和社会效益。例如,配送中心总体规划设计应使布局紧凑,既能保证建筑物之间必要的间距,又能节省用地,以减少建设投资。同时,总体规划设计要有利于各种设施、设备效能的充分发挥,保证各种设施设备的有效利用,提高劳动效率和配送中心的经济效益。

(4) 尽量实现工艺、设备、管理科学化的原则。

近年来,配送中心均广泛采用计算机进行物流管理和信息管理,大大加速了商品的流转,提高了经济效益和现代化管理水平。同时,要合理地选择、组织、使用各种先进机械化、自动化物流设备,以充分发挥配送中心多功能、高效益的特点。

(5) 适度超前的原则。

配送中心是规模大、投资高、涉及面广的系统工程,一旦建成则很难变动,因此应具有适当的超前性。规划配送中心时,无论是建筑物、信息系统的设计,还是机械设备的选择,都要考虑到有较强的应变能力和柔性化程度,以适应物流量增大、经营范围拓展的需要。

2. 配送中心规划的程序

配送中心的规划程序可以分为五个主要阶段,包括筹划准备阶段、总体规划设计阶段、方案评估阶段、详细设计阶段和规划实施阶段(见图 10-2)。现在就各阶段的工作内容分别阐述如下。

1) 筹划准备阶段

配送中心建设的筹划准备阶段的主要任务包括四个方面:

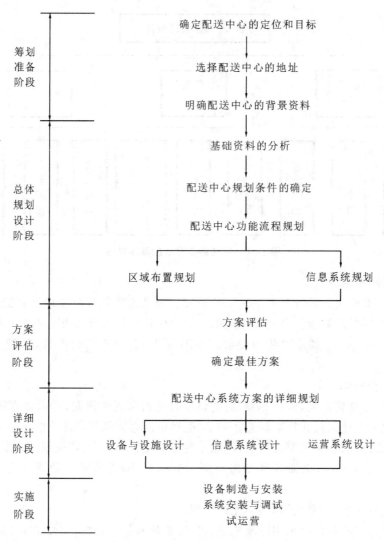

图 10-2 配送中心系统规划流程

(1)成立领导班子。在对配送中心的必要性和可行性进行分析和论证,并有了初步结论后,就应该设立筹划小组(或委员会)进行具体规划,筹划小组成员包括本公司、物流咨询公司、物流工程技术公司、土建公司人员以及一些经验丰富的物流专家或顾问等。

(2)基本规划资料的收集。规划资料的收集过程分为两个阶段,即现行作业资料的收集分析和未来规划需要资料的收集。

(3)确定建设配送中心的定位及目标。筹划小组应确定配送中心的定位,例如配送中心在物流网络中是采取集中型配送中心还是分散型配送中心,和生产工厂以及仓库的关系;配送中心的规模以及配送中心的服务水平基本标准(如接受顾客订货后供货时间的最低期限,能满足多少顾客需要,储存商品量有多少等)。

(4)确定配送中心的选址。在上述基础上确定配送中心地址,包括配送对象的地点和数量、配送中心的位置和规模、配送商品的类型、库存标准、配送中心的作业内容等,应进行实际调研或具体构想,把握物流系统的状况以及物品(商品)的特性。

2)总体规划设计阶段

在配送中心的总体规划阶段,需要对配送中心的基础资料进行详细分析,确定配送中心的规划条件,在此基础上进行基本功能和流程的规划、区域布置规划和信息系统的规划,根据规划方案制定项目进度计划、投资预算和进行经济效益分析等。配送中心总体规划阶段的主要任务包括:

(1)配送中心规划的基础资料分析。配送中心规划的基础资料分析,包括订单变动趋势分析、EIQ分析、物品特性与储运单位分析等,通过分析,可以确定配送中心的规划条件,为配送中心的规划提供设计依据。

(2)配送中心业务能力的规划。配送中心业务能力的规划主要包括决定配送中心的运转能力、自动化水平、物流单位等。运转能力表明配送中心能够处理的进出物流量大小,而自动化水平则取决于配送中心是否大量使用自动化设备。

思考10-1

如何进行配送中心分拣系统自动化水平的选择?

答:在整个配送中心的物流作业中,分拣作业是其中最重要的作业环节,也是配送中心极易出现瓶颈的地方。根据自动化程度的高低,可以分为三种不同系统。

第一,全自动分拣系统:利用计算机与自动化设备配合的拣货方式,完全不需要作业人员而将订购的货品拣出来。

第二,半自动分拣系统:大部分是利用自动仓库与人工配合的拣货方式,且作业人员不用移动而货品利用设备自动搬运到作业人员面前拣货的方式。

第三,人工分拣系统:大部分是利用合理化仓储搬运设备与人工配合的拣货方式,且作业人员必须走动而货品固定不动,而将货品拣出的拣货方式。

(3)配送中心的功能流程设计。根据配送中心的规划条件和基础资料的分析结果,确定配送中心的功能和作业流程。将进货、保管、流通加工、拣取、分货、配货、补货、退货等作业按顺序做成流程图(见图10-3),而且初步设定各作业环节的相关作业方法。如保管环节,是用巷道堆垛机或自动高架仓库,还是普通货架以人力搬运车进行人工存取,或是采用高架叉车作业配合中高货架存放等。

(4)配送中心的平面布置。确定各业务要素所需要的占地面积及其相互关系,考虑到物流量、搬运手段、货物状态等因素,做成位置相关图。在平面设计中还要考虑到将来可能发生的变化,要留有余地。

(5)信息系统规划。包括配送中心信息系统的功能、流程和网络结构。

(6)运营设计。包括作业程序与标准、管理方法和各项规章制度、对各种票据的处理及各种作业指示图、设备的维修制度与系统异常事故的对策设计,以及其他有关配送中心的业务规划与设计等。

(7)制订进度计划。对项目的基本设计、详细设计、土建、机器的订货与安装、系统试运转、人员培训等都要制订初步的进度计划。

(8)建设成本的概算。以基本设计为基础,对设计研制费、建设费、试运转费、正式运转后所需作业人员的劳务费等做出费用概算。

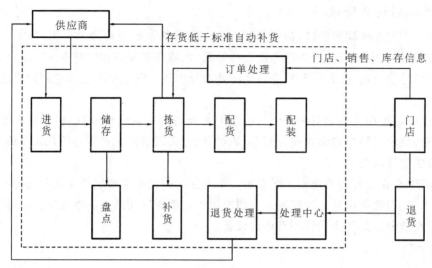

图 10-3　配送中心的功能流程

3）方案评估阶段

在基本设计阶段往往产生几个可行的系统方案，应该根据各方案的特点，采用各种系统评价方法或计算机仿真的方法，对各方案进行比较和评估，从中选择一个最优的方案进行详细设计。

4）详细设计阶段

经过总体方案设计与评估之后，应该进行详细设计。在此设计阶段主要是对配送中心作业场所的各项物流设备、运营系统与信息系统以及物流周边设施进行规格设计与布置。本阶段的主要任务包括：

(1)物流系统设备规格型号的设计。配送中心系统规划阶段，主要规划设计全系统的功能、数量和形式，而在详细设计阶段主要是设计各项设备的详细规格型号和设施配置。

(2)设备面积与实际位置的设计。根据配送中心各区域规划图逐步进行分区的详细配置设计和区域内通道设计。

(3)运营系统与信息系统详细规划。完成配送中心各项作业流程和事务流程详细规划，实现合理化的物流作业。之后便可进行信息系统的功能和整体框架、设备和界面等设计。

(4)周边设施的设计。如配送中心发货接货站台、附近物流运输通道等。

5）规划实施阶段

为了保证系统的统一性以及系统目标与功能的完整性，应对参与设计施工各方所设计的内容从性能、操作、安全性、可靠性、可维护性等方面进行评价和审查，在确定承包工厂前应深入现场，对该厂生产环境、质量管理体系以至外协件管理体系等进行考察，如发现问题应提出整改要求。在设备制造期间也需进行现场了解，对质量和交货日期等进行检查。

3. 配送中心网点布局和选址规划

1）配送中心网点的几种典型分布

(1)辐射型分布。

如图 10-4 所示,配送中心位于多个用户的中心位置,货物从该中心向各方向的用户运送,形成辐射状。

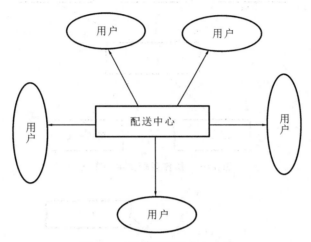

图 10-4　辐射型配送中心布局

(2)吸收型分布。

配送中心位于许多货主的某一居中位置,货物从各个产地向此配送中心运送,形成吸收状,如图 10-5 所示。

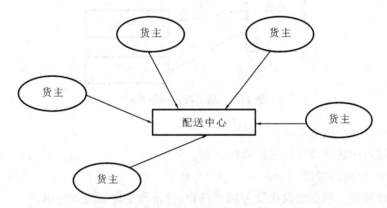

图 10-5　吸收型配送中心布局

(3)聚集型分布。

聚集型分布形式类似吸收型分布,但处于中心位置的不是配送中心,而是一个生产密集的经济区域,四周分散的是配送中心而不是货主或用户,如图 10-6 所示。

(4)扇型分布。

货物从配送中心向一个方向运送的单向辐射称扇型分布,如图 10-7 所示。

2)配送中心网点的合理布局

(1)配送中心网点布局应考虑的主要问题:

①计划区域内应设置配送中心网点的数目;

②网点的地理位置;

③网点的规模(吞吐能力);

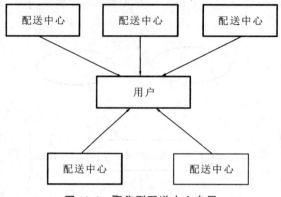

图 10-6　聚集型配送中心布局

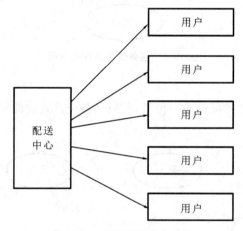

图 10-7　扇型配送中心布局

④各网点的进货与供货关系；

⑤计划区域内中转供货与直达供货的比例。

(2)配送中心网点的费用：

①网点建设投资。网点建设投资包括建筑物、设备和土地征用等费用。

②网点内部的管理费。网点设置以后的人员工资、固定资产折旧以及行政支出等与经营状态无关的费用，称为网点内部的固定费用。

③网点经营费用。经营费用是网点在经营过程中发生的费用，如进出库费、保管维护费等。它与网点的中转量大小有关。

④运杂费。包括运价、途中换乘转装以及支垫物资等发生的费用。很显然，它与运输路线即网点位置有关。

(3)配送中心网点布局模型的约束条件：

①资源点向外提供的资源量不超过其生产能力；

②运达用户的物资等于它的需求；

③各网点中转物资的数量不超过网点的设置规模(吞吐能力)；

④用户采取直达方式进货时，其每笔调运量不低于订发货起点的限制；

⑤用户中转进货的物资应尽量集中在一个网点上,以便提高转运效率。

(4)选择配送中心网点备选地址的原则:

①有利于物资运输合理化。网点应设置在交通方便的地方,一般应在交通沿线上。

②方便用户。应该使网点尽量靠近用户一些,特别是在用户比较集中的地方应设置网点。

③有利于节省基本建设费用。应在地理区位比较有利的位置设置网点。

④能适应国民经济一定时期发展的需要。设置网点时,除了考虑现存的情况外,还应对计划区域内生产发展水平和建设规划进行预测,以使网点布局方案对今后一定时期内国民经济的发展有较好的适应能力。

(5)配送中心网点布局合理化。

配送中心网点布局的合理化,就是为了确保优质的物流配送服务,降低总的物流配送成本。配送网点分散和集中各有利弊,见表10-2和表10-3。

由于高速公路网已经很发达,时间和距离都已不成为障碍,而且处理多批次、小批量的配送信息系统的采用,使得配送中心作业速度加快,正是由于作业速度的提高和信息化的发展,集中配送网点的优势越来越明显。

表10-2 配送网点分散的利弊

利	弊
1.可向顾客提供高质量服务; 2.规模较小,易于运营管理; 3.设备机具规模小,所需费用少; 4.向顾客配送距离较短,配送车辆的周转率高	1.人力费用负担增多; 2.库存管理难,掌握实际库存情况也难; 3.库存量增多; 4.规模小,不容易实现机械化、规模化; 5.库存管理不完善,容易发生断档; 6.仓库维修和系统维修费用增加; 7.入库、出库等指令复杂,使系统规模大型化

表10-3 配送网点集中的利弊

利	弊
1.土地、房屋费用下降; 2.库存减少; 3.库存可以集约化,对库存进行一元化管理; 4.可以减少劳力; 5.可以进行多品种配送; 6.货物量增加,容易实现自动化; 7.通向物流网点通道变宽,可实现输送合理化	1.输送距离延长,时间增多; 2.为供货、发货、接受订货处理等进行联络耗费时间; 3.需要处理的商品过多,不易处理,耗费时间; 4.设备、机具费用有可能增多

3)配送中心选址的影响因素

(1)全球化对选址的影响。

随着国际贸易的发展,许多重要的港口城市正成为更合理的仓储配送场所。其结果就是,这些设施的位置更为重要。每一个设施都必须通往大部分厂商或客户。

(2)电子商务的影响。

对选址的趋势影响最大的就是在因特网上达成的交易量迅速增长。电子商务的快速发展,不仅改变了全社会购买产品的方式,也改变了企业配送产品的方式,也将改变传统订单的数额以及履行这些订单的方式。

(3)渠道整合的影响。

随着大量批发商、分销商地位的弱化,企业正朝着更多使用来自制造商和其他供应链上游位置的"直接向客户交货"的方向发展。在很多情况下,这就绕过并减少了对完整的配送设施网络的需要。直接配送的更多使用提供了产品直接从制造商向顾客的交货,由此减少了对中间配送能力的需要。

(4)库存的战略定位。

例如,快速流转、盈利高的产品可以放在邻近市场的物流设施里;流动速度慢、盈利低的产品可以放在区域性或全国性的设施里。这些例子都与库存细分战略的有效执行保持一致。

(5)对战略性定位的越库配送(cross docking)设施存在着不断增长的需求和应用。

这些设施作为合并运送的转运点使用,统一运送的货物需要进行分解或混合成小批量货物配送到客户手中。这方面的例子是将多个供应商的货物合并后配送到零售店或销售点。这一概念应用到进货运送方面,可以极大地削减内部配送设施的需要。

(6)整车货运或零担货运配送都依赖于大宗运送。

越来越多的产品不再完全采用这两种配送方式,转而使用小包裹速递服务。靠近包裹速递公司的集配中心,成为选址时需要考虑的一个重要问题。

4)配送中心选址及网点布局的决策步骤

配送中心选址及网点布局的决策步骤可以按照图10-8所示的步骤进行操作。

(1)收集整理历史资料。

通过对历史资料的收集整理,可以获得关于物流系统现状的认识,确定配送中心服务对象的需求条件,并初步确定配送中心的选址原则。

(2)选定备选地址。

在进行配送中心位置选择时,首先要根据上述各影响因素进行定性分析和审慎评估,大致确定出几个备选的地址。

(3)优化备选地址。

在备选地址确定下来以后,最后一步要做的是更详细地考察若干具体地点。可以在此基础上建立数学模型,通过定量化计算,得到优化坐落地点。

(4)优化结果复查。

直接应用定量模型得出的结果进行配送中心选址时,常常会发现在经济上最为可取的选址地点在实际上行不通。因此,要将其他非经济性因素考虑进去,如综合地理、地形、环境、交通条件、劳动条件以及有关法规规定等条件对优化结果进行评价,看优化结果是否具有现实可行性。

(5)确定最终方案。

如果优化结果通过复查,即可将优化结果作为最终方案。如果没有通过复查,重新返回第二步,进行筛选备选地址、优化备选地址、复查等一系列步骤,直至得到最终结果。

5)配送中心选址的方法

配送中心选址的问题可分为单一配送中心的选址和多个配送中心的选址两种。多个配送

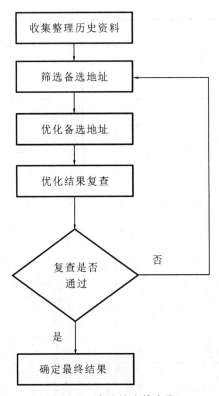

图 10-8 选址的决策步骤

中心的选址问题一般采用线性规划中的整数规划来求解。单一配送中心的选址是指在计划区域内设置唯一的配送中心的选址问题,一般采用因素评分法、重心法、数值分析法等方法求解。

(1)因素评分法。

因素评分法以简单易懂的模式将各种不同因素综合起来,在允许的范围内给出一个分值,然后将每一地点各因素的得分相加,求出总分后加以比较,最后选定得分最多的地点。

使用因素评分法选址的步骤如下:

①给出备选地点。
②列出影响选址的各个因素。
③给出各因素的分值范围。
④由专家对各备选地点就各个因素评分。
⑤将每一地点各因素的得分相加,求出总分后加以比较,得分最多的地点中选。

表 10-4 给出了某选址问题中影响选址的每个因素及其分值范围。

表 10-4 影响选址的每个因素及其分值范围

考虑因素	分值范围
区域内货物需要量大小	0~400
周围的辅助服务设施	0~330
运输条件	0~200

续表

考虑因素	分值范围
配送服务的辐射区域范围	0~100
生活条件	0~100
出货	0~100
与客户距离	0~100
劳动力获取	0~30
劳动力成本	0~20
气候	0~50
供应商情况	0~200
进货	0~100
工会环境	0~50
税收	0~50
国家激励措施/法律	0~50
土地成本	0~50
公用事业费	0~10
适时管理要求	0~50

(2)重心法。

重心法是将配送系统的资源点与需求点看成是分布在某一平面范围内的物体系统,各资源点与需求点的物流量可分别看成是物体的重量,将物体系统的重心作为配送中心的最佳位置。把用户对货物的需要量按一定比例换算成重锤的重量,用实验的方法确定重心位置,重心的位置即是配送中心的最佳位置,如图10-9所示。

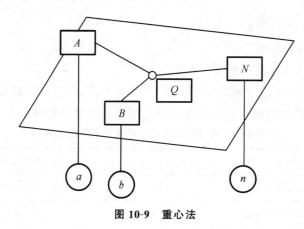

图10-9 重心法

如果以(x_i, y_i)表示各点的坐标,w_i表示各点的运量,c_i表示各点的运输费率,则重心的坐

标为:

$$x_0 = (x_1 w_1 c_1 + \cdots + x_i w_i c_i)/(w_1 c_1 + \cdots + w_i c_i)$$
$$y_0 = (y_1 w_1 c_1 + \cdots + y_i w_i c_i)/(w_1 C_1 + \cdots + w_i c_i)$$

例如,某家电集团在 P_1 地生产冰箱,在 P_2 地生产洗衣机,在 P_3 地生产空调,在 P_4 地生产小家电。假设各工厂的运输费相同,各工厂所在地与某城市中心(坐标原点)的距离和每年的产量如表 10-5 所示。求配送中心的坐标。

表 10-5 工厂所在地和年运输量

工厂所在地	P_1		P_2		P_3		P_4	
	x_1	y_1	x_2	y_2	x_3	y_3	x_4	y_4
距城市中心的坐标距离/km	20	70	60	60	20	20	50	20
年运输量	2 000		1 200		1 000		2 500	

利用重心法选址公式,得:

$$x_0 = (20 \times 2\,000 + 60 \times 1\,200 + 20 \times 1\,000 + 50 \times 2\,500) /(2\,000 + 1\,200 + 1\,000 + 2\,500) \text{ km} = 38.4 \text{ km}$$

$$y_0 = (70 \times 2\,000 + 60 \times 1\,200 + 20 \times 1\,000 + 20 \times 2\,500) /(2\,000 + 1\,200 + 1\,000 + 2\,500) \text{ km} = 42.1 \text{ km}$$

所以,配送中心应选址在坐标为(38.4,42.1)的位置。

(3)解析法。

用解析法对单一配送中心进行选址的方法,就是用坐标和费用函数求出由配送中心至顾客之间配送费用最小地点的方法。

设有 n 个用户,分布在不同坐标点 (x,y) 上,现假设配送中心设置在坐标点 (x_0,y_0) 处,如图 10-10 所示。

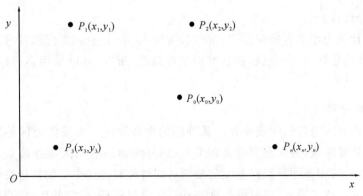

图 10-10 单一物流中心与多顾客

以 e_i 表示从配送中心到顾客 i 的运输费,则运输总额 H 的计算公式如下:

$$H = \sum_{i=1}^{n} e_i$$

设 a_i 表示配送中心到顾客 i 每单位量、单位距离所需要的运输费,w_i 表示到顾客 i 的运输量,d_i 表示配送中心到顾客 i 的直线距离,根据两点间距离公式

$$d_i = \sqrt{(x_0 - x_i)^2 + (y_0 - y_i)^2}$$

总运输费 H 为:

$$H = \sum_{i=1}^{n} d_i w_i a_i = \sum_{i=1}^{n} a_i w_i \{(x_0 - x_i)^2 + (y_0 - y_i)^2\}^{\frac{1}{2}}$$

希望求得 H 为最小的配送中心地点,也就是使:

$$\frac{dH}{dx_0} = 0 \qquad \frac{dH}{dy_0} = 0$$

成立的 (x_0, y_0),即为适当选址地点。

(4)仿真法。

仿真法的主要步骤,可以按照图 10-11 所示的流程操作。

4. 配送中心的区域布置

配送中心的系统布置就是根据物流作业量和物流路线,确定各功能区域的面积和各功能区域的相对位置,最后得到配送中心的平面布置图。

1)基本布局分类

配送中心的基本布局类型可以分为 U 型布局、直线流出型布局和多层布局等几种情况。

(1)U 型布局。

U 型布局如图 10-12 所示,其特点是布局紧凑,可以共用空间和设备,适合 cross docking 等操作。

(2)直线流出型布局。

直线流出型布局如图 10-13 所示,其特点是单方向滚动,货流通畅,可以有更多入库门和出库门,方便大量操作。

(3)多层布局设计。

多层布局设计是为了节省空间所用。例如,英国 River Island 在密尔顿·凯恩斯的全国配送中心,因为处理的是挂衣,重量轻,并且使用挂衣索道,所以,可以采用多层建设,以充分利用空间。

2)区域设置方法

配送中心的作业区域包括物流作业区及外围辅助活动区。物流作业区如装卸货、入库、订单拣取、出库、出货等区域,通常具有物流相关性;而外围辅助活动区如办公室、计算机室、维修间等,则具有业务上的相关性。经作业流程规划后即可针对配送中心的营运特性规划所需作业区域。确定所需的作业区域后,需依据各项基础需求分析资料,确定各区域的基本运转能力。

配送中心的区域布置方法有两种,即流程性布置法和活动相关性布置法。流程性布置法是根据物流移动路线和物流相关表作为布置的主要依据,适用于物流作业区域的布置;活动相关性布置法是根据各区域的综合相关表进行区域布置,一般用于整个厂区或辅助性区域的布置。

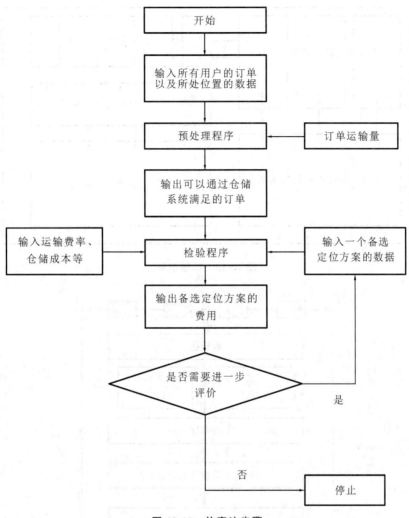

图 10-11 仿真法步骤

配送中心区域布置的方法如下:
(1)物流作业区域的布置。
①决定配送中心对外的联外道路形式:确定配送中心联外道路、进出口方位及厂区配置布局。
②决定配送中心厂房空间范围、大小及长宽比例。
③决定配送中心内由进货到出货的主要物流路线形式:决定其物流模式,如 U 型、双排型等。
④按物流相关表和物流路线配置各区域位置:首先将面积较大且长宽比例不易变动的区域置入建筑平面内,如自动仓库、分类输送机等作业区;再按物流相关表中物流相关强度的大小安排其他区域的布置。
(2)行政活动区域的配置。
一般配送中心行政办公区均采用集中式布置,并与物流仓储区分隔,但也应进行合理的配置。

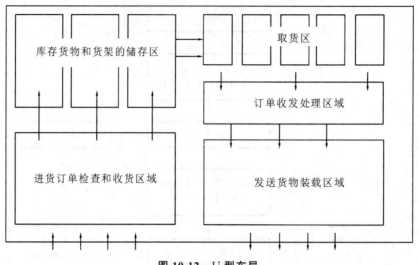

图 10-12　U 型布局

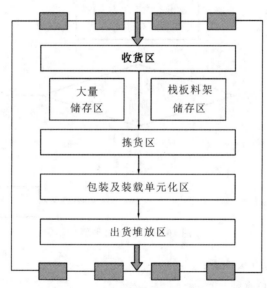

图 10-13　直线流出型布局

　　行政活动区域内的配置方法：首先选择与各部门活动相关性最高的部门区域先行置入规划范围内，再按活动相关表，将各部门按照其与已置入区域关系的重要程度依次置入布置范围内。

　　(3)确定各种布置组合。

　　根据物流相关表和活动相关表，探讨各种可能的区域布置组合。

　　根据以上方法，可以逐步完成各区域的概略配置。然后再将各区域的面积置入各区域相对位置，并做适当调整，减少区域重叠或空隙，即可得到面积相关配置图。最后经由调整部分作业区域的面积或长宽比例后，即得到作业区域配置图，如图 10-14 所示。

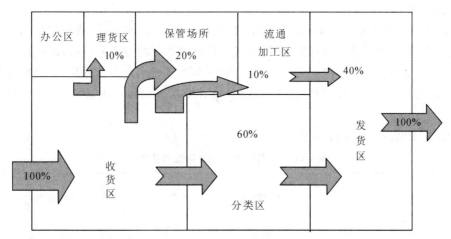

图 10-14 平面布局初步设计

任务 3　智慧配送中心的设计

1. 设备设施的设计

1）配送中心设备选用的一般原则

配送中心设备的选用,除根据需要外,还应因地制宜,结合作业场地、货物的种类和特性、货运量大小、货物的存储方式以及各设备在物流系统中的作用等进行综合考虑。其选择原则如下:

(1)符合货物的特性。货物的化学、物理性质以及外部形状和包装千差万别,此外,货物的质量、体积和长度又各不相同,在选择装卸机械时,必须与货物特性相符,以确保作业的安全和货物的完整无损。

(2)适应物流量的需求。配送中心设备的生产能力决定于物流量的大小,应选择投资较少、生产恰当的设备。

(3)各设备要相互协调。必须充分考虑各设备的种类、结构和性能,将它们统一纳入物流系统,力争物流合理化。

(4)设备要经济、实用。配送中心的设备应操纵灵活,维护修理方便,有较长的使用寿命,使用费用低,消耗能源少,生产率高,辅助人员少等。

(5)应具有超前性和富余量。随着物流需求及物流技术的飞速发展,在选择设备时,应长远考虑,使它们能满足不远将来的变化,适应经济的发展,这也是减少投资、提高适应性的一个有效原则。

2）物流设备的设计和选用

物流设备设计主要以功能需求、选用型号和所需数量等内容为主。

(1) 进货系统。

进货作业首先考虑货态要素，主要考虑所进货物是托盘品、箱装品（货车散装品）、袋装品还是简易包装品；其次要考虑进货品的尺寸，以便决定接收货物的方式和设备；最后要考虑接收货物后的工作，如暂时存放、托盘化、分类方式（按品种分类或按出货方面分类）。根据这些作业性质决定使用的设备有叉车、输送机（托盘输送机、箱式输送机）、垂直搬运机、手推车和自动导引车等。

不同货态下的设备选用可参考表10-6。

表10-6 不同货态下的设备选用参考表

货态	进货量	物品尺寸	选用设备	收货后的作业
托盘品	大	大	叉车	自动化立体仓库、托盘货架储存或拣选区直接堆放
			叉车与托盘输送机	
	大	小	叉车与自动导引车	自动化立体仓库、托盘货架储存或拣选区直接堆放
箱装品	大	大	托盘和叉车	拣选区直接堆放或托盘货架储存
			托盘、叉车与自动导引车	拣选区直接堆放或自动化立体仓库储存
	大	中	托盘、叉车与托盘输送机	托盘货架储存，并按品种来分类
	中	小	箱式输送机	箱货架或流利货架储存
			托盘与叉车	流利托盘货架储存
	小		手推台车	箱货架储存
袋装品	大	小	装箱式托盘、叉车与自动导引车	流利托盘货架储存或自动化立体仓库储存
			托盘输送机搬运	自动化立体仓库储存
	大	中	托盘与叉车	托盘货架储存
	小	中	手推车搬运	箱货架储存
简易包装品	大	小	包装装箱、箱式输送机与托盘	托盘货架储存

(2) 储存系统。

决定储存作业的主要因素是保管量、保管物品项数、出库频率和货态。结合储存需要及设备特性，一般储存形式如下。

①少品种大批量采用地板堆积和自动化立体仓库储存。

②多品种少批量采用托盘货架储存。

③大批量不可堆积物采用驶入式货架储存。

④大批量小体积或小批量货物采用棚架或储物柜储存。

储存系统按储存形态不同可细分，如表10-7所示。

表 10-7 不同储存形态下储存系统的选用参考表

储存形态	出库频率	保管品项数	保管量	保管标准
托盘	高	大	较大	单元型自动化立体仓库
		小	大	自动化立体仓库储存和直接堆放
		小	中	流利式货架储存
		小	小	输送线暂存
	中	中	中	单元型自动化立体仓库或托盘货架
	低	大或中		托盘货架
		小	小	地面直接堆放
箱保管	高	大	大	箱保管和托盘保管
		大	小	箱货架
		小	大	流利式箱货架
		小	小	输送线存储
	低	小	大	流利式箱货架
		大	小	箱货架
袋装		大多被装入托盘保管,单体保管较少		

(3)拣选与出库系统。

拣选设备包括一般拣选设备、计算机辅助拣选设备和自动分拣设备等。一般来说,拣选设备选用除与拣货方式有关外,还和库存区与拣货区的相互关系有关。一种是拣货区和库存区分区存放,拣货时物品由库存区补货到拣货区;另一种是拣货区和库存区规划在同一个区,但以分层方式处理;还有一种就是不设置拣货区,直接在储位上拣货。

拣选系统设备选用考虑的因素主要有拣选物品的品项数、体积、重量、批量大小和发货频率等。

①对于小体积、少批量、重量轻、发货频率不高的物品,可选用轻型货架储存,人工方式拣取,物流台车配合。

②对于多品种、小批量、发货频率高的物品,可选用流利式货架或旋转货架储存拣取,搬运设备选用搬运台车或拣选穿梭车。

③对于体积大、重量大的物品,若发货频率低,宜选用升降叉车等搬运机械辅助作业;若发货频率较高,选用计算机辅助拣取系统(CAPS)。

④对于发货频率很高的物品,一般选用自动拣货系统。

(4)分拣系统。

影响分拣作业系统的有单位时间的分拣量、集货个数和待分拣的物品货态等因素。设备选用要通过对各种因素进行综合分析,然后决定发货分拣作业系统。

所谓单位时间的分拣量,是用一天的发货数量除以实际工作时间。例如,一天发货数为 15 000 个,实际发货分拣时间为 6.5 h,则单位时间的分拣量为 15 000 除以 6.5,为 2 307 个/h。

所谓集货个数,就是在某一批次的分拣中,对于按订单发货,即为配送的用户数;对于按路线发货,即为发货的方面数;对于按物品品项发货,即为发货物品种类数。

待分拣的物品货态可能有箱装、袋装、长尺寸和散装物品,对于不同货态的物品,分拣方法与分拣手段是不一样的。

对于不同的分拣要求,分拣系统的作业方式与选用设备如表 10-8 所示。

表 10-8　不同分拣要求下分拣系统的作业方式和设备选用参考表

单位时间分拣量	集货个数	货态	分拣系统
<1 000	<10	箱	人工从输送机上取下,并分配到某个集货位置的托盘上
	10~20	箱	上浮式辊子输送机,自动分类,直角型分离
1 000~2 000	<10	箱	上浮式辊子输送机,低速自动分类,Y 型分离
1 000~3 000	10~20	箱或袋	传输带,滑块式低速分拣
2 000~3 000	>10	箱或袋	传输带,滑块式高速分拣或者选用低速型轨道台式自动分拣
3 000~5 000	<20	箱	传输带,高速型滑块式分拣
	<20	箱、袋、散货	标准型轨道台式自动分拣
5 000~7 000	>10	箱	高速型轨道台式自动分拣
7 000~10 000	>10	箱	高速型单元传送带,自动分拣

(5) 发货暂存及发货系统。

影响发货储存系统的因素有:储存物品的货态、分拣与发货的时间偏差、发货存储量。发货储存及发货系统的作业方式与选用设备如表 10-9 所示。

表 10-9　发货储存及发货系统的作业方式与设备选用参考表

发货存储量	发货量	分拣与发货	暂存方式
100~200 箱	10 个以下	时间一致,箱发货	辊子输送机或链式输送机,输送单位为箱,一般无须另外暂存
100~200 件	10 个以下	时间一致,托盘发货	辊子输送机或链式输送机,输送单位为托盘,一般无须另外暂存
500~600 件	20 个以下	有时间偏差	托盘直接堆放在集货区
300 件以下	30~50 个	有时间偏差	托盘货架,暂存在集货区
500~1 000 件		时间偏差较大,托盘存储发货	不在发货区暂存,用自动仓库保管
由少到多	50~60 个	时间偏差较大,台车发货	台车保管

2. 配送中心信息系统的设计

不同类型的配送中心,其信息系统的功能和构成会有很大的区别。影响配送中心信息系统规划设计的主要因素包括配送中心的业务职能定位、配送中心所具备的功能与作业流程、配送中心的组成结构及作业内容和配送中心的作业管理制度等。

1) 基本功能框架

一般配送中心信息系统的主要功能需求包括：

(1) 销售管理功能。以商业活动的相关业务为主，如订单处理、采购定价和市场分析等。

(2) 仓储保管功能。以仓储作业相关的业务为主，如进货、销售与储存数据管理，储位管理以及库存管理等。

(3) 商品配送功能。以配送运输的调度和指派工作为主，如拣货计划、配派车辆和路线规划等。

(4) 信息提供功能。进一步提供分析完整的管理信息，如绩效管理、决策分析和资源计划等。

对于现代化配送中心而言，信息系统的功能不再是只处理作业信息，而是进一步向业绩管理和决策支持分析等高层次发展。为此，在设计配送中心信息系统功能框架时，至少应包括如下六个功能子模块：采购进货系统；销售发货系统；库存管理系统；财务会计系统；运营业绩管理系统；决策支持系统。配送中心信息系统的功能子模块如图 10-15 所示。

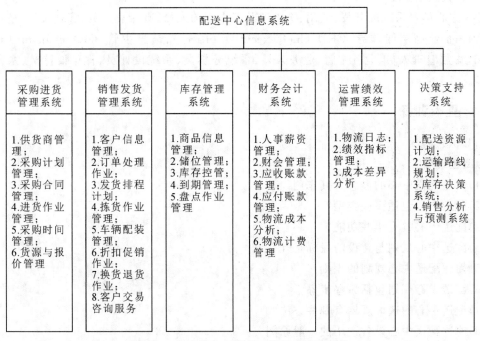

图 10-15　配送中心信息系统的功能子模块

2) 配送中心信息系统的组成要素

一般情况下，构成配送中心信息系统的主要组成要素有硬件、软件、数据库和相关人员等。

(1) 信息系统的硬件。

硬件包括计算机、必要的通信设施等，例如计算机主机、外存、打印机、自动识别设备、分拣系统、服务器、通信电缆、通信设施等。它是信息系统的物理设备、硬件资源，是实现配送中心信息系统的基础，它构成系统运行的硬件平台。

(2)信息系统的软件。

在信息系统中,软件一般包括系统软件、实用软件和应用软件。系统软件主要包括操作系统(OS,operation system)、网络操作系统(NOS,network operation system)等,它控制、协调硬件资源,是配送中心信息系统必不可少的软件。实用软件的种类很多,对于配送中心信息系统,主要有数据库管理系统(DBMS,database management system)、计算机语言、各种开发工具、浏览器、群件等,它主要用于开发应用软件、管理数据资源、实现通信等。应用软件是面向问题的软件,与物流企业业务运作相关,实现辅助企业管理的功能。例如财务软件、进销存软件、仓储管理软件等。

通常,系统软件和应用软件由计算机厂商或专门的软件公司开发,它们构成物流配送信息系统开发和运行的软件平台。实用软件的特点是种类多、新软件不断产生、版本更新快、用户的选择余地较大。

(3)数据库。

数据库用来存放与应用相关的数据,是实现辅助物流配送中心运营管理和支持决策的数据基础。

(4)相关人员。

配送中心信息系统的开发、应用、维护涉及多方面的人员,有专业人员、管理人员,还有终端用户,例如企业高层的领导(CEO,chief executive officer)、信息主管(CIO,chief information officer)、中层管理人员、业务主管、业务人员、系统分析员、系统设计员、程序设计员、系统维护人员等。

基本训练

□知识题

1.阅读理解

(1)简述配送中心的概念及其作用。

(2)配送中心包括哪些类型?

(3)配送中心具有哪些功能?

(4)配送中心规划与建设的目标是什么?

(5)简述配送中心规划的原则。

(6)配送中心规划包括哪些步骤?

(7)配送中心的选址规划有哪些方法?

(8)简述配送中心设备选用的一般原则。

(9)配送中心的信息系统一般包括哪些功能模块?

2.知识应用

1)判断题

(1)配送中心与仓库没有什么区别。(   )

(2)销售型配送中心的主要目的是销售商品。(   )

(3)城市配送中心的辐射能力比区域配送中心强。(   )

(4)在进行配送中心规划时,应追求单项成本最优。(   )

(5)EQ分析指的是每单一品项出货总数量的分析。(   )

2)选择题

(1)某港口要建设一个配送中心,最有可能的类型是(　　)。
A.以制造商为主体的配送中心　　　　B.以批发商为主体的配送中心
C.以零售商为主体的配送中心　　　　D.以仓储运输业者为主体的配送中心

(2)配送中心规划时考虑将来适应物流量增大、经营范围拓展的需要,这遵循的是(　　)。
A.价值工程原则　　B.适度超前原则　　C.系统最优原则　　D.满足使用要求原则

(3)单张订单出货品项数的分析称为(　　)。
A.订单量分析　　B.订货品项数分析　　C.品项数量分析　　D.品项受订次数分析

(4)货物从配送中心向一个方向运送的单向辐射称为(　　)。
A.辐射型分布　　B.吸收型分布　　C.扇型分布　　D.聚集型分布

(5)确定配送中心的自动化水平,属于总体规划设计阶段中的(　　)。
A.基础资料分析　　B.业务能力的规划　　C.功能流程设计　　D.平面布置

□技能题

(1)参观一家连锁超市的配送中心,请企业管理人员介绍该配送中心在规划设计上的总体情况。

实训目的:了解配送中心规划设计的相关知识。

实训要求:熟悉配送中心在规划设计时要考虑的因素,以及规划设计的具体内容。

(2)学生就参观情况结合本章所学知识写一篇参观报告。

实训目的:通过写报告来加强对配送中心规划与设计的理解。

实训要求:仔细聆听企业人员对配送中心的介绍,对于不了解的地方及时向对方请教,报告内容力求完整全面、条理清楚。

综合案例

上海联华生鲜食品加工配送中心物流配送运作

联华生鲜食品加工配送中心是我国设备先进、规模较大的生鲜食品加工配送中心,总投资6 000万元,建筑面积35 000平方米,年生产能力20 000吨,其中肉制品15 000吨,生鲜盆菜、调理半成品3 000吨,西式熟食制品2 000吨,产品结构分为15大类约1 200种生鲜食品;在生产加工的同时配送中心还从事水果、冷冻品以及南北货的配送任务。连锁经营的利润源重点在物流,物流系统好坏的评判标准主要有两点:物流服务水平和物流成本。联华生鲜食品加工配送中心是对这两个方面都做得比较好的一个物流系统。联华生鲜食品加工配送中心的软件系统,由上海同振信息技术有限公司开发。

生鲜商品按其称重包装属性可分为定量商品、称重商品和散装商品;按物流类型分为储存型、中转型、加工型和直送型;按储存运输属性分为常温品、低温品和冷冻品;按商品的用途可分为原料、辅料、半成品、产成品和通常商品。生鲜商品大部分需要冷藏,所以其物流流转周期必须很短,节约成本;生鲜商品保质期很短,客户对其色泽等要求很高,所以在物流过程中需要快速流转。两个评判标准在生鲜配送中心通俗地归结起来就是"快"和"准确"。下面分别从几个方面来说明一下联华生鲜配送中心的做法:

1.储存型物流运作:商品进货时先要接受订单的品种和数量的预检,预检通过方可验货,验货时需进行不同要求的品质检验,终端系统检验商品条码和记录数量。在商品进货数量上,定量的商品的进货数量不允许大于订单的数量,不定量的商品提供一个超值范围。对于需要重量计量的进货,系统和电子秤系统连接,自动去皮取值。拣货采用播种方式,根据汇总取货,汇总单标识从各个仓位取货的数量,取货数量为本批配货的总量,取货完成后系统预扣库存,被取商品从仓库仓间拉到待发区,在待发区配货。分配人员根据各路线各门店配货数量对各门店进行播种配货,并检查总量是否正确,如不正确向上校核,如果商品的数量不足或其他原因造成门店的实配量小于应配量,配货人员通过手持终端调整实发数量,配货检验无误后使用手持终端确认配货数据。在配货时,冷藏和常温商品被分置在不同的待发区。

2.中转型物流运作。供应商送货同储存型物流先预检,预检通过后方可进行验货配货;供应商把中转商品卸货到中转配货区,中转商品配货员使用中转配货系统按商品再路线再门店的顺序分配商品,数量根据系统配货指令的指定执行,贴物流标签。将配完的商品采用播种的方式放到指定的路线门店位置上,配货完成统计单个商品的总数量/总重量,根据配货的总数量生成进货单。中转商品以发定进,没有库存,多余的部分由供应商带回,如果不足在门店间进行调剂。

3.配送运作。商品分拣完成后,都堆放在待发区,按正常的配送计划,这些商品在晚上送到各门店,门店第二天早上将新鲜的商品上架。在装车时按计划依路线门店顺序进行,同时抽样检查准确性。在货物装车的同时,系统能够自动算出包装物(笼车、周转箱)的各门店使用清单,装货人员也据此来核对差异。在发车之前,系统根据各车的配载情况给出各运输车辆的随车商品清单、各门店的交接签收单和发货单。商品到门店后,由于数量的高度准确性,在门店验货时只要清点总的包装数量,退回上次配送带来的包装物,完成交接手续即可,一般一个门店的配送商品交接只需要5分钟。

(资料来源:中国物流与采购网,有改动)

问题:上海联华生鲜食品加工配送中心物流配送运作有哪些优缺点?

综合实训

实训项目:配送中心规划的资料收集。

实训目的:

(1)通过本项目实训,使学生了解配送中心规划设计的内容。

(2)能初步进行某行业的配送中心规划资料的收集工作。

(3)能结合收集到的资料,拟订一份规划报告。

实训内容:

(1)某企业规划在本地新建一个配送中心,请结合相关知识,明确规划所需的相关资料。

(2)尽可能多地收集规划资料,并进行初步的资料整理和分析。

(3)拟订一份配送中心的规划报告。

实训要求:

(1)通过实地考察和上网搜集资料。

(2)规划资料的具体内容不一定要很详细,但应尽可能全面。

(3)撰写规划报告和制作幻灯片。

(4)五到六人为一组,相互讨论。

(5)实习结束后一周内完成。
(6)报告完成后设课堂讨论课,相互交流实训经验。

注意事项:
(1)在企业期间遵守各项规章制度,注意劳动安全。
(2)应结合该企业所处行业特点进行相关资料的调查收集工作。
(3)要注意组内的分工协作。
(4)虚心向企业工作人员学习求教。

思政园地

阅读二维码的内容,如果你要创办一个小配送公司,写出你的策划书。

烟台铁路公司珠玑配送中心规划

项目11
智慧仓储配送商务

ZHIHUI CANGCHU PEISONG YUNYING

思政目标

◎培养学生的法律意识。

知识目标

◎理解仓储配送商务的含义；
◎掌握仓储配送商务管理的内容；
◎了解仓储合同及仓单；
◎理解仓储及配送商务成本管理的分析。

技能目标

◎能用所学知识对物流企业仓储及配送商务状况进行分析；
◎能拟订仓储合同和配送合同。

任务引例

配送中心仓库增值服务经营方法

作为仓储业来讲，除了经济利益和服务利益外，还必须提供其他的增值服务，以保持其竞争能力。这种情况对于配送中心、公共仓库和合同仓库的经营人以及私有仓储的经营人来说，是千真万确。仓库增值服务主要集中在包装或生产上。最普通的增值服务与包装有关。在通常情况下，产品往往是以散装形式或无标签形式装运到仓库里来的。所以，这种存货基本上没有什么区别。一旦收到顾客的订单，配送中心的仓库管理人员就要按客户要求对产品进行定制和发放。如制造商把未贴标志的电池发送到仓库中，向仓库的作业人员提供了销售所需带有的商标牌号的包装材料。接到订货，仓库作业人员按要求将标志图案贴到电池上，然后用定制的盒子将其包装好。所以即使该产品在仓库里存放时是没有区别的，但是零售商实际收到的是已经定制化了的产品和包装。由于支持个别零售商需求所需要的安全储备量较少，所以该配送中心可以减少其存货。与此同时，还可以相应减少市场预测和配送计划的复杂性。此外，配送中心仓库可以通过优化包装来提高这种增值服务，以满足整个渠道的顾客需求。例如，仓库可以通过延伸包装和变换托盘来增值。这种做法可以使配送中心只处理一种统一的商品，与此同时，延期包装，以使包装需求专门化。另一个有关仓库增值的例子是在商品交付给零售商或顾客以前，解除保护性包装。在大型机械的情况下，这是一种有价值的服务，因为有时要零售商或顾客处理掉大量的包装是有困难的，因此解除或回收包装材料是提供的增值服务。

配送中心还可以通过改变包装特点来增值，诸如厂商将大批的防冻剂运到仓库，由配送中心对该商品进行瓶装，以满足各种牌号和包装尺寸的需要。这类延期包装使存货风险降到最低程度，减少了运输成本，并减少损坏（相对于玻璃瓶包装的产品而言）。

另一个增值服务是对诸如水果和蔬菜之类的产品进行温控。配送中心可以依赖储存温度，提前或延迟香蕉的成熟过程，这样产品可以按照市场的状况成熟。

提供增值的仓储服务，使配送中心经理对监督合同的履行承担特别的责任。尽管外部活动及其经营管理可以提高存货的有效性和作业的效率，但他们也要承担厂商控制范围外的责任。

例如,仓库包装需要仓库经营人严格按照厂商内部所适应的质量标准进行操作。因此,仓库必须按相同的质量运行,并符合外部厂商的服务标准。

该案例表明:仓储和配送商务管理对于一个物流企业来说非常重要。仓储配送增值管理只是仓储配送商务管理中的一部分内容,作为物流企业,特别是从事仓储配送服务的企业,要做出正确合理的经营决策,加强成本管理,提高服务质量。

任务 1　智慧仓储商务

1. 仓储商务的概念、内容

1) 仓储商务的概念

仓储商务是指仓储经营人利用其仓储保管能力向社会提供仓储保管产品并获取经济收益的商业行为。商务活动是企业对外的一种经济交换活动,因此,若是企业自营仓储则不发生仓储商务活动。

2) 仓储商务的内容

仓储商务活动是企业对外经济活动的综合体现,其内容包括制定企业经营战略、打造企业形象、市场调研和市场开拓、商务磋商和签订商务合同等。

(1) 制定企业经营战略。仓储企业要实现可持续发展,离不开一支合理高效的商务队伍、一套完善的商务管理和作业规章制度、一个科学合理的管理体系,因此,在全面了解企业资源的情况下制定企业经营战略,对仓储企业的发展至关重要。在制定企业经营战略时,要综合考虑企业自身的人力、财力和物力以及市场对仓储产品的需求和供给状况,以实现可持续发展和利润最大化为原则,合理制定企业经营发展目标和经营发展方法。仓储企业可以在总体经营战略的基础上选择租赁经营、公共仓储、物流中心或配送中心,或者采用单项专业经营或综合经营,实行独立经营定位。

(2) 市场调研和市场开拓。市场调研是企业进行有效经营决策不可缺少的一步,市场调研的资料和结论往往作为企业经营决策的重要依据。仓储企业市场调研的目的在于寻找和发现潜在的商业机会,对市场进行分析并合理选择商业机会。仓储企业市场调查的重点应放在仓储市场的供求关系、仓储服务需求方的需求变化、同行业的竞争状况等方面。市场开拓的目的在于通过采取针对性的有效措施,挖掘有潜在需求的客户,并与之建立业务关系。市场开拓可采用广告宣传、人员促销、关系营销、企业联系等方法。企业也可结合有效的市场开拓进行企业形象宣传。

(3) 商务磋商和签订商务合同。合同是市场经济主体之间权利义务关系的综合体现。仓储企业经营人应本着诚实信用、互惠互利的原则积极与客户进行商务沟通和商务谈判。由于物资仓储往往需要较长时间,而且在保管的过程中还可能涉及加工处理、分拆等作业,也有可能涉及仓单持有人的第三方关系,为了避免产生争议,商务磋商的内容应该尽可能条款细致、内容充分。双方在意思表示一致的基础上应该订立较为完备的商务合同,以明确仓储合同双方的债权债务关系,为仓储活动的顺利开展提供有保障的法律依据。

（4）合同的履行。合同的履行是双方权利义务得以实现的阶段，也是仓储企业实现其经济利益的阶段。

知识链接 11-1

仓储商务合同履行的关键环节

对于一项仓储商务合同而言，其履行主要包括以下一些关键环节：

1. 存货人交付仓储物。存货人应按合同约定的时间和地点准备好仓储物。仓储物应该适合仓储，存货人对仓储物的状态、质量应提供相应的证明。若存放危险品或易变质的物品，存货人应向保管人详细说明仓储物的性质和存放时的注意事项。

2. 保管人接收仓储物并保管仓储物。这是保管人在仓储过程中主要义务体现。具体包括：保管人按合同约定在接收仓储物之前准备好合适的仓库；保管人在接收仓储物时对仓储物进行严格检验，确定仓储物的状态、质量和数量；按合同约定对仓储物妥善进行卸载、堆放；货物接收完毕后，向存货人签发仓单；采取有效措施对仓储物进行妥善保管和相应的作业；对于存放期间仓储物的损害或变化应采取必要的处理措施并及时通知存货人。

3. 存货人提货。仓储期满后，存货人或仓单持有人可凭仓单向保管人提取仓储物。提货人提货时应对仓储物进行检验，确定仓储物的状态、数量和质量是否完好。提货人对仓储中产生的残损货物、收集的地脚货、货物残余物等有权一并提取。

4. 存货人支付仓储费用。这是存货人的一项义务。按合同的约定，仓储费的支付可采取预付、定期支付、提货时支付等方法。存货人应严格按照合同履行仓储费用的支付义务，也包括支付保管人的垫付费用、仓储物的性质造成保管人的损失、超期存货费和超期加收费等费用。

2. 仓储经营方法

1）保管仓储经营

保管仓储经营是指保管人储存存货人交付的仓储物，存货人支付仓储费的一种仓储经营方法。

经营特点：原物返还，所有权不转移；保管对象是特定物；收入主要来自仓储费；仓储过程由保管人操作。

2）混藏仓储经营

混藏仓储经营是指存货人将一定品质、数量的货物交付保管人储藏，而在储存保管期限满时，保管人只需以相同种类、相同品质、相同数量的替代物返还的一种仓储经营方法。

经营特点：替代物返还，所有权不转移；保管对象是种类物；收入主要来自仓储费；仓储过程由保管人操作。

3）消费仓储经营

消费仓储经营是指存货人不仅将一定数量、品质的种类物交付仓储管理人储存保管，而且与保管人相互约定，将储存物的所有权也转移给保管人处。在合同期届满时，保管人以相同种类、相同品质、相同数量替代品返还的一种仓储方法。

经营特点：替代物返还；所有权随交付而转移；保管对象是种类物；收入主要来自于仓储物

消费的收入；仓储过程由仓库保管人操作。

4）仓库租赁经营

仓库租赁经营是指通过出租仓库、场地、仓库设备，由存货人自行保管货物的仓库经营方式。

经营特点：存货人自行保管货物；收入主要来自于租金；设备维修由保管人负责。

知识链接 11-2

箱柜委托租赁保管业务

箱柜委托租赁保管业务是仓库业务者以一般城市居民和企业为服务对象，向他们出租体积较小的箱柜来保管非交易物品的一种仓库业务。对一般居民和家庭的贵重物品，如金银首饰、高级衣料、高级皮毛制品、古董、艺术品等，提供保管服务。对企业以法律或规章制度规定必须保存一定时间的文书资料、磁带记录资料等物品为对象提供保管服务。箱柜委托租赁保管业务强调安全性和保密性，它为居住面积较小的城市居民和办公面积较窄的企业提供了一种便利的保管服务。箱柜委托租赁保管业务是一种城市型的仓库保管业务。

许多从事箱柜委托租赁保管业务的仓库经营人专门向企业提供这种业务，他们根据保管物品、文书资料和磁带记录资料的特点建立专门的仓库，这种仓库一般有三个特点。一是注重保管物品的保密性，因为保管的企业资料中许多涉及企业的商业秘密，所以仓库有责任保护企业秘密，防止被保管的企业资料流失到社会上去。二是注重保管物品的安全性，防止保管物品损坏变质。因为企业的这些资料如账目发票、交易合同、会议记录、产品设计资料、个人档案等需要保管比较长的时间，必须防止保管物品损坏变质。三是注重快速服务反应。当企业需要调用或查询保管资料时，仓库经营人能迅速、准确地调出所要资料，及时地送达企业。

箱柜委托租赁保管业务作为一种城市型的保管业务具有较大的发展潜力。仓储租赁经营的经营方在经营方法上要注意以下一些问题：①仓储经营人应该根据市场需要提供合适的仓库、场地和仓储设备，并保证所提供的仓储资源质量可靠；②仓储经营人应该加强环境的管理、安全管理工作，协助租用人使用好仓储资源，必要时可为租用人提供仓储保管的技术支持；③应该签订仓储租赁合同，以明确双方的权利义务关系。

5）仓储多种经营

（1）仓储多种经营应具备的条件。

仓储多种经营是指仓储企业为了实现经营目标，采用多种经营方式的经营方式。如在开展仓储业务的同时，还开展运输中介、商品交易、配载与配送、仓储增值服务等。

仓储企业要开展多种经营必须具备一定的条件。第一，要能适应瞬息万变的物流市场。消费者需求受市场环境等多种不可控因素影响，环境因素在不断变化，市场需求也在不断变化。第二，能更好地减少风险。任何一个企业的经营活动都存在风险，问题在于如何减少风险、分散风险和增强抗风险的能力。多元化经营能分散风险，但实践证明若经营项目选择不当又会带来风险。实施仓储经营多样化，可使仓储的经营范围更广，把资金分散经营，其前提条件就是这些项目是企业的优势项目，可以减少风险，确保企业的正常经营。

（2）仓储多种经营中的仓储增值服务。

随着物流业的快速发展，仓储企业充分利用其联系面广、仓储手段先进等有利条件，向多功能的物流服务中心方向发展,开展加工、配送、包装、贴标签等多项增值服务,增加仓储利润。

仓储可提供的增值服务主要有:

①托盘化。即将产品转化为一个独立托盘的作业过程。

②包装。产品的包装环节由仓储企业独立完成或和企业的仓储部门共同完成,并且把仓储的规划与相关的包装业务结合起来综合考虑,有利于整个物流效益的提高。

③贴标签。在仓储过程中完成在商品上或商品包装上贴标签的工序。

④产品配套、组装。当某产品需要由一些组件或配件组装配套而成时,就有可能通过仓储企业或部门的配套组装增值服务来提高整个供应链过程的效率。在仓储过程中,这些配件不出仓库就直接由装配工人完成配装,提高了物流的效率,节约了供应链成本,不但使得存储企业的竞争力增强、效率提高,同时也使得生产部门和企业的压力减轻。

⑤简单的加工生产。一些简单的加工生产业务本来在生产过程中是作为一道单独的工序来完成的,把这些简单加工过程放到仓储环节来进行,可以从整体上节约物流流程,降低加工成本,并使生产企业能够专心于主要的生产经营业务活动。如把对商品的涂油漆过程放到仓储环节来进行,可以缩短物流流程,节约物流成本,提高仓储企业的效率。

⑥退货和调换服务。当产品销售之后,产品出现质量问题或出现纠纷,需要实施退货或货物调换业务时,由仓储企业来帮助办理有关事项。

⑦订货决策支持。由于仓储过程中掌握了每种货物的消耗过程和库存变化情况,这就有可能对每种货物的需求情况做出统计分析,从而为客户提供订货及库存控制的决策支持,甚至帮助客户做出相关的决策。

知识链接 11-3

仓储多种经营中的运输中介

运输中介即运输服务中间商。运输中介通常不拥有运输设备,但向其他厂商提供间接服务。其职能类似营销渠道中的批发商,即从各种托运人手中汇集一定数量的货源,然后购买运输。中间商主要有货运代理人、经纪人。

所谓的货运经纪人实际上是运输代办,以收取服务费为目的。货运经纪人相当于整个物流业务的润滑剂,其有机地结合托运人与承运人,并且方便了小型托运人的托运活动,因为小型托运人无法得到承运人的较好服务。货运经纪人同时也简化承运人的作业,使很多小型托运人不用亲自到承运人处办理托运业务。出于对利润的追求,货运经纪人会根据托运人的要求,合理安排运输方式,节约费用,从而避免物流浪费。

货运代理人(简称货代)常常把来自各种客户手中的小批量装运整合成大批量装载,然后利用专业承运人进行运输;到达目的地后,再把大批量装载的货物拆成原来的装运量。货运代理人的主要优势在于大批量的装载可以获得较低的费率,而且在很多时候小批量装运的速度甚至快于个别托运人直接与专业承运人打交道的速度。

社会分工导致货运代理人的产生,其有以下优点。第一,通过对货物的整合,使专业承运人的规模经济效益提高。第二,缩短专业承运人发出货物的时间,这样减少货物在专业承运人处的储存时间,提高作业效率。第三,缩短托运人的发货时间,货运代理人收集的大量货物可以让专业承运人快速发货而不必等待集货发运。许多时候,托运人的小批量货物暂时没有同样目的地的货物无法发货,只有积累到一定数量后才可发运。第四,货运代理人收集的大量货物可以集中一次发运到目的地,不用中途重新装运,减少工作量,减少货物二次装运的破损率。第五,货运代理人具有熟练的运输专业技能,充分掌握运输市场的信息,且与众多的实际承运人有着密切的关系和简单而有效的业务流程。

 案例分析 11-1

某新成立的第三方物流企业的市场定位

某新成立的第三方物流企业拥有3吨普通卡车50辆,10吨普通卡车30辆,高级无梁仓库20 000平方米,层高14米。企业地处上海市闵行地区,闵行地区是上海最早的经济技术开发区,外商投资企业多,邻近沪闵路和莘松公路,交通便利。请比较以下四种市场定位中哪一种最适合于该企业,为什么?①上海西部地区的国际货运代理;②闵行地区外商投资企业的第三方物流企业;③车辆外包,仓库出租;④省际运输仓储企业。

分析提示:最适合的市场定位应当是:②闵行地区外商投资企业的第三方物流企业。要成为国际货运代理企业,需要外经贸部批准,手续烦琐。更重要的是国际货运代理企业主要处理集装箱业务,车辆最好是集装箱卡车,而本企业只有普通卡车,不具备条件,因而不予考虑。闵行地区是上海最早的经济技术开发区,外商投资企业较多,并且具有较长的历史,更往西部的松江经济开发区也有许多外商投资企业。这些货主企业,对于采购第三方物流早有需求,只要掌握它们的物流需求,并充分结合自己的能力,就有可能提供令人满意的服务。车辆外包、仓库出租尽管可以极大程度地调动司机和仓库的工作积极性,但是不能发挥企业的规模优势,与物流整合资源的理念也是截然对立的。省际运输仓储业的定位是基于传统方式,面向公众的服务方式,并没有凸显物流企业的特点。

3. 仓储商务管理的概念、作用、特征

1)仓储商务管理的概念和内容

仓储商务管理是指仓储经营者对仓储商务所进行的计划、组织、指挥和控制的活动,属于独立经营的仓储企业内部管理之一。仓储商务管理是为了有效利用仓储资源,最大限度地获得经济收益和提高经济效益。

作为仓储企业管理的组成部分,仓储商务管理包括对仓储商务工作的人、财、物的组织和管理,涉及企业资源的合理利用、制度建设、激励机制以及仓储商务队伍的教育培养等各方面。具体内容有:组建仓储商务机构,选配仓储商务人员,制定仓储商务工作制度和管理制度;有效组织市场调研,广泛收集和分析市场信息,捕捉有利的商业机会,科学地制定竞争策略;根据当前市场的需要和发展,科学规划和设计营销策略;充分利用先进的技术和有效的手段降低成本;准确地进行成本核算,细致地进行成本分析,促进企业整体成本管理的效果,进一步降低成本;以优质的服务满足客户的需要,实现企业经济和社会效益的提高;加强交易磋商管理和合同管理,严格依合同办事,守信用,讲信誉;建立风险防范机制,妥善处理商务纠纷和冲突,防范和降低商务风险;加强仓储商务人员管理,以人为本,充分调动全体商务人员的积极性,发挥其聪明才智;重视仓储商务人员的培养,确保其跟上时代发展的要求,保持企业发展后劲。

2)仓储商务管理的作用

仓储商务管理的目的是有效利用仓储资源,最大限度地获得经济收益和提高经济效益。其

作用具体表现在以下几个方面。

(1) 满足社会需要。仓储企业的商务管理就是为了通过仓储服务,向社会提供尽可能多的仓储产品,满足社会对仓储产品的需要。其任务就是积极开发市场,适应市场需求的变化,提高服务水平,降低产品价格,提高产品竞争力。

(2) 充分利用企业资源。在有效的仓储管理之下,仓储企业在获得大量的商业机会的同时,也承担起按时提供仓储服务的义务。这需要仓储企业充分利用企业的人力、物力、财力资源,完成仓储任务,使仓储企业的一切资源都得到最充分的利用。

(3) 降低成本。成本的高低是决定企业竞争力的关键因素。仓储商务管理不仅要尽可能地提高交易回报,在市场竞争激烈的形势之下,更重要的是采取先进的经济管理理论、现代化技术、有效的经营手段,控制和减少成本,借以提高企业竞争力。

(4) 降低风险。一般来讲,企业的经营风险绝大部分来自于商务风险,高水平的商务管理应尽可能避免商务风险与责任事故的发生,规避经营风险。所以,建立有效的风险防范机制,妥善地处理协议纠纷,构建仓储商务质量管理体系是仓储商务管理的重要任务。

(5) 塑造企业形象。商务的每一项工作都会对企业形象产生直接的影响,例如,商务人员在对外交往的过程中,其一言一行常常代表着企业的形象,关系到客户对企业的信赖程度。因此,仓储商务管理要以以人为本、用人唯贤、权责分明为原则建立一支精明能干、业务熟练的商务队伍,提倡合作和服务的精神,加上企业整体守合同、讲信用的商务管理,逐步树立起仓储企业可信赖、高水平的企业形象。

(6) 提高效益。一方面,通过有效的成本管理、最少的经营风险使成本降低,进而实现仓储企业效益的提高;另一方面,良好的企业形象将促进仓储企业社会效益的提高。

3) 仓储商务管理的特征

相对于其他企业项目管理,仓储商务管理具有以下特征:

(1) 经济性。虽然企业管理的最终目标是要追求企业利润最大化,各方面的管理也是围绕这一总目标展开,但与企业经营管理、人力资源管理等相比,商务管理更加直接涉及企业的经营目标和经营收益,更为重视管理的经济性和效益性。

(2) 外向性。仓储商务活动是企业对外的一种经济交换活动,仓储商务管理是围绕着仓储企业与外部发生的经济活动的管理。

(3) 整体性。仓储商务活动直接涉及企业整体的经营和效益,因此在仓储企业,高层管理者会将仓储商务管理作为自己的核心工作。仓储商务管理的好与坏,直接影响到其他各部门的工作。

4. 仓储合同及仓单

1) 仓储合同

(1) 仓储合同的含义及特征。

仓储合同是保管人储存存货人交付的仓储物,存货人支付仓储费的合同。提供储存保管服务的一方称为保管人,接受储存保管服务并支付报酬的一方称为存货人。交付保管的货物为仓储物。仓储合同属于保管合同的一种特殊类型。它具有保管合同的基本特征,同时仓储合同又具有自己的特殊特征。

仓储合同有其法定的特点，所以在签订履行时要注意自己权利义务的内容、起始时间，这决定着承担责任的内容和开始时间。

仓储合同的性质及与保管合同的区别：

①合同生效时间不同，仓储合同为成立时生效，保管合同为交付时生效。

②仓储合同均为有偿，而保管合同有偿与否则由当事人自行约定。

③仓储的货物所有权不发生转移，只是货物的占有权暂时转移，而货物的所有权或其他权利仍属于存货人所有。

④仓储保管的对象必须是动产，不动产不能作为仓储合同的保管对象。这也是仓储合同区别于保管合同的显著特征。

⑤仓储合同的保管人，必须具有依法取得从事仓储保管业务的经营资格。

⑥仓储合同是诺成合同。诺成合同是指以缔约当事人意思表示一致为充分成立条件的合同，即一旦缔约当事人的意思表示达成一致即告成立的合同，自当事人双方意思表示一致时即可成立，不以一方交付标的物为合同的成立要件，当事人交付标的物属于履行合同，而与合同的成立无关。

(2) 保管方的义务与存货方的权利。

保证货物完好无损；对库场因货物保管而配备的设备，保管方有义务加以维修，保证货物不受损害；在由保管方负责对货物搬运、看护、技术检验时，保管方应及时委派有关人员；保管方对自己的保管义务不得转让；保管方不得使用保管的货物，其不对此货物享有所有权和使用权；保管方应做好入库的验收和接收工作，并办妥各种入库凭证手续，配合存货方做好货物的入库和交接工作；对危险品和易腐货物，如不按规定操作和妥善保管，造成毁损，则由保管方承担赔偿责任；一旦接受存货方的储存要求，保管方应按时接收货物入场。

(3) 存货方的义务与保管方的权利。

存货方应保证入库场的货物数量、质量、规格、包装应与合同规定内容相符，并配合保管方做好货物入库场的交接工作；按合同规定的时间提取委托保管的货物；按合同规定的条件支付仓储保管费；存货方应向保管方提供必要的货物验收资料；对危险品货物，必须提供有关此类货物的性质、注意事项、预防措施、采取的方法等；由于存货方原因造成退仓、不能入库场，存货方应按合同规定赔偿保管方；由于存货方原因造成不能按期发货，由存货方赔偿逾期损失。

(4) 仓储合同签订注意事项。

一是保管人的资格。在签订仓储合同之前，一定要查明保管人是否具有从事仓储的资格，并且是否在其营业执照上写明。当保管人一方是代理人来签合同时，存货人应注意审查其是否具有代理人资格。

二是关于仓储物。在订立仓储合同时，保管人应确切地知晓存货人所存放的是什么物品，防止存货人利用仓储公司存放违法物品。合同中应注明仓储物的品名、品种、规格、数量、质量、包装；规定仓储物的验收内容、出入库手续、时间及运输。合同中要明确约定仓储物在储存期间和运输过程中的损耗、磅差标准的执行原则。有国家或专业标准的，按国家或专业标准规定执行；没有国家或专业标准的，在保证运输和存储安全的前提下由双方做出规定。

三是保管条件。仓储物的储存条件和储存要求必须在合同中明确做出规定，需要在冷冻库里储存或是在高温、高压下储存，都应通过合同订明。特别是对易燃、易爆、易渗漏、易腐烂、有毒等危险物品的储存要明确操作要求、储存条件和方法。原则上有国家规定操作程序的，按国家规定执行；没有国家规定的，按合同约定储存。

(5)仓储合同中的违约责任。

仓储合同中保管人的违约责任：保管人验收仓储物后，在仓储期间发生仓储物的品种、数量、质量、规格、型号不符合合同约定的，承担违约赔偿责任；仓储期间，因保管人保管不善造成仓储物毁损、灭失，保管人承担违约赔偿责任；仓储期间，因约定的保管条件发生变化而未及时通知存货人，造成仓储物的毁损、灭失，由保管人承担违约损害责任。

仓储合同中，存货人的违约责任：存货人没有按合同的约定对仓储物进行必要的包装或该包装不符合约定要求，造成仓储物的毁损、灭失，自行承担责任，并由此承担给仓储保管人造成的损失；存货人没有按合同约定的仓储物的性质交付仓储物，或者超过储存期，造成仓储物的毁损、灭失，自行承担责任；危险有害物品必须在合同中注明，并提供必要的资料，存货人未按合同约定而造成损失，自行承担民事和刑事责任，并承担由此给仓储人造成的损失；逾期储存，承担加收费用的责任；储存期满不提取仓储物，经催告后仍不提取，存货人承担由此提存仓储物的违约赔偿责任。

(6)合同范本。

仓储合同

存货人：＿＿＿＿＿＿＿＿＿＿＿＿＿＿＿＿＿＿(以下简称甲方)

保管人：上海共青仓储有限公司(以下简称乙方)

为适应市场经济发展、提高企业经济效益，在乙方具备法人资格、拥有仓库所有权的前提下，双方就甲方所有的仓储物资在乙方仓库储存的相关事宜进行协商，本着互惠互利、双方自愿、真诚合作、共同发展的原则，达成如下协议：

一、标的：＿＿＿＿＿＿＿＿＿＿＿采购的各种钢材。

二、数量：仓储物资的具体品种、规格、数量由甲方提供。

三、仓储物资的交付、验收方式及期限：

1. 甲方的仓储物资在交付给乙方仓库保管前，应事先将有关仓储物资的到货信息资料以书面形式及时通知乙方，以便乙方能及时安排货位和做好接货的准备工作。

2. 甲方的铁路、水路运单收货人栏内填写：

收货人：上海共青仓储有限公司(代＿＿＿＿＿＿＿＿＿＿＿＿＿＿＿＿＿＿＿)

整车到站：杨浦车站

整船到站：复兴岛木材码头

3. 为了方便联系，乙方应配备基本的通信设备：长途电话机、传真机。乙方根据甲方验收单的内容及时组织入库验收并在货到 3 个工作日内验收完毕，验收完毕后将验收结果填写在验收单上，加盖乙方公章及经办人章(或签字)后转给甲方，以作为甲方的入库验收凭证。乙方对甲方发到仓库的仓储物资要建立单独的收、发、存台账。

4. 对甲方入库的存储物资，乙方必须一车一位存放、集中摆放整齐、设置标识、专人管理，并按国家同类物资存放的标准存放，以确保钢材在存放期间的质量。

四、仓储费及结算方式：

1. 收费标准：

(1)货物出库费 15 元/吨，如需装船，加收装船费 10 元/吨。

(2)货物到达乙方仓库全部费用由乙方实行包干：①铁路运输卸车费 780 元/车皮，短驳运输费 320 元/车皮;②船进起驳费 10 元/吨。每月 20 日之前向甲方结清上月所发生费用。

(3)货物加工,开平费____元/吨(免出库费);切边费____元/吨。厚度超过 12.00 mm 加工费另议。

2.结算方式:转账。

五、数量及质量异议提出期限:

1.乙方在接收甲方交付的仓储物资入库时,应当按照合同的约定对仓储物资进行验收,验收中出现与甲方提供的入库验收单不符现象,乙方应在 3 个工作日内以书面形式通知甲方,以便甲方核实。

2.验收中出现盈亏、残损及外观质量问题,乙方应在仓储物资到库的 3 个工作日内,以书面形式及时通知甲方(按标准允许的交货公差除外),并提供盈亏磅码单或残损单等有关资料,由甲方负责处理,乙方负责处理异议时的复磅及进库物资的商检等工作。

3.仓库物资在规定的期限内验收完毕后,在以后的储存和出库过程中发生的残损、短重量等质量、数量等问题,由乙方负责。

4.甲方验收方式应与_____质保书的验收方式相同。

六、仓库物资出库的手续:

1.甲方在乙方处留存_____公司物资出库单的票样。

2.乙方凭甲方出具的_____公司物资出库单(原始件),经核实无误后,方可出库,并在_____公司物资出库单上加盖乙方公章及经办人签字。出库单发生涂改或印鉴不全的为无效出库单,乙方不得擅自出库,由于乙方业务差错造成甲方的损失,由乙方负责赔偿。

3.乙方协助甲方办理铁路、汽车及水路运输工作,其运输费用由货物买方承担。

七、其他约定:

1.甲方对交付给乙方存储的仓储物资拥有所有权。乙方在未经甲方同意的情况下,不得擅自动用、扣留、质押、留置甲方的仓储物资。

2.乙方对甲方的仓储物资负有妥善保管的义务,无论货物位于室内还是室外,都负有防止仓储物资污染、变质的责任。

3.乙方在仓储物资存储期间,不得擅自将仓储物资转交第三人保管。乙方的仓库经营权及法定代表人等有关权属、人员方面发生变动时,乙方应及时以书面形式通知甲方,但不得以变动为由变更或解除仓储合同,否则由此给甲方造成的实际经济损失,由乙方承担。

4.对甲方在乙方仓库内存储的仓储物资,双方应按月核对库存,并提供月收、发、存报表。

八、违约责任:

甲、乙双方任何一方不履行合同义务或履行合同义务不符合约定,给双方造成损失的,应赔偿实际损失。

1.乙方不能按合同约定的时间、品种、数量接收仓储物资入库或者违反货物出库规定的,必须向甲方交付违约金。违约金的数额为违约所涉及的那部分货物的实际损失及由此造成的其他费用。

2.乙方提供的货位不符合要求,或者在仓储物资存储期间因保管不善以及非不可抗力造成仓储物资损毁、灭失、短少、变质的,应当承担损害赔偿责任。赔偿金按甲方进货金赔偿。

3.由乙方负责发运的货物,不能按期发货,应赔偿甲方逾期交货的损失;错发到货地点,除按合同规定无偿运到规定地点外,还应赔偿甲方因此造成的损失。

九、因执行本合同而发生的争议,双方应通过协商解决,协商不成,申请仲裁委员会裁决。

十、本合同一式四份,双方各执两份,经双方签字、加盖公章后生效。

十一、附加条款:本合同有效期自 ＿＿＿年＿＿＿月＿＿＿日至＿＿＿年＿＿＿月＿＿＿日止。合同期满双方均无书面材料要求终止合同,本合同有效期可顺延一年。

甲方: 乙方:上海共青仓储有限公司
法定代表人: 法定代表人:
地址: 地址:
邮政编码: 邮政编码:
电话: 电话:
传真: 传真:
　　　　　　　　　　　　　　　　签订日期:

2)仓单

(1)仓单的定义及性质。

仓单(warehouse receipt)是保管人收到仓储物后给存货人开付的提取仓储物的凭证。仓单除作为已收取仓储物的凭证和提取仓储物的凭证外,还可以通过背书,转让仓单项下货物的所有权,或者用于出质。存货人在仓单上背书并经保管人签字或者盖章,转让仓单始生效力。存货人以仓单出质应当与质权人签订质押合同,在仓单上背书并经保管人签字或者盖章,将仓单交付质权人后,质押合同始生效力。

仓单为有价证券。《中华人民共和国民法典》(以下简称《民法典》)第910条规定:"仓单是提取仓储物的凭证。存货人或者仓单持有人在仓单上背书并经保管人签名或者盖章的,可以转让提取仓储物的权利。"可见,仓单表明存货人或者仓单持有人对仓储物的交付请求权,故为有价证券。

仓单为要式证券。《民法典》第909条规定,仓单须经保管人签名或者盖章,且须具备一定的法定记载事项,故为要式证券。

仓单为物权证券。仓单上所载仓储物的移转,必须自移转仓单始生所有权转移的效力,故仓单为物权证券。

仓单为文义证券。所谓文义证券是指证券上权利义务的范围以证券的文字记载为准。仓单的记载事项决定当事人的权利义务,当事人须依仓单上的记载主张权利义务,故仓单为文义证券、不要因证券。

仓单为自付证券。仓单是由保管人自己填发的,又由自己负担给付义务,故仓单为自付证券。仓单证明存货人已经交付了仓储物和保管人已经收到了仓储物的事实,它作为物品证券,在保管期限届满时,存货人或者仓单持有人可凭仓单提取仓储物,也可以背书的形式转让仓单所代表的权利。

(2)仓单的作用。

仓单,作为仓储保管的凭证,其作用是显而易见的,主要表现在以下几个方面:

仓单是保管人向存货人出具的货物收据。当存货人交付的仓储物经保管人验收后,保管人就向存货人填发仓单。仓单是保管人已经按照仓单所载状况收到货物的证据。

仓单是仓储合同存在的证明。仓单是存货人与保管人双方订立的仓储合同存在的一种证明,只要签发仓单,就证明了合同的存在。

仓单是货物所有权的凭证。它代表仓单上所列货物,谁占有仓单就等于占有该货物,仓单持有人有权要求保管人返还货物,有权处理仓单所列的货物。仓单的转移,也就是仓储物所有权的转移。因此,保管人应该向持有仓单的人返还仓储物。也正由于仓单代表着其项下货物的所有权,所以,仓单作为一种有价证券,也可以按照《中华人民共和国民法典》的规定设定权利质押担保。

仓单是提取仓储物的凭证。仓单持有人向保管人提取仓储物时,应当出示仓单。保管人一经填发仓单,则持单人对于仓储物的受领,不仅应出示仓单,而且还应缴回仓单。仓单持有人为第三人,而该第三人不出示仓单的,除了能证明其提货身份外,保管人应当拒绝返还仓储物。仓单不像提单那样可以通过背书流通转让。持有人将仓单转让给第三人时,须办理过户手续,第三人才能取得货物的所有权。

此外,仓单还是处理保管人与存货人或仓单持有人之间关于仓储合同纠纷的依据。

知识链接 11-4

仓单生效必须具备两个要件:

保管人须在仓单上签字或者盖章。保管人在仓单上签字或者盖章表明保管人对收到存货人交付仓储物的事实进行确认。保管人未签字或者盖章的仓单说明保管人还没有收到存货人交付的仓储物,故该仓单不发生法律效力。当保管人为法人时,由其法定代表人或其授权的代理人及雇员签字;当保管人为其他经济组织时,由其主要负责人签字;当保管人为个体工商户时,由其经营者签字。盖章指加盖保管人单位公章。签字或者盖章由保管人选择其一即可。

仓单须包括一定的法定必要记载事项。依《民法典》第909条的规定,仓单的法定必要记载事项共有八项:

(一)存货人的姓名或者名称和住所;

(二)仓储物的品种、数量、质量、包装及其件数和标记;

(三)仓储物的损耗标准;

(四)储存场所;

(五)储存期限;

(六)仓储费;

(七)仓储物已经办理保险的,其保险金额、期间以及保险人的名称;

(八)填发人、填发地和填发日期。

(3)仓单的主要事项。

根据《民法典》第909条规定,仓单包括下列事项:

存货人的姓名或者名称和住所。仓单是记名证券,因此应当记载存货人的姓名或名称和住所。

仓储物的品种、数量、质量、包装及其件数和标记。在仓单中,仓储物的有关事项必须记载,因为这些事项与当事人的权利义务直接相关。有关仓储物的事项包括仓储物的品种、数量、质量、包装、件数和标记等。这些事项应当记载准确、详细,以防止发生争议。

仓储物的损耗标准。仓储物在储存过程中,由于自然因素和货物本身的自然性质可能发生损耗,如干燥、风化、挥发等,这就不可避免地会造成仓储物数量上的减少。对此,在仓单中应当明确规定仓储物的损耗标准,以免在返还仓储物时发生纠纷。

储存场所是存放仓储物的地方。仓单上应当明确载明储存场所,以便存货人或仓单持有人能够及时、准确地提取仓储物。同时,也便于确定债务的履行地点。

储存期限是保管人为存货人储存货物的起止时间。储存时间在仓储合同中十分重要,它不仅是保管人履行保管义务的起止时间,也是存货人或仓单持有人提取仓储物的时间界限。因此,仓单上应当明确储存期限。

仓储费是保管人为存货人提供仓储保管服务而获得的报酬。仓储合同是有偿合同,仓单上应当载明仓储费的有关事项,如数额、支付方式、支付地点、支付时间等。

仓储物已经办理保险的,其保险金额、期间以及保险人的名称。如果存货人在交付仓储物时,已经就仓储物办理了财产保险,则应当将保险的有关情况告知保管人,由保管人在仓单上记载保险金额、保险期间以及保险公司的名称。

保管人在填发仓单时,应当将自己的姓名或名称以及填发仓单的地点和时间记载于仓单上,以便确定当事人的权利义务。

5. 仓储成本分析

仓储成本(warehousing cost)是指仓储企业在开展仓储业务活动中各种要素投入的以货币计算的总和。仓储成本是物流成本的重要组成部分,对物流成本的高低有直接影响。大多数仓储成本不随存货水平变动而变动,而是随存储地点的多少而变。仓储成本包括仓库租金、仓库折旧、设备折旧、装卸费用、货物包装材料费用和管理费等。

1) 仓储成本的构成

与库存成本不同,货物的仓储成本主要是指货物保管的各种支出,其中一部分为仓储设施和设备的投资,另一部分则为仓储保管作业中的活劳动或者物化劳动的消耗,主要包括工资和能源消耗等。根据货物在保管过程中的支出,可以将仓储成本分成以下几类:

保管费。为存储货物所开支的货物养护、保管等费用,它包括:用于货物保管的货架、货柜的费用开支,仓库场地的房地产税等。

仓库管理人员的工资和福利费。仓库管理人员的工资一般包括固定工资、奖金和各种生活补贴。福利费可按标准提取,一般包括住房基金、医疗以及退休养老支出等。

折旧费或租赁费。仓储企业有的是以自己拥有所有权的仓库以及设备对外承接仓储业务,有的是以向社会承包租赁的仓库及设备对外承接业务。自营仓库的固定资产每年需要提取折旧费,对外承包租赁的固定资产每年需要支付租赁费。折旧费或租赁费是仓储企业的一项重要的固定成本,构成仓储企业的成本之一。对仓库固定资产按折旧期分年提取,主要包括库房、堆场等基础设施的折旧和机械设备的折旧等。

修理费。主要用于设备、设施和运输工具的定期大修理,每年可以按设备、设施和运输工具投资额的一定比例提取。

装卸搬运费。装卸搬运费是指货物入库、堆码和出库等环节发生的装卸搬运费用,包括搬运设备的运行费用和搬运工人的成本。

管理费用。管理费用指仓储企业或部门为管理仓储活动或开展仓储业务而发生的各种间接费用,主要包括仓库设备的保险费、办公费、人员培训费、差旅费、招待费、营销费、水电费等。

仓储损失。仓储损失是指保管过程中货物损坏而需要仓储企业赔付的费用。造成货物损失的原因一般包括仓库本身的保管条件,管理人员的人为因素,货物本身的物理、化学性能,搬运过程中的机械损坏等,实际中,应根据具体情况,按照企业的制度标准,分清责任,合理计入成本。

2)降低仓储成本的措施

仓储成本管理是仓储企业管理的基础,对提高整体管理水平、提高经济效益有重大影响,但是由于仓储成本与物流成本的其他构成要素,如运输成本、配送成本,以及服务质量和水平之间存在二律背反的现象,因此,降低仓储成本要在保证物流总成本最低和不降低企业的总体服务质量和目标水平的前提下进行。常见的措施有:采用"先进先出"方式,减少仓储物的保管风险;提高储存密度,提高仓容利用率;采用有效的储存定位系统,提高仓储作业效率;采用有效的监测清点方式,提高仓储作业的准确程度;加速周转,提高单位仓容产出;采取多种经营,盘活资产;加强劳动管理;降低经营管理成本。

案例分析 11-2

布鲁克林酿酒厂

1. 布鲁克林酿酒厂对成本的控制。

布鲁克林酿酒厂于1987年11月将它的第一箱布鲁克林拉格运到日本,并在最初的几个月里使用了各种航运承运人。最后,日本金刚砂航运公司被选为布鲁克林酿酒厂唯一的航运承运人。金刚砂公司之所以被选中,是因为它向布鲁克林酿酒厂提供了增值服务。金刚砂公司在其国际机场的终点站交付啤酒,并在飞往东京的商务航班上安排运输,金刚砂公司通过其日本报关行办理清关手续。这些服务有利于保证产品完全符合保鲜要求。

2. 布鲁克林酿酒厂对物流时间与价格进行控制。

啤酒之所以能达到新鲜的要求,是因为这样的物流作业可以在啤酒酿造后的1周内将啤酒从酿酒厂直接运送到顾客手中。新鲜啤酒能超过一般的价值定价,高于海运装运的啤酒价格的5倍。虽然布鲁克林拉格在美国是一种平均价位的啤酒,但在日本,它是一种溢价产品,获得了极高的利润。

3. 布鲁克林酿酒厂对包装成本进行控制。

布鲁克林酿酒厂改变包装,通过装运小桶装啤酒而不是瓶装啤酒来降低运输成本。虽然小桶重量与瓶的重量相等,但减少了玻璃破碎而使啤酒损毁的机会。此外,小桶啤酒对保护性包装的要求也比较低,这将进一步降低装运成本。

分析:仓储成本控制的重要性主要体现在以下几方面。①仓储成本控制是企业增加盈利的"第三利润源",直接服务于企业的最终目标。②仓储成本控制是加强企业竞争能力、求得生存和扩展的主要保障。③仓储成本控制是企业持续发展的基础。

任务 2　配送商务

1. 配送商务简述

1) 配送商务的含义和内容

配送商务是指配送经营人与需要产品配送的委托人之间基于配送活动的经济联系,是双方基于配送产品交换的经济活动。

配送商务的内容:配送的经营决策和产品的市场定位;配送产品的市场宣传;交易机会的搜寻和推销;交易磋商和订立配送合同;配送成本核算和配送价格确定;合同履行的督促和履行中的沟通协调;配送合同争议处理和商务风险防范;客户关系维护和新市场开发。

2) 配送经营模式

目前,国内物流业主要存在以下四种配送模式:

(1) 自营配送模式,是指企业创建完全为本企业生产经营提供配送服务的组织模式。该模式要求企业自身物流具有一定的规模,可以满足配送中心发展的需要。随着网络技术的发展,这种模式必将会向其他模式转化。

(2) 合作配送模式,是指若干企业由于共同的物流需求,在充分挖掘利用每个企业现有物流资源基础上,联合创建配送组织模式。通过合作和共享,这种模式打破企业之间的界限,实现物流高效化。

(3) 第三方物流,是指物流渠道中的专业化物流中间人,以签订合同的方式,在一定期间内,为其他公司提供所有的或某些方面的物流业务服务。这种模式对物流企业的运输管理、运作经验和管理水平有着很高的要求。

(4) 共同配送模式,是指物流配送企业之间为了提高配送效率以及实现配送合理化所建立的一种功能互补的配送联合体。这种模式以互惠互利为原则,可以促进物流行业整体的配送合理化。

2. 配送合同

1) 配送合同的定义和性质

配送合同是指配送经营人与配送委托人签订的有关确定配送服务权利和义务的协议。或者说,是配送服务经营人收取费用,将委托人委托的配送物品,在约定的时间和地点交付给收货人而订立的合同。委托人可以是收货、发货、贸易经营、商品出售、商品购买、物流经营、生产企业等配送物的所有人或占有人,可以是企业、组织或者个人。配送合同的性质如下:

(1) 无名合同。配送服务合同不是《民法典》第三编"合同"的有名合同,不能直接引用有名合同的规范。因而配送服务合同需要依据《民法典》第三编"合同"通则的规范,并参照运输合同、仓储合同、保管合同的有关规范,通过当事人签署完整的合同调整双方的权利和义务关系。

(2)有偿合同。配送服务是一种产品,配送服务经营人需要投入相应的物化成本和劳动才能实现产品的生产。独立的配送经营是为了营利的经营,需要在配送经营中获得利益回报。配送经营的营利性决定了配送服务合同为有偿合同。委托人需要对接受配送服务产品支付报酬,配送服务经营人收取报酬是其合同的权利。

(3)诺成合同。诺成合同表示合同成立即可生效。当事人对配送服务关系达成一致意见时配送服务合同就成立,合同也即生效。配送服务合同生效后,配送服务方需为履行合同组织力量,安排人力、物力,甚至要投入较多资源,如购置设备、聘请人员。如果说合同还不能生效,显然对配送服务经营人极不公平,因而配送服务合同必须是诺成合同。当事人在合同订立后没有依据合同履行义务,就构成违约。当然,当事人可在合同中确定合同开始履行的时间或条件,时间未到或条件未达到时虽然合同未开始履行,但并不构成合同未生效。

(4)长期性。配送服务活动具有相对长期性的特性,配送过程都需要持续一段时期,以便开展有计划、小批量、不间断的配送,实现配送的经济目的。如果只是一次性的送货,则成为运输关系而非配送关系。因而配送合同一般是期限合同,确定一段时期的配送关系;或者是一定数量产品的配送,需要持续较长的时间。

2)配送服务合同的种类

(1)独立配送服务合同。

由独立经营配送业务的配送企业或个人或兼营配送业务的组织与配送委托人订立的仅涉及配送服务的独立合同。该合同仅仅用于调整双方在配送服务过程中的权利和义务关系,以配送行为为合同标的。

(2)附属配送服务合同。

附属配送服务合同是指在加工、贸易、运输、仓储或其他物质经营活动的合同中,附带地订立配送服务活动的权利和义务关系,配送服务活动没有独立订立合同。附属配送服务合同主要有仓储经营人与保管人在仓储合同中附带配送协议、运输合同中附带配送协议、销售合同中附带配送协议、物流合同中附带配送协议、生产加工合同中附带配送协议等。

(3)配送服务合同的其他分类。

配送服务合同依据合同履行的期限还可分为定期配送服务合同和定量配送服务合同。定期配送服务合同是指双方决定在某一期间,由配送人完成委托人的某些配送业务而订立的合同。定量配送服务合同则是配送人按照委托人的要求,按一定量的物品进行配送,直到该数量的物品配送完毕,则合同终止。

配送服务合同按照配送委托人身份的不同还可分为批发配送、零售配送、工厂配送等合同;依据配送物的不同可分为普通商品配送、食品配送、水果蔬菜配送、汽车配送、电器配送、原材料配送、零部件配送等合同;按照配送服务地理范围的不同可分为市内配送、地区配送、全国配送、跨国配送、全球配送等合同。

3)配送服务合同的订立

配送服务合同是双方对委托配送经协商达成一致意见的结果。经过要约和承诺的过程,承诺生效,合同成立。在现阶段,我国的配送合同订立往往需要配送经营人首先要约,向客户提出配送服务的整体方案,指明配送业务对客户产生的利益和配送实施的方法,以便客户选择接受配送服务并订立合同。

配送服务合同的要约和承诺可用口头形式、书面形式或其他形式。同样地,配送服务合同也可采用口头形式、书面形式或其他形式,为非要式合同。但由于配送时间延续较长,配送服务所涉及的计划管理性强;非及时性配送所产生的后果可大可小,甚至会发生如生产线停工、客户流失等重大损失;配送服务过程受环境因素的影响较大,如交通事故等,为了便于双方履行合同、利用合同解决争议,采用完整的书面合同最为合适。

4)配送服务合同的履行

配送服务合同双方应按照合同约定严格履行合同,任意一方不得擅自改变合同的约定,是双方的基本合同义务。此外,依据合同的目的可以推断出双方当事人还需要分别承担一些责任,也应予以重视,尽管合同没有约定。

(1)配送委托人保证配送物适宜配送。

配送委托人需要保证由其本人或者其他人提交的配送物适宜于配送和配送作业。对配送物进行必要的包装或定型;标注明显的标识并保证能与其他商品相区别;保证配送物可按配送要求进行分拆、组合;配送物能用约定的或者常规的作业方法进行装卸、搬运等作业;配送物不是法规禁止运输和仓储的物品;对于限制运输的物品,需提供准予运输的证明文件等。

(2)配送经营人采取合适的方法履行配送的义务。

配送经营人所使用的配送中心具有合适的库场,适宜于配送物的仓储、保管、分拣等作业;采用合适的运输工具、搬运工具、作业工具,如干杂货使用厢式车运输,使用避免损害货物的装卸方法,大件重货使用吊机、拖车作业;对运输工具进行妥善积载,使用必要的装载衬垫、捆扎、遮盖;采取合理的配送运输线路;使用公认的或者习惯的理货计量方法,保证理货计量准确。

(3)配送人提供配送单证。

配送经营人在送货时须向收货人提供配送单证、配送货物清单。配送清单为一式两联,详细列明配送物的品名、等级、数量等信息,经收货人签署后收货人和配送人各持一联,以备核查和汇总。配送人需在一定期间间隔向收货人提供配送汇总表。

(4)收货人收受货物。

委托人保证所要求配送的收货人正常地接收货物,不会出现无故拒收;收货人提供合适的收货场所和作业条件。收货人对接收的配送物有义务进行理算查验,并签收配送单和注明收货时间。

(5)配送人向委托人提供存货信息和配送报表。

配送人需在约定的期间如每天向委托人提供存货信息,并随时接受委托人的存货查询,定期向委托人提交配送报表、分收货人报表、残损报表等汇总材料。

(6)配送人接收配送物并承担仓储和保管义务。

配送经营人需按配送合同的约定接收委托人送达的配送物,承担查验、清点、交接、入库登记、编制报表的义务,安排合适的地点存放货物,妥善堆积或上架;对库存货物进行妥善的保管、照料,防止存货受损。

(7)配送人返还配送剩余物,委托人处理残料。

配送期满或者配送合同履行完毕,配送经营人需要将剩余的物品返还给委托人,或者按委托人的要求交付给其指定的其他人。配送人不得无偿占有配送剩余物,同样,委托人有义务处理配送残余物或残损废品、回收物品、加工废料。

5)配送合同范例

蔬菜配送合同

甲方:

乙方:东莞市首宏膳食管理有限公司

甲、乙双方本着友好协商的原则,甲方把该厂所需的食材交由乙方供应配送;为确保双方权益,特拟以下条款:

一、配送范围

1.甲方食堂所需的食材由乙方供应,乙方负责送货上门,于每天早上8:30前送到甲方食堂。超出约定时间30分钟,则将扣除当日货款10%作为违约处罚。

2.甲方如需临时加送菜品(提前3小时通知乙方),乙方必须无条件按时送达(每月4次为限)。

3.甲方每星期有两天早餐需要奶粉与面粉,乙方须在当天早上6:00前送到甲方食堂。

4.若有特殊情况,需提前通知甲方。在通知甲方后,乙方配送到达时间不得超过约定时间1小时;如乙方在规定时间内没有配送到,给甲方带来的一切经济后果将由乙方承担。

二、报价方式

乙方每周报一次菜价,以双方协商经甲方同意签字生效。

三、订货方式

1.甲方每天在当天送菜到达后,把第二天所需的蔬菜、肉类等食材的数量清单交给乙方配送人员带回。

2.妥善保管好乙方供货的器具(菜筐、油桶、豆腐板等),如有损坏或缺少,甲方需照价赔偿。

四、数量确定

1.供货数量确保准确,数量以甲方验收数量为准。

2.乙方每次随货的送货清单,经甲方指定人员验货后签字确认,甲乙双方各执一份,以此作为结算时的数量依据。

五、结账方式

货款每月结算一次,每月1日对账;对账后乙方给甲方开具上月所购货款发票,甲方在15日内一次性转账给乙方。

六、质量保证

1.乙方配送的蔬菜、肉类等食材必须符合国家卫生标准,并且保证质量,不得有腐烂、变质物品。

2.凡属于质量问题必须包退包换,退补货品需在1小时内补给,不能影响甲方正常供餐。

3.若因乙方配送食品、食材导致甲方出现食物事故时,经卫生防疫站检验,证明确属乙方造成的,乙方必须承担经济与法律上的全部责任。

七、协议期限

1.本协议一式两份,甲、乙双方各持一份。暂定_____年_____月_____日至_____年_____月_____日止,试用期一星期,甲方如基本满意,一星期后此协议自然生效,协议期满后双方再协商是否继续或终止。

2. 甲、乙双方如有一方需提前解约，需提前15天书面通知。

本协议若有未尽事宜，双方本着友好合作的精神协商解决。

甲方代表(签名)：　　　　　　　　　　　　乙方代表(签名)：

单位(盖章)：　　　　　　　　　　　　　　单位(盖章)：

3. 配送成本分析

1) 配送成本的构成

配送成本(distribution cost)是配送过程中所支付的费用总和。根据配送流程及配送环节，配送成本实际上是由配送运输费用、分拣费用、配装及流通加工费用等构成的。配送成本费用的核算是多环节的核算，是各个配送环节或活动的集成。配送各个环节的成本费用核算都具有各自的特点，如流通加工的费用核算与配送运输费用的核算具有明显的区别，其成本计算的对象及计算单位都不同。

(1) 配送运输费用。配送运输费用主要包括车辆费用和营运间接费用。车辆费用指从事配送运输生产而发生的各项费用，具体包括驾驶员及助手等的工资及福利费、燃料、轮胎、修理费、折旧费、燃油附加税、车船使用税等项目；营运间接费用是指营运过程中发生的不能直接计入各成本计算对象的站、队经费，包括站、队人员的工资及福利费、办公费、水电费、折旧费等内容，但不包括管理费用。

(2) 分拣费用。包括分拣人工费用和分拣设备费用。分拣人工费用是指从事分拣工作的作业人员及有关人员工资、奖金、补贴等费用的总和；分拣设备费用是指分拣机械设备的折旧费用及修理费用。

(3) 配装费用。包括配装材料费用、配装辅助费用和配装人工费用。常见的配装材料有木材、纸、自然纤维和合成纤维、塑料等。这些包装材料功能不同，成本相差很大。配装辅助费用是指如包装标记、标志的印刷，拴挂物费用等的支出。配装人工费用是指从事配装工作的工人及有关人员的工资、奖金、补贴等费用总和。

(4) 流通加工费用。包括流通加工设备费用、流通加工材料费用、流通加工劳务费用及流通加工的其他费用。流通加工设备因流通加工形式不同而不同，购置这些设备所支出的费用，以流通加工费用的形式转移到被加工产品中去。流通加工材料费用是指在流通加工过程中，投入加工过程中的一些材料消耗所需要的费用。流通加工劳务费用是指在流通加工过程中从事加工活动的管理人员、工人及有关人员的工资、奖金等费用的总和。

实际应用中，应该根据配送的具体流程归集成本，不同的配送模式，其成本构成差异较大。相同的配送模式下，由于配送物品的性质不同，其成本构成差异也很大。

2) 降低配送成本的策略

对配送的管理就是在配送的目标即满足一定的顾客服务水平与配送成本之间寻求平衡。在一定的配送成本下尽量提高顾客服务水平，或在一定的顾客服务水平下使配送成本最小。在一定的顾客服务水平下使配送成本最小一般有以下五种策略。

(1) 混合策略。混合策略是指配送业务一部分由企业自身完成。这种策略的基本思想是：尽管采用纯策略(即配送活动要么全部由企业自身完成，要么完全外包给第三方物流完成)易形成一定的规模经济,并使管理简化,但由于产品品种多变、规格不一、销量不等等情况,采用纯策略的配送方式超出一定程度不仅不能取得规模效益,反而还会造成规模不经济,而采用混合策略,合理安排企业自身完成的配送和外包给第三方物流完成的配送,能使配送成本最低。

案例分析 11-3

美国一家企业的混合策略的运用

美国一家干货生产企业为满足遍及全美的 1 000 家连锁店的配送需要,建造了 6 座仓库,并拥有自己的车队。随着经营的发展,企业决定扩大配送系统,计划在芝加哥投资 700 万美元再建一座新仓库,并配以新型的物料处理系统。该计划提交董事会讨论时,却发现这样不仅成本较高,而且就算仓库建起来也还是满足不了需要。于是,企业把目光投向租赁公共仓库,结果发现,如果企业在附近租用公共仓库,增加一些必要的设备,再加上原有的仓储设施,企业所需的仓储空间就足够了,但总投资只需 20 万美元的设备购置费、10 万美元的外包运费,加上租金,也远没有 700 万美元之多。

分析:这是一个采用混合策略成功的案例,自建仓库成本高,而自建一部分,租赁一部分,减少了资金的压力,提高了经济效益。

(2)差异化策略。差异化策略的指导思想是:产品特征不同,顾客服务水平也不同。当企业拥有多种产品线时,不能对所有产品都按同一标准的顾客服务水平来配送,而应按产品的特点、销售水平,来设置不同的库存、不同的运输方式以及不同的储存地点,忽视产品的差异性会增加不必要的配送成本。例如,一家生产化学品添加剂的公司,为降低成本,按各种产品的销售量比重进行分类:A 类产品的销售量占总销售量的 70% 以上,B 类产品占 20% 左右,C 类产品则为 10% 左右。对 A 类产品,公司在各销售网点都备有库存;B 类产品只在地区分销中心备有库存,而在各销售网点不设库存;C 类产品连地区分销中心都不设库存,仅在工厂的仓库才有存货。经过一段时间的运行,事实证明这种方法是成功的,企业总的配送成本下降了 20% 之多。

(3)合并策略。合并策略包含两个层次,一是配送方法上的合并;另一个则是共同配送。

配送方法上的合并:企业在安排车辆完成配送任务时,充分利用车辆的容积和载重量,做到满载满装,这是降低成本的重要途径。由于产品品种繁多,不仅包装形态、储运性能不一,在容重方面也往往相差甚远。一辆车上如果只装容重大的货物,往往是达到了载重量,但容积空余很多;只装容重小的货物则相反,看起来车装得满,实际上并未达到车辆载重量。这两种情况实际上都造成了浪费。实行合理的轻重配装、容积大小不同的货物搭配装车,不但可以在载重方面达到满载,而且也充分利用车辆的有效容积,取得最优效果。最好是借助电脑计算货物配车的最优解。

共同配送:共同配送是一种产权层次上的共享,也称集中协作配送。它是几个企业联合集小量为大量共同利用同一配送设施的配送方式,其标准运作形式是:在中心机构的统一指挥和调度下,各配送主体以经营活动(或以资产)为纽带联合行动,在较大的地域内协调运作,共同对某一个或某几个客户提供系列化的配送服务。

(4)延迟策略。传统的配送计划安排中,大多数的库存是按照对未来市场需求的预测量设置的,这样就存在着预测风险,当预测量与实际需求量不符时,就出现库存过多或过少的情况,从而增加配送成本。延迟策略的基本思想就是对产品的外观、形状及其生产、组装、配送应尽可能推迟到接到顾客订单后再确定。一旦接到订单就要快速反应,因此采用延迟策略的一个基本前提是信息传递要非常快。

(5)标准化策略。标准化策略就是尽量减少因品种多变而导致附加配送成本,尽可能多地采用标准零部件、模块化产品。如服装制造商按统一规格生产服装,直到顾客购买时才按顾客的身材调整尺寸大小。采用标准化策略要求厂家从产品设计开始就要站在消费者的立场去考虑怎样节省配送成本,而不要等到产品定型生产出来了才考虑采用什么技巧降低配送成本。

3) 配送成本控制

(1)加强配送的计划性。在配送活动中,临时配送、紧急配送或无计划的随时配送都会大幅度增加配送成本。随时配送对订货要求不做计划安排,有一笔送一次。这样虽然能保证服务质量,但是不能保证配装与路线的合理性,也会造成很大浪费。为了加强配送的计划性,需要制定配送申报制度。所谓配送申报制度,就是零售商店订货申请制度。解决这个问题的基本原则是:在尽量减少零售店存货、尽量减少缺货损失的前提下,相对集中各零售店的订货。应针对商品的特性,制定相应的配送申报制度。

(2)确定合理的配送路线。配送路线合理与否对配送速度、成本、效益影响很大,因此,采用科学方法确定合理的配送路线是配送的一项重要工作。确定配送路线可以采用各种数学方法和在数学方法基础上发展、演变出来的经验方法。无论采用何种方法,都必须满足一定的约束条件。配送的一般约束条件有:满足所有零售店对商品品种、规格、数量的要求;满足零售店对货物到达时间范围的要求;在交通管理部门允许通行的时间内进行配送;各配送路线的商品量不超过车辆容积及载重量的限制;在配送中心现有的运力允许的范围之内配送。

基本训练

□ 知识题

1. 阅读理解

(1)什么叫仓储商务?其内容有哪些?
(2)仓储的经营方法有哪些?分别是怎样进行的?
(3)仓储合同、配送商务合同如何订立?
(4)如何控制仓储商务和配送商务成本?
(5)配送有哪些经营模式?

2. 知识应用

1) 判断题

(1)配送路线对配送成本没有任何影响。(   )
(2)要加强企业配送的计划性。(   )
(3)配送成本中不包括流通加工费用。(   )
(4)配送服务合同是双方对委托配送经协商达成一致意见的结果。经过要约和承诺的过程,承诺生效,合同成立。(   )
(5)消费仓储收入主要来自于仓储物消费的收入。(   )

2) 选择题

(1)分拣费用包括(   )。

A. 车辆费用和营运间接费用
B. 分拣人工费用和分拣设备费用
C. 配装材料费用、配装辅助费用和配装人工费用
D. 流通加工设备费用、流通加工材料费用

(2)配送服务合同的种类有(　　)。

A. 独立配送服务合同　　　　　　　　B. 附属配送服务合同
C. 定期配送服务合同　　　　　　　　D. 定量配送服务合同

(3)在开展仓储业务的同时,还开展运输中介、商品交易、配载与配送、仓储增值服务等属于(　　)。

A. 保管仓储　　　B. 混合仓储　　　C. 仓储租赁　　　D. 仓储多种经营

(4)仓储合同规定保管方的义务与存货方的权利有(　　)。

A. 保证货物完好无损
B. 对库场因货物保管而配备的设备,保管方有义务加以维修,保证货物不受损害
C. 对危险品和易腐货物,如不按规定操作和妥善保管,造成毁损,则由保管方承担赔偿责任
D. 存货方应保证入库场的货物数量、质量、规格、包装应与合同规定内容相符

(5)仓储成本的构成中有(　　)。

A. 保管费　　　　　　　　　　　　B. 折旧费或租赁费
C. 装卸搬运费　　　　　　　　　　D. 仓储损失

□ 技能题

(1)某汽车装配厂从国外进口一批汽车零件,准备在国内组装、销售。2022年3月5日,与某仓储公司签订了一份仓储合同。合同约定,仓储公司提供仓库保管汽车配件,期限为10个月,从2022年4月15日起到2023年2月15日止,保管仓储费为10万元;还约定任何一方有违约行为,要承担违约责任,违约金为合同总额的20%;另外,汽车装配厂交予仓储公司定金2 000元。

合同签订后,仓储公司开始为履行合同做准备,清理了合同约定的仓库,并且因此拒绝了其他人的仓储要求。2022年3月27日,仓储公司通知装配厂已经清理好仓库,可以开始送货入库,但配装厂表示已找到更便宜的仓库,如果仓储公司能降低仓储费的话,就送货仓储。仓储公司不同意,配装厂明确表示不需要对方的仓库。4月2日,仓储公司再次要求配装厂履行合同,配装厂再次拒绝。4月5日,仓储公司向法院起诉,要求汽车配装厂承担违约责任,支付违约金、没收定金并支付仓储费。汽车装配厂答辩称合同未履行,因而不存在违约问题。

试分析:

①仓储合同是否生效?
②仓储公司的要求是否合理?为什么?
③如果你是法官,会做怎样的判决?

(2)某玩具生产厂于2022年9月5号向一仓储公司发出要约,希望和对方签订仓储合同。该仓储公司于2022年9月10号向玩具生产厂发出承诺。承诺中又提出要与玩具生产厂于2022年9月20号签订正式仓储合同。而该玩具生产厂于2022年9月16号与另一仓储公司签订仓储合同,原因是其仓储费更便宜。请分析该玩具厂是否违约,为什么?

(3)2021年9月3日,某市盛大粮油进出口有限责任公司(下称盛大公司),与东方储运公司签订一份仓储保管合同。合同主要约定:由东方储运公司为盛大公司储存保管小麦60万公斤,储存费用为5万元,任何一方违约,均按储存费用的25%支付违约金,请拟订一份仓储合同。两个小组一起完成任务,一组为甲方,一组为乙方,小组长宣读合同,其他小组提问。

综合案例

仓储保管合同是否有效？

某五金公司与某贸易货栈有着多年的业务往来,两个公司的经理也是"铁哥们儿",私交很深。某年5月,五金公司经理王某找到贸易货栈经理张某称:"我公司购回走私彩电500台,有关部门正在追查,因此,想请张经理帮帮忙,将这批货暂时在贸易货栈存放一段时间,待避过风头之后,我公司立即想办法处理。"但货栈经理张某说:"咱们都是经营单位,货栈目前效益也不是很好,并且寄存你这批货还要承担很大风险,因此,适当收点仓储费。另外,一旦有关部门得到信息,将该批货查封、扣押或者没收,我单位不承担任何责任。"五金公司王经理表态:"费用按标准支付,签个仓储合同。"双方随即签订了一份仓储保管合同。合同约定,贸易货栈为五金公司储存彩电500台,期限6个月,每月仓储费1 000元。10月,该批货在贸易货栈存放期间,被有关部门查获,并依法予以没收。后来双方当事人为仓储费问题发生争执,经多次磋商未果,贸易货栈诉至法院,要求五金公司依约支付仓储费并赔偿损失。

问题:

(1)五金公司与贸易货栈之间所签订的仓储保管合同是否有效？

(2)五金公司是否应支付仓储费？为什么？

综合实训

实训目的:正确认识物流配送及仓储商务管理,掌握现代物流配送及仓储商务管理的内容,掌握仓储及配送商务合同的拟订。

背景资料:

1.甲乙双方于2015年4月20日签订了仓储租赁合同,甲方将自己的仓库租给乙方使用,租赁期限为3年,从2015年5月10日至2018年5月10日,如一方违约,须向另一方支付违约金30万元并赔偿损失,乙方向甲方支付定金2万元。乙方租赁期间,经营效益很好,平均每月有5万元利润收入。甲方于2017年3月10日突然提出:将原租赁给乙方的仓库收回。问乙方此时应提出什么索赔要求？

2.晨达配送中心与流花食品厂签订配送合同,该厂将货物存储在配送中心。3月20日,20箱薯片由晨达配送到新世纪超市。到货后,超市收货人在未做验货情况下签收配送单。3月21日,超市人员发现该批薯片大部分由于长期保存不当受潮,且在送货途中颠簸碎裂。超市向流花食品厂进行索赔,但该厂要求晨达进行赔偿,并扣压支付给晨达的各项费用。晨达不服,将配送剩余物强行占有,以超市已签单为由,拒不归还。

请分析,在此事件中,配送人、委托人、收货人三方具有的权利与义务分别是什么？

项目12
智慧仓储配送信息技术

ZHIHUI CANGCHU PEISONG YUNYING

项目 12 智慧仓储配送信息技术

思政目标
◎ 热爱物流行业,关注物流信息技术的发展。

知识目标
◎ 了解仓储管理信息系统、配送管理信息系统的应用;
◎ 理解仓储、配送信息管理的构成;
◎ 明确智能仓储、智能配送的应用;
◎ 掌握智能仓储与配送的规划。

技能目标
◎ 能用所学知识对仓储配送信息管理状况进行分析;
◎ 能运用一些简单信息技术方法处理仓储配送管理中的实际问题。

任务引例

汽车标准件企业智能化仓储管理系统案例

某汽车标准件有限公司是以开发、生产汽车高强度紧固件为主,公司生产产品完全可以替代进口部件,为国内知名汽车厂家的主要配套供应商之一。但在发展的过程中,逐步意识到目前的仓储管理模式跟不上公司前进的速度,导致错误频出,客户投诉率高,直接影响了企业形象和发展。该汽车标准件公司目前的难题:

1. 各作业环节需要打印对应的作业单据,手工记录相关内容后再录入 ERP 系统,录入工作量大、效率低、易出错,作业质量和进度不易管控;
2. 单据录入滞后于实际操作,造成 ERP 数据存在偏差,导致 ERP 信息不准;
3. 生产与仓储两个层面资讯断层,导致生产计划频频发生变化;
4. 包装仓储过程无法管控,产品管理信息透明度低,产品生命周期不可控;
5. 产品包装缺乏有效标识,容易发错货;
6. 产品无可追溯性,问题出现后无法找到出错环节与直接责任人。

为改善以上现状,公司需要完善智能仓储管理系统进行仓储的管理。标领结合公司目前所遇到的种种仓储难题,利用先进的物联网技术,为汽车标准件公司提供一套完整的智能仓储管理系统解决方案,帮助企业更好地服务于客户,优化及提升仓储管理作业流程,与时俱进,跟上管理的变革潮流。

1. 出入库管理:入库交接自动数据采集,输入出库计划后自动分配产品库位,出库时自动进行产品出库处理,实时显示库存量及结存。
2. 实时仓库管理:对库位进行产品指定、客户指定、类型指定等,实时查询仓库信息及状态,自动进行产品过期报警。
3. 客户订单管理:根据客户订单自动分配库位并生成出库清单,出库时自动将出库内容与客户订单绑定、方便追溯查询,自动对比并保证出货内容与客户订单内容一致。
4. 实现产品追溯:系统可根据任意产品二维码查询各类信息及相关产品的流向。当产品出现质量问题或客户投诉时,扫描成品二维码能够快速有效地查找到该产品的生产日期、入库时间、出库时间、对应客户订单号、相关产品流向、责任人、所用零件批次以及同批次产品所涉及的其他成品一览等数据。

5.供应链管理:系统可记录并检验装箱信息,生成统一编制的箱码。在系统的整合下,产品连同包装明细信息在供应链的第一环节就得到了共享,并在后续仓库的入库、越库、拆箱、出库等作业,以及分仓调拨和门店签收等环节中流转和应用,既保证了信息的准确,又使作业过程更高效便捷。

该汽车标准件公司使用标领智能仓储管理系统后,收益明显,各部门人员各司其职,更好地完成自己权限内的工作内容。现在仓库中的商品已经变得井然有序,商品出入库通过使用先进智能设备也得到了提升,同样地,记账、对账、盘点等工作也随之得到很大的改善。

该案例表明:随着物流的发展,企业已有的仓储管理系统适应不了新的要求,大胆尝试智能仓储,才能改善仓储管理中的问题,提高仓储管理效率。

任务1 库存信息管理系统

1. 库存信息管理系统概述

库存管理,即在制造业及服务业的生产和经营中,对过程中的各类商品、产成品和其他资源的管理和控制,以维持储备在一个合理的水平。库存管理、库存控制是获得较高的利润的商业手段。企业管理的过程就是追求利润,制造企业要想实现利润的最大化,需要实现库存投资的最小化、生产成本的最小化、客户服务的最大化,最早的信息系统就是为了让这三个矛盾的目标达到某种平衡而诞生的。库存管理是供应链系统的核心,是制造系统的基础,同时也是财务管理系统的基础。企业可以采用库存管理系统进行库存控制,记录每次入库、出库和库存盘点的数据;管理供货商,对其价格和服务做量化评价,保持均衡采购,用竞争的方式来获得更好的服务以及更低的价格。

1)仓库管理系统的含义及构成

仓库管理系统(WMS:warehouse management system),是一个实时的计算机软件系统,它能够按照运作的业务规则和运算法则(algorithms),对信息、资源、行为、存货和分销运作进行更完美的管理,使其最大化地满足有效产出和精确性的要求。仓库,尤其是制造业中的仓库,作为链上的节点,不同链节上的库存不同,在物流供应链的管理中,不再把库存作为维持生产和销售的措施,而将其作为一种供应链的平衡机制,其作用主要是协调整个供应链。但现代企业同时又面临着许多不确定因素,无论它们来自分供方还是来自生产或客户,对企业来说处理好库存管理与不确定性关系的唯一办法是加强企业之间信息的交流和共享,增加库存决策信息的透明度、可靠性和实时性。而这,正是WMS所要帮助企业解决的问题。仓库管理系统是由多功能软件子系统组合而成的。

(1)入库管理子系统。

・入库单数据处理(录入);

・条码打印及管理;

・货物托盘及托盘数据登录注记(录入);

・货位分配及入库指令的发出;

•占用的货位重新分配；

•入库成功确认；

•入库单据打印。

(2)出库管理子系统。

•出库单数据处理；

•出库品项内容生成及出库指令发出；

•错误货物或倒空的货位重新分配；

•出库成功确认；

•出库单据打印。

(3)数据管理子系统。

①存库管理：

•货位管理查询；

•以货物编码查询库存；

•以入库时间查询库存；

•盘点作业。

②数据管理：

•货物编码管理，提供与货物编码相关信息的输入界面，包括编码、名称、所属部门、单位等的输入；

•安全库存质量管理，提供具体到某种货物的最大库存、最小库存的参数设置，从而实现库存量的监控预警；

•供应商，录入供应商编号、名称、联系方法，供入库单使用；

•使用部门数据管理，录入使用部门编号、名称等，供出、入库单使用；

•未被确认操作的查询和处理，提供未被确认操作的查询和逐条核对处理功能；

•数据库与实际不符记录的查询和处理，逐条提供选择决定是否更改为实际记录或手工输入记录。

(4)系统管理子系统。

①使用者及其权限设定：

•使用者名称、代码、密码、可使用程序模块的选择。

②数据库备份操作：

•提供存储过程每日定时备份数据库或日志。

③通信操作：

•若系统有无线通信部分，应提供对通信的开始和关闭操作功能。

④系统的登入和退出：

•提供系统登入和退出界面相关信息。

 知识链接 12-1

国内企业的WMS概况

仓库管理系统(WMS)是仓库管理信息化的具体形式，它在我国的应用还处于起步阶段。主要类型有：

(1)基于典型的配送中心业务的应用系统。在销售物流中如连锁超市的配送中心，在供应物流中如生产企业的零配件配送中心,都能见到这样的案例。北京医药股份有限公司的现代物流中心就是这样的一个典型。该系统的目标,一是落实国家有关医药物流的管理和控制标准GSP 等,二是优化流程,提高效率。系统功能包括进货管理、库存管理、订单管理、拣选、复核、配送、RF 终端管理、商品与货位基本信息管理等功能模块;通过网络化和数字化方式,提高库内作业控制水平和任务编排。该系统把配送时间缩短了 50%,订单处理能力提高了一倍以上,还取得了显著的社会效益,成为医药物流的一个样板。此类系统多用于制造业或分销业的供应链管理中,也是 WMS 中最常见的一类。

(2)以仓储作业技术的整合为主要目标的系统,解决各种自动化设备的信息系统之间整合与优化的问题。武钢第二热轧厂的生产物流信息系统即属于此类,该系统主要解决原材料库(钢坯)、半成品库(粗轧中厚板)与成品库(精轧薄板)之间的协调运行问题,否则将不能保持连续作业,不仅放空生产力,还会浪费能源。该系统的难点在于物流系统与轧钢流水线的各自动化设备系统要无缝连接,使库存成为流水线的一个流动环节,也使流水线成为库存操作的一个组成部分。各种专用设备均有自己的信息系统,WMS 不仅要整合设备系统,也要整合工艺流程系统,还要融入更大范围的企业整体信息化系统中去。此类系统涉及的流程相对规范、专业化,多出现在大型 ERP 系统之中,成为一个重要组成部分。

(3)以仓储业的经营决策为重点的应用系统,其鲜明的特点是具有非常灵活的计费系统、准确及时的核算系统和功能完善的客户管理系统,为仓储业经营提供决策支持信息。

2)库存管理系统的作用

库存管理系统在整个业务系统中是重要的及核心的组成部分,库存管理系统、采购管理系统、计划管理系统、销售管理系统之间有着密不可分的联系。材料的库存和采购管理计划,需要依据物料种类、现存数量和质量的情况,来制订物料的采购数量计划以及供应时间计划;同时,采购管理则需依据控制成本的原则,明确采购次数和订货批量;另外,库存管理直接影响销售管理;库存管理同时在均衡生产、保证生产顺利进行方面起着重要作用。库存管理系统在企业中的作用如图 12-1 所示。

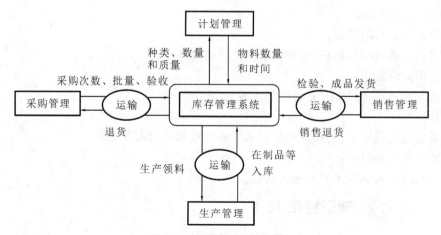

图 12-1 库存管理系统的作用

库存管理的重要性日渐得到了许多企业家和公司管理层的重视,随着现今技术进步和日渐剧烈的市场竞争,许多企业通过定制开发出库存管理系统,以符合企业自身实际情况和需求。

2. 库存管理系统实例

1) 系统功能性需求

本系统是一个基于平台的库存管理系统,包括了库存管理的常见功能,列举如下:
(1)基本信息管理:包括客户和供应商信息管理、用户信息管理、仓库信息管理。
(2)产品信息管理:包括产品类别管理、产品信息管理。
(3)库存管理:包括新增入库单、入库管理、新增出库单、查看库存信息。
(4)库存预警:库存中的某项产品,如其数量在最高或最低临界值附近,或产品使用期限将至,系统将进行预警。
(5)统计资料查询:包括库存产品入库出库统计报表和库存产品流水线统计报表等报表及其打印功能。
(6)数据维护:包括数据库备份、数据恢复、记录系统操作日志、发送错误报告等功能,避免因操作失误造成数据错误或者不一致性从而保证数据安全。

企业库存管理系统主功能模块见图12-2。

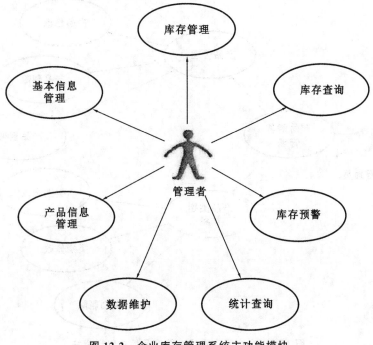

图12-2 企业库存管理系统主功能模块

2) 系统基本信息管理

系统基本信息包括客户、供应商信息,系统用户信息以及仓库信息。仓库信息中包括仓库名称、仓库编号、仓库地址、仓库电话、仓库描述、备注等。客户信息包括客户编号、客户名称、客户类型(供应商或购货商)、客户电话、客户地址、联系方式、备注等信息。用户信息包括用户编号、用户名、密码、员工姓名、工号、职位、电话、邮件、联系地址、备注等。

基本信息管理的各个功能为:管理员对仓库信息的添加、对现有仓库信息的编辑或删除;管理员添加新的客户信息、编辑现有的客户信息和删除无用的客户信息;管理员添加新的系统用户,或者对现有系统用户进行编辑或删除操作。

3) 产品信息管理

库存产品的分类在系统中进行管理,系统用户可以新增和修改产品类别。本系统对产品分类采用二级类别的方法,一级类别为产品所属的基本分类,如产品、化学化工、机械制造,等等;二级类别则是在一级类别之上,将产品更加细致地划分子类别,如产品类又可细分为小家电类、手机类、电脑硬件类、电脑整机类、笔记本类,等等。

产品包括用于生产的成分、元件、化学产品或者工业器械等。本系统的产品信息管理功能如下:新增产品类别,添加产品类别名称、产品类别编号、产品类别级别、产品类别说明、备注等;编辑现有的产品类别;删除已经废弃或已经不再需要的产品类别;新增产品信息,需添加产品的编号、名称、类别、规格、使用期、说明等信息;编辑现有的产品信息;移除已经不再需要的产品信息;按条件查询检索产品信息。企业库存管理系统产品信息管理模块见图12-3。

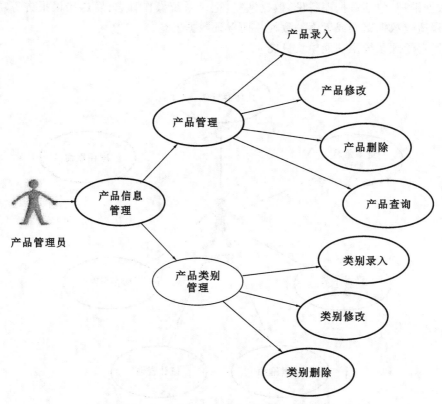

图 12-3 企业库存管理系统产品信息管理模块

4) 库存操作

仓库管理员将某种产品放入仓库或从仓库中提出某种产品的操作即是库存操作,包括入库和出库两种具体操作。系统的库存操作管理模块将实现如下具体功能:入库操作和出库操作。出库操作信息如表12-1所示。

表 12-1　出库操作信息

出库操作	销售出库	退货出库	用料出库
说明	把卖给购货商的产品出库	指将本企业采购的原材料从仓库提出退货	指本企业用于生产的原材料从仓库中提出到生产线
备注	出库操作需要记录相关的产品信息、仓库信息、客户信息、经办人、涉及金额和出库时间等信息		

5) 盘库操作

库存盘点又称为盘库，是将仓库中目前现有的产品进行盘点的操作，包括统计现有产品库存数据、校验以前录入的库存数据的正确性，从而保证库存数据的准确性。

6) 库存预警

库存预警指库存中的某项产品，如其数量在最高或最低警戒值附近，库存管理系统会自动发出预警提示。库存产品的适宜储存数量及有效期限等警戒参数都记录在产品信息表中。某项库存产品，如其实际数量小于等于管理员预设的产品数量下限，这种情形为短线；如其实际数量大于等于管理员预设的本产品数量上限，这种情形为超储。当库存中某个产品发生了短线、超储等情况，或某个产品在库存中接近甚至到达其使用有效期时，都将触发系统预警。本系统的库存警示模块将完成如下具体功能：库存中产品的短线或超储预警；库存中产品接近有效期预警。

7) 统计查询与打印

系统用户为了能完全知悉和掌控库存状况，可以操作统计查询模块，对库存中各项产品进行所需的各种不同类型的查询、统计、打印等操作。如下功能将包括在统计查询大模块中：查询并打印库存产品入库及出库统计报表；查询并打印库存产品的流水线统计报表。

8) 数据维护管理

数据维护管理功能主要对数据库信息进行备份和还原，保证数据的安全性，避免因操作失误造成数据错误或者不一致性，从而保证数据安全。数据维护管理功能模块主要实现以下功能：备份数据库信息；还原数据库到某一时刻的状态；记录系统操作的日志；记录并发送错误报告。

任务 2　配送信息管理系统

1. 配送信息管理系统概述

1) 配送信息管理系统的含义

物流配送信息系统是物流配送信息化的核心，有较强的综合性，主要目的是向各配送点提供配送信息，根据订货查询库存及配送能力，发出配送指令，发出结算指令及发货通知，汇总及反馈配送信息。

2)物流配送信息系统的作用

(1)进行业务管理。主要用于物流配送中心的入库、验收、分拣、堆码、组配、发货、出库、输入进(发)货数量、打印货物单据,便于仓库保管人员正确进行货物的确认。

(2)进行统计查询。主要用于物流配送中心的入库、出库、残损及库存信息的统计查询,可按相应的货物编号分类,便于供应商、客户和仓库保管人员进行统计查询。

(3)进行库存盘点。主要用于物流配送中心的货物盘点清单制作、盘点清单打印、盘点数据输入、盘点货物确认、盘点结束确认、盘点利润统计、盘点货物查询、浏览统计、盘亏盘盈统计,便于实行经济核算。

(4)进行库存分析。主要用于物流配送中心的库存货物结构变动的分析,各种货物库存量、品种结构的分析,便于分析库存货物是否积压或短缺。

(5)进行库存管理。主要用于物流配送中心的库存货物的管理。

用于对库存货物的上下限报警:对库存货物数量高于合理库存上限或低于合理库存下限的货物信息提示。

用于库存呆滞货物报警:对有入库但没有出库的货物进行信息提示。

用于货物缺货报警:对在出库时库存货物为零但又未及时订货的货物进行信息提示,便于对在库货物进行动态管理,以保持相应合理的库存货物。

(6)进行库存货物保质期报警。主要用于物流配送中心的库存货物的质量管理。对超过保质期的货物进行报警:对库存货物的保质期在当天到期的货物进行信息提示,对超过保质期的货物进行报警,以及时进行处理。

对货物保质期查询:对库存货物的保质期进行查询,便于仓库对在库货物进行质量管理,及时处理超过保质期的货物,提高货物库存质量。

(7)进行货位调整。主要用于物流配送中心对库存货物的货位进行调整,进行货位调整查询,以便仓库管理人员掌握各种货物的存放情况,便于仓库及时准确地查找在库货物。

(8)进行账目管理。主要用于物流配送中心核算某一时间段的每种货物明细账、每类货物的分类账和全部在库货物的总账,便于仓库实行经济核算。

(9)进行条码打印。主要用于物流配送中心的货物自编条码打印、货物原有条码打印等,便于仓库实行条码管理,自动生成打印各种货物的条码。

案例分析 12-1

信息在"小红帽"物流配送系统中的应用

小红帽报刊发行服务有限责任公司(以下简称"小红帽")是北京著名的配送企业。该公司全面代理 40 多种报刊的发行工作,还涉及投递广告、收购旧报及送书、送奶、送水上门等多项业务,这些服务极大地便利了北京广大市民的生活。小红帽在北京地区已先后建立了 10 个发行区站、近 80 个发行分站。

为了适应市场竞争和发展的要求,"小红帽"在微机化管理、网络化建设等方面做了不懈的努力。2000 年初公司就有 7 个部门、10 个区站和 43 个发行站实现了微机联网,大大提高了发行业务的技术含量,有效地保证了各项业务的顺利开展。随后方正数码有限公司在"小红帽"物流配送中成功运用了位置信息技术,进一步提高企业实现电子商务的竞争实力。

"小红帽"地理信息系统针对订阅发行、订货送货、广告投递业务在地理信息方面的需求,以业务数据图形化管理和业务机构、业务对象图形化编辑为核心,从客户、产品、业务结构三个管理层面上实现对"小红帽"业务的全面图形化管理。

一、需求细致入微

"小红帽"业务主要包括订阅发行、订货送货、报刊零售、广告投递,总公司负责汇集、整理各种业务客户的要求,管理各类业务产品和各业务机构的人事、行政,再将整理后的客户和产品信息作为任务,下达给相关的各下属业务机构执行。并且总公司要汇总各下属业务机构提交的业务执行情况数据,进行业务分析,由业务分析结果制订出下一步的业务运行和行政、人事管理的计划。

"小红帽"配送系统的需求主要集中在以下几个方面:

1. 通过客户邮编和详细地址字符串,自动确定客户的地理位置(经纬度)以及客户所在的区站、分站和投递段。

2. 通过基于地理信息系统的查询、地图表现的辅助决策,实现对投递路线的合理编辑(如:创建、删除、修改)和客户投递排序。

3. 用特定的地图符号在地图上表示客户的地理位置,不同类型的客户(如:普通客户和会员客户、单位客户和个人客户等)采用不同的符号表示。

4. 通过地理信息系统的查询功能或在地图上点击地图客户符号,显示此客户符号的属性信息,并可以编辑属性。

5. 在地图上查询客户的位置。

6. 通过业务系统调用地理信息系统,以图形的方式显示业务系统的各种相关操作结果的数值信息。

7. 由上级机构基于综合评估模型和地理信息系统的查询,实现对下级机构区域的拆分、合并。

8. 由总公司基于广告投递综合评估模型和地理信息系统的查询,实现广告投递区域的选择。

二、设计围绕核心

"小红帽"地理信息系统采取基于 Internet 广域网的 B/S 体系结构,地图服务器采用美国 MapInfo 公司的网络产品 MapXtreme 2.0 for NT,属性数据库采用 Oracle 8i。系统在客户浏览器端采用 DHTML 加 OCX 技术实现友好的用户图形界面,在服务器中用 ASP 与 MapXtreme 结合的技术来实现远程数据访问和地图操作。

三、系统网络结构图

"小红帽"地理信息系统的主要模块有:客户地址定位、机构区域划分、站点选址、投递排序、投递路线编辑和广告投递。其中,"客户地址定位"和"机构区域划分"为系统核心功能实现模块。

客户地址定位:首先系统根据由业务前台提供的客户邮编和地址信息,自动分析确定在城市地图上该客户楼房的位置,然后根据楼房的位置确定该由"小红帽"报刊发行服务公司下属的某个分站的哪位投递员去为该客户送报或送货。

分析:信息管理在"小红帽"中的应用,提高了工作效率和效益。

2. 物流配送信息系统的构成

1)销售出库管理系统

销售出库管理系统在现代配送中心已得到普遍运用。物流配送中心的销售出库管理系统的构成如图 12-4 所示。

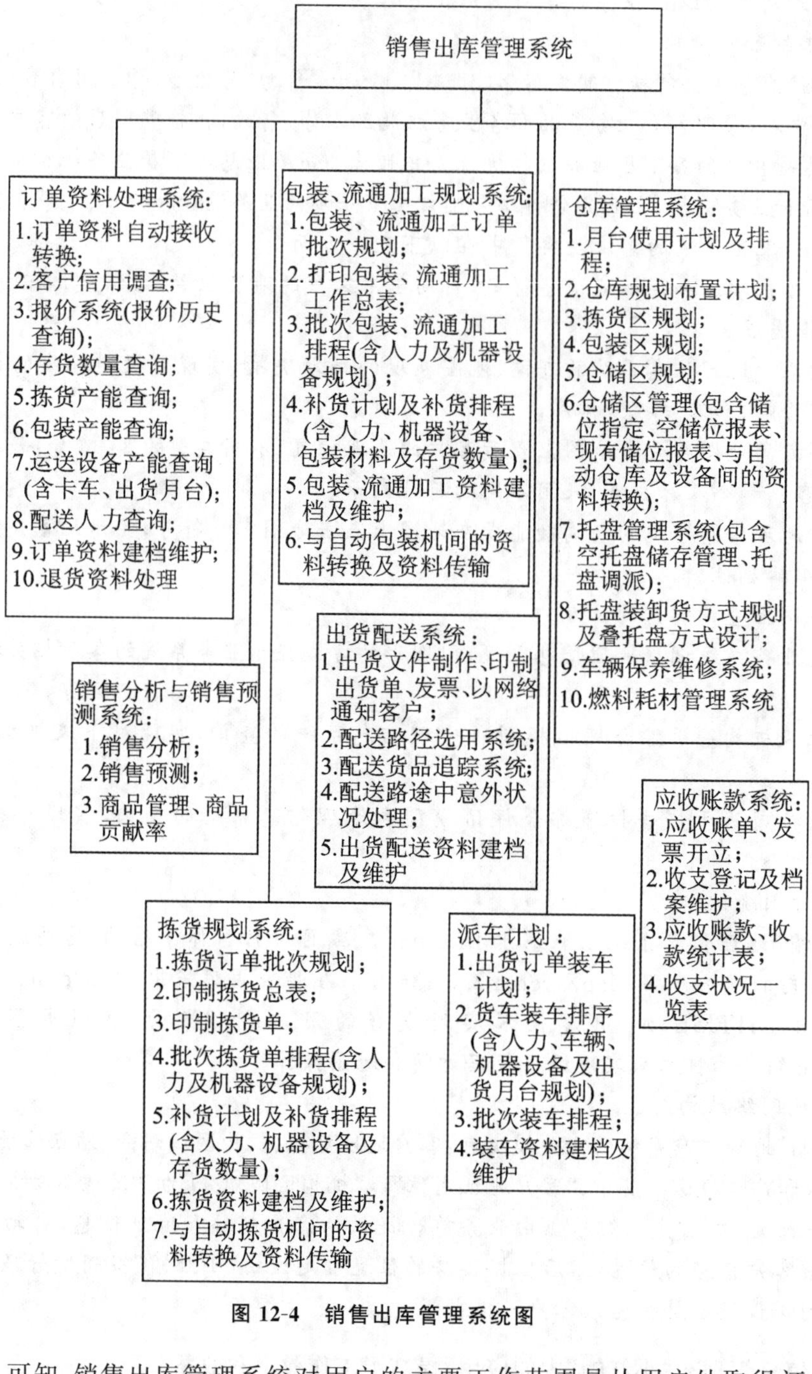

```
                    ┌─────────────────────┐
                    │    销售出库管理系统    │
                    └─────────────────────┘
```

订单资料处理系统：
1. 订单资料自动接收转换；
2. 客户信用调查；
3. 报价系统(报价历史查询)；
4. 存货数量查询；
5. 拣货产能查询；
6. 包装产能查询；
7. 运送设备产能查询(含卡车、出货月台)；
8. 配送人力查询；
9. 订单资料建档维护；
10. 退货资料处理

包装、流通加工规划系统：
1. 包装、流通加工订单批次规划；
2. 打印包装、流通加工工作总表；
3. 批次包装、流通加工排程(含人力及机器设备规划)；
4. 补货计划及补货排程(含人力、机器设备、包装材料及存货数量)；
5. 包装、流通加工资料建档及维护；
6. 与自动包装机间的资料转换及资料传输

仓库管理系统：
1. 月台使用计划及排程；
2. 仓库规划布置计划；
3. 拣货区规划；
4. 包装区规划；
5. 仓储区规划；
6. 仓储区管理(包含储位指定、空储位报表、现有储位报表、与自动仓库及设备间的资料转换)；
7. 托盘管理系统(包含空托盘储存管理、托盘调派)；
8. 托盘装卸货方式规划及叠托盘方式设计；
9. 车辆保养维修系统；
10. 燃料耗材管理系统

销售分析与销售预测系统：
1. 销售分析；
2. 销售预测；
3. 商品管理、商品贡献率

出货配送系统：
1. 出货文件制作、印制出货单、发票、以网络通知客户；
2. 配送路径选用系统；
3. 配送货品追踪系统；
4. 配送路途中意外状况处理；
5. 出货配送资料建档及维护

应收账款系统：
1. 应收账单、发票开立；
2. 收支登记及档案维护；
3. 应收账款、收款统计表；
4. 收支状况一览表

拣货规划系统：
1. 拣货订单批次规划；
2. 印制拣货总表；
3. 印制拣货单；
4. 批次拣货单排程(含人力及机器设备规划)；
5. 补货计划及补货排程(含人力、机器设备及存货数量)；
6. 拣货资料建档及维护；
7. 与自动拣货机间的资料转换及资料传输

派车计划：
1. 出货订单装车计划；
2. 货车装车排序(含人力、车辆、机器设备及出货月台规划)；
3. 批次装车排程；
4. 装车资料建档及维护

图 12-4　销售出库管理系统图

由图 12-4 可知，销售出库管理系统对用户的主要工作范围是从用户处取得订单、订单处理、仓库管理、发货准备、配送到户。对内部各大系统的工作范围是，统计订单并把它传送给采购入库管理系统作为入库信息，把应收账款信息传给会计管理系统作为入库信息，把各项信息传给营运、绩效管理系统作为效率评估之用。销售出库管理系统包括订单信息处理、销售分析与预测、拣货规划、包装和流通加工、派车计划、仓库管理、发货配送和应收账款等许多子系统。图 12-5 所示为销售出库管理系统的信息流程。

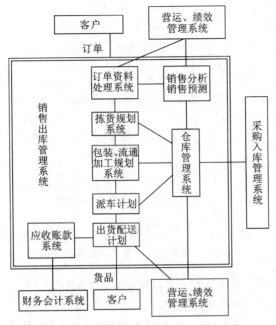

图 12-5 销售出库管理系统信息流程图

2) 采购入库管理系统

采购入库管理系统也是在配送中心占据重要地位的操作系统,其主要组成如图 12-6 所示,它包括入库作业处理、存货控制、采购管理和应付账款等系列活动。

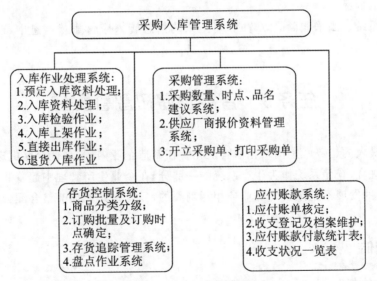

图 12-6 采购入库管理系统

采购入库管理系统信息流程如图 12-7 所示。

入库作业处理系统。处理预定入库信息和实际入库信息。处理预定入库信息主要是入库站台、人力安排、机器分配。信息来源有两个方面,一是来自采购单上的预定入库日期、入库商

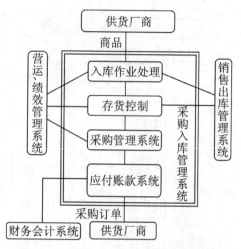

图 12-7 采购入库管理系统信息流程图

品项目和入库数量,二是来自供货商的进货日期、商品和入库数。

存货控制系统。存货控制系统的作业内容有商品分类分级、确定订购批量和订购时点、存货追踪管理及库存盘点。商品的分类分级是按类别对库存商品数量进行统计,并根据库存量大小进行排序、分类的。这为仓库区域规划布置、商品采购、人力分配和工具设备的选用等提供了参考依据。存货控制系统还可实现经济订购批量及采购时点的预测。

采购管理系统。由采购预警系统、供应厂商管理系统、采购单据打印系统和采购跟踪系统组成。当存货控制系统建立采购批量及采购时点档案后,仓管人员可实时利用采购预警系统来检查所需采购的商品。

应付账款系统。当采购商品入库后,可把采购信息转入应付账款信息中,财会人员可据票付款。

任务 3　智能仓储和智慧配送

现代物流最大的趋势就是网络化与智能化。在制造企业内部,现代仓储配送中心往往与企业生产系统相融合,仓储系统作为生产系统的一部分,在企业生产管理中起着非常重要的作用。因此,仓储技术的发展不是跟公司的业务相互割裂的,只有跟其他环节整合配合,才更有助于仓储行业的发展。

1. 智能仓储

1)智能仓储概述

(1)智能仓储的含义。

智能仓储(intelligent storage)就是在传统的仓储基础上,对仓储的设施、存储的管理系统、行为规范和标准进行设计和改进,通过科学的仓储系统改进和规划,利用先进的现代化智能设备构建统一的仓储网络,引进先进的技术改革,使仓储系统达到整体的统一管理和调度,实现智能仓储的真正自动化和智能化。

智能仓储是物流过程的一个环节,智能仓储的应用,保证了货物仓库管理各个环节数据输入的速度和准确性,确保企业及时准确地掌握库存的真实数据,合理保持和控制企业库存。通过科学的编码,还可方便地对库存货物的批次、保质期等进行管理。

建立一个智能仓储系统需要物联网的鼎力支持。现代仓储系统内部不仅物品复杂、形态各异、性能各异,而且作业流程复杂,既有存储,又有移动,既有分拣,也有组合。因此,以仓储为核心的智能物流中心,经常采用的智能技术有自动控制技术、智能机器人码垛技术、智能信息管理技术、移动计算技术、数据挖掘技术等。基于上面的这些情况,物联网的应用可以化繁为简,大大提高整个物流仓储配送的效率。

智能仓储的概念在一般意义上而言,是指两条映射的主链相互作用而构成的现代信息管理系统。一条是"采集—处理—流通—管理—分析"的信息加工链,另一条是"入库—出库—移库—盘点—拣选—分发"的业务环节链。信息加工链包含了与物联网技术有关的先进信息技术,可以智能化地完成仓储物流业务环节链的各个业务管理过程,如物品流动实时监控、货位动态分配、统计报表输出等,使得仓储货物的流转效率提高、物流成本降低,从而为仓储物流的提供商带来大化的利润,为仓储服务对象提供优良的服务,最大限度地降低不必要的资源消耗,从整体上提高产业链的信息化水平,从而带动整个产业良性有序地发展。

(2)智能仓储的特点。

智能仓储的智能特征表现在两个方面。第一,它实现了仓储管理的智能化。由于大量采用物联网感知技术,如RFID标签、传感器和M2M等技术,它可以实时反映仓储货物的流动状况,主动传递异动信息,实现仓储物流过程的完全监控。第二,具备了仓储管理决策的自动化特征。由于数据感知和处理与仓储生产调度实现了一体化,获取的实时数据可以即时地被二次加工处理。在对大量历史和即时数据科学建模、智能分析的基础上,系统将迅速准确地得出反馈结果,这将有助于企业了解仓储物流的真实状态,从而做出正确的生产决策,使得日益丰富的仓储个性化需求得到更加灵活的响应。

与传统的仓储相比较,智能仓储有很多突出的优势:智能仓储由统一的网络控制,这样既保证了智能仓储信息的安全,同时,有利于仓储系统对仓储进行统一管理和控制;智能仓储采用智能设备进行操作,大大减少了人工操作,节约了劳动成本,同时提高了仓储效率;智能仓储采用智能软件进行人工控制和管理,大大提高了管理效率,同时由于软件的使用非常简单,使得客户可以亲手管理仓库;智能仓储采用无线传感技术控制仓库的环境,保证了商品存放的环境安全,同时,也大大提高了商品的存放时间。

(3)智能仓储的任务。

智慧仓储的任务包括:

提高货物出入库效率。实现非接触式货物出入库检验,问题货物标签信息写入,检验信息与后台数据库联动。

提高货物盘库效率。库管员持移动式阅读器完成非接触式货物盘库作业,缩短盘库周期,降低盘库人工成本,盘库信息与后台数据库联动,自动校验。

提高货物移库效率。实现仓储货物在调拨过程中进行全方位实时管理,准确快速定位移库货物,提高移库工作灵活性;通过对移库货物的移库分析,找出最佳货物存放位置。

实现仓储管理智能化。各类仓储单据、报表快速生成;问题货物实时预警,特定条件下货物自动提示;通过信息联网与智能管理,形成统一的信息数据库,为供应链整体运作提供可靠依据。

2) 智能仓储的结构规划

智能仓储具有仓储信息自动抓取、仓储信息自动识别、仓储信息自动预警、仓储信息智能管理等多项功能。其中,仓储信息自动抓取功能是指对贴有电子标签的货物、库位、库架信息自动抓取,包括货物属性、库位及库架分类等,无须通过人工辨认。仓储信息自动识别功能是通过与后台服务器的连接,在自动抓取信息基础上,实现信息自动识别,快速验证出入库货物信息、库内货物正确堆放信息等。仓储信息自动预警功能是通过信息系统程序设定,对问题货物进行自动预警,提前应对。仓储信息智能管理功能是自动生成各类单据,为供应链决策提供实时信息的功能模块。

智能仓储项目的工作单元包括软件单元、硬件单元、网络单元、管理单元四大部分。其中,智能仓储的软件单元为智慧仓储管理信息系统,主要包括基本信息管理模块、货物出入库管理模块、货物盘库管理模块、标签、阅读器管理模块、货物预警模块与智慧仓储管理模块等七大模块。硬件单元包括 RFID 电子标签、读写器、阅读器、RFID 电子标签打印机、服务器、终端、仓库基础设施等。网络单元由计算机有线网络及无线网络组成,其中无线网络主要指 Wi-Fi 及 GPRS 两类。管理单元是指一套基于智能仓储的管理业务流程与规范,主要包括出入库、盘库、移库作业流程及相应的规范要求。

智能仓储规划的步骤:不同的仓储可以有很多种分类方式,再根据不同的行业环境、设施环境等,又会有不同的规划结果,几乎是无穷的,当然,从大的分类上看是有规律可循的。我们在仓储规划中既要关注细节,同时也要更加注意顶层设计,仓储是物流中的一个战略节点,仓储规划的局限性会影响到整个物流系统的全局性,我们从以下的五个步骤可以对仓储进行系统性的规划。

步骤一:认识——从供应链全局看仓储。

对仓储进行规划,从专业的规划角度出发,首先还是要从供应链的角度看,不用生硬地套上一些专业术语,我们可以把供应链的结构当作一个理解事物的工具,理解我们将要规划的仓储是处在一个什么环境中。从这样的视角去规划所带来的好处是:

(1) 更加具有前瞻性。纵观全局,有助于更加清晰地理解当前所规划的节点在当前应该解决什么问题,可能出现什么风险,在未来可能会发生什么样的演变,帮助客户从专业和更为宏观的角度去审视和理解后面将要陈述的方案。

(2) 定位清晰。不同的仓储节点功能下的规划,所规划的要素参数一定不同,简单来说,原料仓和成品仓中,流程要素大多一样,但是作业方式和效果可能完全不同,所以要从全局的角度把仓储定位搞清楚,规避可能出现的偏差。

(3) 架构清晰。物流活动是由供应链(企业运营)而触发,那么在对当前活动进行规划时,必然需要了解触发的原因,用技术化的语言来说,就是要做好接口,将仓储模块化,当上游发生变化的时候,仓储这个模块,或者仓储里的子模块可以很好地去调整内部结构和过程。

步骤二:理解——存储对象的特征分析。

深刻理解仓储中的对象,核心对象以存储的物料为主,仓库中的物料很多,有的会有数万种 SKU,那么就得进行分类。分类方式有很多,可以按大小,也可以按品类,也可以按管理方式。

总之,具体问题具体分析,只有深刻理解仓储中的对象特征,才能进行最合理的规划。理解对象可以参考以下几个方面。

(1) 从物料物理属性分析。

分析物料的物理属性是对存储对象最基础的认识。分析所要规划对象的外形特征,长、宽、高,便于容器和货位尺寸的规划;梳理存储对象所需要的存放条件,比如温度要求、通风要求、消防要求、摆放要求等。从不同的行业看,如零售、化工、汽车零部件、医药等,无穷无尽的物料在某个仓库里存储和分拣,因此对于物料物理属性的分析是首要的,也是必不可少的,这个过程我们也可以看成是对一个静态环境的分析。

(2) 从数据分析。

对仓储对象进行数据分析是另一个重要的分析环节,最通用的分析方式就是 EIQ,基于物料分类,按订单、物料(商品)等多维度进行分析,找出分类对象在一个动态环境中的特征。物料的进出作业可能存在季节性,存在高频次和低频次,每一天也存在多个波次。

数据特征分析的方法,根据仓储规划的需要,可以大致分为两种类型:一种是对数据做一些简单的处理来寻找特征,比如找到出入库数据的峰值、谷值、平均值或是一些表现频次的数据等;另一种是需要用于仿真模型输入的分布函数,通常是通过概率统计得出,找到其发生的概率来进行模拟,评估所设计的方案是否可行。总之,相对详细的数据分析能帮助我们选用不同的仓储运作策略。

知识链接 12-2

EIQ 分析

EIQ 分析就是利用"E""I""Q"这三个物流关键要素,来研究配送中心的需求特性,为配送中心提供规划依据。该理论由日本铃木震先生提出并积极推广。其中,E 是指"entry",I 是指"item",Q 是指"quantity",即从客户订单的品项、数量、订货次数等方面出发,进行配送特性和出货特性的分析。

(3) 从运作流程分析。

在仓储规划中,对流程进行分析或配置是串联整个仓储活动最重要的步骤之一。为了对仓储流程分析得更清晰,我们可以构造一个流程的模型,分为多层级。第一层级是最主要的几个活动,比如入库、理货、上架、分拣等。第二层级就可以按对象进行细分,不同的物料对象分类下可能会用到不同的流程或活动。比如有的物料只用一次分拣,有的需要二次分拣,有的甚至是越库操作,所以要按具体活动分清楚。越是到精细化的仓储生产力评估就越要进行细分,因为每一个活动都会用到"资源",产生成本。

步骤三:改造——核心设计仓储布局。

前面的分析最终都会在仓储布局上得到直观的体现,仓储布局实际是对仓储内的所有对象进行重组,只是看精细程度。

如果只是到大的功能区,那么可以将功能区作为对象进行拆分。通常主要功能区和次要功能区加在一起会有 10~20 个功能区(同类功能区可能会有多个分区),将这些功能区按一定的逻辑进行布置就可以完成简单的仓储布局。

如果需要做精细化的仓储布局,甚至要进行货位详细设计,那相对会更复杂。随着技术的发展,更多的仓储会通过智能化的调度来实现仓储作业,这样的仓储布局会更加灵活,完全颠覆之前的布局方法。

如果仓储布局里对象拆分得越细,要求的效率越高,那么随机存储、货到人拣选这样的智能化方式会广泛应用,这样布局的方法会更多地使用启发式的算法来寻优解决。当然,当前大多数的布局方法还是比较粗放,但也需要理解如何进行更加精细和有效的布局。

步骤四:评估——系统评价。

系统性评估是仓储规划的一个非常重要的步骤,这里需要从系统论的角度来看待仓储规划,也只有把仓储作为一个"系统",才能最好地解释仓储规划的所有逻辑。我们来从排队论的角度看仓储系统:从作业流程的角度,把流程作业中人、设备、功能区等看成是服务台,仓储中需要处理的货物形成队列,将服务台串联,上一个流程完成的作业量,到下一个流程又形成了新的队列,那么这就是系统,有输入也有输出。通过仿真模拟作业过程中人、设施、设备的资源利用率,也就是忙闲程度,就可以从仿真的角度对所规划的仓储系统进行生产力评估。

在进行系统评估时可以根据具体需要评估的内容选择指标,完整的仓储评估指标会有上百个,不一定每个规划中都会关注所有的内容,应根据运作环境、功能需求等方面的具体情况来构建需要评估的指标体系。

步骤五:实施——运作支持。

仓储规划最后肯定是需要落地实施,所以还应考虑到操作中所需要的设备配置和信息化需求,以及对于该仓库需要用什么样的建筑条件来匹配。我们在规划中将流程进行细分,设备和信息化都按照流程中的操作需求进行匹配,并在系统评估的时候选出最佳方案。

(1)设备配置。

按仓储规划的模型将仓储流程进行细分后,每一步操作都会按照流程活动进行,从系统模型的角度看,设备的操作无非是在处理"数据"。设备的配置根据规划的需求,有的规划有明确的预算,那么把预算作为约束,来进行最优化配置;如果仓储追求示范效应,那么可以参考智能化的标准来在合理范围内进行配置。总之,根据作业要求、高效的运作、合理的成本来对设备的配置进行约束,追求用科学的方式来配置设备。

(2)信息化需求。

信息化需求也是仓储规划中的必备要素,现在大多数的仓储都有信息化工具,只是工具的功能是不是更加方便和符合现代化物流管理的要求。随着数字化供应链的推广,对仓储的信息化要求也越来越高,不论是上下游模块间的对接,还是数字化决策支持,以及可视化管理方面都在不断迭代。因此,以仓储流程中的实际需求为出发点,考虑整个仓储的功能定位,首先要对信息化需求做一个完整的架构:覆盖哪些模块,交付哪些数据,达到什么样的管理要求。然后,再对功能进行配置,与业务场景结合,这样才能实现一个既实用又具有扩展性和战略性的信息化建设。

(3)仓库建筑设计。

有的仓储规划是先有了仓库再进行规划,有的是先考虑物流再进行仓库建设,当然最好是按后者的方式进行,因为从建筑的角度看,在一定的参数范围内进行设计和实施都是可行的,但是最后选择的参数对于仓储作业来说不一定是最合理的。越是复杂的仓储环境越需要优先考虑物流作业要求。在经过充分的仓储规划后,出具仓储功能区与设备的布局图纸,然后在此基础上进行建筑设计,如果有相冲突的地方再协商调整。

3)可视化智能仓储信息管理系统

可视化智能立体仓库利用 RFID(radio frequency identification)射频识别技术存储物资,通过电子计算机控制进行物资存取作业,结合自动识别技术完成对物资的识别、跟踪,通过以上技术的结合完成对仓储物资的各项管理。

(1)系统架构。

可视化智能仓储信息管理系统由三个层次的软、硬件组成:采集、汇聚和管理。它们分别负担着信息的获取、传输、管理和消费的功能,如图 12-8 所示。

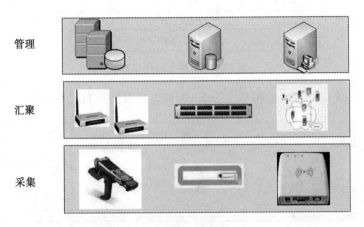

图 12-8 可视化仓储系统的层次

采集层主要是通过射频识别设备以及其他自动识别设备采集数据,包括库位标签、货物标签、手持读写器、无线接入终端;汇聚层通过无线通信技术,把采集来的数据传递到中央数据库,包括无线接入设备和相关的网络设备;管理层对采集的数据进行处理、管理和消费,包括数据库服务器、网络服务器等设备和仓库管理系统软件。从网络的角度看,智能仓储可视化系统的采集层是由一系列的手持、固定和叉车车载读写器组成的。这些读写器负担着对 RFID 标签信息读和写的功能,是智能仓储可视化系统与库存货物产生信息交互的最基本载体。接着,由这些读写器产生的信息流会通过无线或者固定网络传输到库存信息数据库中。信息承载的网络可以是以太网、3G 通信系统或 Wi-Fi 无线通信系统等。智能仓储可视化信息包含六个模块和四个数据库。它们分别是信息写入管理、信息删除修改、查询管理、定位管理、信息备份、容错恢复模块;货位、货品、标签和审计数据库。这六个模块组成了智能仓储可视化管理平台,是与采集层的手持、无线和叉车车载读写器直接发生数据交互的载体。它们以采集层传来的数据为输入,直接对这四个数据库进行操作,如图 12-9 所示。

(2)智能立体仓库控制管理系统设计。

整个智能立体仓库计算机管理系统利用一台数据库服务器、一台调度计算机、一台监控计算机组成一个局域网,完成对系统的控制。服务器上安装了数据库管理系统,数据库系统选用 SQL Server 软件平台。客户机运行应用程序,完成数据的输入/输出处理等前端任务。该系统保证仓库管理各个环节数据输入的速度和准确性,确保使用单位及时准确地掌握库存的真实数据,合理保持和控制仓库库存。根据需求,系统包含了若干模块:标签制作、货位数据库和货品数据库的初始化、入库管理、出库管理、统计查询、库存管理、货位调整、账目管理、RFID 和条码

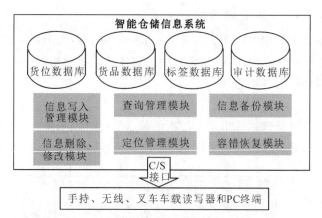

图 12-9　智能仓储信息系统

打印、信息安全、系统接口等。根据以上分析,智能仓库管理软件结构如图 12-10 所示。

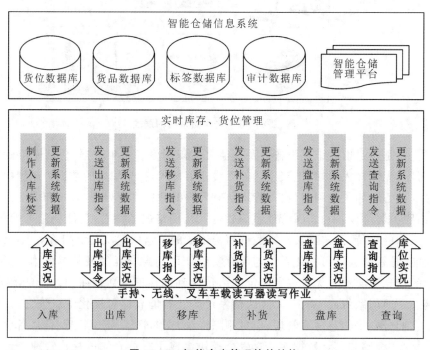

图 12-10　智能仓库管理软件结构

案例分析 12-2

菜鸟大数据建立智能仓储物流系统

菜鸟网络立志仓储物流,仓储网络建设初具规模。控制物流的关键着力点在于物流核心节点——仓储。控制了仓储物流,就控制了货源,掌握了供应链的主动权。目前,菜鸟已在多个城市建成仓储面积达 107 万平方米的一级仓库并投入使用。目前,公司正沿着仓储、快递、跨境、农村和驿站五个方向快速发展。在现有快递物流体系下,提高效率,降低物流成本,空间有限。一个订单,后端系统耗时要远远超过前端系统,但是目前消费者的直观感受和消费决策仅仅依赖于配送体系的时效性。电商体系中,"采销—仓储—配送—客户"是一个完整的链条。

菜鸟网络是以大数据驱动的综合性仓储物流系统。菜鸟网络依托阿里交易大数据,建立智能仓储系统,并借由仓储系统进一步完善其大数据。

菜鸟网络的目标客户主体是天猫,是大众商品;而对于淘宝而言,大部分仓库设置在居所,自我管理和调控更加方便。菜鸟网络会影响大众商品的整体性物流布局,降低跨区域快递的市场占比。菜鸟网络在实现的功能和服务上最终会和京东趋同,只是前者整合社会化资源,后者自建再开放。

投资策略:菜鸟网络牵动甚广,多方均可受益。菜鸟网络建设需以大量仓储物流资源为依托,拥有国内较大仓储资源和掌握高效智能化保税仓管理技术的物流公司受益;菜鸟整合公路运输市场,涉足实体公路运输。此外,零担物流也受益,最后一公里方面,菜鸟将自提柜作为其终端配送的重要方式之一。

(资料来源:https://www.50yc.com/information/redian/567,有改动)

分析:控制物流的关键着力点在于物流核心节点——仓储,智能仓储系统的建立,完善了数据系统,多方受益。

 案例分析 12-3

仓储机器人系统在商超零售行业的应用

在新零售的大趋势之下,智能物流、智慧仓储成为行业一时风头无两的热词。2017 年 5 月,仓储机器人行业独角兽 Geek+ 与国内某大型商超零售企业进行合作,规划部署"货到人"机器人仓库,这是"货到人"机器人系统在零售行业的首次应用。

对于商超零售行业,智能仓储、智慧物流将会是一个很大的课题和挑战。智能物流领先的战略规划则成为提高企业竞争力的重要因素之一。机器人智能仓库的部署,可大大提高商超零售行业的仓储作业效率,减少人工成本的投入,并能在较短时间内实现投资回报。

项目概况:Geek+ 于 2017 年 5 月开始部署该商超企业仓库,采用"货到人"拣选方式,仓库于 2017 年 7 月开始正式运营。该仓库使用的是 Geek+ 所研发生产的 P500 型号机器人。机器人配合后台系统来完成自动拣货任务。智能拣选系统通过移动机器人搬运货架实现"货到人"拣选,拣选人员只需根据显示屏和播种墙电子标签的提示,从指定货位拣取相应数量的商品放入订单箱即可,打破了对照订单去货位找货的"人到货"模式。该大型超市仓库项目一期机器人数量 30 余台。一期货架数量达到 400 多组,储位数量约为 12 000 个。商品类目以商超/食品为主,作业信息为 B2B 门店订单拣选,每个工位的规划能力为 300 订单行/小时(是传统人工作业效率的 3 倍左右)。项目一期的存储方式采用存拣分离:存储区放置高位托盘整箱存储,拆零拣选区放置拆零商品,SKU 数约为 3 500。SKU(stock keeping unit,库存量单位)即库存进出计量的基本单元,可以以件、盒、托盘等为单位。

针对商超行业特有的仓库作业特点,机器人系统实现了多批次、小批量的门店补货,并能实现当日配送的门店从全部门店数量的 40% 提高到 70%,同时减少库存量,保证了门店业务的发展,也应和了时下的"新零售"趋势。

(资料来源:https://www.sohu.com/a/195757991_468675,有改动)

分析：相比传统人工作业方式，机器人"货到人"系统在上架、理货、订单拣选等环节中都大幅度提升了作业效率。在上架、理货环节中，机器人系统通过"货到人"方式优化拣货效率至人工的1.5倍；在订单拣选环节中，可将效率提高至人工拣货的2~3倍。

2. 智能配送

智能物流配送体系是一种以互联网、物联网、云计算、大数据等先进信息技术为支撑，在物流的仓储、配送、流通加工、信息服务等各个环节实现系统感知、全面分析、及时处理和自我调整等功能的现代综合性物流系统，具有自动化、智能化、可视化、网络化、柔性化等特点。发展智慧物流配送，是适应柔性制造，促进消费升级，实现精准营销，推动电子商务发展的重要支撑，也是今后物流业发展的趋势和竞争制高点。

1）选择智能配送系统的优势

(1)增加物流管理能力。通过信息化的管理和记录，让业务数据的记录和保存更加规范和完善，摆脱以往人为因素的影响，企业可以得到最新、最全的库存信息。

(2)实现互联网模式。利用互联网连接，不受地区和时间的限制，业务沟通及时、准确，采用信息化的实时互动，可以精细避免配送延误和差错。

(3)降低业务和管理成本。数据共享大大节约了电话和邮件传递的费用，同时通过信息化的记录统计，减少了人工记录的成本，同时也减少了人为记录的数据错误概率。

(4)信息安全得到保障。与电子商务网站接口，实现"商＋物＋钱"的三流一体化信息系统，通过网络安全记录客户信息，避免信息外露，造成损失。

(5)提高客户满意度。通过系统管理，可以为终端提供更加专业化和个性化的服务，极大地提高了客户的信任感和满意度，全面提升企业对外的形象，增强企业的核心竞争力。

2）智能配送机器人

智能配送机器人是一款针对现代化使用环境开发的智能机器人，具有自主行走、自主避障、防跌落、自主语音提示、自主充电等功能。多载体设计，适合车站、校园、医院、物流、机场、酒店、商场等多场合、多用途使用，在降低人员劳动强度的同时，大幅度节省运营成本，提高工作效率，提升服务质量，帮助实现工作场景信息化、智能化、科技化、现代化，提供良好的服务体验。智能配送机器人同时具备智能机器人和物流载体功能，实现自动化的可靠运输，满足不同物品的自动投送功能。

基本训练

□知识题

1.阅读理解

(1)简述仓储信息管理系统和仓储管理系统的含义。

(2)简述仓储信息管理系统和仓储管理系统的内容。

(3)简述智能仓储的含义。

(4)销售时点信息系统(POS)及其应用是怎样的？

(5)简述电子订货系统的含义及其作用。

2.知识应用

1)判断题

(1)仓库商品代码一般采用国家统一规定的标准。(　　)

(2)POS系统最早应用于金融,以后逐渐扩展至其他如零售业、旅馆等服务行业。(　　)

(3)空间数据反映了GIS的地理内容。(　　)

(4)射频识别工作须人工干预,可工作于各种恶劣环境。(　　)

(5)利用条码技术可以对物品进行自动识别和描述物品的信息。(　　)

2)选择题

(1)条形码用于表达特定信息的区域是(　　)。
A.静区　　　　　　B.起始符　　　　　　C.数据符　　　　　　D.终止符

(2)信息资源管理的英文简称是(　　)。
A.SRM　　　　　　B.IRM　　　　　　　C.CRM　　　　　　　D.EDI

(3)EDI指的是(　　)。
A.电子转账支付　　B.电子物流　　　　　C.销售时点系统　　　D.电子数据交换

(4)下列关于GPS的说法错误的是(　　)。
A.全球连续定位　　　　　　　　　　　B.定位精度高
C.接近实时定位　　　　　　　　　　　D.容纳有限的用户

(5)需要地理空间数据为基础的信息技术是(　　)。
A.GPS　　　　　　B.GIS　　　　　　　C.POS　　　　　　　D.EOS

综合案例

案例1　HH公司生鲜配送系统优化

一、企业简介

HH物流有限公司规划占地27万平方米,包括常温仓储中心、冷链仓储中心、信息处理中心、综合服务中心、大型停车场等,全球眼监控系统、全自动火灾报警系统、大型垃圾中转中心等配套设施一应俱全;拥有完善的配送体系,配送半径达800公里,配送网络覆盖宁夏全境及周边省份,200余辆配送车全部带板运输,货物装卸实现无缝对接;全程车辆智能调度系统、GPS监控系统,实时掌控商品运行状态,确保商品安全准点到达。

二、生鲜配送系统优化前后业务对比

该公司生鲜配送主要满足连锁超市200余家门店的配送,目前与某软件系统有限公司通力合作,量身定做了SAP扩展仓储管理解决方案,即EWM仓储配送管理系统,有效解决了系统优化问题。

以下介绍几点系统优化前的运作问题及系统优化后的解决措施:

(1)解决商品流与信息流不同步问题。

系统优化前:超市各门店通过设计好的Excel电子档进行下单,物流汇总各店电子档发采购订单,物流手工纸单据收货,商品到店后,门店手工纸单据签收验货。纸质签字单据返回物流后,物流信息人员补做进、销、存的一系列系统账务处理。

系统优化后:商品流与信息流同步进行。

(2)优化内控环节,解决各环节内控不严密,排除运作风险。

系统优化前：向供应商订货和门店向物流订货均为"物流续订员"操作，且商品价格的维护也是"物流续订员"，流程缺乏对这个岗位的有效监控；供应商入库系统过账和物流系统拣配、发货过账全部由"物流信息员"完成，账务处理前后环节只有两个岗位人员进行，无法形成各环节互相制约、互相监控的作用，存在运作风险。

系统优化后：通过系统将各环节操作权限分布到各运作部门，环环相扣，形成有效的内控检核监督机制。

(3)解决门店下单问题，提高商品准确性及运作效率。

系统优化前：门店 LCC 汇总 Excel 电子档需求并通过网络传给物流信息员，物流信息员汇总各店订货需求 Excel 电子档，通过网络发给生鲜采购安排向供应商订货。因人为手工操作将各表转换汇总，容易出现商品数量输错或串行，且环节流转缓慢，运作时间长。

系统优化后：门店在系统内进行订货需求下单操作，物流信息员在系统中自动汇总各店订单并生成向供应商的采购订单，供应商通过供应商登录网站截取并打印订单，安排送货。

(4)系统优化前后，现场运作模式改变，解决一系列运作难题。

系统优化前：生鲜库房手工单据进行收货、分播、QC、合板、发货，供应商送货无严格标准，现场差错率高，对库房人员技能要求高，手工单据填写问题多。

系统优化后：供应商必须按规格包装送货，现场使用 RF 手持终端收货播种，同时配合多种属具作为商品载体，RF 手持终端进行商品 QC 检核（商品多货、少货、残损、日期问题等监控检核）并进行系统数量组盘，相应由第三方承包商负责商品合板。

三、系统优化后业务变革点及效益分析

(1)生鲜业务流程的变革推进营采配各环节效率提升。

(2)生鲜收货环节 RF 优化。系统优化后，现场收货及分播使用 RF 手持终端进行操作，并开发 EWM 模块功能，将 RF 用户扫打印机码进行绑定，播种提交后在指定的打印机打印播种标签。

(3)SAP-EWM 信息系统的推广使用。SAP-EWM 即扩展仓库管理 extended warehouse management，此系统为客户处理各种商品移动和管理仓库库存，提供灵活的自动化支持。系统能够对客户所有仓库物流流程进行有计划的高效处理。系统提供灵活的模块化仓储和流程控制，库存及过程高度透明，优化库存计划和操作执行，支持仓库的现代增值服务，无缝的技术集成，有效改善仓库生产效率和库存精准度。

四、生鲜配送库规划的下一步改进优化目标方案

(1)配合生鲜商品销售增长需进行系统及设备全面升级。需进行 SAP-EWM 系统相关模块的全面升级优化及 RF 手持终端、叉车及其他设备的大量购置，以满足运作需求。

(2)继续系统优化生鲜库其他环节的流程。目前生鲜库果蔬商品全部使用 EWM 系统进行运作，计划下一步对冷藏冷冻商品、水产、熟食加工、肉品陆续进行 EWM 系统上线，降低运营成本，提升运作效率。

(3)实现 SAP-EWM 系统托盘码与商品追溯系统对接功能。目前生鲜商品追溯系统只能通过商品的批号及商品编码在现有的追溯系统中查询到销售门店、供应商及产地，对何时何地何人送货、收货、入库、寄存仓位、拣配、发货、存放日期等信息无法查询。通过 SAP-EWM 系统中具有物流追溯信息的托盘码与商品追溯系统端口对接，做到商品在整个供应链的信息可追溯查询。

(4) GPS覆盖及热点追踪分析。满足所有运输车辆的GPS追踪及线路热点分析,还将对现有整个物流园内各库区的通道货架、仓位、运作叉车、RF手持终端、重点商品等覆盖GPS技术及热点监控分析,辅助库房资源统筹规划人员采集运作热点通道货架、高频次动销仓位及商品、叉车及人员运作动线等数据,进行整合分析,合理安排规划现有库房资源及商品配置,以最大限度地提升配送能力、提高商品库存周转及设施设备利用率。

公司计划在3年内构建果蔬农产品24小时供应链:攻克果蔬24小时到店的供应链难题,通过供应链各环节的有效集成,实现新鲜果蔬的充足供应。创新组织架构,实现供应链管理的集成:大大提高供应链的组织效率,使连锁系统从上到下的供应链管理的专业性更强,效率更高。创新运营技术,实现配送中心的作业高效和系统集成:以"高度信息化、充分机械化、适度自动化"指导配送中心作业模式构建,使配送成本不断下降,作业效率不断提高,并为连锁企业物流建设提供成功经验和典型示范。配送中心经营的系统集成:高效服务供应商,经济效益不断提升,使配送中心从成本中心转型到利润中心。

问题:该公司生鲜配送系统是如何优化的?优化后取得了哪些效果?

案例2 A公司的信息化管理

A公司是一家世界知名企业,曾经由于生产与物流环节不畅,出现了多年库存积压的现象。后来引入信息化管理手段,建立了一个全新的信息化物流管理系统,A公司将过去的"缺陷"变成了"特长"。

一、自己度身定造信息系统

经过认真的市场调查和专家咨询以后,A公司下属的物流公司发现用于汽车外销的信息系统软件找不到,最后只好自己设计开发,之后便推出了专门为出口物流提供合作物流操作的全新物流电子信息系统,把汽车制造、零售商、汽车部件生产商、承包商、托运人、承运人和运输公司全部连接在一起。因为物流公司看到,全球物流运作过程中大量的原材料、半成品、零部件和产成品均承受沉重的费用负担。同时客户对物流提出越来越高的标准,迫切要求供应商随时提供有关订货情况和所需货物的实时信息。解决这些问题的关键在于提供实物分销或者供应运作的信息,还有就是传递这种信息的能力。物流公司的配送应用信息系统是一种覆盖面非常广泛的出口物流信息系统网站,从汽车生产流水线车间到交货地点,出口链上的所有部门和外商合伙人都能访问该网站的电子商贸平台,确保供应链的透明度。

二、保持与客户和合作伙伴从头到尾的紧密联系

物流公司不仅要与新老客户保持密切的联系,而且还要提供汽车从订货到交货的一条龙服务。在通常情况下,一些大型的汽车制造厂商会专门设立负责听取消费者投诉和提供售后服务的客户服务部,或者信息技术部门,但是A公司自从推出信息网络和数字交换系统以后,所有的售后服务和消费者投诉的受理全部由网络信息系统解决。通过该系统可以对每辆汽车进行跟踪和监督,取得有关数据。系统可以把生产厂商提供的产品、客户的订货和市场销售系统有机地结合起来,使得汽车零售商能够通过系统互联网络,清楚地了解新型汽车产品的信息。与此同时,A公司的配送系统随时向承运人和其他有关运输公司提供信息。每当汽车零售商把客户的订单输入信息系统后,有关汽车从生产、装配、包装、运输一直到交货的每一步都可以安排好。物流公司通过网络与多家承运人保持密切的联系,有多种运输方式可供选择,有足够的能力优化组织交货。

由于现在A公司基本上都由网络信息系统指导,过去曾有过的库存积压的现象已经不复

存在。在过去的几年中,物流公司在联合承包和提供物流等方面积极发展与其他汽车生产厂商的合作,信息化的物流管理系统,无疑为 A 公司良好监控与合作伙伴的业务联系,提供了良好的基础。

问题:

(1)促使 A 公司开发信息化的物流管理系统的因素有哪些?自己度身定造管理信息系统有什么好处?

(2)该信息系统的运用对客户和合作伙伴有何意义?

综合实训

实训项目:物流信息软件仿真实训。

实训目的:

(1)使学生熟悉物流企业各个岗位的职责,掌握物流信息传递中各个环节的连接方法,熟悉物流信息和单据流程。

(2)根据需要将学生分成不同角色(仓管员、运管员、配送员、综合管理员)。

(3)准确进行物流信息传递。

(4)利用物流信息系统对仓储、运输和配送资源进行整合管理。

(5)训练学生使用电子计算机系统管理物流,为以后计算机化管理物流打下基础。

实训内容:

(1)使用一体化物流仿真软件。

(2)模拟运输协管员,对车辆管理、运输货物管理,根据预先设定的内容进行管理。

(3)模拟仓管员,对仓库货位管理、库存物资管理,根据预先设定的内容进行分析、控制。

(4)模拟配送管理员,对配送车辆管理、配送货物管理、配送地点管理,根据预先设定的内容进行决策和实施。

(5)利用物流仿真软件进行物流资源综合调度训练。通过软件采用条码、射频识别等先进的物流技术设备,对出入仓货物实现联机登录、存量检索、容积计算、库位分配、损毁登记、简单加工、盘点报告、租期报警和自动仓租计算等仓储信息管理。学生通过该仓储配送管理实训系统能够实现远程的仓库状态查询、账单查询和图形化的仓储状态查询。对货物存储、出货等仓储业务进行动态安排,对仓储作业流程全过程进行电子化操作,能够与客服中心建立数据接口,使客户通过互联网实现远程货物管理,可以与企业仓库系统(如高架立体仓系统)实现无缝连接。这样一款功能强大的实训软件,真正解决了仓储配送管理课程实训问题,学生从中不断积累真实岗位职能工作经验,为就业打下坚实基础。

实训要求:

(1)要求在 4 课时内完成;

(2)一人一机;

(3)撰写实践报告。

注意事项:

(1)相互之间模拟实际操作,各步骤之间结合紧密;

(2)最后结果相互进行对照;

(3)一次操作完成后,互换角色进行第二次操作。

项目13
智慧仓储配送组织及绩效考评

ZHIHUI CANGCHU PEISONG YUNYING

思政目标

◎具有组织观念；
◎具有绩效意识。

知识目标

◎掌握组织结构设计的基本原理；
◎掌握人员管理的内容与要求；
◎掌握仓储配送企业的绩效评价方法。

技能目标

◎能利用组织的原理和组织管理方法管理一个小型组织；
◎利用仓储配送企业绩效评价的方法对仓储配送企业进行绩效评价。

任务引例

A 公司的组织管理

A 公司是一家零售企业，自从成立以来发展迅速。这家公司的规模、收入以及员工数目每年都翻倍，甚至是三倍。这让公司老总王先生以及他的合伙人难以应付。根据组织专家对主要创立者和一些公司员工的采访以及翻阅各种历史文档，发现以下问题。一是由于公司雇用大量新员工以应付企业成长的需要，所以在选择和培训员工方面考虑不多（员工开玩笑说，有些员工甚至是一时冲动就招进来了）。因此，许多员工并不适合他们的职位，不能有效地工作。例如，人力资源部门的所有员工（大约 20 名）都没有受过任何正式的人力资源管理方面的培训。虽然这些员工已经竭尽所能了，但如果要满足企业成长需要，人力资源部门的绩效还需大幅提高。二是公司的发展已经超越了创立者最大胆的预期，但是，这样一个竞争激烈的行业，创立者知道竞争对手必将蚕食他们的市场。因此，以前带来成功的公司战略需要加以修订，从而满足全新竞争环境的要求。此外，员工常常抱怨他们一点不了解公司的发展方向，所以新战略需要和员工进行有效的沟通。三是一旦公司业务扩展到国外市场，组织结构和组织控制的问题就会出现。公司面临的问题是，如何分配母公司和外国子公司的公司控制权。而且，公司现在还需要具备全球眼光的管理者，为海外任命准备管理者，以及保持外派管理者的士气和生产率，这些都是关键性问题。

该案例表明：A 公司在经营的过程中，由于其规模和组织结构都发生了变化，但公司的管理者没有跟上组织发展的步伐，致使公司管理出现了严重问题。所以，一个企业在发展的过程中，必须设计好自己的组织结构，并随着企业本身的变化做一些变更。

任务 1　仓储配送组织及人员

1. 组织概述

1) 组织工作的含义及特点

(1) 组织的含义。

组织有两种含义：一方面，组织是人类最一般的、常见的现象，如政府行政机构、军队、警察、工厂企业、学校、医院、宗教党派、工会农会、学术行业等组织，它代表某一实体本身；另一方面，组织是管理的一大职能，是人与人之间或人与物之间资源配置的活动过程。

不同的学者对组织有不同的解释，如"组织是为了达到某些特定的目标经由分工与协作及不同层次的权力和责任制度，而构成的人的集合。"（徐国华）"组织是有既定目标和正式结构的社会实体。"（邵冲）美国著名管理学家罗宾斯给组织下的定义是：组织是有确定目标的、拥有精心设计的结构和协调的活动系统，并且与外界相联系的一个社会实体。尽管各种解释不同，但基本都指出了组织有如下特征：组织必须具有目标；每一个组织都是由人组成的；任何组织都存在分工与合作以及不同层次的权力和责任制度；每个组织都有其独特的文化。

仓储组织就是按照预定的目标，将仓库作业人员与仓库储存手段有效地结合起来，完成仓库作业过程各环节的职责，为商品流通提供良好的储存劳务。

(2) 组织工作的含义。

组织工作是指为有效实现组织目标，建立组织结构，配备人员，并使组织协调运行的一系列活动。从组织工作的含义来看，组织工作是一个过程。设计、建立并维持一种科学的、合理的组织结构，基本上就是组织工作的主要内容。具体地说，组织工作包括以下 6 个方面：

①明确为了实现目标所必需的各项业务工作或活动，并加以分类。组织工作的第一步是明确组织的目标和由目标派生出来的各类业务活动，并进一步进行归类。

②进行工作设计和部门划分。组织工作的第二步是根据组织的目标及实现目标的各项任务和活动，进行工作设计和部门的划分，再将组织的各类业务活动分配给不同的岗位和部门。

③配备人员。管理者在进行工作设计和部门划分之后，第三步就是根据组织结构和职位的需要给各个职位配备人员。

④授予执行有关各项业务工作或活动的各类人员以职权和职责。组织工作的第四步是将进行业务工作或活动所必需的职权授予各类人员。对部门管理来说，则是决定应当授予下属多大职权才能使其完成任务。

⑤协调配合。组织工作的第五步是规定组织结构中的纵向和横向的相互配合关系。管理者不仅需要确定每个部门或每个人的业务活动，还需要将各个部门和各个人的业务活动连成一体。通过职权关系和信息系统，把各层次、各部门连接成一个有机的整体。

⑥根据组织内外部要素的变化，适时地调整组织结构。

(3) 组织工作的特点。

组织工作是一个过程。设计、建立并维持一种科学的、合理的组织结构，是为成功地实现组织目标而采取行动的一个连续的过程,主要包括以下内容:确定组织目标;对目标进行分解,拟定派生目标;明确为了实现目标所必需的各项业务工作或活动,并加以分类;根据可利用的人力、物力以及利用它们的最佳途径来划分各类业务工作或活动;授予执行有关各项业务工作或活动的各类人员以职权;通过职权关系和信息系统,把各层次、各部门连接成一个有机的整体。

组织工作是动态的。通过组织工作建立起来的组织结构不是一成不变的,而是随着组织内外环境的变化而变化的。即使组织的内外环境的变化对组织目标影响不大,但随着社会的进步、科技的发展,原有的组织结构不能高效地适应实现目标的要求时,也需要进行组织结构的调整和变革。所以,组织工作具有动态的特点。

组织工作应重视非正式组织。由霍桑实验以及梅奥等的研究成果可知,组织有正式组织和非正式组织之分。非正式组织形式灵活,覆盖面广,比正式组织具有更强的凝聚力。因而,在组织工作中不能忽视非正式组织的作用。

 知识链接 13-1

霍桑实验中的群体实验

霍桑实验是心理学史上最出名的事件之一。在美国芝加哥西部电器公司所属的霍桑工厂进行的心理学研究是由哈佛大学的心理学教授梅奥主持的。

霍桑工厂是一个制造电话交换机的工厂,具有较完善的娱乐设施、医疗制度和养老金制度,但工人们仍愤愤不平,生产成绩很不理想。为找出原因,美国国家研究委员会组织研究小组开展实验研究。

霍桑实验共分四个阶段,这里仅介绍其第四阶段的群体实验:

梅奥等人在这个实验中选择14名男工人在单独的房间里从事绕线、焊接和检验工作,对这个班组实行特殊的工人计件工资制度。

实验者原来设想,实行这套奖励办法会使工人更加努力工作,以便得到更多的报酬。但观察的结果发现,产量只保持在中等水平上,每个工人的日产量平均都差不多,而且工人并不如实地报告产量。深入的调查发现,这个班组为了维护他们群体的利益,自发地形成了一些规范。他们约定,谁也不能干得太多,突出自己;谁也不能干得太少,影响全组的产量。并且约法三章,不准向管理当局告密,如有人违反这些规定,轻则挖苦谩骂,重则拳打脚踢。进一步调查发现,工人们之所以维持中等水平的产量,是担心产量提高,管理当局会改变现行奖励制度,或裁减人员,使部分工人失业,或者会使干得慢的伙伴受到惩罚。

这一实验表明,工人们为了维护班组内部的团结,可以放弃物质利益的引诱。梅奥由此提出"非正式群体"的概念,认为在正式的组织中存在着自发形成的非正式群体,这种群体有自己的特殊的行为规范,对人的行为起着调节和控制作用。同时,加强了内部的协作关系。

2)组织工作的基本原理

(1)目标统一原理。

目标统一原理是指组织中每个部门或个人的贡献越是有利于实现组织目标,组织结构就越是合理有效。

组织结构的目的在于把人们承担的所有任务组成一个体系,以便有利于他们共同为实现组织的目标而工作。也就是说,通过把组织目标层层分解为具体目标,落实到组织中的各部门直至个人,来统一组织各部门和个人的活动。

(2)分工协调原理。

分工协调原理是指组织结构的设计和组织形式的选择越是能反映目标所必需的各项任务和工作的分工,以及彼此间的协调,组织结构和形式就越是有效。组织结构中的管理层次的分工、部门的分工及职权的分工,各种分工之间的协调就是分工协调原理的具体体现。

(3)管理宽度原理。

管理宽度原理是指组织中管理者有效地监督、指挥其直接下属的人数是有限的。管理宽度的限度取决于多方面的因素,管理者应根据影响自身管理宽度的因素来慎重地确定自己的理想宽度。

(4)权责一致原理。

权责一致原理是指职权和职责必须相等。既要明确规定每一管理层次和各个部门的职责范围,又要赋予完成其职责所必需的管理权限。职责与职权必须协调一致,要履行一定的职责,就应该有相应的职权,这就是权责一致原理的要求。

(5)集权与分权相结合的原理。

这一原理要求根据组织的实际需要来决定集权与分权的程度。集权和分权是相对的,没有绝对集权的组织,也没有绝对分权的组织。随着社会生产力的发展,分工协作的深化,分权和集权的趋势都在发展。组织究竟是采用集权还是分权,以及多大程度的集权或分权,应视组织的具体情境而定。

(6)稳定性与适应性相结合的原理。

这一原理可表述为:组织结构及其形式既要有相对的稳定性,不要总是轻易变动,又必须随组织内外部条件的变化,根据长远目标做出相应的调整。

组织要进行实现目标的有效的活动,就必须维持一种相对平衡的状态,组织越稳定,效率也将越高。组织结构的调整和各部门职权范围的每次重新划分,都会给组织的正常运行带来不利的影响。因此,组织结构不宜频繁调整,应保持相对稳定。但是,当组织结构呈现僵化状态,组织内部效率低下,而且无法适应外部环境的变化或危及生存时,组织的调整与变革就是不可避免的。因为只有调整和变革,才会给组织带来效率和活力。

3)组织内的部门划分

部门是指组织中管理人员为完成规定的任务有权管辖的一个特定的领域。部门划分的目的,在于确定组织中各项任务的分配与责任的归属,以求分工合理、职责分明,有效地达到组织的目标。以银行为例,负责存、取款业务的人员安排在一个工作单位中,负责商业汇兑业务的人员安排于另一个工作单位,等等。这样的分组是必要的,因为它有利于组织协调,有利于从事同种工作的人员之间的互相交流和学习,也便于领导和管理。

(1)组织部门划分的原则。

确保组织目标的实现。必要的职能均应具备,以确保目标的实现。在企业中,其主要职能是生产、销售和财务等;在医院里,主要职能是医疗服务等,像此类的职能都必须有相应的部门。当某一个职能与两个以上部门有关联时,应将每一部门所负责的部分加以明确规定。

职责的明确性与均衡性。各个部门的职责、任务必须十分明确。每个部门该做什么,做到什么程度,有什么要求,承担什么责任,如何与其他部门协作等,都必须有明确的规定。此外,任务的分配要尽量平衡,避免部门与部门之间,以及在同一部门内部忙闲不均。

力求部门高效精干。部门设计要力戒贪多求全,建立部门的目的不是供人欣赏,也不是控制,而是为了有效地实现目标。部门设计必须精干,一切要以效率为前提。

应具有弹性。划分部门应随业务的需要而增减。在一定时期划分的部门,其增设和撤销应随业务工作和环境变化的要求而定。对于临时性的工作,可设立临时部门或工作组来解决。一旦工作完成,应立即予以撤销。

部门之间有良好的配合与协调。部门与部门之间既要分工明确,又要协调配合,因为部门划分是相对的,组织是一个整体,每个部门只是整体的一部分,单靠任何一个部门的力量都无法实现组织的整体目标。部门与部门之间要保持高度的协调与协作。

(2)组织部门划分的基本形式。

职能部门化。职能部门化指按职能对生产经营活动进行分组,也就是将业务相近或性质相同的工作划分为一个管理部门,即设立职能部门。实行职能部门化,组织可以依靠各个职能领域的专家,并有利于进行领导、监督和协调。运用这种方式进行部门化,可以使某些职能部门短小精悍,如企业中的生产、销售、财务、人力资源管理等活动。这种组织形式的缺点在于:决策慢,职能部门要由整个组织负担其经费,往往易造成机构臃肿、费用大,而其业绩却不易计量与考核。

产品部门化。产品部门化是根据企业产品类别不同来设立部门,把生产一种产品或产品系列的所有必需的活动组织在一起。产品部门化有利于进行综合协调,加速做出决策和易于评价一个单位的业绩,也便于对其下属各工作单位的业绩做出评价。它可以更快地对环境变化做出反应。然而按产品建立的部门需要为各个职能领域聘用专家。

顾客部门化。这种部门化是按其服务的顾客为基础来组织各类活动,每个部门所服务的顾客都有一类共同的问题和要求,需要对应的专家才能更好地解决。这种部门化的最大优点是可以按照特定的顾客建立部门以适应他们的特种需要。例如,银行可以按小企业、大企业及居民储蓄分别设立部门。小企业营业部门可根据小企业的需求进行融资活动,大企业营业部门可以根据大企业特点进行信贷活动。这种组织方式的缺点是各部门各需一套工作班子,用人较多;工作者的负荷有时会不足,但又不易在部门之间进行人员的调度使用。

地区部门化。按地区建立部门,以服务的地区作为分工和组织部门的基础。例如,我国的银行系统,各银行均在各地区建立分行、支行。世界上的一些大企业,特别是跨国公司,均在各主要地区市场建立自己的分公司、子公司。当一个组织的活动与地区的关系特别密切时,这种组织形式是最有效的,它可以适应地区的特种要求与特定的环境。这种组织形式的缺点在于,各地区的部门均需有一大批人员,造成职工队伍庞大。

工艺流程部门化。工艺流程部门化是按照组织活动的特定阶段,按生产活动的不同工艺过程或设备来划分部门。优点:组织能够发挥人员集中的技术优势,易于协调管理;简化了培训。缺点:如果一个部门发生问题,将直接影响整个组织目标的完成;部门之间的协作也是一个问题;不利于培养综合型人才。

多种部门化形式的并用。由于组织的日益复杂化和多样化,大部分的组织在单一的整体组织下按不同部门化形式设置其下属部门。复杂的环境因素,加以不同的层次和不同的领域均有其不同的要求,因而组织分工和建立部门不能强求划一,允许根据具体情况和特种需要,采用不同的形式。例如,某公司在公司这一级是按职能进行部门化;在采购职能系统中再按产品建立部门;在产品部门中再分别按顾客、地区建立分部和地区服务部门。

2. 仓储配送人员管理

现代企业要快速发展,强大的内部凝聚力是重要的,而有效的人员管理则是保证公司内部凝聚力的重要方法。众所周知,企业管理的根本是人员管理。随着企业不断发展壮大,很多人会发现,管理者80%的时间都花在考虑人员管理的问题上。如何防止陷入各种文山会海,如何处理下属之间的明争暗斗,这些经常是企业管理者最苦恼的问题。其实,我们应当知道:管理是一门科学,领导是一门艺术,用人是一种谋略。管理的主要职责是:协调人员之间的关系,引导建立积极向上的工作环境。

案例分析 13-1

动物故事所蕴含的管理意义——"群体增量"现象

生物中最勤劳者莫过于蚂蚁,它们能够以惊人的速度将超过体重数倍的东西拖回蚁巢。即便是这样,蚂蚁的工作潜能仍然很大。

有人把蚂蚁放在大玻璃瓶内,观察它们在独自情况下和三两成群时的活动情形。结果发现,蚂蚁的数目增加时,蚂蚁工作量也增加,独自在瓶中的蚂蚁只要增加一只新蚂蚁,它的工作就更起劲,加入第三只时,原来两只的活动反应加速;两只活动率不同的蚂蚁共同活动时,活动率渐趋一致。这说明群体因素助长了工作效率。这样的现象也见于其他动物。动物研究者发现,有同类在旁边时,鸡、鱼、老鼠吃得多些;马、狗、蟑螂跑得快些;小鸡啄食的次数要多些。人类活动也是一样。

分析:本案例中蚂蚁要实现群体增量,必须培育出一个良好的"群体生态系统"。对于一个企业来讲,内部的用人机制、管理机制以及由此产生的群体氛围,是形成良性群体生态系统的关键要素。

3. 仓储配送人员分类及其职责

1)管理人员的分类方法

管理按其所处的管理层次可分为高层管理人员、中层管理人员和基层管理人员。按其所从事管理工作的领域及专业不同,可以分为综合管理人员和专业管理人员。综合管理人员是指负责管理整个组织或组织中某个事业部全部活动的管理者。专业管理人员仅仅负责管理组织中某一类活动(或职能)。

2)管理人员的来源

对于仓储企业的管理人员可以通过不同途径选择,管理人员甄选的标准如下:

管理人员需要量的确定,应该从这几个方面考虑:组织现有的规模、机构和岗位;管理人员的流动率;组织发展的需要。

对管理人员综合素质的考虑,应该包含以下几个方面:管理的愿望;良好的品德;勇于创新的精神;较高的决策能力;沟通的技能。

组织中管理人员的来源有两个:外部招聘和内部提升。

(1) 外部招聘。

外部招聘是从组织外部招聘德才兼备的能人加盟进来。

外部招聘管理人员具有以下优点：

被聘人员具有外来优势。所谓外来优势主要是指被聘者没有"历史包袱"，组织内部成员（部下）只知其目前的工作能力和工作情况，而对其历史特别是职业生涯中的失败记录知之甚少。如果被证明有工作能力，便可迅速地打开工作局面。相反，如果从内部提升，部下可能对上司在成长过程中的失败教训有着非常深刻的印象，从而可能影响后者大胆地放手工作。

有利于平息组织内部竞争者之间的紧张关系。组织中的空缺管理职位可能有好几个竞争者希望得到，每个人都希望有晋升的机会。如果员工发现自己的同事提升，而自己未时，就可能产生不满情绪，懈怠工作、不听管理甚至拆台。从外部选聘可能使这些紧张的关系得以缓和。

能够为组织带来新鲜空气。来自外部的候选人可以为组织带来新的管理方法与管理理念。他们往往没有太多的框框程序束缚，工作起来可以放开手脚，从而给组织带来更多的创新机会。此外，由于他们新近加入组织，没有与上级或下级历史上的个人恩怨，在工作中可以很少顾及人情网络。

外部招聘也有许多局限性，主要表现在：

外部人员不熟悉组织的内部情况，也缺乏一定的人事基础，因此需要一段时间的适应才能进行有效的工作。

组织对应聘者的情况不能深入了解。虽然选聘时可借鉴一定的测试、评估方法，但一个人的能力是很难通过几次短暂的会晤、几次书面测试而得到正确的反映的。被聘者的实际工作能力与选聘时可能有很大的差距，由此可能给组织聘用一些不符合要求的管理人员。这种错误的选聘可能给组织造成极大的危害。

外聘人员的最大局限莫过于对内部员工的打击。大多数员工都希望在组织中有不断发展的机会，都希望能够担任越来越重要的工作。如果组织经常从外部招聘管理人员，且形成制度和习惯，则会堵死内部员工的升迁之路，挫伤他们的工作积极性，影响他们的士气。同时，有才华、有发展潜力的外部人才在了解这种情况后也不敢来面试了，因为一旦应聘，虽然在组织中的起点很高，但今后提升的机会却很少。

由于这些局限性，许多成功的企业强调不应轻易从外部招聘管理人员，而主张采用内部培养和提升的方法。

(2) 内部提升。

内部提升是指组织成员的能力增强并得到充分证实后，被委以承担更大责任的更高职务。

内部提升管理人员具有以下优点：

利于鼓舞士气，提高工作热情，调动组织成员的工作积极性。内部提升制度给每个人带来希望，能更好地维持成员对组织的忠诚，使那些有发展潜力的员工自觉地积极工作，以促进组织的发展，从而为自己创造更多的提升机会。

有利于吸引外部人才。内部提升制度表面上是排斥外部人才、不利于吸引外部优秀管理人员，但实质上，真正有发展潜力的管理者知道，加入这种组织中，担任管理职务的起点可能较低，有时甚至需要一切从头做起，但是凭借自己的知识和能力，花较少时间便可熟悉基层业务，能顺利地提升到较高管理层次。

有利于保证选聘工作的正确性。已经在组织中工作过若干时间的候选人，组织对他的了解程度必然较高,使选聘工作的正确程度大大提高。

有利于使被聘者迅速展开工作。在内部成长提升上来的管理人员,较为熟悉组织中错综复杂的机构和人事关系,了解组织运行的特点,所以可以迅速地适应新的管理工作,工作起来要比外聘者显得得心应手,能迅速打开局面。

内部提升制度的弊端主要有:

引起同事的不满。在若干个内部候选人中提升一个管理人员,可能会使落选者产生不满情绪,不利于被提升者展开工作。

可能造成"近亲繁殖"的现象。从内部提升的管理人员往往喜欢模仿上级的管理方法,这有可能使不良作风得以强化,不利于组织的管理创新和管理水平的提高。

案例分析 13-2

超市招聘

苏珊是美国西部一连锁店企业——冯氏超级市场的南方地区分部经理。苏珊手下有 5 位片区主管人员向她汇报工作,而每个片区主管人员分别监管 8~12 家商店的营业。

有一个春季的早上,苏珊正在查看送来的早晨工作报告,内部通信联络系统传来了她秘书的声音:"苏珊女士,你看过今天晨报的商务版了吗?"苏珊应答:"没有,什么事啊?""报上说查克已经接受了安途公司亚利桑那地区经理的职位。"苏珊马上站起来去看与他有关的这篇文章。

苏珊的关心并不是没有根据的。查克是她属下的一位片区主管,他已为冯氏公司在目前的职务上干了 4 年。冯氏是从阿尔法贝塔商业中心将他聘过来的,他那时是个商店经理。苏珊从报纸上得知查克离职的消息,觉得内心受到了伤害,但她知道自己需要尽快恢复过来。对她更重要的是,查克是位很有成效的监管人员,他管辖的片区的绩效一直超过其他 4 个片区。苏珊到哪儿去找这样一位能干的顶替者?

几天过去了。苏珊同查克谈了一次话,诚恳地祝愿他在新工作岗位上顺利。她也同他谈到了顶替者的问题。最后,苏珊决定将她属下的一个小片区的主管人员调换到查克分管的片区,同时她也立即着手寻找合适的人选填补该小片区主管的空缺。

苏珊翻阅了她的案卷,找出片区主管人员职位的职务说明书(没有职务规范)。该项职务的职责包括:确保达到公司订立的整洁、服务和产品质量的标准;监管商店经理的工作并评价其绩效;提供片区的月份、季度和年度收入及成本预估;为总部或下属商店经理提出节约开支建议;协调进货;与供应商协商广告宣传合作方案;参与同工会的谈判。

分析:此案例中,查克作为公司的监管人员,一直很努力,然而却没有得到应有的机会,所以他跳槽了。一个企业对其管理人员在工作期间应该进行合理的激励以使人尽其才,内部提升就是一种很好的方式,苏珊却没有很好地利用。该单位的职务说明书在这方面也是存在缺漏的。

3) 管理人员的培训模式

(1) 职业模拟。

职业模拟就是假设一种特定的工作情景,由若干个受训组织或小组,代表不同的组织或个人,扮演各种特定的角色,例如总经理、财务经理、营销经理、秘书、会计、管理人员等,他们要针对特定的条件、环境及工作任务进行分析、决策和运作。这种职业模拟培训旨在让受训者身临其境,以提高自身的适应能力和实际工作能力。近年来,在国际上出现了一种职业模拟公司。

案例分析 13-3

职业模拟——荷兰国际植物贸易公司

荷兰有家国际植物贸易公司,经营各种花卉,公司业务十分繁忙,但是他们并不真正卖花,而是专为受训者提供相应的职位模拟工作。在这家公司里,客户由秘书介绍并引进销售部,双方激烈地讨价还价并签订合同。假若存货过多,公司立即设计出特价优惠广告,供促销员外出推销。然后管理者发"红包",发出工资单,公司也对失职员工"炒鱿鱼",等等。但是,这些运作只是模拟,公司并未卖出一盆花,资金流动只停留在纸面上,工资、奖金全是"空头支票"。它只是让受训售货员置身其中,让其在公司运作氛围中提高实际工作能力。

分析:虽然是职业模拟,但展现了真实的工作情景。

(2)分级选拔。

分级选拔培训模式就是通过层层挑选出优秀的候选人,经过开发培训,担当企业中更高一级的管理职务的培训模式。

在分级选拔过程中,工作能力强、有效率的员工都有获得提升、加薪的同等机会,而能力差的员工被淘汰,这种选拔方式充分调动了全体员工的积极性,使员工永远有一种新鲜感、价值感、压力感、挑战性,并创造性地为企业工作。

层层选拔中,贯穿了层层培训,把管理人员的选拔与培训以及工作实践有机地结合起来。这种培训既选拔了公司有用的人才,又提高了管理人员的知识和技能,这是一种有效的激励培训。

分级选拔中,公司特意安排了每一级别的管理人员进行管理知识的特定训练与考核,培训对症下药,这样,既提高了高层次管理者的判断决策能力、统率能力以及经营管理能力,又提高了中层管理人员的经济管理知识以及本职工作岗位的专业知识和技术能力,还提高了基层管理人员生产第一线的指挥能力和处理生产技术问题的能力。培训循序渐进,符合人类的认识规律。

 案例分析 13-4

美国柏克德公司的分级选拔

美国柏克德公司,是从事基本工程建设的大公司,该公司的员工多达3万余人,其管理人员的培训选拔具有与众不同的特色。其程序表现在以下三个步骤:其一,公司从2万多名管理人员和工程师中,根据其表现及综合素质首先选拔出5 000人作为基层领导的候选人,随后要求他们自学管理知识,并且分期分批组织他们参加40小时的特定训练,再从这5 000候选人中选拔出3 000左右公司需要的基层领导人;其二,从这些基层管理人员中选拔出1 100人参加"管理工作基础"的培训与考核,再从中选拔出600人并分别进行特定的岗位专业训练,让其担任各专业经理的职务;其三,再从这些专业经理人员中挑选出300人,经过十分严格的考核训练,以补充高层经理的需要(包括各分公司的总经理、副总经理等)。

(资料来源:http://www.8848cc.com/bk2/11/10235-2699-16-97.html,有改动)

分析:该案例说明分级选拔在企业中很实用。

(3)职务轮换。

职务轮换的主要目的旨在拓宽管理人员或潜在管理人员的知识面。通过各种不同岗位的职务轮换,使受训者全面掌握企业各种职能的管理知识和艺术。职务轮换的表现形式比较多,如各种主管人员之间、副职与副职之间、正职与副职之间、各种不同的管理职位之间等都可进行不定期的职务轮换。日本丰田公司每5年对各级管理人员进行一次职务轮换,调换幅度为5%左右,调换的工作目标通常是本单位相关部门。

(4)案例评点。

企业管理人员培训最为关键的是决策能力的培训,而案例评点培训正是提高管理人员决策艺术及其分析和解决问题的能力的有效培训模式。案例评点培训的程序有三:

一是案例的遴选。培训师选择的案例要有真实性,是社会经济生活中确实存在的事例,切忌哗众取宠而虚构案例;案例还要有启迪性,启迪管理人员阐述自己的看法,分析问题并提出解决问题的手段。

二是实际角色分析案例。培训师将案例发给学员并提出问题,让学员预习案例,在粗略提示中引而不发、含而不露;然后要求学员进入角色,在独立分析思考问题的基础上拿出解决问题的方案和办法;随后进行课堂发言,在交流中培训师引导发言,鼓励交锋,提倡创新,控制课堂局面。这样,既贯穿了学员的实践经验,又体现了学员思想理论水平,还能碰撞出新的智慧的火花。

三是进行案例的评点和升华。同一案例,由于学员能力、经历和水平不同,可能解决案例中问题的手段和方案也各不相同,甚至完全相悖。解决问题的方法可能多达几十种。实际上现实社会经济生活中的问题多半没有一种精确的答案,也没有一种凝固不变的结论。因此,培训师在进行案例评点时要注意激发学员去思考、去探索、去创新。这样,在评点中,要结合学员的实践;要注意每一方案的闪光点;要启发学员去联想、对比、创新;不要把结论约束在某一方案的窄巷里。总之,让学员从多角度、多层次、多渠道去解决案例中要解决的问题,使评点升华,使学员有显著提高。

4)仓储企业人员的分类和职责

仓储企业的人员配置由经理、助理及叉车组、装卸搬运组、仓管组、业务组成员构成。

仓储企业管理人员的主要职责包含:负责企业各类管理制度的制定与执行;企业中各项工作的流程、操作标准的制定与执行;管理存储和保管各类物资,控制库存,尽量减少库存损失等工作;有权参与企业相关制度、政策的制定,并提出相应建议;有权对企业的库存管理、采购工作提出意见和建议;有权拒绝手续不全、不合格物资的出入库;要求相关部门配合相关工作的权力等。

仓储企业经理的岗位职责:仓储企业经理应根据企业年度经营计划及战略发展规划,制订仓储工作计划及业务发展规划;根据企业仓储工作特点,编制各项工作流程及操作标准并监督执行;根据生产任务安排,做好物料、工具等物资的收发服务,并保证质量和生产的需要等。

仓储企业经理助理的岗位职责:协助仓储企业经理制定与修改仓储管理、出入库等各项规章制度;协助仓储企业经理制定和完善仓储企业的各项工作流程、操作规范等。

入库验收主管的岗位职责:负责制定所有物资的入库验收作业规范,并监督实施;落实执行所有物资的入库验收工作,并出具入库验收报告;协助采购部处理不合格材料、货物的退货工作等。

入库验收专员岗位职责:协助验收主管制定物资入库验收作业规范,并严格参照执行;拒收进料中的不合格材料和物件等。

仓库管理员岗位职责:在仓库主管领导下,负责仓库的物料保管、验收、入库、出库等工作内容;对每天每项收、发、存业务的运行状况实行检查与监控,发现问题立即处理,确保仓库作业流程及各项制度的执行状况良好;物品入库,各仓库应建立详细反映物品仓储的明细账,登账的主要内容有物品名称、规格、数量、件数、累计数或结存数、存货人或提货人、批次、金额,注明货位号或运输工具、接(发)货经办人。

案例分析 13-5

某公司库管岗位职责

库管员岗位职责:

(1)每天按指定时间完成填写库存报表及采购申请工作,要求标明物品的名称、数量、单价、规格、库存量、申购量等内容。

(2)严格检验入库货物,根据有效到货清单,核准物品的数量、质量等,方可办理入库手续。

(3)根据使用部门需要量及物料性质,选择适当的摆放方式,轻拿轻放,分类储存,避免人为损坏及堆放杂乱带来的不便,科学安排库房物品布局,做到整齐、美观、方便。

(4)物品入库后要马上入账,准确登记。

(5)物品出库时要按照有关规定办理,手续不全不得发货。有特殊情况,需有关领导签字批准。发货时按出库单办理出库手续,更新账卡。

(6)做好月盘点工作,做到物卡相符、账物相等、账账相符。

(7)主动与使用部门联系,了解物品的消耗情况,防止因缺少沟通造成的物品短缺。

分析:从该案例中我们可以看到,作为库存管理员每一步都要做到认真细致,且要有较强的责任心,才能做好这项工作。

任务 2　仓储配送管理绩效考核

仓储配送管理绩效考核是指在一定的经营期间内仓储企业利用指标对经营效益和经营业绩以及服务水平进行考核,以加强仓储管理工作,提高管理的业务和技术水平。

1. 仓储配送管理绩效考核概述

1)仓储配送管理绩效考核的意义

不论在企业物流系统中还是在社会物流系统中,仓库都担负着货主企业生产经营所需的各种物品的收发、储存、保管保养、控制、监督和保证及时供应货主企业生产和销售经营需要等多种职能。这些活动对于货主企业是否能够按计划完成生产经营目标、控制仓储成本和物流总成本至关重要。因此,仓库有必要建立起系统科学的仓储管理绩效考核指标体系。

仓储管理绩效考核指标是仓储管理成果的集中体现,是衡量仓储管理水平高低的尺度。利用指标考核仓储管理的意义在于对内加强管理,降低仓储成本,对外接受货主定期评价。

(1)对内加强管理,降低仓储成本。

仓库可以利用绩效考核指标对内考核仓库各个环节的计划执行情况,纠正运作过程中出现的偏差。具体表现如下:

①有利于提高仓储管理水平。仓库生产绩效考核指标体系中的每一项指标都反映某部分工作或全部工作的一个侧面。通过对指标的分析,能发现工作中存在的问题。特别是对几个指标的综合分析,能找到彼此间联系和关键问题之所在,从而为计划的制订、修改,以及仓储管理的控制提供依据。

②有利于落实岗位责任制。指标是衡量每一个工作环节作业量、作业质量以及作业效率和效益的尺度,是仓库掌握各岗位计划执行情况,实行按劳分配和进行各种奖励的依据。

③有利于仓库设施设备的现代化改造。一定数量和水平的设施和设备是保证仓储管理活动高效运行的必要条件,通过对比作业量系数、设备利用率等指标,可以及时发现仓库作业流程的薄弱环节,以便仓库有计划、有步骤地进行技术改造和设备更新。

④有利于提高仓储经济效益。经济效益是衡量仓库工作的重要标志,通过指标考核与分析,可以对仓库的各项活动进行全面的检查、比较、分析,确定合理的仓库作业定额指标,制订优化的仓储作业方案,从而提高仓库利用率、提高客户服务水平、降低仓储成本,以合理的劳动消耗获得理想的经济效益。

(2)进行市场开发,接受客户评价。

仓库还可以充分利用生产绩效考核指标对外进行市场开发和客户关系维护,给货主企业提供相对应的质量评价指标和参考数据。具体表现如下:

①有利于说服客户和扩大市场占有率。货主企业在仓储市场中寻找供应商的时候,在同等价格的基础上,服务水平通常是最重要的因素。这时如果仓库能提供令客户信服的服务指标体系和数据,则将在竞争中获得有利地位。

②有利于稳定客户关系。在我国目前的物流市场中,以供应链方式确定下来的供需关系并不太多,供需双方的合作通常以1年为期,到期客户将对物流供应商进行评价,以决定今后是否继续合作,这时如果客户评价指标反映良好,则将使仓库继续拥有这一合作伙伴。

2)仓储配送管理绩效评价方法

(1)对比分析法。

对比分析法是将两个或两个以上有内在联系、可比的指标(或数量)进行对比,从对比中找矛盾、寻差距、查原因。

①计划完成情况的对比分析。

计划完成情况的对比分析是将同类指标的实际完成数或预计完成数与计划数进行对比分析,从而反映计划完成的绝对数和相对程度,分析计划完成或未完成的具体原因。

②纵向动态对比分析。

纵向动态对比分析是将不同时间上的相同种类的仓储经济效益指标进行对比,可以是本期与基期(或上期)比,也可以是本期与历史同期实际指标比、与历史平均水平比、与历史最高水平比等。

③横向类比分析。

横向类比分析是指同一时期、不同空间条件下，相同类型的仓储经济效益指标的对比分析。

 案例分析 13-6

永纬公司营业收入对比分析如表 13-1 所示。

表 13-1 永纬公司营业收入表

单位：万元

项目	本公司资料			行业平均	增减额		
	2019 年	计划数	2020 年		比 2019 年	比计划	比行业
营业收入	810 000	840 000	900 000	850 000	90 000	60 000	50 000

分析：永纬公司 2020 年营业收入比 2019 年增加 90 000 万元，比计划增加 60 000 万元，高于行业平均水平，说明公司在营业方面取得一定业绩，在行业中处于先进水平。

④结构对比分析。

结构对比分析是将总体分为不同性质的各部分，通过部分指标与总体指标之比，反映事物总体内部构成情况，一般用百分数表示。

 案例分析 13-7

永纬公司资产比较表如表 13-2 所示。

表 13-2 永纬公司资产比较表（部分）

	资产/万元		增减变动	
	2019 年 12 月 31 日	2020 年 12 月 31 日	金额/万元	百分比/(%)
货币资金	152 379.68	164 551.57	12 171.89	7.99
应收账款	95 607.87	110 431.56	14 823.69	15.50
存货	645 702.62	594 130.03	−51 572.59	−7.99
固定资产	275 056.52	276 421.89	1 365.37	0.50
资产总计	1 168 746.69	1 145 535.05	−23 211.64	−1.99

分析：永纬公司 2020 年总资产比 2019 年减少 1.99%，其中货币资金增加 7.99%，应收账款增加 15.50%，存货减少 7.99%，固定资产增加 0.50%，由于存货金额变动大，对总的百分比影响稍大。

(2) 因素分析法。

因素分析法是在分析某一因素变动对总指标变动的影响时，假定只有这一个因素在变动，而其余因素是固定不变的，我们称其为固定因素；然后逐个进行替代，使某一项因素单独变化，从而得到每项因素对该指标的影响程度。

因果分析图法是因素分析法的一种,又称"5M"因素法,"5M"因素包括人、机、料、法、环5个方面。"人"指的是造成问题产生人为的因素;"机"通俗一点就像战斗的武器,通指软、硬件条件对事件的影响;"料"就如武器所用的子弹,指基础的准备以及物料;"法"指与事件相关的方式与方法;"环"指的是内外部环境因素。

这5个方面就像鱼的"主刺"一样,每个主刺上还有很多的小刺,这些小刺就是与主刺相关的问题。这样构成了一条难以下咽的鱼骨头,如果不拔掉,一不小心就会卡住喉咙,让人痛苦不堪。

因果分析图运用于项目管理中,就是以结果作为特性,以原因作为因素,逐步深入研究和讨论项目目前存在的问题。

一旦确定了因果分析图,项目团队就应该对之进行解释说明,通过数据统计分析、测试、收集有关问题的更多数据或与客户沟通来确认最基本的原因。确认了基本原因之后,项目团队就可以开始制订解决方案并进行改进了。因果分析图如图13-1所示。

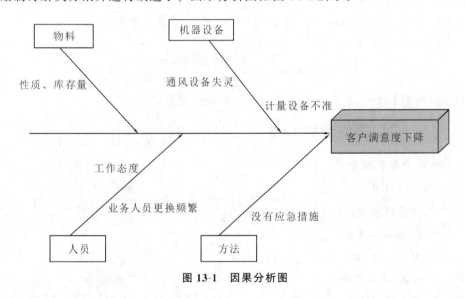

图 13-1　因果分析图

2. 仓储配送管理绩效考核指标体系

1)仓储管理绩效考核指标制定应遵循的原则

为了保证仓储管理绩效考核真正发挥作用,指标体系的科学制定和严格实施及管理非常重要。

(1)科学性。科学性原则要求所设计的指标体系能够客观如实地反映仓库生产的所有环节和活动要素。

(2)可行性。可行性原则要求所设计的指标便于工作人员掌握和运用,数据容易获得,便于统计计算,便于分析比较。

(3)协调性。协调性原则要求各项指标之间相互联系、互相制约,但是不能相互矛盾和重复。

(4)可比性。在对指标的分析过程中,重要的是要对指标进行比较,如实际完成与计划相比、现在与过去相比、与同行相比等,所以可比性原则要求指标在期间、内容等方面要一致,使指标具有可比性。

(5)稳定性。稳定性原则要求指标一旦确定之后,应在一定时期内保持相对稳定,不宜经常变动、频繁修改。在执行一段时间后,经过总结再进行改进和完善。

2)资源利用程度方面的指标

(1)仓库面积利用率。

仓库面积利用率是仓库可利用面积与仓库建筑总面积的比率,是衡量仓库利用程度的重要指标,是反映仓库管理工作水平的主要经济指标之一,它为分析仓库的实际利用效率高低,挖潜多储,提供了依据。

首先必须明确以下几个面积概念:

建筑面积:通常是指库房建筑面积。其计算方法是从库房外墙基丈量,长乘宽的面积,楼库各层相加。

实际面积:从库房内墙丈量,长乘宽面积中减去障碍物、建筑物、立柱、隔墙、楼梯占用面积。

可用面积:从实际面积中减去干道、支道、墙距、柱距占用的面积。

使用面积:商品货垛实占面积。

$$仓库面积利用率=\frac{仓库可利用面积}{仓库建筑面积}\times 100\% \tag{13-1}$$

仓库面积利用率越大,表明仓库面积的有效使用情况越好。

 案例分析 13-8

某多层平面仓库数据如下:

项目	面积/比率
仓库建筑面积(内)	8 366.4
电梯间及楼梯面积	1 048.8
墙边通道面积	343.975
空调、消防面积	246.03
柱子面积	216.32
小库面积	658.845
冷库面积	36.602 5
使用面积	5 815.827 5
使用率	69.51%
支道占用面积	1 052.7
库位间距	339.2
可利用面积	4 423.927 5
利用率	52.88%

分析:以上数据说明该企业仓库利用率较低,应该想办法提升。

(2)仓容利用率。

仓容利用率是库存商品实际数量或容积与仓库应存放数量或容积的比率。

$$仓容利用率 = \frac{库存商品实际数量或容积}{仓库应存数量或容积} \times 100\% \qquad (13\text{-}2)$$

仓库面积利用率和仓容利用率是反映仓库管理工作水平的主要经济指标。

知识链接 13-2

青岛啤酒是如何提高仓容利用率的

走进工厂内部，首先看到的是整整齐齐堆放成一板一板的直立空瓶（青岛纯生必须用新瓶），据介绍这是深圳青啤 2013 年下半年对供应商的新要求，之前全用麻袋运输和装卸，不仅物流效率低下，更重要的是上灌装线（生产线）时需按上线的要求进行人工转换，增加了物流环节，使得成本高、效率低下。如今通过托盘化运作，最小流通单位由袋改为板，整个物流过程中的搬运、装卸、储存、运输、上线等均以集装化方式运作，效率得到提高，可以直接到生产线边。

深圳青啤的成品仓有 3 个，与成品罐装线形成"凸"字格局，总面积 24 000 平方米的仓库相当于 3 个足球场的面积，库存能力达 16 000 吨，但仅由 13 人管理，平均每人管理 1 800 平方米面积。而在此之前的管理比较粗放，对仓容利用率不高，见空就放使得库内通道堵塞及查找耽误，常出现发货延迟的现象。随着产量持续走高，仓储资源显得严重不足。2011 年物流管理系统被全面引入，通过精细测量，整体规划出储位和通道，使得仓储能力提高 20% 以上。

由于啤酒是重货，堆放高度和空间利用率形成矛盾，深圳青啤人从平面到空间进行了各方面的优化与挖潜。为充分利用仓库高度，深圳青啤经过优化托盘码放，加强了底层的承受力，将托盘定为三层标准。在考虑充分利用面积的前提下，深圳青啤先后选用过 1 200 mm×1 000 mm 和 1 000 mm×1 000 mm 规格的托盘，但最终选定为 1 100 mm×1 100 mm 的规格，一方面是因为与啤酒小箱包装吻合度最高，另一方面与集装箱或箱式货车的宽度形成匹配。

要将 1 100 mm×1 100 mm 的托盘一层层叠起来，自然少不了叉车司机的驾驶技术。为帮助司机提高技术，在白天操作过程中，深圳青啤安排专人拍摄叉车行驶路径及货叉取货、入位的全过程，晚上进行放映，让大家集中讨论需要改善的操作动作。

因生产批次数量有多有少，对储位能力的需求大小不一，为了提高仓容利用率，更好地实现先进先出，管理者将仓库储位分为标准的大储位（比如某区 60 板为一个储位）和随机的小储位来实现仓储能力的柔性，从而满足多样化的需求。

（资料来源：中国啤酒网，有改动）

(3) 设备完好率。

设备完好率指的是完好的生产设备在全部生产设备中的比重，它是反映企业设备技术状况和评价设备管理工作水平的一个重要指标。

$$设备完好率 = \frac{期内设备完好台日数}{同期设备总台日数} \times 100\% \qquad (13\text{-}3)$$

期内设备完好台日数是指设备处于良好状态的累计台日数，其中不包括正在修理或待修理设备的台日数。

(4) 设备利用率。

设备利用率是指每年度设备实际使用时间占计划用时的百分比，是指设备的使用效率，它是反映设备工作状态及生产效率的技术经济指标。

$$设备利用率 = \frac{全部设备实际工作时数}{同期设备日历工作时数} \times 100\% \qquad (13\text{-}4)$$

设备利用率是考核运输、装卸搬运、加工、分拣等设备利用程度的指标。

(5)设备作业能力利用率。

设备作业能力利用率是指某种设备实际被占用的能力与该种设备的现有能力之比,它是衡量设备运行效率的指标。

$$设备作业能力利用率 = \frac{计划期内设备作业能力}{计划期内设备技术作业能力} \times 100\% \tag{13-5}$$

(6)装卸设备起重量利用率。

装卸设备起重量利用率是衡量装卸设备运行效率的指标。

$$装卸设备起重量利用率 = \frac{计划期内设备每次平均起重量}{设备额定起重量} \times 100\% \tag{13-6}$$

(7)资金利用率。

资金利用率是仓储企业资金利用效率的一个指标。

$$资金利用率 = \frac{利润总额}{固定资产平均占用额 + 流动资金平均占用额} \times 100\% \tag{13-7}$$

(8)全员劳动生产率。

全员劳动生产率指根据产品的价值量指标计算的平均每一个从业人员在单位时间内的企业生产效率。它是考核企业经济活动的重要指标,是企业生产技术水平、经营管理水平、职工技术熟练程度和劳动积极性的综合表现。对于仓储企业,全员劳动生产率是将企业的年利润除以同一时期全部从业人员的平均人数来计算的。

$$全员劳动生产率 = \frac{利润总额}{同期平均全员人数} \times 100\% \tag{13-8}$$

3)服务水平方面的指标

(1)客户满意程度。

客户满意程度是对服务性行业的顾客满意度调查系统的简称,是一个相对的概念,是客户期望值与客户体验的匹配程度。换言之,就是客户通过对一种产品可感知的效果与其期望值相比较后得出的指数。

$$客户满意程度 = \frac{满足客户要求数量}{客户要求数量} \times 100\% \tag{13-9}$$

(2)缺货率。

缺货率指客户需要的货源因缺货或种种原因没有按时到达,一段时间后,统计缺货的次数与总订货次数的比例。

$$缺货率 = \frac{缺货次数}{客户订货次数} \times 100\% \tag{13-10}$$

(3)准时交货率。

准时交货率是指下层供应商在一定时间内准时交货的次数占其总交货次数的百分比。供应商准时交货率低,说明其协作配套的生产能力达不到要求,或者是对生产过程的组织管理跟不上供应链运行的要求;供应商准时交货率高,说明其生产能力强,生产管理水平高。

$$准时交货率 = \frac{准时交货次数}{总交货次数} \times 100\% \tag{13-11}$$

(4)货损货差赔偿费率。

货损货差赔偿费率是指由于自身的服务水平有限导致商品的破损,要付出一定的赔偿金额,这部分金额占同期业务收入总额的比率,它衡量商品的破损给公司带来的损失。

$$货损货差赔偿费率=\frac{货损货差赔偿费总额}{同期业务收入总额}\times100\% \quad (13\text{-}12)$$

4)能力与质量方面的指标

(1)货物吞吐量。

货物吞吐量是指一定期间进出库货物的总量,一般以吨表示。该指标通常以年吞吐量计算。

$$货物吞吐量=货物进库量+货物出库量+货物直拨量 \quad (13\text{-}13)$$

货物直拨是指没有经过仓库,直接拉到生产线上,或者直接从配送中心或供应商那边拉到生产线上去,这些货物按照常理是要经过仓库的,所以还是要纳入仓库的吞吐量里面。

(2)账货相符率。

账货相符率是指仓储账册上的货物存储量与实际仓库中保存的货物数量之间的相符合程度。

$$账货相符率=\frac{账货相符笔数}{库存货物总笔数}\times100\% \quad (13\text{-}14)$$

(3)进、发货准确率。

进、发货准确率是衡量进、发货工作质量的一个指标。

$$进、发货准确率=\frac{期内货物吞吐量-进、发货差错总量}{期内货物吞吐量}\times100\% \quad (13\text{-}15)$$

(4)商品缺损率。

商品缺损率是衡量商品保管效率的指标。该指标越低越好,一般控制在5‰以下。

商品缺损主要有以下两种:

保管损失,即因保管养护不善造成的损失;

自然损耗,即因商品易挥发、失重或破碎所造成的损耗。

$$商品缺损率=\frac{期内商品缺损量}{期内库存商品总量}\times100\% \quad (13\text{-}16)$$

(5)平均储存费用。

平均储存费用是指保管每吨货物每月平均所需的费用开支。

$$平均储存费用=\frac{每月储存费用总额}{月平均储存量} \quad (13\text{-}17)$$

案例分析 13-9

某仓储公司2022年到库物资共2 000 t,出库1 500 t,年初库存500 t。全年错收错发货物共30 t,损坏变质货物共10 t。请计算货物吞吐量,期内库存商品总量,商品缺损率,进、发货准确率。

分析: 货物吞吐量=(2 000+1 500) t=3 500 t

期内库存商品总量=(2 000-1 500+500) t=1 000 t

商品缺损率＝10/1 000×100％＝1％

进、发货准确率＝(3 500－30)/3 500×100％＝99.14％

5）库存效率方面的指标

库存效率方面的指标主要是以周转率来反映，影响库存效率的其他指标最终都是通过周转率反映出来的。

（1）库存周转率。

库存周转率是用于计算库存货物的周转速度，反映仓储工作水平的重要效率指标，是在一定时期内销售成本与平均库存的比率，用时间表示库存周转率就是库存周转天数。

基本表示方法：

$$货物年周转次数(次/年)=\frac{年发货总量}{年货物平均储存量} \quad (13\text{-}18)$$

$$货物周转天数(天/次)=\frac{360}{货物年周转次数} \quad (13\text{-}19)$$

货物周转次数越少，则周转天数越多，表明货物的周转越慢，周转的效率就越低，反之则效率就越高。

库存数量表示方法：

$$库存周转率=\frac{使用数量}{库存数量} \quad (13\text{-}20)$$

计算周转率的方法，根据需要可以有周、旬、月、半年、年等单位。

库存金额表示方法：

$$库存周转率=\frac{使用金额}{库存金额} \quad (13\text{-}21)$$

或

$$库存周转率=\frac{该期间的出库总金额}{该期间的平均库存金额} \quad (13\text{-}22)$$

例如，假定库存数量是10 000个单位，月使用数量是50 000个单位时，依照库存数量表示方法可计算出：

$$库存周转率=\frac{50\ 000}{10\ 000}次=5次$$

因为使用数量为库存数量的5倍，所以库存量在一个月之内就周转了5次。

（2）商品周转率。

商品周转率是用一定期间的平均库存额去除该期间的销售额而得，表示商品的周转情形。商品周转率可采用售价方法、成本方法、销售量法和销售金额法计算。

售价方法的计算公式如式(13-23)。用售价来计算商品周转率，适用于采用售价盘存法的单位。

$$商品周转率=\frac{销售额}{平均库存额(按成本)} \quad (13\text{-}23)$$

用成本方法的计算公式如式(13-24)，此法便于观察销售额与销售成本的比率。

$$商品周转率=\frac{销售成本(销售原价)}{平均库存额(按成本)} \quad (13\text{-}24)$$

用销售数量方法的计算公式如式(13-25),该方法用于订立有关商品的变动、置放商品的场所及销售作业人员等计划时,实行库存的"单位库存管理"。

$$商品周转率 = \frac{销售数量}{平均库存数量} \quad (13\text{-}25)$$

用销售金额方法的计算公式如式(13-26),这种方法便于周转资金的安排。

$$商品周转率 = \frac{销售金额}{平均库存} \quad (13\text{-}26)$$

此法商品周转率显得较大,因为销售额里面多包含了应得利润部分。

(3)周转期间与周转率的关系。

有时用周转期间来代替周转率。周转率所表示的是一定期间(如年间、月间、周间等)的库存周转比率。周转期间则是假定一年为期间单位时,在这期间单位中每一周转所需的时间。

$$周转期间(月数表示) = \frac{12}{年间周转率} \quad (13\text{-}27)$$

6)绩效评价指标体系存在的问题及改进建议

(1)仓储管理绩效评价指标存在的问题。

绩效测量有一定负面作用,易形成短期行为。传统的绩效指标体系是以会计职能为导向的评价,不能全面测量实际的投入产出的所有方面,测量不具有可比性,存在很大的误差。财务指标只是反映过去的经营结果,不能反映当前进行的创造价值的活动。传统的物流成本核算方法也不能真实反映物流成本结构,不能给物流绩效改进提供有用的信息。物流服务系统的产出并不总是明显的,它与整个管理交织在一起,难以从整个管理系统中分离出物流的绩效贡献到底有多大。

① 忽视企业内部绩效与外部绩效的统一;
② 物流绩效测量与战略之间缺乏自动联系机制;
③ 现在和未来绩效的协调问题。

(2)评价和改进物流绩效的建议。

高素质的员工是实现物流绩效的根本保证;加强客户关系管理、知识管理;要有明晰的与企业竞争战略匹配的物流战略;整合物流功能,包括内部整合与外部整合,实现物流绩效改进;追踪优秀企业的物流绩效,以此为学习和持续改进的标杆;建立与供应商、第三方物流提供商的战略伙伴关系;优秀的物流绩效是以测量—评估—计划—改进循环的有效性为基础的。

基本训练

□知识题

1.阅读理解

(1)不同的仓储企业适用何种组织结构?为什么?
(2)仓储企业如何选拔管理人才?
(3)如何对仓储企业的服务水平进行评价?
(4)仓储管理绩效评价方法有哪些?
(5)结合实际谈谈目前仓储管理存在的问题。

2. 知识应用

1) 判断题

(1) 组织工作的第一步是根据组织的目标以及实现目标的各项任务和活动,进行工作设计和部门的划分。( )

(2) 各个部门的职责、任务应该明确。( )

(3) 组织结构的目的在于把人们承担的所有任务组成一个体系,以便有利于他们共同为实现组织的目标而工作。( )

(4) 货物周转次数越少,则周转天数越多,表明货物的周转越快,周转的效率就越高,反之则效率就越低。( )

(5) 地区部门化的最大优点是可以按照特定的顾客建立部门,以适应他们的特种需要。( )

(6) 库存周转率是在一个确定时间点销售成本与平均库存的比率。( )

(7) 组织的管理者的职权和职责可以相等,也可以酌情处理。( )

(8) 商品缺损一般是因保管养护不善造成的损失。( )

(9) 纵向动态对比分析是将不同时间上的相同种类的仓储经济效益指标进行对比,可以是本期与基期(或上期)比。( )

(10) 销售金额方法计算出的商品周转率显得较大,因为销售额里面多包含了应得利润部分。( )

2) 选择题

(1) 按用途可将仓库分为( )。

A. 储备仓库　　　　　B. 周转仓库　　　　　C. 保税仓库
D. 综合仓库　　　　　E. 营业仓库

(2) 仓库最基本的传统功能是( )。

A. 储存和保管　　　　B. 集散货物　　　　　C. 调节供需
D. 信息传递　　　　　E. 防范风险

(3) 当企业的存货周转量较高,需求较稳定时,可选择( )。

A. 公共仓库　　　　　B. 营业仓库　　　　　C. 租赁仓库
D. 自有仓库　　　　　E. 保税仓库

(4) 仓库数量决策的影响因素有( )。

A. 总成本　　　　　　B. 服务水平　　　　　C. 仓库位置
D. 运输能力　　　　　E. 单体仓库的规模

(5) 安全库存量是( )。

A. 防止货物剩余积压的最大数量限制
B. 防止货物对仓库货架造成危害对货物数量的限制
C. 防止由于意外的过量出货可能造成缺货而多存储的货物
D. 防止由于仓库进货不及时可能造成的缺货而多储存的备货

(6) 某纺织厂在羊毛价格低时购进了大量羊毛,由此产生的库存属于( )。

A. 安全库存　　　　　B. 预期库存　　　　　C. 批量库存
D. 在途库存　　　　　E. 投机性库存

(7)仓库内部布局的影响因素有（　　）。
A. 总周转量　　　　B. 仓库的主要功能　　　C. 货位是否固定
D. 货物的性质　　　E. 仓储设施的特点

(8)以下属于库存的是（　　）。
A. 放在仓库中的原材料、产成品
B. 运输工具中的原材料、产成品
C. 为了满足未来需要而暂时闲置的资源
D. 医院里的药品
E. 运输部门的车辆

(9)某羽绒服厂在冬季到来前生产了大量羽绒服置于仓库，这些羽绒服属于（　　）。
A. 安全库存　　　　B. 预期库存　　　C. 批量库存
D. 周转库存　　　　E. 投机性库存

(10)某企业为满足下月生产需要，一次订购了一批原材料，由此产生的库存属于（　　）。
A. 安全库存　　　　B. 预期库存　　　C. 批量库存
D. 周转库存　　　　E. 投机性库存

□ 技能题

(1)近年来，在全球电脑市场不景气的大环境下，戴尔却始终保持着较高的收益，并且不断增加市场份额。我们习惯于给成功者贴上"标签式"的成功秘籍，正如谈及沃尔玛成就商业王国时，"天天低价"被我们挂在嘴边；论及戴尔的成功之道，几乎是众口一词地归结为"直销模式"。

戴尔成功的诀窍在哪儿？该公司分管物流配送的副总裁迪克·亨特一语道破天机："我们只保存可供5天生产的存货，而我们的竞争对手则保存30天、45天，甚至90天的存货。这就是区别。"

由于材料成本每周就会有1%的贬值，因此库存天数对产品的成本影响很大，仅低库存一项就使戴尔的产品比许多竞争对手拥有了8%左右的价格优势。

亨特无疑是物流配送时代浪尖上的弄潮者。亨特在分析戴尔的成功的时候说："戴尔总支出的74%用在材料配件购买方面，2000年这方面的总开支高达210亿美元，如果我们能在物流配送方面降低0.1%，就等于我们的生产效率提高了10%。物流配送对企业的影响之大由此可见一斑。"

而高效率的物流配送使戴尔的过期零部件比例保持在材料开支总额的0.05%～0.1%之间，2000年戴尔全年在这方面的损失为2 100万美元。而这一比例在戴尔的对手企业都高达2%～3%，在其他工业部门更是高达4%～5%。

实训目的：掌握库存的管理技能。
实训要求：分析库存的利与弊；并结合案例，分析提高企业库存周转率的作用。

(2)某仓储企业现诚聘成品库主管一名，要求：正直、诚实、勤奋、肯干。年龄：30岁以下，男，名牌大学物流管理专业毕业，本地户口，有三年以上的工作经验。符合条件者，请将简历寄到××公司××收。合则约见，勿电勿访。资料概不退回。

分析该"招聘启事"的缺陷，并重新设计一个"招聘启事"。

(3)计算题。
①某企业2022年度的销售目标为6 000万元，行业标准周转率为30次/年，那么该企业的

年度平均库存额是多少？多长时间库存周转一次？

②某储运公司有一座通用仓库，仓库基本情况如下：

a. 库区有效面积 85 000 m²，其货架区（包括运输道路及检验、包装、加工作业区）面积 82 000 m²，行政生活区面积 1 000 m²，货物有效储存区（即不包括运输道路及检验、包装、加工作业区）实际有效面积为 80 750 m²；

b. 仓库全年总容量为 9 000 万元，货物出库总量为 7 500 万元，入库总量为 8 500 万元；

c. 仓库年初库存 215 万元，年末库存 410 万元，月均库存量以件数折合为 650 000 件；

d. 仓库全年仓储费用 273 万元；库区全员工作日为 250 工日。

要求根据以上资料，试计算：①仓容利用率；②仓库面积利用率；③货物年周转次数；④平均储存费用；⑤全员劳动生产率（件/工日）。

综合案例

福保赛格的管理

深圳赛格储运有限公司下属的福保赛格实业有限公司（以下简称福保赛格）在深圳市福田保税区拥有 28 000 平方米的保税仓，公司的问题主要是保税仓的固定资产超过 8 000 万元，而每年的利润却不到 500 万元，资产回报率太低。提高保税区仓库工作人员士气，努力增强服务意识，注重品质提升；增大物流增值服务的比例，大幅提高仓租费以外的收入来源，争取到更多利润贡献率高的优质客户，淘汰利润率低的 C 类客户等，都势在必行。

公司现状分析：福保赛格的主要客户包括日本理光国际通运有限公司、华立船务有限公司、伯灵顿国际物流有限公司、华润物流等近百家外资、港资物流企业和分布于珠三角地区的制造企业。福保赛格面向这些企业，提供保税仓的长租和短租服务，并附带从事流通加工等物流增值服务。

福保赛格的在职员工约 40 名。包括 5 名管理人员，10 名左右的叉车工人和搬运工人，另外还有报关员、报检员、客户服务人员、仓库管理员、勤杂人员（含门卫和设备检修人员）等 20 多人。

福保赛格的盈利模式是以仓库库位出租为核心的物流服务项目的收费。基本收费项目是仓租费。另外还有装车、卸车、并柜/拼箱，对货品进行贴标、缩膜/打板、换包装、简单加工（如分包、重新组合包装、简单装配等），以及代客户进行报关、报检等服务项目的收费。主要支出是人工、水电、仓储物和设备折旧带来的维修维护费用等。

福田保税区的特点在于有通向香港落马洲的进出境通道（一号通道）和通向深圳市区的进出关通道（二号通道）。货物进出境只需向海关备案，而进出关则需要报关。客户可以利用保税区境内关外的政策优势，实现整批进境、分批入关的延迟纳税优惠，或反之提前退税的好处。

福保赛格的仓库主要是平面仓，有部分库区采用立体货架。以托盘为基本搬运单元，用叉车（以及地牛）进行进出库搬运和库内搬运。一楼是越仓区，有五辆燃气动力的叉车。二楼到十楼为储存区，每层都有一到两台电动叉车（用蓄电池驱动）。有两个大型货运电梯上下。车辆停靠的月台有十多个车位，可以停靠货柜车、箱式车等多种型号的运输车辆。

福保赛格目前仍然是以订单为驱动、以业务为中心进行运作的仓储服务企业，还没有转型到以客户服务为中心。在该公司管理层的推动下，公司上下全体员工已经树立了全面质量管理的理念，并以 ISO 9000 质量管理体系的要求建立了规范化的质量文档体系，但该公司尚未正式申请或通过 ISO 9000 质量体系认证。

福保赛格及其母公司赛格储运有限公司在 1999 年开发过一套基于 C/S 体系的管理信息系统，后因结算不准确、系统灵活性差、不能适应业务变化等原因放弃使用了。自 2002 年底到 2003 年底，赛格储运有限公司与赛邦软件合作开发了一套全新的、基于 Web 的 B/S 体系的物流管理系统，覆盖了运输业务、仓储业务、财务结算等各个方面，从而实现了客户网上下单，网上查询订单处理状态、库存状态、账单明细等，可以做到实时结算和预约结算。

福保赛格面临的最大的问题是如何提高资产回报率。保税仓的固定资产超过 8 000 万元，而每年的利润却不到 500 万元。与运输业务相比(货柜车辆的固定资产只有 1 000 多万元，每年贡献的利润却达到 2 000 万元以上)，资产回报率太低。提高保税区仓库工作人员士气，努力增强服务意识，注重品质提升；增大物流增值服务的比例，大幅提高仓租费以外的收入来源，争取到更多利润贡献率高的优质客户，淘汰利润率低的 C 类客户等都是可能的解决途径。

为了使得公司能够上台阶，提高保税仓的资产回报率，并在适当的时候通过 ISO 9000 的认证，福保赛格希望通过内部实现全面质量管理来持续改进自己的管理流程，并通过信息化的手段来辅助管理的开展。他们所考虑的思路与质量管理大师戴明所持的观点有很大程度的吻合，首先他们希望建立现代的岗位培训制度，制订严谨的教育及培训计划。然后通过在部门中持续不断地开展培训和流程监控，消除内部部门之间的隔阂，提升所有员工主动为客户服务的意识，并且消除员工对管理层的恐惧感，敢于提出自己的观点和看法。逐步取消妨碍基层员工的工作顺畅的因素以及量化考核指标，并且通过最高层领导的积极参与，在企业内部形成一种计划、执行、检查、处理(PDCA)的全体员工认同的管理文化。对外开发更多的高端客户，树立以客户为中心的意识(强烈关注客户的满意度)，提出"要把服务做在客户没有想到之前"的口号。通过内部的管理流程挖潜和对外客户的优质增值服务来获得新的竞争优势。

(资料来源：百度文库，有改动)

问题：

(1)福保赛格的组织结构属于哪种类型？

(2)分析福保赛格的绩效评价，谈谈其优点和可能存在的问题。

(3)总结福保赛格的组织管理案例启示。

综合实训

实训项目：仓储企业绩效评价管理。

实训目的：

(1)通过本项目实训，使学生了解绩效评价的类型。

(2)能结合仓储企业实践分析当前企业绩效评价系统的优势和劣势。

(3)能站在新的管理理念、技术的基础上，设计较为合理的绩效评价系统。

实训内容：

(1)走访调查某仓储企业。

(2)熟悉物流仓储企业绩效评价系统的功能。

(3)对某仓储企业绩效评价指标系统进行分析，找出不足，并能为其设计较合理的评价方案。

实训要求：
(1)对某仓储企业绩效评价体系进行调查。
(2)分析总结企业采用的绩效评价体系。
(3)撰写实践报告和实训报告幻灯片。
(4)五到六人为一组，相互讨论。
(5)实习结束后一周内完成。

项目14
智慧仓储配送安全及质量管理

ZHIHUI CANGCHU PEISONG YUNYING

思政目标

◎具有安全及质量意识。

知识目标

◎掌握仓储安全管理有关概念和仓储安全管理的基本方法；
◎了解仓库消防安全知识、仓储安全管理技术以及对事故的正确处理；
◎掌握智慧仓储质量管理的含义、方法；
◎理解智慧仓储配送质量指标体系。

技能目标

◎能用所学知识对物流企业仓储安全状况进行分析；
◎能结合企业具体情况提出如何进行仓储质量管理的一些措施。

任务引例

一起化学品仓库特大火灾爆炸事故

1993年8月5日，深圳市某化学危险品仓库发生特大爆炸事故，爆炸引起大火，1个小时后，着火区又发生第二次强烈爆炸，造成更大范围的破坏和火灾。深圳市政府立即组织数千名消防、公安、武警、解放军指战员及医务人员参加了抢险救灾工作，由于决策正确、指挥果断，加上多方面的全力支持，第二天凌晨5时，终于扑灭了历时16个小时的大火。据深圳市初步统计，在这次事故中共有15人死亡，截至8月12日仍有101人住院治疗，其中重伤员25人。事故造成的直接经济损失超过2亿元。

据查，出事单位是某公司下属的储运公司与深圳市危险品服务中心联营的危险品储运联合公司。爆炸地点是仓库区第六平仓，其中6个仓（2~7号仓）被彻底摧毁，现场留下两个深7 m的大爆坑，其余的1号仓和8号仓遭到严重破坏。事故原因：干杂仓库被违章改作化学危险品仓库使用；火险隐患没有整改；平仓混装严重。

（资料来源：http://www.esafety.cn/case/66862.html，有改动）

该案例表明：干杂仓库被违章改作化学危险品仓库及仓内化学危险品存放严重违章是造成这起特大爆炸火灾事故的主要原因。仓库内混存氧化剂与还原剂，发生接触，发热燃烧，是该特大爆炸火灾事故的直接原因。可见，仓库安全管理是何等重要。

任务1　智慧仓库安全管理

1. 库区的治安保卫与消防安全

1）库场治安保卫

(1)治安保卫管理的内容。

治安保卫管理是仓库管理的重要的组成部分，是仓库为了防范、制止恶性侵权行为的发生，意外事故对仓库及仓储财产造成的破坏和侵害，维护稳定安全的仓库环境，保证仓储生产经营的顺利开展所进行的管理工作。它不仅涉及财产安全、人身安全，执行国家的治安保卫管理法规和政策，同时也涉及仓库能否按照合同如约履行各项义务，降低和防止经营风险等。

仓库的治安保卫管理和治安保卫工作的具体内容包括执行国家治安保卫规章制度，防盗、防抢、防破坏、防骗以及防止财产侵害、防火，维持仓库内秩序，防止意外事故等仓库治安灾难事故，协调与外部的治安保卫关系，保证库内人员生命安全与物资安全等。仓库治安保卫管理的原则是：坚持预防为主、严格管理、确保重点、保障安全和主管负责制。

(2) 治安保卫管理组织。

治安保卫的管理机构由仓库的整个管理机构组成，高层领导对整个仓库的安全负全责；各部门、机构的领导是本部门的治安责任人，负责本部门的治安保卫管理工作，对本部门的治安保卫工作负责；治安保卫的职能机构协助领导的管理工作，指导各部门，领导其执行机构。仓库治安保卫执行机构采用由专职保卫机构和兼职安全员相结合的组织方式。

专职保卫机构既执行整个仓库的保卫工作，同时也负责治安管理。专职保卫机构根据仓库规模的大小、人员的多少、任务的繁重程度、仓库所在地的社会环境确定机构设置、人员配备。一般设置保卫部、保卫队、门卫队等。专职保卫机构在仓库高层领导的领导下，制订仓库治安保卫规章制度、工作计划；督促各部门领导的治安保卫工作，组织全员的治安保卫学习和宣传，做好仓库内的治安保卫工作；与当地公安部门保持密切联系，协助公安部门在仓库内的治安管理活动；管理治安保卫的器具，管理专职保卫员工。

(3) 治安保卫工作的内容。

仓库的治安保卫工作主要有防盗、防火、防抢、防破坏、防骗以及员工人身安全保护、保密等工作。治安保卫工作不仅有专职保安员承担的工作（如门卫管理、治安巡查、安全值班等），还有大量的治安工作可由在岗的员工负责（办公室防火防盗、财务防骗、商务保密、仓库员防火、锁门关窗等）。仓库主要的治安保卫工作及要求如下：

守卫大门和要害部门。大门守卫是维持仓库治安的第一道防线。大门守卫除了要负责开关大门，限制无关人员，接待入库办事人员并及时审核身份与登记以外，还要检查入库人员是否携带火源、易燃易爆物品，检查入库车辆的防火条件，检查出库车辆，核对出库货物与放行条件是否相符，收留放行条，查问和登记出库人员随身携带的物品，特殊情况下有权检查当事者物品、封闭大门。对于危险品仓、贵重品仓、特殊品仓等要害部门，需要安排专职守卫看守，限制无关人员接近，防止危害、破坏和失窃。

治安检查。治安责任人应按规章准则经常检查治安保卫工作。治安检查实行定期检查与不定期检查相结合的制度。班组每日检查、部门每周检查、仓库每月检查，及时发现治安保卫漏洞、安全隐患，通过有效手段消除各种隐患。

巡逻检查。巡逻检查一般由两名保安员共同进行，携带保安器械和强力手电筒不定时、不定线、经常地巡视整个仓库的安全保卫工作。保安员应查问可疑人员，检查各部门的防卫工作、关闭无人办公的办公室、关好仓库门窗、关闭电源，禁止挪用消防器材，检查仓库内有无异常现象，停留在仓库内过夜的车辆是否符合规定等。巡逻检查中发现不符合治安保卫制度要求的情况，应采取相应的措施处理或者告知主管部门处理。

防盗设施、设备的使用。仓库的防盗设施大至围墙、大门、防盗门，小到门锁、窗。仓库应该根据法规规定和治安保卫的需要设置和安装这些设施。仓库使用的防盗设备除了专职保安员的警械外,主要有视频监控设备、自动警报设备、人工报警设备,仓库应按照规定合理利用配置的设备,专人负责操作和管理,确保其有效运作。

治安应急。治安应急是指仓库发生治安事件时,采取紧急措施,防止和减少事件造成损失的制度。治安应急需要通过制订应急方案,明确确定应急人员的职责,规定发生事件时的信息(信号)发布和传递方法。这些应急方案要在平时经常进行演习。

(4)治安保卫管理制度。

仓库应通过规章制度明确工作规范、工作行为,划分岗位责任;通过制度建立管理系统,及时顺畅地交流信息,随时堵塞保卫漏洞,确保工作进行及时有效。仓库治安规章制度有安全防火责任制度,安全设施设备保管使用制度,门卫值班制度,人员、车辆进出库管理制度,保卫人员值班巡查制度,等等。

为了使得治安保卫规章制度得以有效执行,规章制度需要有相对的稳定性,使每一位员工都清楚,以便依照规章制度严格行事。随着形势的发展、技术的革新、环境的变化,规章制度也要适应新的需要进行相应修改。

仓库需要依据国家法律、法规,结合仓库治安保卫的实际需要,以保证仓储生产高效率进行,确保仓储安全,防止治安事故的发生为目的,科学地制定治安保卫规章制度。仓库的规章制度不得违反法律规定,不能侵害公民人身权或者其他合法权益,避免或者最大限度地减少对社会秩序造成的妨碍。

2)仓库安全基础设施

各类仓库场所要按国家有关法规标准,配置相应的消防报警和灭火设施、设备、器材,确保消防水源充足,消防水泵、备用电源、消防栓、消防水带、灭火器具配置达标、有效。

仓库必须安装火灾自动报警装置和灭火设施,按规定数量和种类配备消防器具。库区及库房要按有关规定设置消火栓,室外消火栓的间距不得超过120米、保护半径不得超过150米;室外消火栓距路边距离不得超过2米,与房屋外墙距离不宜小于5米。

安全(视频)监控系统基本要求:监控设置范围主要包括单位周围边界、公共作业区域、仓储区域、公共办公场所、重点危险源、人员密集活动场所、重点生产工艺部位以及其他重要监控部位。监控系统要具有对图像信号采集、传输、切换控制、自动报警、显示、分配、记录和重放的基本功能。现场探测图像清晰,有图像来源、时间和运行状态提示。视频探测设备应适应现场的照明条件,环境照度不满足视频监测要求时,要配置辅助照明。

3)库场消防安全管理

仓库的消防安全管理工作包括消防规划、消防管理组织、岗位消防责任、消防工作计划、消防设备配置和管理、消防检查和监督、消防日常管理、消防应急、消防演习等。

从仓库不安全的因素及危害程度来看,火灾造成的损失最大,它可以在很短的时间内,使整个仓库变成一片废墟,对国家财产和人民生命安全造成极大的损失。对于火灾要防患于未然。仓库必须认真贯彻"预防为主,防消结合"的消防方针,坚决执行《中华人民共和国消防法》和公安部制定的《仓库防火安全管理规则》。

(1)仓库防火的工作要点。

仓库的防火工作要依法办事,根据企业法人代表是第一责任人的规定,遵循"谁主管谁负责"的原则,成立防火灭火安全委员会(领导小组),全面负责仓库的消防安全工作。建立以岗位责任制为中心的三级防火责任制,把防火安全工作具体落实到各级组织和责任人。建立健全各工种的安全操作制度和安全操作规程,特别是各种用电设备的安全作业规程,经常进行安全教育,坚持做到职工考核合格持证上岗的制度。定期开展防火灭火的消防安全检查,消除各种火灾隐患,落实各项消防措施,及时处理各类事故,做到"三不放过"。

(2)防火工作的措施。

普及防火知识。坚持经常性的防火宣传教育,普及消防知识,不断提高仓库全体职工防火的警惕性,让每个职工都学会基本的防火灭火方法。

遵守《建筑设计防火规范》。新建改建的仓库要严格遵照《建筑设计防火规范》的规定,不得擅自搭建违章建筑,也不得随意改变建筑的使用性质。仓库的防火间距内不得堆放可燃物品,不得破坏建筑物内已有的消防安全设施、消防通道、安全门、疏散楼梯、走道,要经常保持畅通。

易燃、易爆的危险品仓库必须符合防火防爆要求。储存易燃、易爆物品的危险品仓库,进出的车辆和人员必须严禁烟火;储存危险品应专库专储,性能相抵触的商品必须严格分开储存和运输,专库须由专人管理,防止剧烈震动和撞击;易燃、易爆危险品仓库内,应选用不会产生电火花的电气开关。

电气设备应始终符合规范的要求。仓库中的电气设备不仅安装时要符合规定要求,而且要经常检查,一旦发现绝缘损坏要及时更换,不应超负荷,不应使用不合规格的保险装置。电气设备附近不能堆放可燃物品,工作结束应及时切断电源。

明火作业须经消防部门批准,方可动火。若需电焊、气割、烘烤取暖、炉灶、安装锅炉等,要有防火安全措施,并须经有关的消防部门批准,才能动火工作。

配备适量的消防设备和火灾报警装置。根据仓库的规模、性质、特点,配备一定数量的防火灭火设备及火灾报警器,按防火灭火的要求,分别布置在明显和便于使用的地点,并定期进行维护和保养,使之始终保持完好状态。

遇火警或爆炸应立即报警。如遇仓库发生火情或爆炸事故,必须立即向当地的公安、消防部门报警。事故过后,应根据"三不放过"的原则,认真追查原因,严肃处理事故责任者,并以此教育广大职工。

知识链接 14-1

常用的灭火器材、设备及使用范围

灭火器材主要有灭火器、水和砂等,还有消防栓、消防泵、消防车等。

1.灭火器。常用的灭火器有干粉、二氧化碳、卤代烷、泡沫和1211灭火器。干粉灭火器不导电、不腐蚀、毒性低,可用于扑灭易燃液体、有机溶剂、可燃气体和电气设备的初起火灾;二氧化碳灭火器不导电、不含水分、不污损仪器和设备,可用于扑灭贵重仪器、电气设备及其他忌水物资的初起火灾,但不能用于含碳商品的灭火,如木材、棉、毛、纸张。卤代烷灭火器不导电、不腐蚀、不污损仪器和设备;1211灭火器主要用于扑救可燃气体、可燃液体、带电设备及一般物资的初起火灾;泡沫灭火器可导电,不能用于电气设备灭火,可用于扑救汽油、煤油等油类,香蕉水、松香水等易燃液体,木材及一般货物的初起火灾。

2.水。水是仓库消防的主要灭火剂。仓库中应有足以保证消防用水的给水、蓄水、泵水的设备以及水塔、消防供水管道、消防车等。当库场中无自来水设备、距自然水源又远时,则必须修建水池,以储备消防用水。有自来水设备的仓库,按面积大小,合理设置消火栓,应保证在每一个可能着火点上,有不少于两个水龙头可进行灭火。但不能用水对反应剧烈的化学危险品,如电石、金属钾、保险粉等进行灭火,也不能用于比水轻、不溶于水的易燃液体,如汽油、苯类物品的灭火。

3. 砂土。砂土可用以扑救电气设备及液体燃料的初起火灾,也可用于扑灭酸碱性物质的火灾、过氧化剂及遇水燃烧的液体和化学危险品的火灾。因此,仓库中应备有砂箱。但须注意的是,爆炸性物品(如硫酸铵等)不可用砂土灭火,而应用冷却法灭火,可用水浸湿的旧棉絮、旧麻袋覆盖在燃烧物上。

4. 自动消防设备。常见的自动消防设备有离子烟感火灾探测报警器、光电烟感报警器、温感报警器、紫外火焰光感报警器、红外火焰光感报警器和自动喷洒灭火装置等。

如遇仓库发生火情或爆炸事故,必须立即向当地的公安消防部门报警。事故过后,应根据"三不放过"的原则,认真追查原因,严肃处理事故责任者,并以此教育广大职工。

(3)仓库消防安全基础知识。

仓库火灾是仓库的灾难性事故,不仅造成仓储货物的损害,还损毁仓库设施,燃烧和燃烧产生的有毒气体直接危及人身安全。仓库存储大量的物资,物资存放密集,机械、电气设备大量使用,管理人员偏少或者疏忽,具有发生火灾的系统性缺陷。仓库的消防工作,是仓库的安全管理的重中之重,也是长期的、细致的、不能疏忽的工作。

产生燃烧的条件。火灾的发生,必须同时具备三个条件:可燃物质、助燃物质及火源。可燃物质包括火柴、草料、棉花、纸张、油品等;助燃物质,一般指空气中的氧和氧化剂;而火源是指能引起可燃物质燃烧的热能源,如明火、电气火、摩擦冲击产生的火花、静电产生的火花、雷电产生的火花、化学反应等。以上的三个条件必须同时具备,并相互作用,燃烧才能发生。其中火源是引起火灾的罪魁祸首,是仓库防火管理的核心。引起仓库火灾的火源很多,一般主要分为两大类:直接火源和间接火源。直接火源是指直接产生火花的火源。间接火源一般是由于热源加热引起燃烧,或者是物品本身自燃起火。

常规的灭火方法。火灾是物质的燃烧过程,破坏燃烧的三个条件之一,就会达到灭火的目的。根据这一原理,常见的灭火方法有以下几种。冷却法——冷却法是在灭火过程中,把燃烧物的温度降低到其燃烧点以下,使之不能燃烧。如水、酸碱灭火器、二氧化碳灭火器等均有一定的冷却作用,同时还能够隔绝空气。窒息法——窒息法是使燃烧物周围的氧气含量迅速减少,致使火窒息的方法。在灭火过程中,可以用水、砂土、湿棉被、四氯化碳灭火器、泡沫灭火器等,这些都是用窒息方法灭火的器具。隔绝法——隔绝法是在灭火过程中,为避免火势蔓延和扩大,采取拆除部分建筑或及时疏散火场周围的可燃物,孤立火源,从而达到灭火的目的。分散法——分散法是将集中的货物迅速分散,孤立火源,一般用于露天仓库。

 知识链接 14-2

特殊货物的扑救方法

存有特殊货物的仓库的消防工作有其特殊的要求,其火灾的扑救工作也有其特殊的方法。

(1)爆炸品引起的火灾一般用水扑救,氧化剂引起的大多可用雾状水扑救,也可以用二氧化碳灭火器、泡沫灭火器和砂等进行扑救。

(2)易燃固体,一般可以用水、砂土和泡沫灭火器、二氧化碳灭火器等进行扑救。

(3)易燃液体引起的火灾用泡沫灭火器最有效,也可以用干粉灭火器、砂土、二氧化碳灭火器等进行扑救。由于绝大多数易燃液体都比水轻,且不溶于水,故不能用水扑救。

(4)有毒物品失火,一般可以用大量的水扑救,液体有毒物品失火宜用雾状水或砂土、二氧化碳灭火器等进行扑救。但其中氰化物着火,绝不能用酸碱灭火器和泡沫灭火器,因为酸与氰化物作用产生剧毒的氰化氢气体,危害极大。

(5)腐蚀性物品、酸类和碱类的水溶液着火可用雾状水扑救,但遇水分解的多卤化合物、氯磺酸等,绝不能用水扑救,只能用二氧化碳灭火器扑救,也可用干砂灭火。

另外,遇水燃烧的物品只能用干砂和二氧化碳灭火器灭火。自燃性物品起火,可用大量水或其他灭火器材。压缩气体起火,用干砂和二氧化碳灭火器、泡沫灭火器扑救。放射性物品着火,可用大量的水或其他灭火剂扑救。

(4)防火责任制。

坚持"谁主管谁负责"的原则。根据企业法人代表是第一责任人的规定,成立防火灭火安全委员会(领导小组),全面负责仓库的消防安全工作。

建立以岗位责任制为中心的三级防火责任制,把防火安全工作具体落实到各级组织和责任人。

建立健全各工种的安全操作制度和安全操作规程,特别是各种用电设备的安全作业规程,经常进行消防安全教育,坚持做到职工考核合格持证上岗的制度。

定期开展防火灭火的消防安全检查,消除各种火灾隐患,落实各项消防措施,及时处理各类事故,做到"三不放过"。

配备适量的消防设备和火灾报警装置。根据仓库的规模、性质、特点,配备一定数量的防火灭火设备及火灾报警器,按防火灭火的要求,分别布置在明显和便于使用的地点,并定期进行维护和保养,使之始终保持完好状态。

遵守《建筑设计防火规范》。库存物资和设备的消防操作必须符合防火防爆要求,电气设备应始终符合规范的要求,明火作业须经安保部门批准,遇火警或爆炸立即报警。

2. 仓库安全作业管理

1)安全作业基本要求

(1)人力作业仅限制在轻负荷的作业。男工人力搬举货物每件不超过 80 kg,距离不大于 60 m;集体搬运时每个人负荷不超过 40 kg;女工不超过 25 kg。

(2)尽可能采用人力机械作业。人力机械承重也应在限定的范围内,如人力绞车、滑车、拖车、手推车等不超过 500 kg。

(3)只在适合作业的安全环境里进行作业。作业前应使作业员工清楚明白作业要求,让员工了解作业环境,指明危险因素和危险位置。

(4)作业人员按要求穿戴相应的安全防护用具,使用合适的作业工具进行作业。采用安全的作业方法,不采用自然滑动和滚动、推倒垛、挖角、挖井、超高等不安全作业,人员在滚动货物的侧面作业。注意人员与操作机械的配合,在机械移动作业时人员需避开。

(5)合适安排工间休息。每作业 2 小时至少有 10 分钟休息时间,每 4 小时有 1 小时休息时间,并合理安排生理需要时间。

(6)必须有专人在现场指挥和安全指导,严格按照安全规范进行作业指挥。人员避开不稳定货垛的正面,不在塌陷、散落的位置,运行设备的下方等不安全位置作业;在作业设备调位时暂停作业;发现安全隐患时及时停止作业,消除安全隐患后方可恢复作业。

2)安全作业管理内容

仓储作业安全管理是经济效益管理的组成部分,作业安全涉及货物的安全、作业人员人身安全、作业设备和仓库设施的安全。仓库的作业安全管理工作应包括以下内容:

安全操作管理制度化。安全作业管理应成为仓库日常管理的重要项目,通过制度化的管理保证管理的效果,制定科学合理的各种作业安全制度、操作规程和安全责任制度,并通过严格的监督,确保管理制度得以有效和充分的执行。

加强劳动安全保护。劳动安全保护包括直接和间接施行于员工人身的保护措施。仓库要遵守《中华人民共和国劳动法》的劳动时间和休息规定,每日 8 h、每周不超过 44 h 的工时制,依法安排加班,保证员工有足够的休息时间,包括合适的工间休息。提供合适和足够的劳动防护用品,如高强度工作鞋、安全帽、手套、工作服等,并督促作业人员使用和穿戴。采用具有较高安全系数的作业设备、作业机械,作业工具应适合作业要求,作业场地必须具有合适的通风、照明、防滑、保暖等适合作业的条件。不进行冒险作业和不安全环境的作业,在大风、雨雪影响作业时暂缓作业。避免人员带伤病作业。

重视作业人员资质管理和业务培训、安全教育。新参加仓库工作和转岗的员工,应进行仓库安全作业教育,对所从事的作业进行安全作业和操作培训,确保熟练掌握岗位的安全作业技能和规范。从事特种作业的员工必须经过专门培训并取得特种作业资格,方可进行作业,且仅能从事其资格证书限定的作业项目操作,不能混岗作业。安全作业宣传和教育是仓库的长期性工作,作业安全检查是仓库安全作业管理的日常性工作,通过不断的宣传、严格的检查,严厉地对违章和忽视安全的行为进行惩罚,强化作业人员的安全责任心。

严格遵循人力操作和机械操作的安全规范,按以人为本、安全第一、规范操作的要求来规范人力操作,人力作业仅限于轻负荷;人工作业只能在安全环境下进行;作业前员工清楚作业要求,了解作业环境;按要求穿戴相应的安全保护用具,使用合适的作业工具;采用安全的作业方法;机械移动时作业人员须避开;合理安排仓库工作人员的工间休息;专人进行现场指挥,严格按照安全规范进行作业指挥;人员避开不安全位置作业;在作业设备调位时暂停作业;发现安全隐患及时停止作业,消除隐患后方可恢复作业。

 知识链接 14-3

入库安全处理

货物要入库时门卫须严格对其车辆进行检查登记,并要求外单位人员佩戴"访客证",门卫须带领车辆到达卸货区;仓管员到来后,告知安全主任带同一名以上保安员来卸货区做好防范工作,严禁非授权人员进入卸货区;仓管员安排员工卸货,同时检查货物数量、品种、重量、规格、货号等是否符合送货单;由质检人员按照来料检验标准进行验货;验货完毕,质检人员记录检查结果;相关人员签字后,仓管员对合格品办理入库登记,做好标识(数量、品种、重量、规格、货号等);对不合格产品填写退货单,并安排退货,退货产品须放于指定不合格区域;车辆出门须由保安员严格检查,如有货物出工厂,须凭"放行条"核对数量、货号、重量、规格等,待一切正常后,保安员记录好车辆出工厂时间,同时收回"访客证"。

3)智慧仓储安全技术

仓储是物资的聚集地,又是仓储作业的劳动场所,具有较多的机械和设备。因此,按照科学方法,采用相应的技术措施,加强仓储安全,防止事故,确保人员、物资和设备安全,这对避免人民的生命财产遭受损失,保证物资周转和供应工作的顺利进行,有着重要意义。

火灾自动报警技术。火灾具有很大的危害性,尤其是仓库火灾,能在短时间内毁灭大量物资,并威胁人们的生命安全。因此,仓库防火更具有重要意义。火灾自动报警技术,就是及早发现火情,以便及时扑救,避免蔓延成灾,或尽可能减小损失的有效手段。目前,火灾自动报警装置由火灾探测器和火灾报警器两部分组成。探测器装在需要监视的场所,报警器装在有人看守的值班室,两者间用导线或无线方式连接。

防盗报警技术。为了确保物资安全,对仓库来说,除了防火以外,防盗和防破坏也很重要。尽管仓储部门大都十分重视,花费了大量人力和精力,但是由于盗贼的狡猾,单靠保卫人员,其生理功能毕竟有限,尤其是在夜间,更是受到限制,所以盗窃和破坏案件还是难以避免。因此,有必要借助现代科学技术手段,对贵重物资进行防盗监视,这就需要防盗报警技术。防盗报警系统主要是由防盗报警传感器和防盗报警控制器构成。前者设在保护现场,用来对被监视目标进行探测。后者放在值班室,除了接收传感器送来的盗情信息,进行声、光报警外,还有其他功能,例如报警部位指示、报警时间记忆以及对报警设备自身故障进行监控等。如果系统较大,监控对象多,也可以进行分级控制。一般分为两级,即一台报警控制总机控制多台报警分机,每一台分机又连接许多传感器。总机放在值班室,具有前述控制器的各种相应功能。分机设在现场的传感器附近,除了接收传感器的盗情信号外,还及时把这些信号送给总机。这种两级控制方式,在有线系统中,经常被采用。因为,它一方面可以节省导线,另一方面,在信号传递过程中,因为增加了分机"接力",传输距离可以更远。

 知识链接 14-4

仓库安全管理策略

目前比较常用的仓库安全管理策略和技术包括以下几个:

库存分类管理法。要对库存进行有效的管理和控制首先要对存货进行分类。常用的分类方法有重点管理法和 CVA 管理法。重点管理法是一种从名目众多、错综复杂的客观事物或经济现象中,通过分析,找出主次,分类排列,并根据其不同的情况分别加以管理的方法。而 CVA 管理法(也叫关键因素分析法)弥补了 C 类商品得不到应有的重视而导致企业的生产线停工的缺陷,把存货按照关键性分为 3～5 类,并分别制定相应的管理策略。

零库存策略。可以从三个方面去理解零库存的概念:其一,零库存只是供应链上个别企业库存储存物的数量趋于零或等于零,整个供应链实现零库存是不现实的;其二,零库存并非针对所有储存的物品,而只是针对其中的一部分,这一部分物品在所有物品中所占的比重随企业的不同而不同;其三,零库存并非适合所有企业,关键要看企业所处的商业环境是什么,自己经营的是什么产品,零库存比较适用于相对较稳定的市场环境和个性化强的物品。

联合库存管理。联合库存管理是建立在供应链伙伴关系基础上的库存管理策略。它在机制上更加重视库存责任和权利在供需双方之间进行分担和分享。与供应商管理库存策略相比较，它可以较好地预防和规避供应商库存管理权责失衡和"牛鞭效应"，以及需求方的需求不能满足的风险。它是解决供应链系统中由各节点企业的相互独立库存运作模式导致的需求放大现象，提高供应链的同步化程度的一种有效方法。与传统管理库存策略相比较，它又可以较好地预防和规避需求方库存责任风险和成本风险。

3. 仓库的其他安全管理

1）防台风

对于台风，应做好以下几方面的预备措施：

积极防范。台风并不是年年都在一个地区登陆，防台工作是一项防患于未然、有备无患的工作。企业要对员工，特别是领导干部进行防台宣传和教育，促使其保持警惕、不麻痹。

全员参与。台风可以造成仓库的损害，不仅是仓储物资，还包括仓库建筑、设备、设施、场地、树木，以及物料备料、办公设施等一切财产和生命安全，还会造成环境污染危害。防台抗台工作是所有员工的工作，需要全员参与。

不断改善仓库条件。为了使防台抗台取得胜利，需要有较好的硬件设施和条件，提高仓库设施设备的抗风、防雨、排水、防水浸的能力；减少使用简易建筑，及时拆除危房并及时维修加固老旧建筑、围墙；提高仓库、货场的排水能力，注意协调仓库外围，避免对排水的阻碍；购置和妥善维修水泵等排水设备，备置堵水物料；牢固设置仓库、场地的绑扎固定绳桩。

2）防汛

洪水和雨水虽然是一种自然现象，但时常会对货物的安全仓储带来不利影响，所以应认真做好仓库防汛工作。

建立组织。汛期到来之前，要成立临时性的短期工作机构，在仓库领导者的领导下，具体组织防汛工作。

积极防范。平时要加强宣传教育，提高职工对自然灾害的认识；在汛期职工轮流守库，职能机构定员驻库值班，领导现场坐镇，以便在必要时统一指挥，积极组织抢救。

加强联系。仓库防汛组织要主动争取上级主管部门的领导，并与气象电台联系了解汛情动态，预见汛情发展，克服盲目性，增强主动性。

除此之外，还要注意对陈旧的仓库改造排水设施，提高货位；新建仓库应考虑历年汛情的影响，使库场设施能抵御雨汛的影响。

3）防雷

仓储企业应在每年雷雨季节来临之前，对防雷措施进行全面检查。

4）防震

为了搞好仓库防震，首先在仓库建筑上，要以储存物资的价值大小为依据，审视其建筑物的结构、质量状况，从保存物资的实际需要出发，合理使用物力财力，进行相应的加固。新建的仓库，特别是多层建筑、现代化立体仓库，更要结合当地地质结构类型，预见地震的可能性，在投资上予以考虑，做到有所准备。其次，在情报信息上，要密切注视毗邻地区及地震部门预测和预报资料。最后，在组织抢救上，要做充分的准备。当接到有关部门地震预报时，要建立必要的值班制度和相应的组织机构,临震时,仓库领导要通盘考虑,全面安排,合理分工,各负其责,做好宣传教育工作,动员职工全力以赴,做好防震工作。

5)防静电

爆炸物和油品应采取防静电措施。静电的安全应设懂有关技术的专人管理,并配备必要的检测仪器,发现问题及时采取措施。所有防静电设施都应保持干净,防止化学腐蚀、油垢沾污和机械碰撞损坏。每年应对防静电设施进行1~2次的全面检查,测试应当在干燥的气候条件下进行。

4. 事故的预防和处理

1)事故的预防

仓库安全事故主要有三类:盗窃和破坏事故;火灾和爆炸事故;工伤事故和设备事故。相应预防措施也有三个方面,即:加强安全保卫,加强消防管理,以及加强设备维修和安全操作。

实践证明,搞好仓储安全,避免发生事故,是一项涉及面广、综合性强的经常性任务,每时每刻以及每个环节都不能麻痹大意。既要领导重视,又要依靠和发动群众;既要经常进行宣传教育,还要制定必要的规章制度;既要增添必要的安全防护、防范设备,还要加强组织管理和业务培训。同时还必须牢固树立"安全第一"的思想,贯彻"以防为主"的方针。

2)事故的处理

虽然谁都不希望发生事故,但是,要提前做好万一发生事故的思想准备,要根据可能发生事故的各种情况,多准备几种处理方案和措施。这样一旦事故发生,处理起来才能有条不紊。

首先要冷静、沉着,不可惊慌。当感到或发现事故苗头时,就要大声呼喊附近人员前来协助。人们要主动配合,根据当时当地情况和条件,采取应急措施,最好能把事故消灭在萌芽状态。

向外界报警,建立临时指挥。如果事故恶化、扩大和蔓延,在半分钟内没有平息,就要迅速向外界报警。在救援人员越来越多的情况下,要立即建立临时指挥,在场人员中的适宜者,要主动承担。展开有组织、有领导的全面"战斗",同时还要及时救护受伤人员。

善后处理。事故平息后,单位领导要及时分析事故原因,核算损失,总结经验教训,并向上级报告。对事故责任者要进行教育和处理,对有功者要进行表扬和奖励。

任务2 智慧仓储质量管理

1. 智慧仓储质量管理概述

1)什么是智慧仓储质量管理

智慧仓储质量管理是指为了实现仓储产品的质量特征所开展的计划、组织、控制和协调活动。仓储质量管理的含义有广义和狭义之分:狭义的仓储质量管理是指应用各种科学原理和科学方法对仓储商品进行储存、保养,以保证提供高质量的仓储商品的管理;广义的仓储质量管理是指为了最经济地收、发和保管好适合使用者要求的商品所采取的各种方法体系。

2)仓储质量管理的内容

仓储质量管理包括:制定产品的质量标准、达到质量标准的具体方案,组织力量实施质量的保证方案;在实际操作过程中严格开展控制和监督、约束,在实施过程中做好人员之间、部门之间、企业内外的协调和信息沟通;质量标准在实施中的调整和优化等。

仓储质量管理不仅是企业管理中的一个独立项目,又是贯穿在生产、经营中的管理职能。仓储质量管理表现为独立的质量管理机构开展的质量管理和其他部门在生产、经营、服务中都要进行以质量为标准的管理,包括仓储商务质量管理、经营质量管理、装卸搬运质量管理、交接质量管理、保管质量管理、财务质量管理、机械设备质量管理、后勤保障质量管理、安全保卫质量管理、服务质量管理等。

3)仓储质量管理的基本方法

(1)开展全面的质量管理。

仓储的全面质量管理是以仓储产品的质量为中心,以最优的质量、最佳的服务、最低的消耗,满足客户的各种需求,运用一定的组织体系和科学的管理方法,动员、组织各部门和全体员工共同努力,提高仓储产品质量。

全面质量管理包括四个方面:质量管理是全过程的管理,从市场宣传、商务磋商到仓储安排、接收货物、作业、交付、包装、客户保持的全过程都采取全面质量过程管理;仓储全面质量管理是一种全员的管理,直接、间接参与仓储活动的所有部门及人员,从企业的高层管理人员直到底层的员工都应积极参与质量管理,确保产品质量;质量管理的对象是全面的,包括仓储计划、仓库设计规划、仓储作业、仓储管理、财务、商务、设备管理、人力资源等各方面;质量管理的方法是系统的,整个仓储活动的质量管理,需要依据统一的质量标准和质量体系,对所有人员、部门的质量要求必须一致。

(2)采取以防为主的质量管理。

质量管理需要有效地建立质量管理体系,采取严格的质量责任制,通过事先控制、以防为主来保证质量,形成质量管理和保证的系统。以事先的要求、事先的检查、事先的防范进行管理,因而需要充分综合现代手段与技术进行质量控制,预先发现问题,提前做好控制工作,确保达到质量标准。

(3)加强细节管理。

虽然说质量管理是一项系统的工作,要有规划、有系统地进行,从大处着眼,但是在质量管理中更要重视对细节的质量管理,从仓储、服务的小处入手。通过一系列小变革、小改革,解决小问题,改变小瑕疵,不断进行质量改进的良性循环,不断提高整体质量,这样可以大幅度降低质量管理的成本。

4)仓储质量管理的目标

仓储质量管理必须满足两方面的要求:一方面是满足供应商的要求,因为仓储的结果,必须保证供应商的产品能保质保量地转移给用户;另一方面是满足用户的要求,即按用户要求完成商品的送交任务。仓储质量管理的目的,就是在"向用户提供满足要求的质量服务"和"以最经济的手段来提供"两者之间找到一条优化的途径,同时满足这两个要求。为此,必须全面了解生产者、消费者、流通者等各方面所提出的要求,从中分析出真正合理的、各方面都能接受的要求,作为管理的具体目标。从这个意义上来讲,仓储质量管理也可以理解为"用经济的办法,向用户提供满足其要求的仓储质量的方法体系"。

5) 仓储质量管理的基本原则

(1) 全面管理。现代企业的质量管理最基本的方法就是开展全面质量管理。仓储全面质量管理是在全面质量管理思想的指导下,以仓储质量为中心,通过一定的组织体系和科学管理方法达到最优的质量、最低的消耗和最佳的服务。

(2) 预防为主。仓储质量管理必须明确"事前管理"的重要性,唯有"事前管理"才是避免事故发生、减少次品切实可行的出发点,即在上一道工作环节就要为下一道工作环节着想,估计后续工作可能出现的问题,通过事先检查、事先要求、事先防范做到事先控制、以防为主,来保证仓储质量。

(3) 细节入手。虽说质量管理是一项系统的工作,需要从全局进行规划,但仓储的质量管理主要是通过对众多细节的控制与协调达到总体目标的,所以,要重视对细节的管理,通过一系列小改革解决小问题,不断进行质量改进的良性循环,逐步提高整体质量,如此,可以大幅度降低质量管理的成本。

6) 仓储质量管理的内容

仓储质量包含以下几方面内容。

(1) 储存物资的质量。仓储的对象是具有一定质量的实体,即有合乎要求的等级、尺寸、规格、性质、外观。这些质量是在生产过程中形成的,仓储在于转移和保护这些质量,最后实现对用户的质量保证。在当代风行的质量保证体系中,对用户的质量保证不可能完全依赖于生产,它也依赖于流通。仓储保管业务、商品包装管理等的有关内容,都是针对储存物资的质量提出的,这些方法和措施是保证储存物资质量完好所必需的。

(2) 服务质量。仓储业有极强的服务性质,不管是生产企业隶属的仓储活动,还是对外从事的仓储业务,整个仓储的质量目标,就是其服务质量。一般来讲,仓储服务普遍体现在满足用户要求方面,这一点难度是很大的。各个用户要求不同,这些要求往往超出企业的能力,要实现这些服务要求,就需要企业有很强的适应性及柔性,而这些又需要以强大的硬件系统和有效的管理系统来支撑。

当然,对服务的满足不能是消极被动的,因为有时候用户提出的某些服务要求,由于"效益背反"的作用,会增大成本或出现别的问题,这对用户实际是有害的,盲目满足用户的这种要求不是服务质量的表现。仓储承担者的责任是积极、能动地推进服务质量。仓储服务质量的具体衡量指标主要是时间、成本、数量和质量。

(3) 仓储工作质量。工作质量指的是仓储各环节、各工种、各岗位具体工作的质量。为实现总的服务质量,要确定具体的工作要求,以质量指标形式确定下来则为工作质量指标。这是将仓储服务总的目标质量分解成各个工作岗位可以具体实现的质量,是为提高服务质量所做的技术、管理、操作等方面的努力。

工作质量和服务质量是两个有关联但又不大相同的概念。仓储服务质量水平取决于各个工作质量的总和。仓储的工作质量可归纳为以下许多内容:商品损坏、变质、挥发等影响商品质量因素的控制及管理;商品丢失、错发、报损等影响商品数量因素的控制及管理;商品维护、保养;商品入库、出库检查及验收,商品入库、出库计划管理,计划完成及兑现的控制;商品标签、标识货位、账目管理,建立正常的规章制度;库存量的控制;质量成本的管理及控制;库房工作制度、温度和湿度控制制度;工作标准化管理;各工序设备正常运转、完好程度管理;上、下道工序(货主、用户)服务。

(4)仓储工程质量。与产品生产的情况类似,仓储质量不但取决于工作质量,而且取决于工程质量,优良的工作质量对于仓储质量的保证程度,受制于物流技术水平、管理水平、技术装备。好的仓储质量,是在整个仓储过程中形成的,要想能"事前控制"仓储质量,预防仓储造成的不良品,必须对影响仓储质量的诸因素进行有效控制。

在仓储过程中,这些因素可归纳为以下6方面。人的因素:包括人的知识结构、能力结构、技术熟练程度、质量意识、责任心等反映人的素质的各项因素。体制的因素:包括领导方式、组织结构、工作制度等方面。设备因素:包括仓储各项装备的技术水平、设备能力、设备适用性、维修保养状况及设备配套性等。工艺方法因素:包括仓储流程、设备组合及配置、工艺操作等。计量与测试因素:包括计量、测试、检查手段及方法等。环境因素:包括仓储设施规模、水平、湿度、温度、粉尘、照明、噪声、卫生条件等。

2. 智慧仓储质量指标

质量指标是用于反映质量现状的数据、用于判定质量水平的标准,是制订质量改进措施的依据。仓储质量指标有:

(1)库存量:指统计期内的平均存货数量,它反映了仓库平均库存水平和库容利用程度,反映了仓库有效利用的情况。

$$月平均库存量 = (月初库存量 + 月末库存量)/2$$

$$年平均库存量 = 各月平均库存量之和$$

(2)平均验收时间:表示仓库对入库的货物进行验收所花费的时间(单位是:天/批)。

$$平均验收时间 = 期内各批验收天数之和/同期验收批次数$$

(3)收发正确率:表示仓库在某一段时期正确收发货物的程度。从反面看,则表示了收发误差程度。

$$收发正确率 = (期内吞吐量 - 发生收发差错的货物总量)/同期吞吐量 \times 100\%$$

(4)完好率:表示在统计期内货物发生丢失、损坏、变质等质量事故的整体程度。

$$完好率 = (期内平均库存量 - 期内丢失、损坏、变质的物品总量)/同期平均库存量 \times 100\%$$

任务3 智慧配送质量管理

随着社会生产力的发展,科学技术和社会文明的不断发展,质量的含义也不断丰富和扩展。从开始的实物产品质量发展为产品或服务满足规定和潜在需要的特征和特性之总和,再发展到今天的实体即可以单独描述和研究的事物(如某项活动或过程,某个产品,某个组织、体系或人以及他们的任何组合)的质量。

物流配送企业作为服务行业的一员,越来越多的企业开始认识到即使有先进的物流中心硬件和软件设施,配送产品也很丰富,但是没有一流的服务质量(如经常出现交付延迟或运输出现频繁货损等),企业同样不会得到发展。这就是说,低质量的配送服务会毁灭物流配送企业。

因此，物流配送企业必须十分重视配送质量管理，深刻把握配送质量的内涵，测定配送质量的水准，构建配送质量管理体系，做好配送过程中的质量管理，积极开展配送绩效评价，努力提高配送质量。

1. 智慧配送质量的含义

根据 GB/T 1900 中对"质量"的定义，可以将"配送质量"的含义理解为：反映配送活动过程中满足客户明确和隐含需要的能力的特性的总和。

配送是物品的小范围空间转移，它涉及物流的大部分业务，甚至可以说是一个小范围的物流系统。而从一般意义上讲，凡具有使用价值的产品和服务，都要涉及质量问题。配送质量是指物流企业向社会提供的配送服务能够满足客户需要的程度。配送服务是物流企业的产品，是无形的。与有形产品相比，配送服务产品的最基本特征是具有不可感知性。配送活动发生前，客户往往很难确定所能得到的配送质量；配送活动发生后，客户也难以对配送质量做出客观评价和标准核定，也难以用检测手段进行检测，而只能根据一定时期内的质量数据加以统计分析和评价。从过程来看，配送无须对货物本身进行太多的加工。但如果保管不当，就会对货物的质量产生影响。因此，配送质量是关系到物流企业经营和发展的重要因素。

从满足客户需要的角度来分析，配送质量的优劣主要体现在以下五个方面：

质量方面，在付出同等费用的情况下，客户总希望得到更好的服务，因此都会结合货物的具体特征对各种配送工具的功能性、可靠性、安全性、经济性做出详细的比较分析。配送产品的质量反映了客户物质方面的要求。

数量方面，根据配送物品的数量要求和配送工具的情况，综合考虑配送需求，以求降低配送费用。

时间方面，尽量缩短货物待运和在途时间，加速货物流通，满足物品的市场供给；确保准时性、合理的配送间隔和发货密度，保证物品流动的畅通和及时；尽量做到门对门服务，必要时可提供特殊的即时配送服务。

价格方面，有两种类型的客户，一类希望寻找价格低的承运人，另一类希望得到特殊、高端的运输服务。前一类客户的目的是获得基本服务，以较低价位保质保量按时交货。后一类客户为了实现自己的竞争战略，宁可为特殊的配送服务承担额外、特殊的价位。

服务方面，客户在接受配送服务的过程中，货物将经过装卸作业人员、驾驶人员、分拣人员、信息跟踪人员、单证签发人员等全面系统的全过程服务，这些人员的经验及责任心也是影响配送质量的一个重要因素。由于涉及事前价格、班次及事中货物跟踪、事后运价核算等一系列的查询处理工作，货主还希望得到反应快速、态度良好、手续简单方便的软性服务。服务质量反映了客户精神方面的质量要求。

2. 智慧配送质量管理的含义

智慧物流配送质量管理就是依据物流配送的客观规律，为了满足客户的配送服务需要，通过制定科学合理的基本标准，运用经济办法开展的策划、组织、计划、实施、检查和监督、审核等所有管理活动的总和。

物流配送企业质量管理内容主要包括质量保证和质量控制两个方面。质量保证是物流企业对用户来说的，就是要对用户实行质量保证，包括物流配送活动本身的质量管理、物流配送服务质量保证、物流配送工作质量保证和物流配送工程质量保证。

思考14-1

质量保证是否等同于"保证质量"?

答:质量保证的内涵已不是单纯的保证质量,它不同于"保证质量"。保证质量是质量控制的任务,而"质量保证"则是以保证质量为基础,进一步引申到提供"信任"这一基本目的。

3. 智慧配送质量管理的基本工作

(1)加强全体职工的质量意识和质量管理水平,建立必要的管理组织和管理制度。

①增强职工的质量意识和质量管理水平。通过对全员进行培训教育,使全体人员的质量意识和质量管理能力达到一定的水平。质量管理全员培训应质量意识和技术、技能两者并重,否则,单有意识而无能力,或仅有能力而无责任心,都是搞不好质量管理的。

②建立必要的管理组织。质量管理组织分两方面,即领导机构与群众组织。要有领导机构,同时又有领导分工管理。其责任是进行宣传、教育、培训、计划、实施和检查。为体现全员性和全面性,要求每个环节、每个人都要严把质量关,建立质量管理小组。

(2)做好配送质量管理的信息工作。

配送过程涉及的范围比生产过程更广,信息传递距离更远,收集难度大,及时性差。为了解决这个问题,应采取管理、技术等方面的办法,建立有效的质量信息系统,对配送实行动态的管理。为提高质量保证程度,要建立合理的信息管理网络,用以指导配送质量管理工作。

(3)做好实施配送质量管理的标准化和制度化工作。

①标准化。标准化是开展配送质量管理的依据之一。在标准化中,要具体制定各项工作的质量要求、工作规范、质量检查方法,各项工作的结果,都要在标准对产品质量的规定范围内。因此,搞配送质量管理时,要花费很大力气制定标准。

②制度化。将质量管理作为配送的一项永久性工作,必须有制度的保证。建立协作体制、建立质量管理小组都是制度化的一部分。要使制度程序化,以便于了解、便于执行、便于检查。制度化的另一个重要方式是建立责任制,在岗位责任制的基础上,或在岗位责任制的内容中,订立或包含质量责任,使质量责任能在日常的细微工作中体现出来。

(4)开发差错预防体系。

配送过程中的差错问题是影响配送质量的主要因素。由于配送商品数量大,操作程序多,差错的发生可能性很大,因此,建立差错预防体系也是质量管理的基础工作。

知识链接 14-5

差错预防体系的建立

根据国内外已有的这方面的实践经验来看,差错预防体系的建立有以下几方面的工作:

(1)配送中心库存货物的调整。对存储区进行规划调整,以将库存商品有序地放置,能准确地、方便地进行存取。我国的"四号定位"等方式便是有效的方式;在国外常用不同颜色进行标识,以有序放置和有效区分;灵活利用不同货架、货仓等放置货位也是一个很有效的办法。

(2)运用新技术。现在已开发的条码系统应用技术,配合便携式扫描仪可准确无误地确认商品。采用电子计算机控制的分拣系统和采用电子计算机控制的存储系统都是避免差错的有效方式。

（3）建立智能配送系统。建立能对配送过程全部活动进行核对、监测的系统，就能及时发现问题而防止差错持续或差错发展，进而寻找差错产生源头，予以解决。

4. 配送质量管理的评价指标

1) 物流配送质量的衡量

如何衡量物流配送质量是配送企业管理的重点。物流配送质量的保证首先建立在准确有效的质量衡量上。大致来说，配送质量主要从以下三个方面来衡量：

一是配送时间。时间价值在现代社会竞争中越来越凸显出来，谁能保证时间的准确性，谁就能获得客户。由于配送的重要目标是保证商品送交及时，因此时间成为衡量物流配送质量的重要因素。

二是物流配送成本。物流配送成本的降低是物流企业获得利润的源泉。如果从物流业总体费用考虑，物流配送成本的降低也是节约社会资源的有效途径。

三是物流配送效率。物流配送质量直接影响了物流效率，物流是一项系统工程，物流对象、物流工作、物流工程和物流服务等质量都在作用于物流效率。对物流配送企业而言，物流配送效率是指物流配送系统能否在一定的服务水平上满足客户的要求。

2) 配送质量评价的一般性指标

安全性评价指标：安全性是配送质量的首要特性，是工作质量的集中体现。它包括货物安全和车辆运行安全，如果配送过程中发生安全事故，就会造成货物、车辆的损毁。

完整性评价指标：完整性是配送质量的基本特性，是指完全按照合同要求完成运输过程，而未造成货物数量和质量变化的特性。

经济性评价指标：经济性是指以尽可能少的劳动消耗实现产品价值的特性。它一方面要求企业制订最佳配送方案，在保证质量的前提下，降低成本，提高经济效益，追求利润的最大化；另一方面，用户要求企业提供安全及时的配送服务，而且费用支出能公平合理，这是配送质量的经济特性。因此，企业必须在质量管理上狠下功夫，不断降低成本，同时确保货物安全。

案例分析 14-1

国美电器配送体系经济性分析

国美电器从一个电器商店发展为具有数百家全国连锁店的电器零售商，国美主要通过总部集中采购压低进价，各专卖店集中销售，利用地区大库和专卖店小库构成的配送体系，实现全国范围内的配送。

分析：国美电器之所以取得成功，与其重视降低成本、提高经济效益是分不开的。

及时性评价指标：及时性是配送质量的时间特性，它包括三个方面。一是及时，在客户需要的时间提供服务；二是准时，按准确的时间为客户提供服务；三是省时，在保证安全的前提下，提高配送速度，缩短时间。配送企业应在合同规定的期限内（若无合同，则应在客户要求的期限或企业承诺的期限内），将货物送达目的地。配送的速度越快，资金周转就越快，从而加快社会再生产过程,减少货物的在途积压和自然损耗,提高经济效益。对于企业也可以加速车辆的周转,提高设备利用率,相应减少仓储规模、运输车辆需要量。

方便性评价指标:方便性是指尽可能地满足客户需求的特性,包括为客户提供便利服务条件和服务过程的直达性、深入性等。如:手续简便、代办包装、储存、中转、交付、开展联运、取货方便、信息公开和咨询、货物在途查询等。服务的方便性评价指标不易量化,以货主的主观感受为重点。

服务性评价指标:配送服务是为客户服务的,服务性是配送质量特征的综合表现,一般包括满足用户物质和精神两个方面的需求,或者说包括企业的服务条件和服务态度两个方面。表14-1中是一些常用的配送服务质量指标:

表 14-1 常用的配送服务质量指标

指标体系	主要指标
配送服务水平指标	服务比率 = $\dfrac{\text{满足要求次数}}{\text{用户要求次数}} \times 100\%$
	缺货率 = $\dfrac{\text{缺货次数}}{\text{用户要求次数}} \times 100\%$
满足程度指标	满足程度比率 = $\dfrac{\text{满足用户数量}}{\text{用户要求数量}} \times 100\%$
交货水平指标	交货比率 = $\dfrac{\text{按期交货次数}}{\text{总交货次数}} \times 100\%$
交货期质量指标即交货及时性	交货及时指标 = 规定交货期 − 实际交货期
商品完好率指标	商品完好率 = $\dfrac{\text{交货时完好的商品}}{\text{物流商品总量}} \times 100\%$
物流配送费用指标	配送费用率 = $\dfrac{\text{配送费用}}{\text{配送总量}} \times 100\%$

 案例分析 14-2

日本可口可乐千叶配送中心的经营业绩

千叶配送中心,管理人员仅为113名,中心设计能力出库配送量为1 000万箱,投产当年预计出库配送量为500万箱。整个投资预计5年全部收回,可见,物流效益不一般。

该中心采用三种方式接收客户订单:①EOS(电子订货系统);②电子传真;③电话。中心接单后,发出指令在48 h内分送到各店铺,如店铺要求可在24 h内送到。如遇店铺需紧急补货,备有一台自动拣选系统和轨道输送机,任何一批配送的货物,从中心接到紧急补货指令到完成出货、装上运送的卡车,只需20 min。配货结束后,由自动输送机以托盘为单位输送,并用塑料薄膜塑封机自动塑封。

这种集约化配送,比之以前节约50名劳动力,店铺接货时间缩短21.4%,库存商品压缩25%,取得较好的效益和效率。

（资料来源：www.56abc.cn，有改动）

分析：日本可口可乐千叶配送中心具有集约化配送特点，采用集约化配送模式后经营业绩大幅提高。

任务 4　智慧仓储配送的全面质量管理

1. 全面质量管理的含义及基本方法

全面质量管理简称 TQM(total quality management)，是指以质量为中心，建立在全员参与基础上的一种管理方法，其目的在于通过让顾客满意和本组织所有成员及社会受益而达到长期成功。物流企业全面质量管理是新时期对物流服务质量管理的要求，也是"全面质量管理"的理论和方法在物流活动中的运用，即将组织管理、专业技术和统计方法结合起来，建立一整套质量管理工作体系，对物流配送业务的质量进行全方位、全员及全过程的管理。

全面质量管理的基本方法——PDCA 循环：质量管理的基本工作方法是按计划、实施、检查、处理四个阶段不断循环运转。由于计划、实施、检查、处理的第一个字母分别是 P、D、C、A，故称 PDCA 循环，如图 14-1 所示。它是由美国质量管理专家戴明首先提出来的，故又称戴明循环。它是物流企业质量保证体系运转的基本方式。

图 14-1　PDCA 循环

质量管理工作循环的内容有四个程序和八个步骤：

（1）计划阶段。

经过分析研究，确定质量管理目标、项目和拟订相应的措施。其工作内容可分为四个步骤：

第一步骤：分析现状，找出存在的问题，确定目标。

第二步骤：分析影响质量的各种原因。

第三步骤：从影响质量的原因中找出主要原因。

第四步骤：针对影响质量的主要原因，拟订措施计划。

(2)执行阶段。

根据预定目标和措施计划,落实执行部门和负责人,组织计划的实现。

第五步骤:执行措施,实施计划。

(3)检查阶段。

检查计划实施结果,衡量和考察取得的效果,找出问题。

第六步骤:检查效果,发现问题。

(4)处理阶段。

总结成功的经验和失败的教训,并纳入有关标准、制度和规定,巩固成绩,防止问题重新出现,同时,将本循环中遗留的问题提出来,以便转入下一个循环。

第七步骤:总结经验,肯定成功的经验,纳入标准。

第八步骤:把没有解决的遗留问题,转入下一个循环。

PDCA管理工作循环就是按照以上四个程序和八个步骤,不停顿地周而复始地运转。

2. 智慧仓储配送企业如何进行全面质量管理

为了保证质量管理体系良性运行,仓储配送企业应引入全面质量管理的思想,应将全面质量管理思想渗透到仓储配送企业的质量发展战略和质量管理体系中,合理规划资金、技术等资源,努力实现服务流程的制度化、规范化,不断推动和完善仓储配送企业服务质量管理程序,加强仓储配送企业质量文化建设,构建有效的人才团队,使服务成为全体员工的共同价值观念、信念和行为准则,持续不断地改进服务质量和可靠性,确保仓储配送企业不断地提高服务质量。

1)强烈地关注顾客

TQM注重顾客价值,其主导思想就是"顾客的满意和认同是长期赢得市场、创造价值的关键"。为此,全面质量管理要求必须把以顾客为中心的思想贯穿到仓储配送业务流程的管理中,即从市场调查、仓储配送服务设计、售后服务的各个环节都牢固树立"顾客第一"的思想。

2)坚持不断地改进

TQM的管理方法和工具都是为了帮助仓储配送企业持续不断地改进服务的质量和可靠性,确保仓储配送企业获取对手难以模仿的竞争优势。

3)改进组织中每项工作的质量

TQM采用广义的质量定义,它不仅是指最终服务产品的全规格性,更强调的是全部客户的满意,因此与整个组织的运营活动都有关系。TQM强调从组织到业务流程的一体化角度出发,将形成客户产品服务质量的因素分解到各个流程环节,提升仓储配送运营的效率和质量。

4)形成质量文化

TQM要保证长期的执行,就必须形成仓储配送企业的质量文化,将质量的提高与企业的形象、员工的工作环境,以及与客户的关系等无形的影响力相关联,从而促使全员从爱护自身环境、爱护仓储配送企业形象和关心客户的利益角度,自发地相互教育和监督,从而使TQM为仓储配送企业创造持续的价值。

5)精确地度量

TQM沿用了质量检验和统计——质量管理阶段所形成的成熟工具,并进一步开发,运用到解决仓储配送企业活动中所有的质量问题。统计度量仓储配送企业作业中的每一个关键变量，然后与标准和基准进行比较，以发现问题，追踪问题的根源，从而达到消除问题、提高仓储配送品质的目的。

6）向员工授权

TQM 以团队组织为管理和实践的基础，吸收组织内所有人员加入到改进过程，广泛地采用团队形式作为授权的载体，依靠团队发现和解决问题，最大限度地减少企业内部壁垒和沟通不畅造成的质量问题。

3. 智慧仓储配送服务质量体系

1）建立仓储配送服务质量体系的意义

(1) 融入世界经济贸易一体化的需要。

国际标准化组织质量管理和质量保证技术委员会(ISO/TC176)于 1987 年 3 月正式发布了 ISO 9000～ISO 9004 系列质量管理和质量保证标准；1994 年 7 月发布了 ISO 9000 族质量管理和质量保证标准。到目前为止，世界上已有 100 多个国家和地区相应采用了这一标准。我国企业于 1992 年正式采用这一标准，已有大批企业和众多产品获得了质量认证，还有一大批企业和产品正在认证当中。由此可见，按照 ISO 9000 标准进行质量体系认证，已成为当今国际服务贸易领域的发展趋势。仓储配送企业属于服务贸易的范畴，要把企业融入世界经济贸易一体化市场就必须实施 ISO 9000 质量标准并进行认证。这是认证工作的重要性之一。

(2) 获得 ISO 9000 认证，就获得了通往一体化市场的通行证。

"入世"后，国内市场进一步向世界开放，国内外市场的一体化，需要企业尽快实施 ISO 9000 标准和认证。实践证明，凡属注册认证的企业，都会在服务质量和业务开拓上取得优势；而没有认证的企业，在激烈的市场竞争中将会失去本来已经微弱的优势，最终被市场淘汰。仓储配送企业也是如此，特别是现在物流的发展高度国际化。

(3) 实施 ISO 9000 标准，有利于提高管理水平，增强企业竞争能力。

我国现有的仓储配送企业，有相当一部分是由传统的仓库、车队改制而来的，在内部机制和运作方式上对内缺少凝聚力，对外缺少竞争力。ISO 9000 标准是对世界主要发达国家几十年实施质量管理和质量保证经验的总结，具有严谨的科学性、广泛的适用性。其核心是"以法治企"，实施 ISO 9000 标准，将把企业的管理机制和管理程序纳入法制轨道，进行计算机程序管理，实施一整套现代化管理方法。从上海外贸系统一些已经获得认证的企业的情况看，多数企业的内部管理有质的改变，业务有不同程度的发展。总之，实施 ISO 9000 标准及其认证，是仓储配送企业在一体化市场的情况下，管理好企业并不断发展的有效途径。

2）仓储配送质量体系的模式、要素及证实方式的选择

ISO 9000 族标准中，ISO 9001、ISO 9002、ISO 9004 为质量保证模式，它们各自的内容不同，证实的范围、质量体系要素不同，是分别代表三种不同供方质量的质量保证模式。仓储配送企业在实施 ISO 9000 族标准时，应在了解各种保证模式内容的基础上，从企业实际出发，对质量保证模式和质量体系要素进行恰当的选择。通过实施和认证，达到提高仓储配送企业服务质量的目的。

(1)仓储配送服务应选择的质量保证模式。

仓储配送企业通常选择的质量保证模式标准一般是 ISO 9002,这是因为 ISO 9002 适宜于服务性企业。仓储配送企业是为生产工厂、销售商、代理商提供全过程的仓储配送服务的,一般不涉及产品的设计和生产过程,选择 ISO 9002 是比较合适的。

(2)仓储配送质量体系质量要素的选择。

ISO 9002 质量保证模式中有 19 个要素,构成质量保证体系,质量保证体系各要素在实施中可全部采用,也可有选择地采用。质量体系要素的选用一般以企业选定的质量保证模式为前提,根据企业的实际情况,经与第三方认证机构协商,确定全部采用或增加删减。

(3)仓储配送服务实施质量体系证实方式的选择。

企业在选择了质量保证模式和质量体系要素之后,有责任向客户证实质量体系的适用性和有效性。证实的程度大致可分为三种:证实程度较低的是"存在声明",即企业将实施质量体系的要素及实施结果,向客户做出口头或文字说明;第二级是"文件证据",即企业向客户或认证机构提供有关质量体系的文件,并附以情况说明;第三级是"执行见证",这是级别最高的证实,即企业向客户或认证机构提供相关体系的文件,并提供实施过程的质量记录等见证材料。

3)质量体系的建立

实施质量保证标准,要使全体员工在熟悉 ISO 9000 标准内容的基础上,建立与其管理运作相适应的质量体系,一步一个脚印地推进,最后通过第三方认证。这是一项系统的工程,应有计划、有组织、有步骤地进行。通常情况下,整个认证工作大致需要经过五个阶段,即前期准备、确立质量体系要做的工作、编写质量体系文件、质量体系的运行、质量体系的注册认证等。

(1)质量体系建立的原则。

仓储配送企业必须把服务质量管理作为企业管理的核心和重点,把不断提高仓储配送服务质量、更好地满足客户和其他受益者的需求作为企业发展的宗旨。与制造企业相比较,我国服务行业质量管理水平参差不齐,不仅缺乏理论支持,实践中对服务质量体系问题也缺乏足够重视。

质量体系就是包括实施仓储配送服务质量管理所需的组织结构、程序、过程和资源。建立质量体系包括以下五个阶段,即组织策划、总体设计、体系组织结构的建立和资源配置、编制质量体系文件和体系培训、组织试运行及质量体系审核。仓储配送质量管理体系一般按照 ISO 9000 系列标准构建,其目的是达到和保持仓储配送质量目标,使仓储配送企业内部相信仓储配送服务质量能达到要求,使客户也相信仓储配送服务符合质量体系要求。质量体系的建立必须服从于仓储配送企业自己的质量方针。因此,质量体系的建立必须遵循以下原则:

遵循八项质量管理原则。八项质量管理原则是:①以顾客为关注焦点;②领导作用;③全员参与;④过程方法;⑤管理的系统方法;⑥持续改进;⑦基于事实的决策方法;⑧与供方互利的关系。八项质量管理原则体现了质量管理应遵循的基本原则,包括了质量管理的指导思想和质量管理的基本方法,提出了组织在质量管理中应处理好与顾客、员工和供方三者之间的关系。质量管理八项原则是质量管理体系建立与实施的基础。

领导作用是关键。最高管理者通过其领导作用及所采取的各种措施可以创造一个员工充分参与的内部环境,质量管理体系只有在这样的环境下才能确保其有效运行。领导作用特别是最高管理者的作用是质量管理体系建立与实施的关键。最高管理者应做出有关建立和实施质量管理体系并持续改进其有效性方面的承诺,并带头以增强顾客满意为目的,确保顾客要求得到确定并予以满足。

全员参与是根本。全员参与是质量管理体系建立与实施的根本,因为只有全员充分参与,才能使他们的才干为企业带来收益,才能确保最高管理者所做出的各种承诺得以实现。企业应采取措施确保在整个组织内提高满足顾客要求的意识,确保使每一位员工认识到所在岗位的相关性和重要性,以及如何为实现质量目标做出贡献。

注重实效是重点。质量管理体系的建立与实施一定要结合本企业及其产品的特点,重点放在如何结合实际、如何注重实施上,重在过程、重在结果、重在有效性,即不要脱离现有的那些行之有效的管理方式而另搞一套,也不要不切实际地照抄他人的模式,死搬硬套,流于形式。尤其是在编制质量管理体系文件时,一定要依据质量策划的结果确定本组织对文件的需求。若确需文件,则文件一定是有价值的、适用的。

持续改进求发展。顾客的需求和期望在不断变化,以及市场的竞争、科技的发展等,这些都促使企业持续改进,持续改进是企业的永恒目标。持续改进的目的在于增加顾客和其他相关方满意的机会。企业应通过各种途径促进质量管理体系的持续改进。持续改进企业的总体业绩与效率,不断提高顾客和其他相关方满意的程度,进而建立和实施一个有效且高效的质量管理体系。

(2)仓储配送企业质量体系建立的过程。

学习标准。首先企业各级员工,尤其是各管理层应认真学习 ISO 9000 质量管理体系四项核心标准,重点是学习质量管理体系的基本概念和基本术语、质量管理体系的基本要求,通过学习,端正思想,找出差距,明确方向。

确定质量方针和质量目标。质量方针是良好质量哲理和信念的体现。它不仅反映产品或服务质量方面的问题和尽量满足顾客需要,还明确表明领导层对质量责任的承诺和授权。因此,应根据企业的宗旨、发展方向,确定与企业的宗旨相适应的质量方针,对质量做出承诺。在质量方针提供的质量目标框架内规定组织的质量目标以及相关职能和层次上的质量目标。质量目标应是可测量的。

质量管理体系策划。企业应依据质量方针、质量目标,应用过程方法对企业应建立的质量管理体系进行策划,并确保质量管理体系的策划满足质量目标要求。在质量管理体系策划的基础上,进一步对产品实现过程及其他过程进行策划,确保这些过程的策划满足所确定的产品质量目标和相应的要求。

确定职责和权限。企业应依据质量管理体系策划以及其他策划的结果,确定各部门、各过程及其他与质量工作有关人员应承担的相应职责,并赋予相应的权限,并确保其职责和权限能得到沟通。最高管理者还应在管理层中指定一名管理者代表,代表最高管理者负责质量管理体系的建立和实施。

编制质量管理体系文件。企业应依据质量管理体系策划以及其他策划的结果确定质量管理体系文件的框架和内容,在质量管理体系文件的框架里确定文件的层次、结构、类型、数量、详略程度,规定统一的文件格式,编制质量管理体系文件。

质量管理体系文件的发布和实施。质量管理体系文件在正式发布前应认真听取多方面意见,并经授权人批准发布。质量手册必须经最高管理者签署发布。质量手册的正式发布实施即意味着质量手册所规定的质量管理体系正式开始实施和运行。

学习质量管理体系文件。在质量管理体系文件正式发布或即将发布而未正式实施之前,认真学习质量管理体系文件对质量管理体系的真正建立和有效实施至关重要。各部门、各级人员都要通过学习,清楚地了解质量管理体系文件对本部门、本岗位的要求以及与其他部门、岗位的相互关系的要求,只有这样才能确保质量管理体系文件在整个组织内得以有效实施。

质量管理体系的运行。质量管理体系运行主要反映在两个方面:一是企业所有质量活动都在依据质量策划的安排以及质量管理体系文件要求实施;二是企业所有质量活动都在提供证实,证实质量管理体系运行符合要求并得到有效实施和保持。

质量管理体系内部审核。企业在质量管理体系运行一段时间后,企业内审员应对质量管理体系进行内部审核,以确定质量管理体系是否符合策划的安排、GB/T 19001标准要求,以及组织所确定的质量管理体系要求是否得到有效实施和保持。内部审核是组织自我评价、自我完善机制的一种重要手段。企业应每年按策划的时间间隔坚持实施内部审核。

管理评审。在内部审核的基础上,企业的最高管理者应就质量方针、质量目标,对质量管理体系进行系统的评审(管理评审),确保质量管理体系持续的适宜性、充分性和有效性(评审也可包括效率,但不是认证要求)。管理评审包括评价质量管理体系改进的机会和变更的需要,包括质量方针、目标变更的需要。管理评审与内部审核都是组织自我评价、自我完善机制的一种重要手段,企业应每年按策划的时间间隔坚持实施管理评审。

通过内部审核和管理评审,在确认质量管理体系运行符合要求且有效的基础上,组织可向质量管理体系认证机构提出认证申请。

知识链接 14-6

我国物流企业分类与评估指标

国家质量监督检验检疫总局、国家标准化管理委员会发布的推荐性国家标准GB/T 19680《物流企业分类与评估指标》,明确了物流企业的基本范围和类型,提出了不同类型和档次物流企业需要达到的规模和水平,制定了评估各类物流企业综合能力的指标。标准规定了物流企业的三种类型:运输型、仓储型和综合型。为了能够全面、系统地反映物流企业的综合能力,标准规定了物流企业的五个等级(从5A至1A依次降低),以及不同类型、不同级别企业的具体指标。评估指标包括三种不同类型企业经营状况、资产、设施设备、管理及服务、人员管理、信息化水平等6个方面的17至18项具体内容,使标准更具有指导性、实用性和可操作性。标准规定的物流企业主要评估指标如表14-2所示。

表14-2 我国物流企业评价指标体系

总目标	第一层指标	第二层指标
物流企业经营等级	企业经营状况	年营业收入、营业时间
	资产	资产总额、资产负债率
	物流技术与装备	物流设施能力、物流设备能力、物流设备先进程度、运营网点
	管理及服务水平	管理制度、质量管理、业务辐射面、物流服务方案与实施能力、顾客投诉率(或顾客满意度)
	人员管理	中高层管理人员素质、基层管理人员素质、操作人员素质
	信息化水平	信息系统、电子单证管理、货物跟踪、客户查询

4. 仓储配送质量管理的常用方法

建立了行之有效的质量管理体系,采用何种仓储配送质量管理的方法就成为另一个问题。仓储配送质量管理的常用方法有如下几种。

1) 排列图法

排列图又叫帕累托图,帕累托是意大利经济学家,有关收入分布的帕累托法则的首创者。这一法则揭示了"关键的少数和次要的多数"的规律。这一法则后被广泛应用于各个领域,并被称为 ABC 分析法。美国质量管理专家把这一法则引入质量管理领域,成为寻找影响产品质量主要因素的一种有效工具。

排列图由两条纵坐标、一条横坐标、几个矩形和一条曲线组成。左纵坐标表示频数(件数、金额),右纵坐标表示频率(累计百分数),横坐标表示影响质量的各因素或项目,并按影响程度的大小从左到右排列。用直方形的高度表示各因素频数的大小,曲线表示各影响因素大小的累计百分数。通常将影响因素分为三类:A 类,累计频率在 0~80% 之间,是主要影响因素;B 类,80%~90%,次要因素;C 类,90%~100%,一般因素。

案例分析 14-3

某仓储企业关于客户投诉原因的排列图分析

某仓储企业在进行质量管理时,依据一定时间内的客户投诉原因实行统计。服务态度恶劣被投诉 38 次,送货延迟被投诉 25 次,有货损货差被投诉 13 次,服务种类过少被投诉 6 次,其他原因被投诉 3 次,试分析其可能采取的改进措施。

分析:首先,排列各种影响因素,计算其比率和累计比率,如表 14-3 所示。

表 14-3 某仓储企业客户投诉原因统计表

因素	投诉原因	投诉次数	投诉比率	累计比率
1	服务态度恶劣	38	44.7%	44.7%
2	送货延迟	25	29.4%	74.1%
3	有货损货差	13	15.3%	89.4%
4	服务种类过少	6	7.1%	96.5%
5	其他原因	3	3.5%	100%

其次,根据表 14-3 画出排列图,如图 14-2 所示。

最后,根据上述图表,确定客户投诉原因服务态度恶劣和送货延迟为 A 类因素,有货损货差为 B 类因素,服务种类过少及其他为 C 类因素。

2) 直方图法

直方图法又称质量分布图法,是通过对测定或收集来的数据加以整理,来判断和预测运营过程质量不合格品率的一种常用工具。直方图法作为一种过程分析工具,在制造业的运用已取

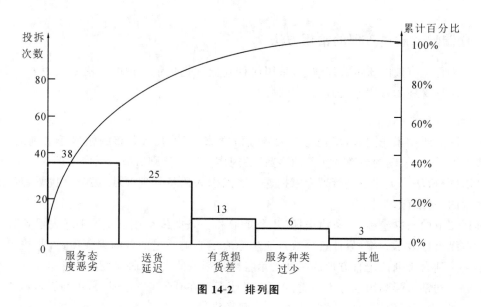

图 14-2　排列图

得极大的成功,在物流业中的运用尽管不够普遍,但随着物流的发展,将会被越来越多的人采用。

当观察到的直方图不是正态的形状时,需要及时加以研究,譬如出现平顶型时可以检查一下有无缓慢变化的因素,又譬如出现孤岛型时可以检查一下物流设备是否发生故障等,这样便于及时发现问题,采取措施,改进质量。

思考14-2

直方图法在仓储企业质量管理中如何应用呢?

某物流仓储企业对装卸搬运的货损率进行统计,经过20天的统计,得到了货损率的原始数据。物流公司对这些数据做如下处理:

(1)将所得的货损率进行分组,将最小货损率和最大货损率之差这个区间均分成7或9个小区间;

(2)统计数据落在每个区间的频数,在坐标图上用直方图表示出来;

(3)将直方图顶端的曲线平滑连接,直观看出该数据是否符合正态分布。

若不符合正态分布,则说明目前的人员、设备、环境或操作的方法不能满足物流企业对物流质量的要求,需要经过具体分析,在以上某个或多个方面加强质量管理。

3)散布图法

散布图又称相关图,是判断两个变量之间是否存在相关关系的分布状态图形。变量之间存在的关系有以下几种:①完全相关关系,可由一个确定的公式来表达;②相关关系,变量之间存在密切关系,但不能用一个变量的数值精确地求出另一个变量的值;③不相关。散布图就是用来发现和确认两组数据之间的关系并确定两组相关数据之间预期的关系,还可以通过确定两组数据、两个因素之间的相关性,寻找问题的可能原因。

案例分析 14-4

时间和社会总物流量之间存在的关系

在物流配送量预测中,关于时间和社会总物流配送量之间存在的某种关系,可以用散布图来表示。通过散布图,我们可以确定这种关系是水平的还是线性的或是有季节性波动的,这样就可以选择合适的模型来预测今后一段时期某个年份的社会物流配送量。如图 14-3 所示,图中的点表示不同时期的社会物流量的大小值。(a)图表示一段时期内不同年度社会总物流量有随机性变化,在该段时期社会总物流量呈上升趋势,无季节性;(b)图表示一段时期内不同年度社会总物流量不仅有随机性变化,同时在该段时期内社会总物流量还具有上升趋势和季节性。

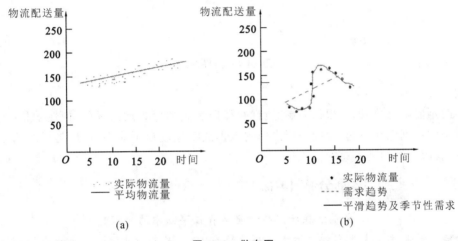

图 14-3 散布图

4)因果图法

所谓因果图,又叫石川图、特性要因图、树枝图、鱼刺图,表示质量特性波动与其潜在原因的关系,亦即以图来表达结果(特性)与原因(要因)之间的关系。因果图如能做得完整的话,容易找出问题之症结,采取相应的对策措施解决质量问题。

案例分析 14-5

因果分析图在仓储中的应用

某仓储企业负责为某连锁经营企业每天库存日常生活用品,一段时间内,经统计,货物损坏严重,请绘制货物损坏的因果分析图。

分析:货物损坏有三个大的方面的原因,即顾客方面的原因、物流方面的原因、销售方面的原因。销售方面的原因可归结为信息原因和商品原因。而商品原因又可有商品库区不正确或者商品无货或包装破损,信息方面的原因有可能是信息不完整或者信息错误造成。因果分析图见图 14-4。

5)分层法

分层法是质量管理中常用的整理数据的方法之一。所谓分层法,就是把收集到的原始质量数据,按照一定的目的和要求加以分类整理,将原先杂乱无章的数据和因素系统化和条理化,以

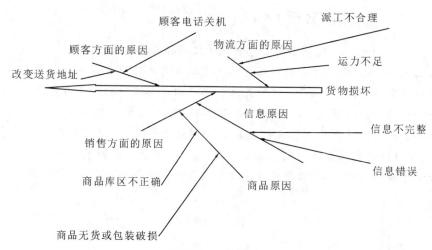

图 14-4　因果图

便进行比较分析的一种方法。

分层时不能随意分，而是根据分层的目的，按照一定的标志加以区分，把性质相同、在同一条件下收集的数据归在一起，使同一层次内的数据波动幅度尽可能小，而层与层之间差别尽可能大，否则就起不到归类汇总的作用。

案例分析 14-6

分层法在物流公司货运责任事故中的应用

某物流公司某年度发生零担货运责任事故较多，损坏是零担货运责任事故中的一项主要因素，我们可以按责任部门进行分层（见表 14-4）。

表 14-4　零担货物损坏责任事故按责任部门统计表

责任部门	件数	百分率/(%)	累计百分率/(%)
装卸	208	53.1	53.1
配送	118	30.1	83.2
仓储	38	9.7	92.9
包装	26	6.6	99.5
运输	2	0.5	100
合计	392	100	

分析：从上面的分层可以看出，在损坏事故中装卸部门的责任占一半以上，是最主要的，如果物流企业抓住了这个责任部门，对症下药，就可能解决一半左右的损坏事故。

6）调查表法

调查表也称检查表或核对表，是为了分层收集数据而设计的一类统计图表。调查表法，就是利用这类统计图表进行数据收集、整理和精确分析的一种方法。操作中，可根据调查目的的不同，采用不同的调查表。

在物流行业中调查表最常见的形式是针对顾客设计的调查问卷,调查问卷是一种特殊的检查表。

知识链接 14-7

仓储服务质量满意度问卷调查表如表 14-5 所示。

表 14-5 仓储服务质量满意度问卷调查表

第三方物流企业 服务质量指标		金地仓储 有限公司	万泰仓储 有限公司	和美仓储 有限公司
顾客 营销	企业外在形象			
	人员沟通质量			
可靠性	货物完好率			
	服务水平			
	按时入库			
	按时出库			
响应性	订单释放数量			
	订购过程			
	误差处理			
创新性	流程			
	内容			

7)控制图法

控制图是一个简单的过程控制系统,其作用是利用控制图所提供的信息,把一个过程维持在受控状态,一旦发现异常波动,分析对质量不利的原因,采取措施加以消除,使质量不断提高,并把一个过程从失控状态变为受控状态,以保持质量稳定。

案例分析 14-7

控制图在仓储企业的应用

控制图的横坐标是样本序号,纵坐标是产品的质量特性。图上通常画有 3 条平行于横坐标的平行线,自上而下分别是上控制界线 UCL、中心线 CL 和下控制界线 LCL,上控制界线和下控制界线统称控制界线。

控制图应用中,一般把表示质量特性值的点描在图上。当点在上下控制界线内部时,认为运营正常;当点越出上下控制界线时,认为运营异常。

对于预备数据全部落入控制界线内的,则延长控制界线,进入过程的日常控制阶段;对于预备数据落入控制界线外的,则要针对这个数据的产品执行"查出异因、采取措施、保证消除、纳入标准、不再出现",然后重新收集数据进行分析。

如图 14-5 显示某物流公司在一段时间内准时送货率情况,图中横坐标表示某一时点,纵坐标表示准时送货率,中心线表示准时送货率 90%,上控制界线为 95%,下控制界线为 85%。

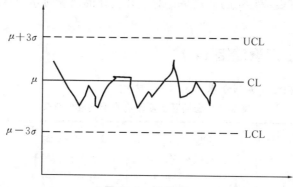

图 14-5　控制图

8) 常用的其他质量管理工具

流程图：将一个项目各个过程和工序(如检验过程、质量改进过程、服务提供过程等)的步骤用图的形式表示出来的一种图示技术。通过对项目的每一个过程中各个步骤之间关系的研究，找出可能存在问题的潜在原因，在进行项目质量策划时着重对这些环节进行研究和分析，事先制订方案，以避免质量缺陷或质量事故的发生。

头脑风暴法：采用会议的方式，引导每个参加会议的人围绕某个中心议题发表个人独特见解的一种集体创造性的思维方法。

水平对比法：又称标杆管理，就是将自己企业的产品、服务和过程质量与处于领先地位的竞争者进行比较，来找出与对手的差距，提高质量改进的水平。

对策表：也叫措施计划表，它既是实施的计划，又是检查的依据，是 PDCA 循环中 P 计划阶段第四步骤的产物。

系统图：又称树图，是将某个质量问题与其影响要素之间的关系，或寻求达到的目的与所采取的措施手段之间的关系通过一种树状图系统地展开，从而解决问题或达到目的。

甘特图：又叫进度图、横道图，用于项目进度计划的管理。通过细分工作步骤，对应活动总时期，将每一项活动的计划时间段和实际时间段在图表上标示出来，作为控制项目进度的手段。

基本训练

□ 知识题

1. 阅读理解

(1) 仓库的治安保卫工作包括哪些内容？

(2) 仓库安全作业有哪些要求？

(3) 如何建立智慧仓储配送企业质量体系？

(4) 质量管理有哪些基本工作？

(5) 智慧仓储安全技术有哪些？

2. 知识应用

1) 判断题

(1) 仓储质量是反映配送活动过程中满足客户需要的能力的特性的总和。(　　)

(2) 货物入库了，就很安全，不用安全管理了。(　　)

(3)调查问卷不适合仓储质量管理。（　　）

(4)仓储保管时间越长,服务质量越好。（　　）

(5)质量保证就是保证了质量。（　　）

2)选择题

(1)库区及库房要按有关规定设置消火栓,室外消火栓的间距不得超过（　　）。

 A. 120米   B. 180米   C. 150米

(2)把收集到的原始质量数据,按照一定的目的和要求加以分类整理,将原先杂乱无章的数据和因素系统化和条理化,以便进行比较分析的一种方法是（　　）。

 A. 排列图法   B. 分层法   C. 调查表法

(3)因果图是用来（　　）。

 A. 寻找影响质量的主要因素的   B. 寻找产生问题的主要原因的

 C. 对产生问题的原因进行分层   D. 粗略找出产生问题的原因

(4)在散布图中,当 x 增大,相应的 y 减小,则称 x 和 y 之间是（　　）。

 A. 正相关   B. 不相关   C. 负相关   D. 曲线相关

(5)仓库安全事故主要有（　　）。

 A. 盗窃和破坏事故   B. 火灾和爆炸事故

 C. 工伤事故和设备事故   D. 管理混乱

□技能题

(1)收集某一物流企业的仓储质量数据,利用质量统计工具进行分析,得出相应的结论,并提出相应的质量管理措施。

实训目的:通过和企业近距离接触和亲自动手测试数据,利用质量统计工具进行分析,进一步掌握质量统计分析工具的运用,并提高质量管理的能力。

实训要求:认真观察了解质量数据的收集过程,将课本所学知识用到实践中去。若有可能,自己亲自动手检测数据。收集完数据,利用所学方法进行统计分析,然后针对分析结果,以小组为单位进行讨论,得出解决问题的措施。

(2)某物流企业仓储经常出现质量问题,经分析原因主要是:①库管员责任;②没及时理货;③库内环境不良;④制度缺陷;⑤设备问题;⑥其他原因。试作排列图并分析。资料统计表如表14-6所示。

表14-6　某物流企业仓储质量问题原因统计表

序号	原因	频数	频率/(%)	累计频率/(%)
1	库管员责任	46	47	47
2	没及时理货	30	31	78
3	库内环境不良	11	11	89
4	制度缺陷	4	4	93
5	设备问题	3	3	96
6	其他原因	4	4	100
	合计	98	100	

实训目的:掌握排列图的制作与分析,以小组为单位进行讨论,得出解决问题的措施。
实训要求:学生认真分析提供的数据,认真作图。

综合案例

杜邦安全生产管理是一门新生意

对于一个依靠制造火药起家,属于高危行业的公司来说,200年后,其安全生产管理被称作全球工业典范,这看起来有些不可理解,但实际上,它们之间并不矛盾。1802年建立于美国特拉华州威明顿市白兰地河畔的杜邦公司认为,一切事故都可以避免。

杜邦公司召开新闻发布会,主持人第一件事情是提醒与会者留意安全通道出口的方位;对于参观者,一定有人全程陪同;在巴士上,提醒你抓好扶手、系好安全带的人,也许就是杜邦的员工。杜邦深圳厂厂长赖文华接受记者采访说,对于杜邦来说,安全已经成为一种文化,延伸到生活的每一个细节当中。现在,杜邦正在致力于把这种理念以及经验传播到自己以外的其他企业当中,这也使得安全生产管理正在成为杜邦的一门生意。

2004年1月,作为全球精简业务结构的一部分,杜邦宣布将业务调整为电子和通信技术、高性能材料、涂料和颜料技术、农业与营养、安全防护五大业务平台。通过电视电话采访,杜邦公司副总裁、大中国区总裁唐博伟(Tom Powell)向记者提供了相关的数据:安全防护是新增的业务平台,这个部门在2004年的收入达到47亿美元,作为对外提供安全生产管理咨询服务的业务,占其中5%的份额。

20多年前,杜邦董事长兼全球CEO贺利得(Chad Holliday)希望把当时近200年的安全生产经验同更多的人分享,在他的主张下设置了安全生产管理咨询公司,柯爱伦(Ellen Kullman)被任命为这个不到10个人的子公司的负责人。

这个公司的业务从零开始,发展非常迅猛,每年以25%的业务量增长,并被整合到五大业务平台的安全防护平台当中,成为该平台的业务部门之一。唐博伟介绍,这个业务部门的职责在于帮助别的企业建立安全生产体系,提高员工的安全生产意识,并将安全上升为客户的公司文化之一,因为无论安全体系多完善,安全设备有多先进,要是员工没有意识到安全的重要性,什么体系和设备都不可能发挥作用。

在杜邦成立200年之际,贺利得为杜邦定下的方向是,从一家资本市场定位覆盖太广的"综合化学公司"变身为一家"综合科学公司",同时确定一个目标——到2010年,25%的营业收入来自于使用非消耗型资源。

2002年3月,安全生产管理咨询业务在中国开展起来,并顺利完成了对广州白云机场的安全管理与咨询业务,这成为安全项目在中国发展的重要一步。

(资料来源:http://finance.sina.com.cn/manage/zljy/20050606/08491658598.shtml,有改动)

问题:杜邦公司是如何进行安全管理的?有哪些值得仓储企业借鉴的经验?

综合实训

实训项目1:物流仓储企业的质量管理措施。
实训目的:
(1)了解仓储质量评价常用指标有哪些,并学会指标的计算和运用;

(2)应用质量管理统计工具对仓储质量进行分析;
(3)了解仓储企业推行 ISO 9002 标准的基本方法和途径;
(4)分析仓储质量管理措施。

实训内容:
(1)实地参观某一物流企业,熟悉物流企业的质量管理保障;
(2)运用物流服务质量指标,衡量仓储质量水平;
(3)应用质量管理统计工具对企业的质量管理进行分析,发现问题,并提出优化和改进方案;
(4)调研与分析企业如何推行质量认证,以及如何建立其质量管理体系。

背景资料:某物流公司,业务相对单一,作业流程也相对简单,公司高管多多少少存在"重市场、轻管理"的思想观念,将精力大多投入市场开发等具体业务环节,对于企业的管理,包括质量管理重视不够,该物流公司在运营过程中遇到不少问题,服务质量水平不能得到顾客的完全认同。请设计调查问卷调查该物流公司服务质量现状,并运用统计工具进行具体分析,提出改进措施。并且帮助该物流公司建立质量管理体系。

实训要求:
(1)以五到六人为一组,进行合理分工,每人应有明确任务;
(2)认真考察物流企业,针对各项仓储活动,熟悉其质量管理的制度、方法和手段;
(3)根据所学知识,对物流企业的仓储质量管理现状进行分析;
(4)撰写实践报告;
(5)实践报告完成后设课堂讨论课,相互交流实训经验。

实训项目2:

实训目的:正确认识仓储安全和质量管理,掌握现代仓储安全管理的方法,在此基础上进一步掌握物流仓储管理的内容。

实训项目安排:进驻当地某物流企业,分组顶岗。每个学生必须了解该企业的发展历程、背景及趋势;掌握其业务流程;熟悉一至两个部门的一个工种的操作。

实训纪律与实训守则:严格服从企业的安排,遵守企业的规章制度,虚心向企业指导老师学习,吃苦耐劳,团结协作。

实训要求:撰写顶岗实习报告。做好 PPT,择时汇报。

参考文献

[1] 程洪海. 配送中心管理理论与实务[M]. 北京:清华大学出版社,2011.
[2] 陈积光,周蜜. 基于泛在电力物联网的智慧供应链研究[J]. 控制工程,2020,27(06):1098-1102.
[3] 余艳琴. 物流成本管理[M]. 武汉:武汉大学出版社,2008.
[4] 姚仁浩. 安顺烟草降低物流成本的探索之路[J]. 物流技术与应用,2012(1):64-67.
[5] 佚名. 电子商务大战略,国美发展新飞跃[J]. 中国经济和信息化,2012(3):79.
[6] 王波,申作兰. 现代物流配送管理[M]. 武汉:武汉理工大学出版社,2008.
[7] 陈平. 物流配送管理实务[M]. 武汉:武汉理工大学出版社,2007.
[8] 叶伟媛. 仓储与配送管理[M]. 2版. 大连:东北财经大学出版社,2021.
[9] 阮喜珍. 仓储配送管理[M]. 武汉:华中科技大学出版社,2011.
[10] 张敏,黄先军. 现代物流配送管理[M]. 合肥:安徽大学出版社,2009.
[11] 叶国权,柴华,杨淼淇. 可视化智能仓储信息管理系统的研究与设计[J]. 软件,2012(2):64-66.
[12] 刘北林,付玮琼. 物流配送管理[M]. 北京:化学工业出版社,2009.
[13] 范珍,管亚凡. 智能仓储与配送[M]. 北京:电子工业出版社,2021.
[14] 吴斌. 配送管理实务[M]. 北京:科学出版社,2007.
[15] 杜庭刚,张淑芳. 配送中心运营管理[M]. 北京:中国物资出版社,2006.
[16] 贾争现. 物流配送中心规划与设计[M]. 北京:机械工业出版社,2009.
[17] 朱凤仙,罗松涛. 物流配送实务[M]. 北京:清华大学出版社,2008.
[18] 翟光明. 仓储管理[M]. 北京:中国物资出版社,2009.
[19] 陈达强,等. 配送与配送中心运作与规划[M]. 杭州:浙江大学出版社,2009.
[20] 马毅,张虎臣. 物流仓储与配送[M]. 北京:北京交通大学出版社,2009.
[21] 李永生,郑文岭. 仓储与配送管理[M]. 北京:机械工业出版社,2003.
[22] 徐海东,魏曦初. 物流中心规划与运作管理[M]. 大连:大连理工大学出版社,2010.
[23] 江少文. 配送中心运营管理[M]. 北京:高等教育出版社,2006.
[24] 罗俊,黄柳英. 仓储管理[M]. 重庆:重庆大学出版社,2012.
[25] 殷延海. 配送中心规划与管理[M]. 北京:高等教育出版社,2008.
[26] 赵佳妮,朱卫平,李智忠. 仓储配送管理[M]. 北京:国防工业出版社,2015.
[27] 阮喜珍. 现代物流企业管理[M]. 北京:机械工业出版社,2011.